Ingrid Kaußler / Helmut Kaußler

Die Goldberg-Variationen von J. S. Bach

N.° 16.

Clavier Ubung
beſtehend
in einer
ARIA
mit verſchiedenen Verænderungen
vors Clavicimbal
mit 2 Manualen.

Denen Liebhabern zur Gemüths-
Ergetzung verfertiget von
Johann Sebaſtian Bach
Königl. Pohl. u. Churfl. Sæchſ. Hoff-
Compoſiteur, Capellmeiſter, u. Directore
Chori Muſici in Leipzig.

Nürnberg in Verlegung
Balthaſar Schmids.

Ingrid Kaußler / Helmut Kaußler

Die Goldberg-Variationen von J. S. Bach

Verlag Freies Geistesleben

CIP-Kurztitelaufnahme der Deutschen Bibliothek

Kaussler Ingrid:
Die Goldberg-Variationen von J. S. Bach / Ingrid Kaussler ; Helmut Kaussler. –
Stuttgart : Verlag Freies Geistesleben, 1985.

ISBN 3-7725-0845-6

NE: Kaussler, Helmut

Frontispiz: Titelkupfer des Originaldrucks
der sog. Goldberg-Variationen.

Satz: Hermann Weyhing GmbH, Stuttgart
Druck: Greiser, Rastatt

Im Gedenken an Karl Richter
(1926–1981)

Inhalt

Probleme der Interpretation

Anhang

Geschichtliches

I
Die Stellung der Goldberg-Variationen innerhalb der Musikgeschichte und innerhalb der Werke Bachs

Es hört der Mensch das Schöpfungswort,
Wenn er reinen Herzens horcht,
Wie Weltengeister durch die Seele
Sich musikalisch sinnvoll offenbaren.
R. Steiner[1]

Manche Bemühungen sind darauf verwendet worden, an das Rätsel der *Goldberg-Variationen* heranzukommen. Das kompositorische Grundprinzip ist aufgezeigt worden, Einzelfragen sind in Aufsätzen untersucht. Aber es fehlt die Deutung, die ein Gesamtbild geben könnte. Was steckt hinter diesen Variationen? Was wollen sie sagen?

Von der musikalischen Analyse her erscheint das rätselhaft-bedeutungsvolle Werk wie eine kompositorische Alchimie. Denn nicht nur wird ein Baßschema dreißigmal aufs erfindungsreichste ausgestaltet, es sind noch Kanons verschiedener Art in das Ostinato hineingewoben, die doch in der konsequentesten Weise durchgeführt werden. Aber das bleibt unmerklich, verfliegt fast beim Hören. Ein ganzes Kompendium musikalischer Gattungen wirkt mit – Fugiertes, Tanzartiges, Konzertantes, Arios-Kantables, Virtuos-Brillantes; nahezu alle musikalischen Agenzien sind damit vertreten, wenn auch nicht alle mit gleichem Gewicht. In der Zusammenstellung wirken geheimnisvoll Zahlen; und in unangreifbarer Heiterkeit webt sich das Vielerlei zum Ganzen.

Die Klavieristen – Cembalisten wie Pianisten – beschäftigen sich zunehmend mit den Goldberg-Variationen, wie die Häufung der Schallplatteneinspielungen beweist.[2] Einer unter ihnen, der sie – nicht als einziger – bereits zweimal eingespielt hat, Alexis Weissenberg, spricht von einem «Universum», das dem Interpreten erlaubt, «alle physischen oder materiellen Gewohnheiten oder Notwendigkeiten zu überwinden und in reinem Zustand mit dem Geist auf seiner höchsten Stufe zu kommunizieren».[3] Ein anderes Mal werden die Goldberg-Variationen ein «Abbild der Weltordnung» genannt.[4] Worin aber besteht diese Weltordnung? Die Vielgestaltigkeit allein kann es nicht sein. Der belgische Pianist Frédéric Gevers sucht da schon konkreter zu werden, indem er die einzelnen Variationen wechselnd dem Fühlen, dem Wollen oder dem Denken zuordnet.[5]

Diese Studie möchte Material zusammentragen, vorhandenes und neues. Da es sich um ein so vielgestaltiges Werk handelt, in dem die unterschiedlichsten Faktoren zusammen- und ineinanderwirken, wird der Weg auch von verschiedenen Seiten aus genommen werden müssen. Historisches soll ebenso vertreten sein wie Analytisches zum Notentext; aber auch von anderen Gebieten als dem des rein Musikalischen sollen Anregungen geholt werden, um dem Gehalt der Komposition näherzukommen. Alles zusammengenommen läßt sich vielleicht eine Ahnung gewinnen, was in den verwunderlichen Klängen dieses Bach-Werkes ertönt.

Bach ist lange Zeit hindurch vorwiegend als Vollender und Abschluß einer Epoche gesehen worden, als der letzte Gotiker. Man überging dabei, daß kein anderer Komponist so stark wie er als Lehrmeister und Anreger auf die nachfolgenden gewirkt hat, daß seine Werke ein Zeugnis der Größe der Musik sind, vor denen sich alles Musikalische zu verantworten hat. Richard Wagner, der in wacher Aufmerksamkeit immer wieder neu sich mit den musikalischen Erscheinungen auseinandergesetzt hat, meinte einmal, bei Bach habe man die Musik in ihrer Essenz; dagegen «alles, was wir machen, ist angewendete Musik; ein Rondo von Hummel z. B. ist soundso viel verdünnter Bach; wie man Rosen-Essenz soundso viel verdünnt, um den gewöhnlichen Wohlgeruch daraus zu machen.»[6] In der Tat mag beim Hören mancher Komposition der Eindruck entstehen, als hätte man zwei Takte Bach vor sich, die zu einem ganzen Musikstück geworden sind – selbst bei einer so eigenen, ausgeprägten Persönlichkeit wie Chopin.

Indem man Bach vorwiegend in der rückwärts gerichteten Perspektive sah, hatte man im Auge, daß durch ihn mehrere Formen, vor allem die polyphonen, eine Vollendung erreichten, über die hinauszuführen keine Möglichkeit bestand in der Musikrichtung, die nach Bach eingeschlagen wurde. Aber in *einer* Gattung hat Bach im Formalen einen Anfang gesetzt: in der *Variation*. Als kompositorisches Mittel, als Handwerk war sie lange vor ihm im Gebrauch; Sweelinck, Scheidt, Pachelbel z. B. haben Variationsreihen geschrieben. Aber erst durch Bach ist die Variation zu einer Form künstlerischer Aussage geworden. «So urplötzlich hat sich kaum jemals in der Entwicklung der Formen ein Anstieg vollzogen. Die Komposition wirkt, geschichtlich betrachtet, wie ein gewaltiges Felsengebirge, das sich aus dem Flachland erhebt» (Walter Georgii zu den Goldberg-Variationen[7]). Hermann Keller spricht von einem «Werk, das so außerordentlich ausfiel, daß wir erst von ihm an die Geschichte der modernen Variation datieren.»[8]

Beethoven hat den von Bach gegebenen Impuls dann weitergeführt, vor allem mit den «Diabelli-Variationen» op. 120, einem Werk «von ähnlicher Genialität und umfassender Vielseitigkeit» (W. Georgii).[9] Beethoven bindet sich dabei allerdings nicht gleich streng an sein Thema; gelegentlich weicht er in Erweiterungen aus, um am Schluß in der Fuge Var. 32 und der Coda zu Var. 33 sich ganz unabhängig zu machen von der Form seines vorgegebenen Modells. Ganz anders ist natürlich der Gehalt dieser Beethovenschen Variationenreihe: Man findet sich in einem Saal von Plastiken, darunter michelangeleske und skurrile.

Schumann, mit den Symphonischen Etüden op. 13, geht hinüber in die Phantasievariation. Er hält sich «nur an die Umrisse des Themas»[10] und läßt seine balladenhaft erzählende Kunst sich daran beflügeln, eine Erzählkunst, die gleich alten Sagen aus der «Wogen farbigem Schlund» herauftönt.[11] – Brahms mit den Händel-Variationen op. 24 und den Paganini-Variationen op. 35, Reger mit den Telemann-Variationen op. 134 kehren zu einer strengeren Form zurück; in ihrer Art faszinierend, gewinnen sie allerdings über große Teile hin dem Thema nur neue, aus der erweiterten Klaviatur des modernen Flügels gewonnene Klanggebärden ab, ohne melodisch-thematische Substanz hinzuzufügen.

Was die Goldberg-Variationen von allen anderen dieser großen Variationswerke unterscheidet, ist ihr streng rhythmischer Aufbau in Dreier-Gruppen und die bestimmende Stellung, die der Kanon in ihnen erhält. Mit diesem Kanonischen stehen die Goldberg-Variationen innerhalb der Werke Bachs am Anfang der Kompositionsepoche der letzten neun Lebensjahre, in der die Beschäftigung mit dem Kanon in den Vordergrund tritt.[12] Bach erreicht zu dieser Zeit, mit dem 57. Lebensjahr, jenes Alter, wo er aus den irdischen Gebundenheiten hinauszustreben beginnt. Das zeigt sich in seinem Lebensgang, und es zeigt sich vor allem in seinen Werken. Sie verlassen den stützenden festen Boden, die Freude am Diesseitigen, die Bachs Musik auch kennt, und wenden sich ganz zur reinen Musik, zur Musik, die nur in ihren eigenen Gesetzen webt; und sie sind gerade deshalb höheren Welten ganz geöffnet. Gleichsam als äußeres Indiz dafür nehmen die Kompositionen zu, die ohne Bezug auf eine bestimmte instrumentelle Ausführung konzipiert sind: von den vierzehn Kanons im Anhang zu Bachs Handexemplar der Goldberg-Variationen über die Kanons und Ricercari des Musikalischen Opfers bis hin zur Kunst der Fuge, die in der Besetzung durchwegs ganz offen bleibt.[13]

Die Aria der Goldberg-Variationen zeigt sogleich eine Reife in der Verwendung der Mittel, wie sie nur Spätwerken eigen ist: das sichere Setzen der Töne, das Beschränken der Linie auf das Notwendige und Zweckdienliche. Das Kontrapunktische in den Variationen wird zur unauffälligen Selbstverständlichkeit.

Vor den Werken der Spätzeit liegt als Zwischenglied zu dem Kompositionenstrom der mittleren Epoche die «Orgelmesse» – Altes aufgreifend und emporhebend, Neues vorankündigend.

Ein Bild von der Stellung der Goldberg-Variationen im Umkreis der vorausgehenden und nachfolgenden Kompositionen mag folgende Übersicht geben:

1735 Drucklegung der Clavier-Übung II
(Italienisches Konzert BWV 971, Ouverture h-Moll BWV 831)

1736? Umarbeitung der Matthäus-Passion BWV 244; weitere Änderungen daran nach 1740

1736 Schemelli-Lieder BWV 439–507

1739 Drucklegung der Clavier-Übung III
(sog. «Orgelmesse»: Präludium BWV 552, Choralbearbeitungen BWV 669–689, Vier Duette BWV 802–805, Fuge BWV 552)

1739? Reinschrift der Partitur der Johannes-Passion BWV 245 (20 Seiten, von anderer Hand weitergeführt)

1741 oder 1742	Drucklegung der Clavier-Übung (IV) Aria mit 30 Veränderungen BWV 988 (sog. Goldberg-Variationen)

1742 «Mer hahn en neue Oberkeet» BWV 212, sog. Bauernkantate

1742 Abschluß des Wohltemperierten Klaviers Teil II BWV 870–893

1744–47?/1750 Achtzehn Choräle verschiedener Art BWV 651–668 (Zusammenstellung von Choralbearbeitungen aus verschiedenen Jahren für den Stich und Bachs letzter Choral)

1746/48? Drucklegung der sechs sog. Schübler-Choräle, BWV 645–650 (Choralbearbeitungen aus früheren Jahren)

1746–48 Einige canonische Veränderungen über das Weihnachtslied: Vom Himmel hoch, da komm' ich her BWV 769 (zweimal umgearbeitet)

1747 Musicalisches Opfer BWV 1079

1747/49? letzte Umarbeitung der Johannes-Passion

1749/50 letzte Arbeit an der Kunst der Fuge BWV 1080

Bach hat die Herauslösung aus irdischer Verflechtung in Heiterkeit begonnen. Die Goldberg-Variationen sind unter allen seinen Werken, die doch an so manchen Stellen durchblicken lassen, wie Bach sich «zu einer leichten und scherzhaften Denkart, besonders im Spielen bequemen» konnte[14], das heiterste und launigste – dafür sorgt nicht zuletzt ihre klavieristische Virtuosität, die «geistvollste, die jemals am Klavier produziert worden ist».[15] Wie im «Faust II» vor den ernsten Höhen des Geistbereichs der «Himmelfahrt» in dichterisch-virtuoser Szene die Engel von «Luzifers Geschlecht» erscheinen, die Fausts Seele alsbald «pfiffig weggepascht» haben,[16] so stehen vor der strengen Größe der Kunst der Fuge die Goldberg-Variationen mit ihrem Glanz, ihrer sprühenden Heiterkeit.

Zu dieser Heiterkeit gehört ein Zug, der vielleicht am allergravierendsten ins Gewicht fällt, wenn man die Goldberg-Variationen sonstigen Werken Bachs gegenüberstellt: Der mächtige Entwicklungsimpuls, den Bach in allen seinen Schöpfungen entfaltet, die außerordentliche, weiträumige Zielstrebigkeit,[17] die kennzeichnend ist für ihn, zieht sich in den Goldberg-Variationen in den Untergrund, in das nur unbewußt Wirksame zurück und überläßt die Oberfläche dem Spiel anscheinend freier, zufälliger Phantasie, es unmerklich leitend gleich dem Wirken unsichtbarer Schicksalsmächte. Es wird eines der vornehmlichsten Ziele dieser Studie sein, Einsichten zu gewinnen über das, was so im Verborgenen den Entwicklungsgang bestimmt, und damit jener Ordnung näher zu kommen, die hinter der farbenreichen Vielgestaltigkeit waltet.

Zunächst aber ist zu fragen: Aus welcher Lebenssituation Bachs heraus sind die Goldberg-Variationen entstanden?

II
Die Lebenssituation J. S. Bachs zur Zeit der Entstehung der Goldberg-Variationen

Mensch senke dich herab, so steigest du hinauf;
Laß ab von deinem Gehn, so fängt sich an dein Lauf.
Angelus Silesius[18]

Zur Zeit, als die Goldberg-Variationen enstanden, lag ein Lebensabschnitt hinter Bach, in dem die schärfsten Angriffe gegen ihn erfolgt waren: 1736 hatte Ernesti seine Kompetenzen und seine Autorität als Kantor der Thomasschule schwer verletzt, indem der Rektor sich herausnahm, die Chorpräfektenstelle zu besetzen, und damit in eine Entscheidung eingriff, die seit jeher und notwendig dem Kantor zufiel.[19] Die Auseinandersetzungen, von Ernesti bis zu persönlichen Diffamierungen Bachs geführt, zogen sich bis 1738 hin; das gute Verhältnis, das zwischen beiden vorher bestanden haben muß, da Ernesti bei den Bach-Söhnen Joh. Aug. Abraham (*1733, nach zwei Tagen gestorben) und Johann Christian (1735–1782) Pate gestanden hat,[20] war zerstört. «Bach fing nun an die Schüler zu hassen, die sich ganz auf Humaniora legten und die Musik nur als Nebenwerk trieben und Ernesti ward Feind der Musik. Traf er einen Schüler, der sich auf einem Instrumente übte, so hieß es: Wolt ihr auch ein Bierfiedler werden?»[21]

1737 kam der Angriff Scheibes gegen Bach als Komponisten. In einer fingierten anonymen Zuschrift an seine Zeitschrift «Der Critische Musicus» kritisierte er dessen Stil als «schwülstig», «verworren» und «wider die Natur», weil alle Stimmen «mit einander, und mit gleicher Schwierigkeit arbeiten» und man «darunter keine Hauptstimme» erkenne.[22] Der Vorwurf, daß Bach «den Gesang durchaus unvernehmlich» mache, indem er «alle Manieren, alle kleine Auszierungen, und alles, was man unter der Methode zu spielen verstehet», mit «eigentlichen Noten» ausdrücke, war dabei in sich unlogisch; denn «unvernehmlich» mußte der «Gesang» genauso werden, wenn der Spieler nach eigenem Gutdünken auszierte.

Scheibes Attacke schlug in Musikerkreisen Wellen; die Verteidigungsschriften, die vom Leipziger Professor der Rhetorik, Birnbaum, übernommen wurden, und die Entgegnungen Scheibes zogen sich bis 1739 hin[23]; noch Jahre später grollte das Ereignis nach.

Das Jahr 1738 fügte zu aller Unbill noch die Sorgen um den tragischen Weg des dritten Bach-Sohnes aus der Ehe mit Maria Barbara, Johann Gottfried Bernhard, hinzu, der im Frühjahr aus seiner Organistenstelle in Sangershausen verschwand, dort Schulden hinterlassend, die der Vater bezahlen mußte, dann in Jena als Student wieder auftauchte und dort bald darauf, im Mai 1739, an einem «hitzigen Fieber» starb.[24]

Während vorher sich Bachs Kompositionen in raschem Flusse gefolgt waren, entstand in diesen schwierigen Jahren an großen Werken nur die Clavier-Übung III, die sog. «Orgelmesse» (siehe die Werkübersicht im 1. Kapitel).

Wie in den Bach-Biographien immer wieder dargestellt wird, war es der Geist der neuen Zeit, der in den Angriffen des 22 Jahre jüngeren Ernesti, des 23 Jahre jüngeren Scheibe gegen Bach als einen seiner gefährlichsten Antipoden zum Sturm blies. Bach gehörte jener Generation an, die als letzte noch die Gewohnheit hatte, «alle Dinge mit Religion anzufangen».[25] Das ist nicht nur ein Bild, das ist real in Bachs Briefen, in dem JJ – Iesu iuva – zu Beginn seiner Kompositionen nachzusehen. Wenn schon Mattheson (1681–1764), der kompositorisch in die Höhe Bachs nicht vorgedrungen war und nicht vordringen wollte, die Musik eine Tochter der Theologie nannte,[26] eine Tochter der Wissenschaft von den geistigen Welten, mit wieviel größerer Sicherheit mußte das Bach vertreten! «Er durfte nur irgend einen Hauptsatz gehöret haben, um fast alles, was nur künstliches darüber hervor gebracht werden konnte, gleichsam im Augenblicke gegenwärtig zu haben», sagt der Nekrolog.[27] Gewaltig müssen die inneren Erlebnisse gewesen sein, die es ihm erlaubten, das verborgene Netz der vielfältigen Gesetzmäßigkeiten in der Tonwelt, wie sie in den geistigen Raum eingeschrieben sind, mit «Geistesohren» zu hören.

Die Aufklärung, die sich durchzusetzen strebte, wollte nicht mehr bei Gott anfangen, sondern bei der menschlichen Vernunft. Die Ratio sollte Führer zur Welterkenntnis werden, an ihr sollte sich alles messen. Als neues Feld der Forschung trat die Natur in den Vordergrund. Was aber hatte die Musik dazu beizutragen? Mit Vernunft hat sie wenig, mit Natur noch weniger zu tun. Und so mußte sie in der neuen Weltanschauung notgedrungen an Hochschätzung verlieren. Bisher eine Tochter der Gotteserkenntnis, mit Grammatik, Arithmetik und Geometrie, Astronomie, Dialektik und Rhetorik zu den sieben freien Künsten gezählt, sollte sie nun nur noch die Aufgabe behalten, Dienerin des menschlichen Gemütes zu sein. Als «Ergetzlichkeit der Ohren», als ein «bloßes Divertissement der Gedanken»[28] wurde sie von der neuen Richtung bezeichnet. Der galante Stil in der Musik, von Menschen geschaffen, die dem gleichen Zeitgeist unterstanden, kam dieser Auffassung nach.

Der Riß zwischen Wissenschaft und Kunst, der sich zeichenhaft in Bachs Biographie eingrub, ist in den nachfolgenden Jahren in der Thomasschule bestehen geblieben. «Seit der Zeit hat man, auch bey wiederholter Besetzung beyder Stellen, wenig Harmonie zwischen Rector und Cantor bemerkt», schließt Köhler seinen Bericht über die Auseinandersetzung zwischen Bach und Ernesti.[29] Es hatte jene Entwicklung begonnen, mit der der Musiker heute noch zu ringen hat: Immer beherrschender, am Ende allgegenwärtig wurde die Auffassung, die Musik könne zum Fortgang der Weltentwicklung nicht mehr beitragen, als daß sie manchem Unterhaltung, vielleicht auch Erquickung bringt; sie sei nur ein Zufluchtsort für das Gefühl, das in der neuen Wissenschaftlichkeit unbeschäftigt bleibt.

Manche wollten zu Bachs Zeiten der Musik aufhelfen, indem sie versuchten, sie der in so hohen Kurs gekommenen Vernunft zugänglich zu machen. Aber die mathematisch ausgerichtete Mizlersche Societät, die sich derartige Ziele gesetzt hatte, kam naturgegeben nur mühsam voran.[30] Bach stand den Bestrebungen, trotz freundschaftlicher Beziehungen zu manchen Mitgliedern der Societät und zu Mizler selbst, reserviert gegenüber. «Unser seel. Bach ließ sich zwar nicht in tiefe theoretische Betrachtungen der Musik ein, war aber desto stärcker in der Ausübung», heißt es im Nekrolog.[31] Und später schreibt C. Ph. E. Bach an Forkel: «Der seelige war, wie ich u. alle eigentlichen Musici, kein Liebhaber von trocknem mathematischen Zeuge.»[32]

Bach ist durch die Zeitereignisse nicht in eine Vereinsamung oder Isolation geraten. Ein weit verzweigter Kreis von befreundeten Bekannten und Bewunderern stand zu ihm, und gerade unter der jüngeren Generation fand er auch seine lebhaftesten Verteidiger – so Birnbaum, Marpurg, Mizler. Neue Schüler suchten bis an sein Lebensende seinen Unterricht und fühlten sich von ihm gefördert. Daß seine Musik in der Allgemeinheit nicht leicht Aufnahme finden würde, war Bach sicherlich seit der Zeit klar, da man in Arnstadt angemahnt hatte, die Gemeinde sei von seinem Orgelspiel «confundiret worden».[33] Er war sich seiner Mission bewußt, und um Popularität war es ihm nicht zu tun.[34] Was Scheibe ihm vorwarf, war ihm nicht neu. 1731 schon hatte Bach in der Kantate «Der Streit zwischen Phöbus und Pan»[35] verspottet, was als neue Forderung erhoben wurde: Die Musik solle simpel, leicht faßlich und rührend sein. «Dein Lied hat mir so wohlgeklungen, Daß ich es mir auf einmal gleich gemerkt», singt Midas, dem Phoebus dafür Eselsohren verheißt.[36]

Bisher hatte man sich gescheut, sich öffentlich solche Eselsohren zuzuziehen. Aber die neue Philosophie gab die Möglichkeit, mit den Begriffen Natur und Vernunft für den eigenen Geschmack zu streiten. Und so wagte es einer, der durchaus Einblick hatte – denn Scheibe war der Sohn eines Leipziger Orgelbauers und hatte sich um die Stelle des Nicolai-Organisten beworben, war allerdings vor einer Jury, der Bach angehörte, gegen Görner unterlegen –, des Thomaskantors öffentlich und auch von ihm selbst anerkannte Größe und hohes Kunstverständnis frech und beleidigend anzuprangern.

Scheibe ist seines Angriffs, auch wenn er halbherzig daran festgehalten hat, nicht froh geworden. Zwar mag er den Beifall der bürgerlichen Dilettanten gefunden haben, die jetzt in den Vordergrund drängten und die Zunftmusiker allmählich in die Ecke schoben.[37] In den Kreisen der Fachmusiker aber stieß seine Attacke auf Ablehnung. Hier galt noch die musikalische Meisterschaft, und die wurde bei Bach nie bestritten. «Indeßen war er von Kennern u. Liebhabern genug geehrt», schreibt C. Ph. E. Bach einmal an Forkel.[38] Und es stand außer Zweifel, daß Bach, wenn er auch die althergebrachten kontrapunktischen Formen verwendete, in anderer Hinsicht durchaus «modern» war: Er spielte nicht mit der «gelassenen Geschwindigkeit»[39] der älteren Musik, sondern er hatte das neue, schnellere Tempo, ja ein noch schnelleres als die Jungen;[40] er vereinte «die alten finstern Grübeleyen mit dem hellern Geschmack und schönern Ausdruck der Neuern»;[41] seine Musik erregte und stillte die Leidenschaften, was den Alten «etwas unbekanntes» war[42] – freilich nicht in der gleichen Weise, die man jetzt anstrebte.

Bach stand genauso weit entfernt vom Alten wie vom Neuen. Er hat das Theoretische erlöst durch seine mühelose Leichtigkeit im Umgang mit dem kontrapunktischen Apparat, und er hat dem Kontrapunktischen, indem er es zu einem «Ausdrückenden» machte, das Interesse der später Nachfolgenden, die sich wieder ein tieferes Eindringen in die musikalischen Gesetzmäßigkeiten erringen wollten, gesichert. Tatsächlich haben ja Mozart, Beethoven, Schubert, Brahms viele Bemühungen auf kontrapunktische Studien gewendet.

Allerdings ist nicht abzustreiten, daß in den letzten Lebensjahren Bachs auch diejenigen Musiker, die seine Größe bewunderten – so auch seine eigenen Söhne – für sich andere Wege suchten. Vielleicht gerade, weil sie Bach in seinem Stil «doch nie erreicht haben würden»,[43] fühlten die Komponisten immer weniger die Verpflichtung, in strenge Gesetzeswelten sich hineinzustellen, lauschend, welche Möglichkeiten sich dem Forschenden eröffnen würden, abwartend, welche Einsichten durch eifriges Bemühen zu gewinnen wären. Denn nun war man dabei zu entdecken, daß Musik auch zu ganz anderem zu gebrauchen war: Man konnte sich in ihr ganz subjektiv selbst finden, man konnte mit der Melodie sein Persönlichstes, Innerstes verbinden. Dazu mußte man diese Melodie deutlich dominierend, nur mit einer bescheiden stützenden Begleitung versehen, vernehmen, und man wollte sie nach freier, eigener Entscheidung, nicht nach unbeugsamen sozialen Gesetzen der Tonwelt führen.

Oftmals herrscht die Meinung, es habe die Musik mit der Ausrichtung auf das Subjektiv-Seelische, innerhalb derer die Klassiker und Romantiker sie zu neuen Höhepunkten geführt haben, erst ihr wahres Wesen gefunden. Gegenteilig urteilte Richard Wagner (nach Tagebuchnotizen von Cosima): «Bach wäre der eigentliche Musiker. Die andren, Mozart, Beethoven, näherten sich mehr dem Dichter.»[44]

Bach hat zu der Zeit, da die Musik um ihn eine Stufe *hinabstieg* zum irdisch-subjektiven Gefühl, seine Musik eine Stufe *hinaufgehoben* in einen Bereich geläuterten Feuers, konzentriertester Wesenhaftigkeit, noch weiter entfernt von aller Popularität als bisher, so daß das Verständnis für die großen Werke des letzten Lebensjahrzehnts heute kaum leichter fällt, als es von der Bach-Zeit anzunehmen ist.

Die Goldberg-Variationen stehen an einem Punkt des Umbruchs in seinem Leben. Etwa ab den Jahren, in denen sie entstanden, scheint Bach sich aus dem öffentlichen Wirken mehr und mehr zurückgezogen zu haben. Das letzte Konzert mit dem Collegium musicum ist 1741 belegt; höchstens bis 1744 kann Bach mit ihm musiziert haben.[45] Auch aus den Aufgaben in der Thomasschule hat er sich weiter befreit. Eine Mitteilung Köhlers, die kein Datum angibt, muß die Zeit nach dem Präfektenstreit betreffen: «Er» – Ernesti – «brachte es durch sein Ansehen bey dem Bürgermeister

Stieglitz dahin, daß ihm (wie seinem Vorgänger Gesner) die besondere Schulinspection erlassen und dem vierten Collegen übertragen wurde. Traf nun die Reihe der Inspection den Cantor Bach, so berief sich dieser auf Ernesti, kam weder zu Tische noch zu Gebet, und diese Vernachlässigung hatte den widrigsten Einfluß auf die sittliche Bildung der Schüler.»[46]

Anders war es in den zwei Jahren, die vor der Entstehung der Goldberg-Variationen liegen. 1739–41 hat Bach anscheinend noch einmal alle Kräfte in ein öffentliches Wirken werfen wollen, vielleicht auch, um dem Ansturm gegen ihn ganz vom Praktisch-Musikalischen her zu begegnen. 1739 hat er nach zweijähriger Pause für die zweite und letzte Phase die Leitung des Collegium musicum übernommen. Jene zwei Schüler, die später als Theoretiker sich einen Namen machen und in ihre Zeit hineinwirken sollten, studierten damals an der Leipziger Universität und nahmen Unterricht bei ihm: Joh. Friedrich Agricola[47] und Joh. Philipp Kirnberger.[48] Von Kirnberger ist ein Ausspruch mitgeteilt, der Bach im Vollbewußtsein seiner Kräfte zeigt: «Der ehemals große J. Seb. Bach pflegte zu sagen: *Es muß alles möglich zu machen seyn,* und wollte niemals von *nicht angehen* etwas wissen.» Und Kirnberger setzt in seinem Brief von 1781 hinzu: «Dieses hat mich jederzeit angespornt, nach meinen geringen Kräften, viele sonst schwere Sachen in der Musik mit Müh und Geduld durchzusetzen.»[49]

Durch Agricola ist bekannt, daß Bach «ungefähr im Jahre 1740» ein Lautenklavier besaß, das der Leipziger Instrumentenbauer Hildebrand nach Bachs Angaben gebaut hatte.[50] Dieses Lautenklavier ist von Bedeutung in bezug auf das Klangideal, das Bach verfolgt hat, und damit auf die umstrittene Frage des 16-Fußes bei Cembali, auf denen Bach interpretiert wird – auch die Goldberg-Variationen (s. XIV. Kapitel).

Insgesamt sind die Jahre vor und um die Entstehung der Goldberg-Variationen jene Zeit, aus der wir die meisten Einblicke in das private Leben Bachs haben. Denn es wohnte von 1737–42 Joh. Elias Bach im Cantorenhaus, der Sohn eines Vetters von Joh. Seb. Bach aus Schweinfurt. Er stand in den Dreißiger-Jahren,[51] konnte dank Stipendien an der Leipziger Universität Theologie studieren und versah nebenher wohl die Stelle eines Hauslehrers, ja gewissermaßen eines Hofmeisters in Bachs Hause. Briefentwürfe von ihm, die auch manches Schreiben betreffen, das Joh. Elias für Bach übernommen hat, wurden 1912 gefunden. Alle jene familiären Einzelheiten, die so viel zitiert werden, gehören also in diese Zeit um die Entstehung der Goldberg-Variationen: Von den gelben Nelken und dem abgerichteten Hänfling, die Anna Magdalena bekommen soll, weil sie «eine große Liebhaberin von der Gärtnerey» und «eine große Freundin von dergleichen Vögeln» ist[52] – offensichtlich war sie des steten Musizierens im Hause ebensowenig müde und ebenso unersättlich auf Akustisches ausgerichtet wie Bach, über dessen immer waches Ohr es mehrere Anekdoten gibt.[53] Für ihn möchte Joh. Elias einmal «eine Flasche von rechten guten Hefen Brandewein», einmal «etwa 10–12 Maas süßen Most» aus Schweinfurt haben, da er «nun schon in die 2 Jahre» in Bachs Hause «recht viel Gutthaten genoßen» hat.[54] Joh. Elias übermittelt den Dank für einen «schönen Wildprets Braten» vom Cammer-Consulenten in Weißenfels, sowie für ein «Gevatter Stücke» vom Cantoren-Ehepaar in Ronneberg, «welches auf Gesundheit derselben verzehret worden»; «wegen überhäuffter Arbeit» bei der Wiedereröffnung des Collegium musicum kann Bach nicht selbst «in einem Brieffchen sich bedancken». Eineinhalb Monate später ist wieder die Rede von einem «Stückchen Arbeit», das Bach bei einer Rückkunft vorgefunden hat.[55]

C. Ph. E. Bach hat an Forkel geschrieben, daß seines Vaters Haus «einem Taubenhause u. deßen Lebhaftigkeit vollkommen gliche».[56] Verwandte, Bekannte, Schüler, durchreisende Musiker gingen ein und aus, wurden gastlich aufgenommen, manchmal auch einige Zeit beherbergt.[57] Das scheint auch noch so gewesen zu sein, als die beiden ältesten Söhne schon nicht mehr daheim waren. Nov. 1742, als es Joh. Elias gelungen ist, sich aus den Aufgaben in Bachs Familie zu lösen und in eine Stelle als Hofmeister beim Kriegs-Commissario von Pflug in Zöschau überzuwechseln, schreibt er, er sei «von einem gymnasio patientiae in das andere versetzt worden».[58]

Joh. Elias hatte das Ziel, in seine fränkische Heimat zurückzukehren. In die Hofmeisterstelle in Zöschau ist er wohl des Verdienstes wegen eingetreten und hat sie nach wenigen Monaten aufgegeben, als die Berufung zum Kantor und Inspektor des Alumneums seiner Vaterstadt kam.[59]

Leicht hat Bach den Vetter nicht ziehen lassen. Man mag schon darüber schmunzeln, wie er, als Joh. Elias immer entschlossener fortdrängt, ihn zu halten versucht «unter der Versicherung, daß der liebe Gott schon noch vor mich in Sachsen sorgen würde. Allein», schreibt Joh. Elias, der Theologe, «ich werde mich daran nicht kehren».[60]

Von Zöschau aus bittet Joh. Elias, heimlich nachzuforschen, ob Bach einen Ersatz für ihn gefunden habe.[61] Es ist nicht bekannt, ob dies der Fall war, oder ob Bach manche Aufgaben nun selbst übernehmen mußte.

In den Jahren neuer Wirksamkeit mit dem Collegium musicum, 1739–41, war W. Friedemann als Organist der Sophienkirche in Dresden und kam gelegentlich herüber in des Vaters Haus. 1739 brachte er zwei berühmte Dresdner Musiker mit, die Lautenisten Sylvius Leopold Weiß und Joh. Kropffgans.[62] C. Ph. E. Bach war nach Studentenjahren in Frankfurt nach Berlin gegangen und wurde 1740 Cammer-Cembalist Friedrichs II. «mit der Erlaubniß, ihm *bravo* zuzurufen».[63] 1742 vollendete er seine Berliner Sonaten, auf die wohl Joh. Sebastians Urteil gemünzt ist: «'s is Berlinerblau! 's verschießt!»[64]

Von den Kindern aus Bachs erster Ehe kann im Kantorenhause also nur noch die älteste, Catharina Dorothea, gewesen sein, die zur Zeit der Goldberg-Variationen Anfang der 30er-Jahre stand, also etwa im Alter von Joh. Elias. Diejenigen, die Joh. Elias bezeichnet als nahe Anverwandte, «die eine solide und treue Unterweisung höchstnöthig bedürffen, zumalen der älteste von denselben», waren zunächst der schwachsinnige Gottfried Heinrich und das «Liesgen», die Joh. Elias 1741 zum «Tisch des Herrn praepariren» soll;[65] sodann, im Knabenalter, Joh. Christoph Friedrich, der

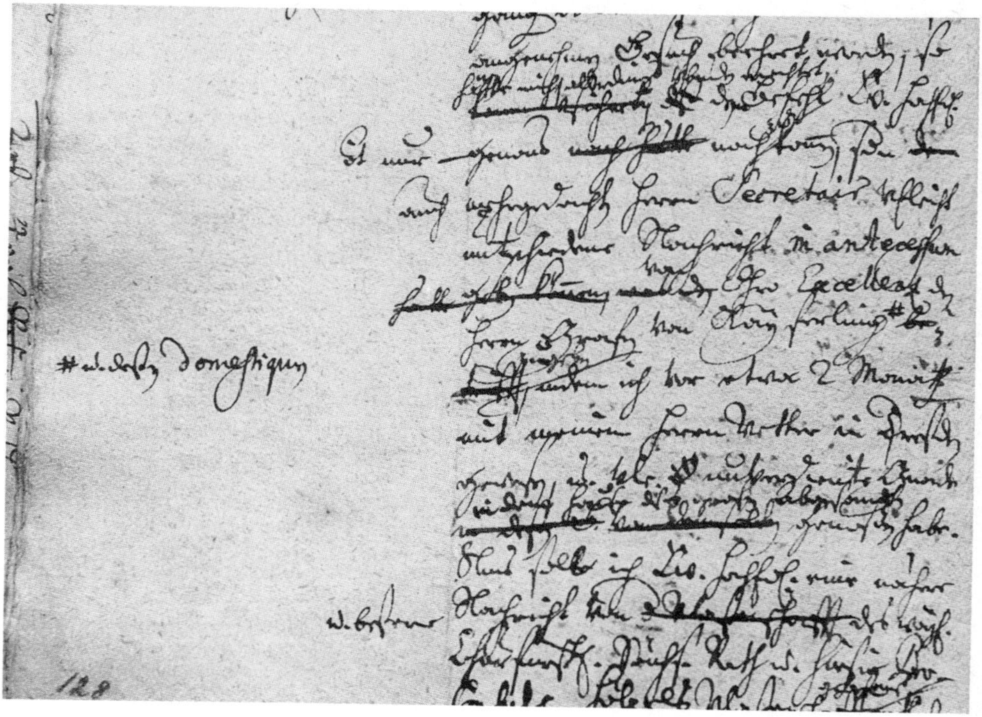

Im Briefentwurf vom 13. 1. 1742 erwähnt Johann Elias Bach den Besuch bei Graf Keyserlingk im November 1741: (5. bis 11. Zeile) «... unterschiedene Nachricht in antecessum von Ihro Excellenz dem Herrn Grafen von Kayserling u. deßen domestiquen zugeben, indem ich vor etwa 2 Monathen mit meinem Herrn Vetter in Dreßden gewesen, u. viele unverdiente Gnade in dem Hause dieses grosen Abgesandten genoßen habe.»

spätere «Bückeburger Bach», und im Kinderalter Joh. Christian, der «Londoner Bach», und Johanna Carolina.[66] Von Joh. Christian sollte Bach in der letzten Lebenszeit, Gellert zitierend, sagen: «Mei Christian is e dummer Junge; darum macht e ooch noch gewiß emal sei Glück in der Welt.»[67] Mit der Schenkung von drei Instrumenten hat er allerdings seinem «Glück» tatkräftig aufgeholfen.[68] – Eine Magd wohnte anscheinend im Hause.[69]

Aus Joh. Elias' Briefentwürfen geht hervor, daß Bachs Gesundheitszustand Anfang November 1739, nach Wiedereröffnung des Collegium musicum, angegriffen war; denn der «Herr Medicus» widerrät eine Reise nach Weißenfels «bey ieziger Witterung». Sie wurde aber nach baldiger «vollkommener restitution» nachgeholt.[70]

Ende Juli 1741, während Bach in Berlin C. Ph. Emanuel besucht, erkrankt Anna Magdalena schwer. Noch einmal droht Bach das Schicksal, das ihn in Köthen getroffen hatte. Joh. Elias schreibt ihm, daß «Dero Fr. Liebste... schon seither 14 Tagen nicht eine einzige Nacht nur eine Stunde Ruhe gehabt, u. weder sizen noch liegen kan», und drängt zu beschleunigter Heimreise.[71] Die «empfindlichsten Schmerzen des Leibes» dauern noch in den September hinein an;[72] wahrscheinlich sind es Schwangerschaftsbeschwerden, denn im Februar 1742 kommt Regina Susanna zur Welt, das letzte Kind Bachs.[73] Damit setzt sich an der Wende des 56./57. Lebensjahres gewissermaßen unter einen anderen Wirkenskreis Bachs ein Schlußpunkt.

Im November 1741 begleitet Joh. Elias den «Herrn Vetter» auf einer Reise nach Dresden, von der Joh. Elias am 11., Joh. Sebastian am 17. zurückkehrt.[74] Sie werden aufgenommen bei dem russischen Gesandten *Graf Keyserlingk* und genießen «viele unverdiente Gnade in dem Hause dieses grosen Abgesandten».[75] Und bei dieser Gelegenheit, so vermutete man bisher, könnte Keyserlingk den Wunsch nach einer Komposition für seine schlaflosen Nächte ausgesprochen haben.[76] Christoph Wolff hat nun dagegen die Meinung geäußert, Bach habe hier vielleicht schon ein Exemplar des Druckes überreicht.[77] Das wird im nächsten Kapitel zu erörtern sein.

Wie dem auch sei – für die Situation, in der die Goldberg-Variationen innerhalb des Bachschen Lebensganges stehen, bleibt festzuhalten: Nachdem Bach sich durch Widrigkeiten zu neuer Kraft durchgerungen hatte, ist an ihn der Auftrag ergangen, eine Musik zu komponieren, die aus irdischem Leid, aus der Fesselung an den Leib und seine Gebrechen hinausführt.

III
Die Quellen

Gott segne Kupfer, Druck und jedes andere vervielfältigende Mittel, so daß das Gute, was einmal da war, nicht wieder zugrunde gehen kann...

Goethe an Zelter am 3. Mai 1816

Drei Dokumente bilden die Grundlage aller heutigen Kenntnisse über die Goldberg-Variationen:

– Die Schilderung der Entstehungsgeschichte, die Forkel in seiner Bach-Biographie gegeben hat (S. 89f.), dort, wo er als fünftes gestochenes Werk Bachs die Goldberg-Variationen beschreibt:

Clavierübung, bestehend in einer Arie mit verschiedenen Veränderungen fürs Clavicymbel mit 2 Manualen. Nürnberg, bey Balthasar Schmid. Dieß bewunderungswürdige Werk besteht aus 30 Veränderungen, worunter Canones in allen Intervallen und Bewegungen vom Einklang bis zur None mit dem faßlichsten und fließendsten Gesange vorkommen. Auch ist eine regulaire 4-stimmige Fuge, und außer vielen andern höchst glänzenden Variationen für 2 Claviere, zuletzt noch ein sogenanntes Quodlibet darin enthalten, welches schon allein seinen Meister unsterblich machen könnte, ob es gleich hier bey weitem noch nicht die erste Partie ist.

Dieses Modell, nach welchem alle Variationen gemacht werden sollten, obgleich aus begreiflichen Ursachen noch keine einzige darnach gemacht worden ist, haben wir der Veranlassung des ehemaligen Russischen Gesandten am Chursächs. Hofe, des Grafen Kaiserling zu danken, welcher sich oft in Leipzig aufhielt, und den schon genannten Goldberg mit dahin brachte, um ihn von Bach in der Musik unterrichten zu lassen. Der Graf kränkelte viel und hatte dann schlaflose Nächte. Goldberg, der bey ihm im Hause wohnte, mußte in solchen Zeiten in einem Nebenzimmer die Nacht zubringen, um ihm während der Schlaflosigkeit etwas vorzuspielen. Einst äußerte der Graf gegen Bach, daß er gern einige Clavierstücke für seinen Goldberg haben möchte, die so sanften und etwas muntern Charakters wären, daß er dadurch in seinen schlaflosen Nächten ein

Variatio 26 aus Bachs Handexemplar. Von Hand eingesetzt sind die Vorhalte und Mordente auf die zweite Zählzeit der unteren Zeile von Takt 2, 4, 6, 17 bis 24, auf die zweite Zählzeit in der oberen Zeile Takt 10 bis 16 und auf die dritte Zählzeit Takt 25, erste und dritte Zählzeit Takt 26 und erste Zählzeit Takt 27. ▷

Variatio 26. a 2 Clav.

wenig aufgeheitert werden könnte. Bach glaubte, diesen Wunsch am besten durch Variationen erfüllen zu können, die er bisher, der stets gleichen Grundharmonie wegen, für eine undankbare Arbeit gehalten hatte. Aber so wie um diese Zeit alle seine Werke schon Kunstmuster waren, so wurden auch diese Variationen unter seiner Hand dazu. Auch hat er nur ein einziges Muster dieser Art geliefert. Der Graf nannte sie hernach nur seine *Variationen. Er konnte sich nicht satt daran hören, und lange Zeit hindurch hieß es nun, wenn schlaflose Nächte kamen: Lieber Goldberg, spiele mir doch eine von meinen Variationen. Bach ist vielleicht nie für eine seiner Arbeiten so belohnt worden, wie für diese. Der Graf machte ihm ein Geschenk mit einem goldenen Becher, welcher mit 100 Louisd'or angefüllt war. Allein ihr Kunstwerth ist dennoch, wenn das Geschenk auch tausend Mahl größer gewesen wäre, damit noch nicht bezahlt. Noch muß bemerkt werden, daß in der gestochenen Ausgabe dieser Variationen einige bedeutende Fehler befindlich sind, die der Verf. in seinem Exemplar sorgfältig verbessert hat.*

– Der Originaldruck der Goldberg-Variationen bei Balthasar Schmid in Nürnberg. Titelblatt und zweiunddreißig Seiten mit vierzehn Liniensystemen auf jeder Seite außer der letzten mit zwölf. Die Plattengröße ist ca. 26,5×16,5 cm[78], die Seitengröße ca. 32×20 cm.[79]

Bachs Handexemplar des Druckes, das Forkel am Schluß erwähnt, ist 1975 in französischem Privatbesitz aufgetaucht[80] und von der Bibliothèque nationale in Paris für ca. 475 000,– DM angekauft worden.[81] Es enthält – hier führen Forkels Worte irre – einige wenige Korrekturen und ein paar Zusätze an Verzierungs- und Artikulationszeichen, die aber nur bei Var. 26 in größerem Maße ins Gewicht fallen. – Bedeutender als diese Berichtigungen ist der Fund von vierzehn Kanons, die Bach seinem Handexemplar als Appendix angefügt hat. Sie verarbeiten die Hauptnoten der ersten acht Takte des Basses, allerdings durchwegs auftaktig genommen:

Zwei dieser Kanons waren in leichter Umarbeitung bereits bekannt, einer als ein Stammbucheintrag Bachs,[82] der andere von dem Notenblatt, das Bach auf dem Haußmann-Porträt von 1747 dem Beschauer hinhält. Bach hat diesen Kanon für seinen Eintritt in die Mizlersche Societät stechen lassen.[83]

– Eine Abschrift der Aria im Notenbüchlein für Anna Magdalena Bach von 1725, geschrieben von Anna Magdalena (s. Abb. S. 35). Sie ist auf zwei gegenüberliegenden, versehentlich übersprungenen Seiten eingetragen mitten zwischen Takt 18 und 19 von «Bist du bei mir».[84]

Weiter ist nichts erhalten, was auf das Werden der Goldberg-Variationen Bezug nehmen würde. Ob Graf Keyserlingk ein Manuskript oder ein Exemplar des Druckes bekommen hat, und wo es verblieben ist, ist unbekannt. Skizzen, Varianten, spätere

Stammbucheintrag für den Theologiestudenten Johann Gottlieb Fulde. In der unteren Zeile das «Soggetto», die ersten acht Takte des Themenbasses der Goldberg-Variationen.

Umarbeitungen gibt es nicht. So kann angenommen werden – wenn es auch nicht bewiesen ist –, daß die Goldberg-Variationen in einem Zuge niedergeschrieben worden sind, und daß Bach sie in dieser Form als Vollendetes ansah. Sie mögen ihm als «leichte Arbeit» erschienen sein gegenüber den weit verwickelteren inneren Wegen etwa der Kunst der Fuge.

Die drei Dokumente haben verschiedene Fragen aufgeworfen. Es ist deshalb notwendig, ihnen einige Anmerkungen hinzuzufügen.

Forkels Schilderung der Entstehung

Forkel stand in Verbindung mit den beiden ältesten Bach-Söhnen, von denen er wohl die Geschichte der Goldberg-Variationen erfahren hat, da er mündlich und schriftlich Mitteilungen über Bach von ihnen empfing.[85] Alle wichtigen Punkte seines Berichts haben sich als stichhaltig erwiesen, so Keyserlingks gesundheitliche Situation und Goldbergs Stellung im Hause des Grafen. Das persönliche Verhältnis zwischen Bach und Keyserlingk wurde durch die Briefentwürfe des Joh. Elias belegt. Die Auffindung des Bachschen Handexemplars hat bestätigt, daß Bach darin Korrekturen eingetragen hat – wenn sie auch geringfügiger sind, als Forkels Worte vermuten lassen.[86] Aber die Ansichten darüber, wann Fehler in einem Druck «bedeutend» zu nennen sind, können ja auseinandergehen. Beim Wiederauftauchen des Handexemplars 1975 hat Christoph Wolff ebenfalls von «einer Reihe wichtiger Korrekturen und Zusätze» gesprochen,[87] auf der Bach-Konferenz Leipzig 1975 von «zahlreichen Korrekturen und Zusätzen».[88] Im übrigen hat Forkel anscheinend Bachs Handexemplar nicht selbst gekannt, nur davon gehört.[89]

Zu einem Mißverständnis kann auch ein anderer Satz Forkels Anlaß geben: Bach habe die Variation für eine «undankbare Arbeit» gehalten und «nur ein einziges Muster dieser Art geliefert». Forkel hat wohl zur Variation, wie er sie hier verstand, die Violin-Chaconne d-Moll aus der Partita BWV 1004 und die Orgelpassacaglia BWV 582 gar nicht gerechnet, oder er bezieht sich auf die späten Jahre Bachs, wo diese Werke lange zurück lagen. Tatsächlich muß angenommen werden, daß in dieser Zeit ein Variationswerk Bach nicht mehr reizen konnte, schon gar nicht eine lockere Zusammenstellung einzelner Gedanken, wie er sie in seinen frühen, gleichwohl so bewegenden Choralpartiten BWV 766–768 gegeben hat. Er strebte nun nach einer immer absoluteren Gesetzlichkeit. Und es ist wahrscheinlich, daß er erst, als ihm der Plan einer festen rhythmischen Gliederung, eines Aufbaus nach einem innerlich klaren, bis in die Einzelheiten folgerichtigen Gang vor Augen stand, neuen Sinn in einem Variationenwerk sah und sich an die Komposition machte. Es wurde, im Zusammenspiel verschiedenster Variationsarten und doch in strengster Form, zu einem Muster, von dem Bach in der Tat «nur ein einziges dieser Art geliefert» hat, und das von Graf Keyserlingk in seiner Größe erkannt und hoch dotiert wurde.

Über das Verbleiben des «goldenen Bechers», in dem die 100 Louisdor überreicht wurden, gibt es keine Nachricht. Er muß schon vor Bachs Tod verkauft oder an eines der Kinder vergeben worden sein; in der Hinterlassenschaft Bachs ist er nicht aufgeführt – es sei denn, man vermutet ihn in der «Tabatiere von Agath in Gold gefast».[90] Ganz auszuschließen wäre ja nicht, daß durch einen Übermittlungsfehler aus einer Dose ein Becher wird – wenn natürlich auch nicht behauptet werden soll, daß es so ist. Die Tabatiere ist unter «Silber-Geräthe und andere Kostbarkeiten» aufgeführt und das einzige Hausgerät, bei dem von Gold die Rede ist. Sie wurde auf 40 rthl angesetzt und war nach den größeren Cembali (mit 80 und 50 rthl) der wertvollste Gegenstand aus Bachs Hausstand. Sie ist «mit sämmtlicher Interessenten Genehmhaltung» «weiln es ein Stück, so eines Theils bloß vor den Liebhaber, andern Theils auf ein Kindes-Looß zu schwer, vorietzo gäntzlich ausgesezt, und der Frau Wittbe, so lange, biß sich ein Liebhaber und Käuffer darzu finden möchte, überlaßen worden, da denn, wenn solche verkaufft werden möchte, die Frau Wittbe ihren tertiam partem von dem Kauff-Pretio zu gewarten hat, und das übrige unter die 9. Kinder in gleiche Theile vertheilet werden soll.»[91]

Ein Louisdor galt gleich 5 Talern. Der Geldwert, den Bach erhielt, machte also fünf

Siebtel der Summe aus, die er 1730 im Brief an Erdmann als sein Jahreseinkommen genannt hat.[92] Bach konnte dafür etwa fünf große Cembali kaufen,[93] oder, wenn man eine andere Währung haben will, 300 Faß Bier.[94]

Die von Forkel überlieferte Entstehungsgeschichte ist bis in die jüngste Zeit nie ernsthaft angezweifelt worden. Sie überzeugt dadurch, daß sie bis in die Einzelheiten folgerichtig ist. Selbstverständlich ist Forkels Biographie in manchem korrekturbedürftig, wie es bei allen wissenschaftlichen Arbeiten nach einiger Zeit auftritt, besonders bei Pionierarbeiten. Aber Forkel hat, bei allem Enthusiasmus für Bach, nirgendwo die Neigung gezeigt, dekorative Entstehungsgeschichten zu erfinden. Es ist, vom «Musikalischen Opfer» abgesehen, das einzige Mal, daß er die Umstände der Komposition eines Werkes detaillierter schildert.

In neuester Zeit hat aber Christoph Wolff Bedenken geäußert, nicht, daß die Variationen bei Keyserlingk erklungen sind, aber daß sie auf seinen Wunsch hin entstanden sind für seine schlaflosen Nächte. Da Wolff seine Auffassung im Kritischen Bericht der Neuen Bachausgabe vorbringt und auch auf dem Begleittext einer Schallplatteneinspielung vertritt,[95] so daß seine Meinung inzwischen Kreise gezogen hat, ist es notwendig, darauf einzugehen und einige Überlegungen darauf zu verwenden.

Wolff führt drei Gründe an, von denen der erste am meisten Gewicht hat: Es fehlt im Druck eine Widmung an Keyserlingk. Und diese, so meint Wolff, müßte den Gepflogenheiten der damaligen Zeit nach bei einem Auftragswerk zu finden sein.

Tatsächlich kann es irritieren, daß diese Widmung fehlt. Doch lassen sich durchaus Erklärungen denken: So kann es sein, daß Keyserlingk eine Widmung nicht gewünscht hat. In Keyserlingks Lebenslauf, wie er im nächsten Kapitel betrachtet werden soll, finden sich Fakten, die von einer Widmung zum gegebenen Zeitpunkt absehen lassen konnten. Daneben aber ist Bach nie verschwenderisch umgegangen mit offiziellen Widmungen an einzelne Personen. Das Musikalische Opfer bildet insofern eine Ausnahme, als es das Thema Friedrichs II. verarbeitet, dieser also notwendig genannt werden mußte – auch eine Titelverleihung war wohl damit anvisiert. Im übrigen aber sah Bach seine Kompositionen stets in einem größeren menschheitlichen Rahmen. Er kannte seinen Rang gut genug um zu wissen, daß sie dem angehören, was als musikalische Geistigkeit die Welt durchzieht und durchformt und allen «Liebhabern und Kennern» der Musik gehört – letztlich aber «soli deo gloria», nur zu Gottes Ruhm erklingt. Da wurden Huldigungsmusiken für den einen Fürsten von ihm verwendet, beim nächsten Mal einen anderen zu feiern, oder sogar in geistliche Werke eingearbeitet. Ohne Zweifel war es Bach klar, daß bei den Goldberg-Variationen seine Komposition weit über den Anlaß hinausgewachsen war zu einem Musterbeispiel, einem Lehrgebäude. Keyserlingk hatte den Auftrag gegeben – dahinter aber mag Bach einen höheren Auftrag gesehen haben, für den Keyserlingk nur Mittler war. Das bedeutet nicht, daß Bach nicht alle Mühe verwendet hätte, dem nachzukommen, was Keyserlingk brauchte. In den großen Dingen fallen die irdischen Anlässe und die dauernden Aspekte zusammen – Erdenaufgabe und höhere Wahrheit. Keyserlingk hat seine Widmung gewiß erhalten – auf dem Exemplar, das ihm zugeeignet wurde, vielleicht einer handgeschriebenen Vorlage.

Es gibt nichts, was für Wolffs Auffassung, die Goldberg-Variationen entsprängen einer «autonomen Disposition Bachs», sprechen könnte. Die Werke, mit denen sich Bach vorher und nacher beschäftigt, liegen in ganz anderer Richtung: die Orgelmesse vorher, das Wohltemperierte Klavier II nachher. Und warum sollte sich Bach ausgerechnet jetzt, längst über 50 Jahre alt und öffentlich kaum mehr musizierend, mit virtuoser Clavieristik befassen – wenn nicht, weil er einen virtuos eminent begabten Schüler hatte? Aber hier liegt der zweite Einwand Wolffs: «Rechnet man für die Komposition und Drucklegung mindestens ein Jahr, dann hätte sich Bach in seiner Konzeption des Werkes an den technischen und musikalischen Fähigkeiten des 12- bis 13jährigen Goldberg orientieren müssen.» Zunächst einmal: Warum sollte das ausgeschlossen sein? Vor kurzem hat ein Zwölfjähriger der Welt Liszt vorgespielt, und war nicht Goldberg auch ein von seiner Zeit bestauntes Wunder, wie noch zu belegen sein wird? Hat nicht Bach die in einzelnen Stücken wenig zurückstehenden Präludien des Wohltemperierten Klaviers I für den 11- bis 12jährigen Friedemann geschrieben, der nicht so begabt war im Virtuosen wie Goldberg, so daß Hermann Keller fragt, wie der junge Friedemann wohl das Zusammentreffen der Triller mit den Sechzehnteln im F-Dur-Präludium bewältigt haben mag?[96] Gerade das, womit Goldbergs Alter überfordert gewesen wäre, das Überschauen und Gestalten weit sich spannender Entwicklungen, hat Bach ihm abgenommen, indem er das Fortschreiten diesmal einem unmerklich wirksamen Gesetz anvertraute.

Doch ist es für eine Entscheidung in diesem Punkt notwendig, einen Abstecher zu machen, um das Alter Goldbergs zur Zeit der Goldberg-Variationen und damit auch das Entstehungsdatum genau ins Auge zu fassen.

Entstehungszeit und Erscheinungsdatum der Goldberg-Variationen

Als mutmaßliches Erscheinungsjahr ist sehr früh 1742 angenommen worden. Hilgenfeldt 1850,[97] Bitter 1881[98] haben sich dafür entschieden – aus unbekannten Gründen; Spitta[99] ist von irrtümlichen Voraussetzungen aus auf 1742 gekommen. Sicherheit gab es nicht, da Balthasar Schmid drei Numerierungen nebeneinander geführt und zur damaligen Zeit noch nicht in der Reihenfolge der Erscheinung numeriert hat. Das früheste Datum, das je angegeben wurde, ist 1740;[100] 1745 ist eine absolute Grenze nach rückwärts, da Keyserlingk in diesem Jahr Dresden verließ. – 1964 ist nun Walter Emery nach typographischen Untersuchungen und Vergleichen mit datierbaren

Stichen Schmids zu dem Ergebnis gekommen, die Goldberg-Variationen müßten, nach einer Veränderung des Baß- und C-Schlüssels, in der ersten Hälfte 1741 graviert worden sein.[101] Damit läge als Erscheinungstermin des Druckes die Michaelismesse 1741 nahe. Doch ist der zuständige Jahrgang des «Friedens- und Kriegs-Curiers», in dem Schmid regelmäßig seine Verlagsobjekte anzeigte, verschollen, ebenso die Jahrgänge 1740, 1743 und 1744. Eine «definitive Klärung zugunsten des einen oder anderen Datums» wird sich also «kaum ergeben».[102] Da aber im erhalten gebliebenen Jahrgang 1742 die «Aria mit verschiedenen Veränderungen» nicht annonciert ist, wird man wohl dem von Emery aufgestellten früheren Erscheinungstermin 1741 den Vorrang geben müssen gegenüber der bisherigen Datierung 1742.

In welche Zeit ist nun, hiervon ausgehend, die Kompostition der Goldberg-Variationen zu setzen? Sollten sie dem Zweck dienen, den Forkel angibt, so mußte Bach rasch komponieren, um Keyserlingk die Nächte zu erheitern und Hilfe zu bringen. Wahrscheinlich wird er nach Vollendung des Werkes nicht lange mit dem Druck gewartet haben.[103] Es kann also angenommen werden, daß die Goldberg-Variationen im Winter oder Spätwinter 1740/41 komponiert sind. Dann war Goldberg fast 14 Jahre alt. Da war ihm schon einiges zuzutrauen, zumal Forkel ja nicht behauptet, daß die Goldberg-Variationen im ganzen von ihm gespielt wurden, sondern nur, daß Keyserlingk «eine seiner Variationen» hören wollte. Und Bach hat, stets sorgend, «daß seine Spieler dadurch auf ihren Instrumenten weiter kommen konnten»,[104] sicherlich Goldberg eine Komposition zum «Hineinwachsen» geben wollen. Wie Bach gerade auf die speziellen Begabungen dieses Schülers eingegangen ist, wird sich noch im Kapitel über Goldberg ergeben. Es ist in keiner Weise einzusehen, daß, wie Wolff schreibt, die Goldberg-Variationen zwar nicht für den jungen Goldberg geschrieben sein können, weil ihm damals noch die technischen Mittel fehlen mußten, daß er sie aber, als sie fertig waren, doch gespielt hat.[105]

Das letzte Argument Wolffs ist: «Drittens lassen die drei vorangehenden Teile der Klavierübung keinerlei Hinweise auf äußere Veranlassung oder konkreten Auftrag erkennen, so daß man auch die Goldberg-Variationen eher der autonomen Disposition Bachs für die Serie der Klavierübungen mit ihrem höchst gleichmäßigen Erscheinungsrhythmus zuschreiben sollte.»[106] Hier läßt es sich kurz fassen: Bach hat sinnvolle Reihen geliebt, nicht aber einem Schematismus gehuldigt. Und es stellt sich dieser Teil ja gerade aus der Folge der Clavier-Übungen heraus, indem er nicht numeriert ist als vierter Teil und ein anderes Format und einen Ziertitel hat. Von einem gleichmäßigen Erscheinungsrhythmus der Clavier-Übungen kann mit den Jahren 1731 – 1735 – 1739 – 1741 keine Rede sein.

Das wichtigste Argument, das für Forkels Entstehungsgeschichte spricht, ist das Werk selber. Es wird Aufgabe dieser Studie sein, den Nachweis zu erbringen, daß die von Bach gewählten Mittel in besonderer Art auf die Situation zugeschnitten sind, in der die Variationen nach Forkels Worten erklingen sollten.

Der Originaldruck

Als einziges gedrucktes Werk Bachs haben die Goldberg-Variationen einen Ziertitel erhalten. Georg Kinskys Vermutung, Bach habe aus den 100 Louisdor die Kosten der Drucklegung bestritten,[107] hat deshalb viel für sich. Der Stich hat eine «saubere und gefällige Art der Ausführung».[108] Balthasar Schmid, der ihn selbst besorgt hat, war zunächst im Verlag Weigel in Nürnberg als Stecher beschäftigt und hatte dort schon Stiche für Bach verfertigt, bevor er sich selbständig machte.[109] Er war ein bescheidener Mann, zur Zeit, als er die Goldberg-Variationen herausbrachte, Mitte dreißig,[110] komponierte selbst und war nebenher als Organist tätig.[111] Mit den Nürnberger Verlegern ist Bach wohl durch die Leipziger Messen in Verbindung gekommen, zu denen die Fachleute von weither anreisten.[112]

Die Nummer 16 am oberen Rand des Titelblattes (s. Frontispiz S. 2) gibt, wie schon erwähnt, keinen Aufschluß über das Erscheinungsdatum. Daß die Edition nur als ClavierÜbung, nicht als Vierter Theil der ClavierÜbung herauskam, führt Chr. Wolff darauf zurück, daß Schmid jetzt Verlag und Vertrieb übernommen hatte.[113]

Der Titel «ClavierÜbung» tritt nicht erst bei Bach auf. Er wurde schon vorher verwendet; so hat Bachs Leipziger Amtsvorgänger Kuhnau seine Partiten unter diesem Namen herausgegeben, in der Schreibweise «Ubung».[114] Bach, der sich sein Leben lang in Traditionen hineingestellt und von ihnen aus seinen Weg genommen hat, hat Kuhnaus Bezeichnung aufgegriffen, als er dessen Stelle innehatte.

Der «Gemüths-Ergetzung» hatten schon andere ihre Werke gewidmet – auch hier brachte Bach keine Neuerung. Georg Muffat hatte 1698 bei seinem «Florilegium Secundum» von «Gemüths-Ergötzung» gesprochen;[115] Valentin Rathgeber gab 1733–37 sein «Ohren-vergnügendes und Gemüth-ergötzendes Tafel-Confect» heraus. Ja es konnte sich Bach sogar wieder an die Leipziger Vergangenheit anschließen: 1672 und in Bachs Geburtsjahr hatte der Stadtpfeifer und Kunstgeiger J. Ch. Pezel seine Sammlungen von Tänzen «Musicalische Gemüths-Ergetzung» genannt.[116] Allerdings besteht ein Unterschied zwischen dem, was etwa Rathgeber und Bach unter Gemütsergötzung verstanden. «Aria mit verschiedenen Veränderungen» will besagen: Aria mit Variationen in den unterschiedlichsten Satzarten – so hat H. Keller vermutet.[117]

Der Originaldruck der «Clavier Uebung bestehend in einer Aria mit verschiedenen Veränderungen» wurde 1763 im Verzeichnis von Breitkopf in Leipzig zu 2 thl. 8 gl. angeboten.[118] Bei Westphal in Hamburg taucht er 1777 zum Preis von 6 Mark auf mit ähnlichem Titel: «Clavier-Uebung, bestehend in 1 Aria mit Veränderungen»,[119] als «Aria mit 30 Veränderungen» 1799 bei Traeg in Wien für 1 Gulden, 30 kr.[120] Wann der Name «Goldberg-Variationen» aufgekommen ist, wer ihn in Umlauf gesetzt hat, läßt sich anscheinend nicht genau feststellen. Hilgenfeldt und Spitta schreiben von der «Arie mit verschiedenen Veränderungen», Bitter (1881) von den «sogenannten Goldberg'schen Variationen».[121] Chr. Wolff gibt im Kritischen Bericht der Neuen Bachausgabe an, der Name sei im 19. Jahrhundert entstanden.[122]

Die Aria im Notenbüchlein der Anna Magdalena Bach

Die Abschrift der Aria in Anna Magdalenas Notenbüchlein von 1725 hat zu allerhand Irrungen und Wirrungen Anlaß gegeben, die noch heute hier und dort tradiert werden. Spitta hat die Eintragung nach der Entstehungszeit der umliegenden Stücke auf ca. 1730 angesetzt. Daraus folgte, daß die Aria «schon wenigstens zehn Jahre alt» war, als sie zum Thema-Vorwurf für Variationen erkoren wurde.[123] Sie sei, so meinte Spitta, ursprünglich nicht zum Variieren gedacht gewesen, denn sonst würde Bach den Baß «wohl durchweg ganz einfach geführt haben, anstatt ihn wie jetzt mit Verbindungstönen, Nebennoten und Verzierungen auszustaffieren».[123] Dieser Ansicht haben sich viele Autoren angeschlossen, u. a. Wanda Landowska.[124]

Damit war den Goldberg-Variationen nicht viel angetan. Ob Bach nun ein altes Thema wählte, das er früher komponiert hatte und das jetzt für seinen Zweck passend war, oder ob er ein neues erfand, ändert nicht viel am Gesamtbild. Dann aber kam Schering mit einer Auffassung, die an die Substanz des Werkes rührte: Er fand, daß das «arg verkräuselte, sarabandenähnliche Thema... schwerlich von Bachs Erfindung, sondern wohl französischer Herkunft» sei.[125] Im Notenbüchlein standen Stücke anderer Komponisten; also konnte die dort eingetragene Aria auch eine fremde Komposition sein. Schering fand ebenfalls Anhänger und Verfechter seiner Theorie.

Es ist das Verdienst G. v. Dadelsens, die Grundlage zu einer Revision dieser Fehlurteile gegeben zu haben. Im Kritischen Bericht zur Herausgabe des Notenbüchleins in der Neuen Bachausgabe hat er das Ergebnis von Schriftvergleichen an den Eintragungen Anna Magdalenas mitgeteilt: Danach ist die Aria sicher nicht vor 1733/34 aufgezeichnet, wahrscheinlich aber erst später. Dadelsen ist der Meinung, daß Anna Magdalena aus dem entstehenden Autograph kopiert hat, mit dem überzeugenden Argument: Im Vergleich zum Originaldruck der Goldberg-Variationen zeigt Anna Magdalenas Eintragung die typischen Fehler einer Abschrift: offensichtliche Schreibfehler und flüchtig behandelte Verzierungen, wie sie bei Kopien Anna Magdalenas auch sonst zu finden sind.[126]

Der Theorie eines französischen Aria-Komponisten gegenüber hat H. Keller schon die sehr vernünftige Frage gestellt: Wer außer Bach könnte der Autor sein?[127] Dadelsen hat nun mehrere Punkte aufgezählt dafür, daß Bach der Verfasser ist: Die ersten vier Takte der Aria zwar könnte man unbachisch nennen, aber «die Konsequenz ihrer Beantwortung und Weiterführung sprechen für Bach»; der Melodietypus der Aria zwar erscheint, wie Schering richtig bemerkt, nirgend sonst bei Bach, aber die Goldberg-Variationen nehmen als Ganzes eine Sonderstellung ein im Bachschen

Die Aria im Originaldruck von Balthasar Schmid, Nürnberg. ▷

Die Abschrift der Aria im Notenbüchlein der Anna Magdalena Bach von 1725. ▷▷
Anna Magdalena verwendet als Sängerin für die rechte Hand den Sopranschlüssel. Ihre Abschrift zeigt Flüchtigkeitsfehler. Vgl. z. B. Takt 5 und 6 des Basses.

Aria
1

76.

77.

Werk; die ersten acht Takte Baß-soggetto sind zwar ein Lieblingsmodell der französischen Clavecinisten, aber sie sind ebenso von Purcell und Händel verwendet worden, also durch Europa gereist.[128]

Es seien noch weitere Argumente hinzugefügt, von denen eines für einen fremden Verfasser ausgelegt werden könnte, die anderen dagegen sprechen:

Im Dezember 1741 schreibt T. L. Pitschel, Bewerber um das Konrektorat der Thomasschule, in «Belustigungen des Verstandes und des Witzes. Auf das Jahr 1741», Leipzig, Christmonat: «Sie wissen, der berühmte Mann, welcher in unserer Stadt das größte Lob der Musik, und die Bewunderung der Kenner hat, kömmt, wie man saget, nicht eher in den Stand, durch die Vermischung seiner Töne andere in Entzückung zu setzen, als bis er etwas vom Blatte gespielt, und seine Einbildungskraft in Bewegung gesetzt hat. ... Der geschickte Mann, dessen ich Erwähnung gethan habe, hat ordentlich etwas schlechteres vom Blatte zu spielen, als seine eigenen Einfälle sind. Und dennoch sind diese seine besseren Einfälle Folgen jener schlechteren.»[129]

Das Musikalische Opfer über das Thema Regium und die Canonischen Veränderungen über «Vom Himmel hoch» geben Pitschels Worten eine gewisse Bestätigung. Ist die Aria also doch fremden Ursprungs? Man braucht nicht so weit zu gehen: Bach hatte das Thema, das seine «Einbildungskraft in Bewegung setzte», in den acht Noten des viel verwendeten Chaconne-Themas; er hat es als für seine Zwecke geeignet gewählt und zu einem 32taktigen Satz erweitert, und es hat ihn dann nicht so schnell wieder losgelassen. Die vierzehn Kanons im Anhang des Handexemplars dokumentieren, daß Bach von diesen acht Noten des Basses ausgegangen ist.

Nun kann man auch von der Musik selbst einmal absehen und die Frage von einer ganz anderen Seite her angehen: Der Titel der Goldberg-Variationen heißt «Aria mit verschiedenen Veränderungen ... verfertiget von Johann Sebastian Bach», Aria dabei groß geschrieben, die Veränderungen sehr klein. Dagegen gibt Bach beim Druck des nächsten Werkes an: «Einige canonische Veränderungen über das Weynacht-Lied: Vom Himmel hoch da komm ich her ... von Johann Sebastian Bach». Präzise, wie Bach in entscheidenden Fragen immer war, heißt das doch sehr deutlich: Im einen Fall sind Aria und Variationen von Bach, im anderen Fall nur die Veränderungen. Als Aria mit Veränderungen ist der Originaldruck, wie schon erwähnt, zum Verkauf angeboten worden. Sollte der «berühmte Capellmeister Bach» in Leipzig das Risiko eingehen, daß der wahre Verfasser der Aria sich meldete und ihm nachwies, er habe sich mit fremden Federn geschmückt, ja noch dazu das groß schreiben lassen, was gar nicht von ihm selbst war? Ein solcher fremder Autor hat sich auch offensichtlich nie gemeldet, denn niemals ist Bachs Autorschaft an der Aria bezweifelt worden, solange man deswegen bei den Söhnen oder Schülern hätte nachforschen können.

Weiter muß gefragt werden: Hätte Bach, alle Bescheidenheit, die ihm attestiert worden ist, eingerechnet, einen Globus dreißig kunstvoller Variationen, der seinen Namen zu den «Liebhabern und Kennern» tragen sollte, mit einer fremden Aria beschlossen, sich sozusagen am Ende des Werkes in den Schoß eines anderen Komponisten begeben?

Als letztes soll noch einmal ein rein musikalisches Argument stehen: Hört man das Werk, so ergibt sich kein Stilbruch zwischen Aria und Variationen; niemand hat je ein Auseinanderklaffen konstatiert. Für den Musiker liegen im Erklingen die eigentlichsten und überzeugendsten Beweismittel, und in dieser Richtung argumentiert ja auch Dadelsen[130]. Bei aller Verschiedenheit wirken Aria und Variationen zu einem organischen Ganzen zusammen, aus *einem* Geist zu *einem* Ziele sich vereinend.

Dieses Ziel war, den Krankheitszustand Graf Keyserlingks zu lindern. Dessen Schicksal, dessen Charakter und seiner Stellung zu Bach soll sich nun die Betrachtung zuwenden. Es handelt sich ja bei Keyserlingk um einen Menschen, mit dem Bach Umgang gepflogen hat, so daß von Interesse sein muß, mit welcher Atmosphäre, welcher Ausstrahlung Bach hier konfrontiert war.

IV
Hermann Carl Reichsgraf v. Keyserlingk

Als Staatsmann groß, war er nicht minder
achtungs- und liebenswerth als Mensch.
Aus den Stammtafeln derer v. Keyserlingk

Baron, später Graf Hermann Carl v. Keyserlingk stammt aus Kurland.[131] Dieser Teil des Baltikums hatte sich über den schwedisch-russischen Krieg (1700–1721) hinweg seine deutsche Ständeverfassung als Herzogtum mit stark selbständigem Adel unter polnischer Lehenshoheit erhalten können, während das benachbarte Livland und Estland schon damals an Rußland fielen. Das kurländische Junkertum war nach Deutschland oder nach Rußland orientiert, und zwischen den Höfen von Rußland und Polen, dem Dresdner und Berliner Hof, dazu in Wien und Regensburg sollte das Wirkensfeld Hermann Carl v. Keyserlingks liegen. Seine Lebensdaten sind:

Hermann Carl Reichsgraf von Keyserlingk
(auch Kaiserling, Keyserling oder Kayserling geschrieben, Hermann Carl unterzeichnete sich mit gk wie oben.[132])

1696 geb. in Okten, Kurland[133]
1716 Beendigung des Studiums an verschiedenen Universitäten, Kammerjunker der verwitweten Herzogin von Kurland, Anna Iwanowna
1720 Hauptmann in Candau, in der Nähe von Mitau
1725 Heirat mit Agathe Eleonore von Fircks. Der Ehe entsprangen drei Kinder: 1726 Juliane Louise, 1727 Heinrich Christian, 1732 Anna
1731 Vizepräsident des Est- und Livländischen Hofgerichts in Petersburg
1733 Präsident der Akademie der Wissenschaften in Petersburg
1734–45 russischer Gesandter in Dresden und Warschau
1736 Pazifikationsreichstag als Werk Hermann Carls v. Keyserlingk
1741 Erhebung in den Reichsgrafenstand
1744 mit außerordentlichem Auftrag in Wien
1745 als Beobachter bei der Kaiserwahl Franz I. in Frankfurt
1746 Regensburg
1747–48 russischer Gesandter in Berlin
1749–52 russischer Gesandter in Dresden

1752–62 russischer Gesandter in Wien
1762 russischer Großbotschafter in Warschau
1764 am 30. 9. gestorben

Der Ahnherr des Geschlechtes war 1492 aus Westfalen nach Kurland eingewandert; 1631 waren die Keyserlingks Barone geworden. Nun lebten sie als freier Landadel, als «Krautjunker» auf ihren Gütern, nebenbei in kurländischen oder sächsisch-polnischen Diensten tätig. Es scheint, daß die Familie – ähnlich wie die Bache – eng zusammenhielt. Mittelpunkt war der Stammsitz Okten nahe der Ostsee, ein Besitz von ca. 35 qkm, und hier wurde der «Bachische» Keyserlingk, Hermann gerufen, 1696 geboren. 1698 und 1699 folgten zwei Vettern, die gleich ihm in die Weltgeschichte hinaustreten sollten, und denen man in Hermann Carls Biographie wiederbegegnen wird: Diedrich, der heißgeliebte Freund Friedrichs II., als dessen «Caesarion» in jeder eingehenderen Lebensbeschreibung des Preußenkönigs zu finden; klein, gutmütig, stürmisch, heiter und liebenswürdig, glänzend begabt und voller Einfälle; er kleidete sich «wie ein Operettenschäfer» und konnte sich keinen Augenblick ruhig halten.[134] Sodann der stillere Johann Gebhard, dessen Schicksal indirekt in die Entstehung der Goldberg-Variationen hereinspielt, wie sich zeigen wird.

Hermann Carls «früh reger Geist entwickelte sich unter der Leitung geschickter Erzieher».[135] Er studierte wahrscheinlich ab dem Alter von 16 Jahren auf verschiedenen Universitäten; sein besonderes Interesse galt der Rechtsgelehrsamkeit und den Sprachen – der künftige Staatsmann zeichnete sich schon vor. Lateinisch soll Keyserlingk «sehr richtig und mit großer Geläufigkeit», französisch «mit Eleganz» gesprochen haben.

Zwanzigjährig kam er nach Kurland zurück und trat als Kammerjunker in die Dienste Anna Iwanownas, der 23jährigen, verwitweten Herzogin von Kurland, Tochter eines Halbbruders Peters des Großen. Er wußte damals sicher noch nicht, daß er in ihr einer der vier russischen Zaren gegenüberstand, für deren Ziele er wirken sollte, und in ihrem Günstling Biron, der gegen Ende seiner vier Jahre bei der jungen Herzogin ebenfalls einer ihrer Kammerjunker wurde, demjenigen, für den er einmal seiner Position als russischer Gesandter verlustig gehen sollte – allerdings nur für wenige Zeit. Fürs erste zog Keyserlingk eine einträglichere Stellung in kurländischen Diensten vor, die ihn tiefer in die Schicksale seines Heimatlandes hineinverband. Der letzte Herzog des angestammten Hauses der Ketteler war hochbejahrt und ohne männlichen Erben; den Lehensverträgen gemäß mußte bei seinem Tod Kurland an Polen fallen. Dann würde es nicht nur mit der Selbständigkeit der kurländischen Verwaltung ein Ende haben, sondern der vorwiegend evangelischen Bevölkerung drohte Verfolgung und Unterdrückung durch das katholische Polen, wie das Blutgericht von Thorn gezeigt hatte. Ein Versuch, aus eigener Ermächtigung einen Herzog für die Nachfolge zu wählen, hatte sich als allzu kühn erwiesen. 1730 wurde Keyserlingk als Bevollmächtigter nach Moskau gesandt, und er erreichte es, daß der russische Hof die Zusicherung gab, gegen eine Einverleibung des kurländischen Herzogtums «kräftig mitwirken zu wollen».

Kurz darauf sollte er wieder nach Moskau reisen, aber in anderer Mission: Anna Iwanowna, bei der er als Kammerjunker gedient hatte, inzwischen 37 Jahre alt, war aus mehreren Anwärtern für den Zarenthron ausgewählt worden, weil der Oberste Rat glaubte, neben der gutmütigen, aber haltlosen und unerzogenen Frau mitregieren zu können. Man täuschte sich; Anna Iwanowna brachte ihren Günstling Biron mit, der andere Deutsche nachzog und die verhaßte «Bironowschtschina», die Biron-Wirtschaft aufrichtete. Puschkin allerdings hat über Biron geäußert: «Er hatte das Unglück, Deutscher zu sein; auf ihn wälzte man den ganzen Schrecken der Herrschaft Annas ab, die dem Geist der Zeit und den Sitten des Volkes entsprach.»[136]

Keyserlingk, inzwischen Familienvater mit zwei Kindern, zu denen noch ein drittes, wohl nach der Zarin benanntes, kommen sollte, begleitete die Thronanwärterin von Kurland nach Moskau. Rasch folgten sich nun die Stufen seines Aufstiegs: 1731 wurde er zum Vizepräsident des Est- und Livländischen Hofgerichts ernannt, 1733 erhielt er dazu die Präsidentschaft der Akademie der Wissenschaften in St. Petersburg. Ebenfalls 1733 wurde er Oberhofmeister des jungen Herzogs Anton Ulrich von Braunschweig. Dieser nicht sehr wendige junge Mann war von Anna Iwanowna an den Hof genommen worden, damit er ihre widerstrebende Nichte Anna Leopoldowna heirate und für den Thronfolger sorge. Seine Betreuung übernahm 1735 Keyserlingks jüngerer Vetter Johann Gebhard – wohl auf Hermann Carls Empfehlung. Denn vorher schon, Ende 1733, schickten Anna und Biron Keyserlingk nach Dresden ab, an jenen Ort, auf dem im Augenblick der Brennpunkt der russischen Interessen im Westen lag. Damit trat Keyserlingk, mit der Würde eines Wirklichen Geheimen Raths ausgestattet, hinaus auf das diplomatische Parkett der Weltpolitik – in demselben Alter von 37/38 Jahren, in dem Bach aus dem intimen Rahmen des Köthener Hofes in die weltoffene Messestadt Leipzig[137] hinübergewechselt war. Hier wurde er der große Staatsmann, dessen Geschick in der Verhandlungsführung gerühmt war,[138] der sich die Anerkennung derer gewann, die mit ihm zu tun hatten. «Ein Achtung gebietendes Äußere, verbunden mit einem anständigen und Anstand fordernden Benehmen, erwarb ihm allgemeine Achtung und Liebe» – und dies vermerkt nicht nur die Familienchronik, es ist auch durch andere Quellen bezeugt.[139]

Er scheint in der Tat ein außergewöhnlicher Diplomat gewesen zu sein. Mit «ausgezeichneter Staatsklugheit» soll er die «seltenste Redlichkeit» verbunden haben. Und «nichts war ihm verächtlicher, als das höfische Wesen, welches, stets anders scheinend als es ist, ohne den geringsten Gehalt nur in Äußerlichkeiten sich zu bewegen weiß. Einem Jeden offen entgegentretend, verlangte er auch ein Gleiches und sah niemals auf Geburt und Reichthum, sondern suchte und schätzte nur den wahren, geistigen Werth, dem er seine vollste Anerkennung nie versagte.»

Wie sich dies vereinen ließ mit den Charakteren seiner Souveräne, die meist persönlich labil und als Regenten zweifelhaft waren, wie es sich vor allem vereinen ließ mit der Art seiner Missionen, hinter denen oft genug unverhohlen Berechnung und Übervorteilung standen, das ist wohl nur zu verstehen aus einer Zeit heraus, in der die als gottgegeben anerkannte Autorität des Herrschers die Handlungen rechtfertigte, in der ein menschheitliches Denken noch nicht Zeitaufgabe war.

Zeichen des Zwiespalts scheinen sich in Keyserlingks Wesen eingegraben zu haben: «Gewöhnlich war er ernsthaft, eine Folge seiner vielen, oft trüben Erfahrungen, namentlich im Hofleben, und selten hörte man einen Scherz oder launigen Einfall von ihm.» Eine tiefe Religiosität, die er «nicht blos auf der Zunge, sondern auch im Herzen» trug, «ebenso entfernt von mystischem Glauben an die Religion und deren Diener, als von dem damals so sehr verbreiteten philosophischen Unglauben», mußte ihm Stütze sein «gegen alle Widerwärtigkeiten des Lebens, gegen Unbilden seiner Mitmenschen, wie gegen Anfälle seiner schmerzhaften Krankheit.» Diese Krankheit wird als «der Stein» angegeben. Zur Zeit, als Keyserlingk nach Dresden kam, stand er allerdings wohl erst am Anfang jener «oft trüben Erfahrungen», und vielleicht ist sein Steinleiden erst als Niederschlag davon aufgetreten.

Bei der Aufgabe, die ihm übertragen war, handelte es sich um folgendes:

1733 war durch den Tod Augusts des Starken von Sachsen die polnische Krone frei geworden, eine Wahlkrone, die August von Rußlands Gnaden getragen hatte. Rußlands Politik seit Peter dem Großen zielte darauf, andere Länder unter seinen Einfluß zu bringen, indem es sich als Beschützer von Interessengruppen in diesen Ländern hinstellte und Uneinigkeit schürte. So war ihm der politisch unbegabte, dem Lebensgenuß zugewandte Sohn Augusts gerade geeignet als polnischer König, denn unter ihm würden sich die zerstrittenen polnischen Parteien nicht einigen; man würde weiterhin freie Hand haben, in die Staatsverwaltung einzugreifen, und Polen stand wie bisher als Durchzugsland für die russischen Truppen offen.

Friedrich August zeigte sich auch bereit, für den Titel zu zahlen. Und so war er 1733 zum König gewählt worden, ohne damit allgemeine Anerkennung zu erlangen. Noch befand sich der von Frankreich unterstützte Gegenkönig Stanislaus Leszynski im Land. Ihn galt es nun mit Waffengewalt und Diplomatie zu vertreiben und August die Königswürde zu sichern; in diesem Sinne sollte Keyserlingk wirken.

Die sächsische Hauptstadt Dresden, in die Hermann Carl Baron v. Keyserlingk kam, «war viel weniger eine deutsche Stadt, als eine vorgezogene Stätte für den Luxus, die Geselligkeit und die Künste des südlichen Europas.»[140] Unter den Diplomaten, die hier mitgenossen, mitintrigierten und mitklatschten, mag Keyserlingk, der im «Hôtel» in der Neustadt residierte,[141] dank seiner Mission, aber auch durch Charakter und Würde eine besondere Stellung eingenommen haben. «Er lebte und webte in den mühsamen Geschäften seines Berufs. Schon am frühesten Morgen saß er am Schreibpulte und dictirte seinen Sekretairen.» Offensichtlich erwarb er sich alsbald Verdienste. Danzig, das lange widerstanden hatte, kapitulierte. Leszynski verließ das Land. Am 3. August 1735 wurde Keyserlingk von August mit dem polnischen Weißen Adlerorden ausgezeichnet. Wie üblich, wurden «seine Geschwister bei Hof' auch große Herrn». Seinen älteren Bruder, seinen jüngeren Stiefbruder, einen Onkel und dessen zwei Söhne findet man alsbald in Churfürstlich-Sächsischen oder Königlich-Polnischen Stellen.

Neben seinen Amtsgeschäften aber wußte Keyserlingk «sich noch einige Stunden des Tages für die feinere Ausbildung seines Geistes auszukaufen.» Hier studierte er, wobei Geschichte und Politik am Lebensende seine Lieblingswissenschaften waren, und dafür kam ihm «sein treffliches Gedächtniß sehr zu Statten». Seine Bibliothek muß groß gewesen sein, denn er hielt sich einen eigenen Bibliothekar. Nicht unbegründet war er Präsident der St. Petersburger Akademie geworden, und wurde er später, 1747, Mitglied der Societät der Wissenschaften zu Berlin. «Er liebete gelehrte Männer aufrichtig und zärtlich, stund ihnen mit Nachdruck bey, und speisete sie niemals mit leeren Hoffnungen ab.»[142] Vielmehr suchte er «ihnen selbst oder durch Vermittelung einen angemessenen Wirkungskreis zu verschaffen.»

Aber auch den Künsten widmete Keyserlingk seine Aufmerksamkeit; insbesondere war er als ein «Liebhaber und Kenner der Musik»[143] bekannt. Darin traf er sich mit dem sächsischen Hof: «Musik und Theater füllte einen großen Theil der Zeit des neuen Herrscherpaares aus.»[144] Auch mit Graf Brühl gab es hier Anknüpfungspunkte. Der Minister hatte 1735 eine eigene «Kapelle» gegründet, aus innerer Neigung, aber doch gleichsam mit des Königs musikalischen Interessen in Konkurrenz tretend und immer bemüht, das Augenmerk des Monarchen von den Regierungsgeschäften fernzuhalten. Die Musikausübung in Keyserlingks prachtliebendem Hause scheint einen intimeren, persönlicheren Charakter gehabt zu haben. Pisendel, der Anführer von Augusts Hofkapelle, verkehrte dort, des weiteren Friedemann Bach, seit 1733 Organist der Dresdner Sophienkirche, und der berühmte Lautenist Sylvius Leopold Weiß. Zureisenden Musikern, wie Benda, erwies Keyserlingk «viele Höflichkeit».[145] Und er erschien auch hier als großzügiger Förderer von Talenten: Außer bei Goldberg sorgte er bei dem Tscherkessen Pelegrazki,[146] den er von Rußland mitgebracht hatte, und der die Pandure virtuos spielte, für die bestmögliche musikalische Ausbildung; der «incomparable» Weiß[147] mußte ihn auf der Laute unterrichten. Aus späterer Zeit ist bekannt, daß Keyserlingk dem Violinisten Veichtner in seinem Gefolge eine Geige für 100 Silberrubel in Petersburg gekauft hat, bei der das «untere Saitenbrett» mit einem «ächten» Stein geziert war; von Veichtner erhielt sie der begabte zwölfjährige J.F. Reichardt geschenkt.[148]

Mochte der gemeinsame Enthusiasmus für die Kunst auch eine engere persönliche Verbindung schaffen, so muß es Keyserlingk dennoch klar gewesen sein, daß dieser König August, um den seine Minister ihre Netze immer enger zogen, kein Segen für Polen sein würde; und dieses Polen scheint Keyserlingk geliebt zu haben, galt er doch im Alter als ein besserer Kenner Polens denn die dortigen Minister;[149] er hat auch eine Geschichte Polens bis zum Jahr 1400 verfaßt. Solche Bedenken aber kamen hier nicht in Betracht. Den Interessen Rußlands entsprechend bewerkstelligte es Keyserlingk, daß der Pazifikationsreichstag in Warschau 1736 zustande kam und Friedrich August die Anerkennung als August III. von Polen brachte. Es mag Keyserlingk dabei befriedigt haben, daß Polen nun vom Kriegszustand befreit und Leszynski mit Lothringen abgefunden war.

Bis spät in die Nacht hinein war Keyserlingk auf dem Reichstag noch für heimatliche Zwecke bemüht: den Bestand Kurlands als Herzogtum zu sichern.[150] Auch dies gelang, und als der letzte Ketteler 1737 starb, wurde, wiederum unter der Mitwirkung Keyserlingks, Biron, der Günstling der Zarin Anna, kurländischer Herzog. Er residierte allerdings weiterhin am russischen Hof.

Kurz nachdem Keyserlingk nun dem sehr weltlichen Herrscher August seinen Titel gesichert hatte, besorgte er einem Geistesherrscher den seinen: Am 28. 11. 1736 wurde Keyserlingk das Dekret zugestellt, das Bach zum «Compositeur bey Dero Hof Capelle», am Churfürstlich-Sächsischen und Königlich-Polnischen Hofe ernannte. Bach hatte das Gesuch schon 1733 eingereicht. Ob es wegen der politischen Wirren liegen geblieben war, wie Spitta vermutet,[151] ob Kursachsen den Titel nicht vergeben wollte, solange Bach Kapellmeister eines kleineren Hofes war, wie Terry meint,[152] ob August vielleicht nur keine Lust verspürte, Bach besonders zu ehren, und doch auch keine abschlägige Antwort erteilen wollte, ist hier ohne Belang. Sicherlich aber geht die Annahme nicht fehl, daß Keyserlingk hinter der endgültigen Ausfertigung des Dekrets stand.[153] Denn der Hof zeigte kein Interesse, den neu ernannten Compositeur zu feiern und seinen Dank in persona entgegenzunehmen. Er kannte Bachs Orgelspiel von 1731 her, als Bach sich vor dem Hof hatte hören lassen,[154] und er hatte in Leipzig seine Huldigungsmusiken zu den Festtagen der königlichen Familie entgegengenommen. Aber man hatte am Orte einen ersten Compositeur – Hasse –, der zusammen mit seiner Frau fast das Zehnfache von Bachs Jahresgehalt verdiente, und die geliebten, allseits so hoch gefeierten Opern komponierte, um deren Ausstattung und Aufführung sich das Herrscherpaar «bis in's kleinste Detail» kümmerte.[155] War es vielleicht durchgesickert, daß Bach von den Opernarien als den Dresdner «Liederchen»[156] sprach, ja womöglich sogar in einer Aufführung gegähnt hatte[157]? Daß man in ihm einem streitbaren Musiker gegenüberstand, wußte man jedenfalls; hatte er doch, kaum in Leipzig eingesessen, das Urteil Augusts des Starken angerufen.[158]

Dem Konzert, das Bach aus Anlaß der Ernennung auf der neuen Silbermann-Orgel der Dresdner Frauenkirche gab, wohnte also nicht der Hof bei, sondern es fand statt «in Gegenwarth Sr. Excell. des Rußisch-Kayserl. Gesandten, Herrn Baron von Kayserlings, und vieler Procerum auch starcker Frequentz anderer Personen und Künstler».[159] Wenn Keyserlingk Bach nicht schon vorher persönlich gekannt hat, so wird er diesem Konzert mit gespannten Erwartungen entgegengesehen haben, mußte er doch über mehrere Seiten schon von Bach gehört haben: Die Dresdner und Leipziger Musiker standen in lebhafter gegenseitiger Verbindung, es gingen «fast alle Tage sichere und gründliche Nachrichten» hin und her;[160] Pisendel (1687–1755) kannte Bach von Weimar her,[161] und die ganze Hofkapelle, die als eine der besten Europas galt, darunter das Ehepaar Hasse und Quantz, hatte nach Bachs Orgelkonzert vor dem Hofe 1731 «gestanden, nie so etwas gehört zu haben.»[162] Einen Vorgeschmack auf Bachs Spiel konnte ihm Wilhelm Friedemann geben: auf dem Clavier (Klavichord) «zierlich, fein und angenehm», auf der Orgel «groß und feyerlich», daß einen «heiliger Schauder» überfiel.[163]

Wie der «Kern Dreßdnischer Merckwürdigkeiten» vermerkt, ließ sich Bach denn auch «mit besonderer Admiration» hören.[164] Gewiß hat Keyserlingk sogleich jene aufrichtende Kraft gespürt, die wir heute, trotz allen unermüdlichen Flusses – oder gerade wegen dieser Regsamkeit – aus Bachs Musik aufnehmen. Und er hat jenes Vertrauen gewonnen, das ihn von Bach «Stücke sanften und etwas muntern Charakters» erwarten ließ zu einer Zeit, als in besonderem Maße Sorgen auf ihm lasteten.

Denn in den nächsten, auf die Entstehungszeit der Goldberg-Variationen zugehenden Jahren zogen sich Wolken über Keyserlingks Schicksalsgang zusammen, Wolken, die sich zwar dann wieder zerstreuten, im Augenblick aber doch bedrohlich schienen. Ein Vorspiel bildete eine heikle Aufgabe im Jahre 1739:

Major Sinclair, von Schweden mit geheimen Aufträgen nach Konstantinopel entsandt, wurde auf der Rückreise auf einem Herrschaftsgebiet Birons in Schlesien ermordet und seiner Papiere beraubt. Es gab einen europäischen Skandal, und Rußland geriet in Verdacht, hinter dem Mord zu stehen. Es beauftragte Keyserlingk, die Verteidigung Rußlands zu übernehmen; er ordnete Untersuchungen an. Aber weder diese, noch die an alle europäischen Höfe versandte Versicherung, daß die Mörder, zwei Kosaken, nach Sibirien verbannt seien, konnten Rußland ganz reinwaschen.

Inzwischen wurde die Mißwirtschaft in Dresden immer größer, als nach dem Sturz des Ministers Sulkowsky 1738 der eitle, ehrsüchtige, intrigante Graf Brühl allein das Feld beherrschte. Es war abzusehen, daß nach dem Ruin der sächsischen Finanzen die Staatsgelder Polens, das August fast ohne Regierung ließ, würden herhalten müssen.

Die eigentliche Komplikation aber brachte die politische Entwicklung in Rußland. Ende Oktober 1740 starb, nach einem zweiten Schlaganfall, die Zarin Anna. Ein Thronfolger war zwei Monate vorher geboren worden, und die junge Mutter war zur Regentin bestimmt; doch rang Biron der Zarin noch auf dem Sterbelager ab, daß die Regentschaft ihm übertragen wurde. Diese und die folgenden Ereignisse am russischen Hof scheinen für die Entstehung der Goldberg-Variationen von Bedeutung: Die jungen Zareneltern suchten nach einer Möglichkeit, an die Macht zu kommen. Ihr Betreuer, der Vetter Keyserlingks, stand auf ihrer Seite, riet aber von überstürzten Schritten ab. Mit der Furchtlosigkeit und Umsicht, die allen drei Keyserlingk-Vettern in schwierigen Situationen eigen gewesen zu sein scheinen, schlug Johann Gebhard sogar einmal seinen unbedachten Schützling vor dem versammelten Kabinett heraus. Am Sturz Birons, der nach noch nicht einmonatiger Regierungszeit gelang, und seiner Verbannung nach Sibirien scheint Johann Gebhard nicht unmittelbar beteiligt gewesen zu sein. Hermann Carl v. Keyserlingk aber büßte nun unter der neuen Regentin Anna Leopoldowna seine «Dresdner Stellung» ein.[165] Offensichtlich vergaß sie ihm nicht, was er für den ihr verhaßten Biron getan hatte – und noch zwanzig Jahre später tun sollte, damit Biron, aus der Verbannung zurückkehrend, wieder kurländischer Herzog würde. Insgesamt war es eine große Frage, wie sich die Dinge entwickeln würden. Anna Leopoldowna betrug sich als Regentin sehr unklug; mit einer Revolution wurde bereits Mitte Juni 1741 gerechnet. Keyserlingk war darüber gewiß gut unterrichtet, wenn auch sein Vetter inzwischen in geheimer Mission an den Braunschweigisch-Wolffenbüttelschen Hof abgegangen war. «Die Unsicherheit der künftigen Zustände, welche aus dem an seinem Hofe tief eingenisteten Parteigeiste folgen könnte, machte ihn für seine Zukunft besorgt; deshalb kaufte er im Jahre 1741 die Herrschaften Gausig, Medewitz und Krosta in der Lausitz, um als Sächsischer Unterthan, wenn es seine Sicherheit erheischen sollte, auf den Schutz dieser Regierung rechnen zu können.»

Das war die Situation 1740/41, in der Zeit, in die mit aller Wahrscheinlichkeit die *Komposition der Goldberg-Variationen* fällt. Und diese Umstände waren in der Tat in besonderem Maße dazu angetan, daß Keyserlingk kränkelte und sich nach Aufheiterung umsah. Auch der frühe Entstehungstermin des Druckes der Goldberg-Variationen, den Walter Emery und, ihm folgend, Chr. Wolff propagiert haben, im Frühjahr 1741, läßt sich damit vereinigen. Durfte Bach sich doch, wie dargelegt, nicht lange Zeit lassen für die Komposition. Vielleicht hat Goldberg, um Keyserlingk die Variationen alsbald vortragen zu können, aus einer Abschrift gespielt – oder bei Bach in Leipzig die Noten auswendig gelernt.

In der momentanen Lebenssituation Keyserlingks liegt aber auch eine der möglichen Erklärungen dafür, daß eine Widmung im Originaldruck unterblieb: Unter den gegebenen Umständen konnte es problematisch sein, wie Keyserlingk zu titulieren war, da er ja seiner Dresdner Stellung enthoben war. Von einer anderen Seite her aber bereitete sich etwas zu seinen Gunsten vor, was wiederum in die Frage des Titels hereinspielt: König August vergaß Keyserlingks Verdienste nicht; nach dem Tod Karls VI. im Oktober 1740 war er laut Bestimmung der Goldenen Bulle Kaiservertreter bis zur Neuwahl. Diese Zeit nutzte er, Keyserlingk am 30. Oktober 1741 in den Reichsgrafenstand zu erheben – vierzehn Tage vor jenem Besuch Bachs bei Keyserlingk, der durch die Briefentwürfe von Joh. Elias Bach belegt ist. Keyserlingk wußte sicherlich, was geplant war; sollte kurz vorher noch sein Name mit dem Titel Baron in den Druck gehen?

Es ist also durchaus denkbar, daß Keyserlingk zur Zeit, als die Goldberg-Variationen gestochen wurden, nicht namentlich in Erscheinung treten wollte. Zum Grafentitel wurde er von August noch mit livländischen Gütern belehnt; und mit der Thronbesteigung Elisabeths, der Tochter Peters des Großen, am 25. November 1741 erhielt er seine Dresdner Stellung zurück.

Es ist interessant, daß Keyserlingk diese Phase existentieller Unsicherheiten im gleichen Alter von 45 Jahren durchzumachen hatte, in dem Bach mit dem Leipziger Rat so schwer aneinandergeraten war, daß man beschloß, ihm «die Besoldung zu

Hermannus Carolus Keyserling,
Comes S. R. Germanici Imperii, & Aquilæ albæ Eques,
Suæ Imperatoriæ Majestatis Russiarum Consiliarius ab intimis &
Minister Plenipotentiarius apud Suam Regiam Majestatem Poloniarum
& Electorem Saxoniæ

verkümmern»,[166] und Bach bei seinem Jugendfreund Erdmann anfragte, ob in Danzig eine «convenable station» zu finden sei.[167] Auch für Bach löste sich das Problem wenig später, da der neue Rektor J. M. Gesner sich zu seinen Gunsten verwendete. Das lag nun elf Jahre zurück.

1741/42, also gerade zur Zeit um die Entstehung der Goldberg-Variationen, war Gelegenheit gegeben zu einem engeren Verkehr zwischen der Bachischen und Keyserlingkschen Familie: Im nachbarlichen Hause der befreundeten Familie Bose am Thomaskirchhof (heute Bach-Gedenkstätte)[168] wohnte, begleitet von seinem Hofmeister, Keyserlingks Sohn Heinrich Christian, der, noch nicht dreizehnjährig, 1740 seine Universitätsstudien in Leipzig begonnen hatte. Bei den Besuchen, die Keyserlingk seinem Sohn abstattete, wird auch Goldberg immer wieder mitgekommen sein und sich neue Wissenschaft von Bach geholt haben. Die von Spitta aufgeworfene Frage, ob Heinrich Christian jener vornehme junge Herr war, den C. Ph. Emanuel einmal auf Reisen begleiten sollte, ist sicherlich zu verneinen[169] – so herzlich auch die Beziehungen zwischen Keyserlingks und C. Ph. Emanuel in Berlin waren, wie noch zu zeigen sein wird.

Wie mögen Joh. Seb. Bach und Keyserlingk innerlich wohl zueinander gestanden haben? Manches hatten sie gemeinsam: den ernsten Grundzug des Wesens, die Beschäftigung mit religiösen Fragen (Keyserlingk hat die Arbeiten kurländischer Theologen gefördert), die menschliche Offenheit, die warme Fürsorge für einen Kreis von Verwandten und Schützlingen. Beide ließen sich gerne von ihren Söhnen auf Reisen begleiten. Jedoch: Keyserlingk war Diplomat, und Bach war dies am allerwenigsten. Wege langwieriger Verhandlungen und Vergleiche hat Bach nicht geliebt. Keyserlingk mag manchmal staunend gestanden haben vor der Geistsicherheit, mit der Bach, aus der Erfahrung der absoluten musikalischen Wahrheiten heraus, seinen Weg ging und die Unzulänglichkeiten der irdischen Verhältnisse als Akzidentien betrachtete, die sich unterzuordnen hatten unter das höhere Werk; und über diese Unzulänglichkeiten konnte Bach recht kräftig derbe Worte und Scherze hören lassen. Er aber, Keyserlingk, mußte mit ihnen als bestimmenden Größen rechnen, mußte darauf seine Wirksamkeit aufbauen. Er erhob sich aus diesem «garstigen politischen Lied», indem er diejenigen in sein Herz schloß und förderte, die sich in einer reineren Sphäre bewegen durften – Wissenschaftler und Künstler –, und indem er sich in ihre Welt begab. Unter den Musikern seiner Dresdner Umgebung scheint er Bach besonders hoch geschätzt zu haben; denn zu ihm schickte er den jungen Goldberg, obwohl in Dresden selbst hervorragende Musiker zur Verfügung standen.[170] Er hoffte vielleicht dabei auf einen guten Einfluß von Bachs Persönlichkeit auf den leidenschaftlichen Knaben. Und da er sich von Bach «Stücke sanften und etwas muntern

◁ *Hermann Carl Reichsgraf v. Keyserlingk. Kupferstich von Lorenzo Zucchi. Originalgröße 26×38 cm. In der Mitte unten Keyserlingks Wappen, an seiner rechten Seite der am blauen Schulterband getragene Weiße Adlerorden.*

Charakters» bestellte, hat er offensichtlich einen anderen Eindruck von ihm gewonnen, als das heutige Bach-Bild ihn vermittelt, das am liebsten den streitbaren, cholerischen Bach zeichnet, der mit strengen Augenbrauen Kontrapunktisches ersinnt – wie ihn Haußmann porträtiert hat. Keyserlingk kannte Bach anscheinend anders, so, wie C. Ph. Emanuel von seinem Vater schreibt: «Der Umgang mit ihm war jedermann angenehm u. oft sehr erbaulich.»[171]

Für den geistigen Rang Keyserlingks spricht, daß er sich an den Variationen nicht «satt hören» konnte – an einem Werk, das heute noch keineswegs populär ist und erst beginnt, die Herzen zu gewinnen. Er nannte sie «nur *seine* Variationen»: Ein Strom des Helfenwollens, in den sich der Dank für erwiesene Hilfe gemischt hatte, war mit der Komposition von Bach zu Keyserlingk gekommen und hatte sich in seine Seele ergossen.

Auf der anderen Seite aber war Keyserlingk eben Diplomat und als solcher gewohnt, seine Aufmerksamkeit vielen zuzuwenden. Reichardt, der als Knabe Musikabende beim alten Keyserlingk miterlebt hat, berichtet von manchen Kompositionen, die dort vorgetragen wurden, darunter aber keine von J. S. Bach.[172]

Bach nun, so entsteht der Eindruck aus den vorhandenen Dokumenten, war in dem Verhältnis der zurückhaltendere; er trug auch menschheitlich die höheren Aufgaben. Das große Haus Keyserlingks hat ihn mit Gewißheit weniger beeindruckt als manchen Biographen. Er war gewohnt, mit Fürsten vertraulich umzugehen, und die Wohnungen, die er mit seinen Kompositionen betrat, waren weit großartiger und ehrfurchtgebietender, die Titel wurden dort nach ganz anderen Kriterien vergeben. Aber mit aller Sorgsamkeit hat Bach versucht, Keyserlingks Bedürfnissen gerecht zu werden; das geht aus Forkels Worten hervor und wird im Werk nachzuweisen sein. Die Variationen hätten nicht zu Keyserlingks Herzen gesprochen, wären sie nicht von Herzen gekommen. Jene nahe freundschaftliche Beziehung jedoch, wie sie Bach zu Fürst Leopold in Köthen, zu Herzog Ernst August in Weimar, zu Herzog Christian in Weißenfels gehabt hatte, scheint sich nicht mehr eingestellt zu haben. Diese drei hätten Bach «besonders geliebt», schreibt C. Ph. Emanuel; daneben sei sein Vater in «Berlin u. Dreßden besonders geehrt worden».[173]

Bis 1745 blieb Keyserlingk in Dresden. So lange wird er wohl mit Bach in wiederholtem Kontakt geblieben sein. 1744 führte ihn eine außerordentliche Mission nach Wien: Er sollte Klärung bringen, ob der österreichische Marquis de Botta an einem Komplott gegen die Zarin Elisabeth beteiligt gewesen war, das die russischen Verschwörer mit entsetzlichen Strafen büßen mußten. Die Lage war so prekär, daß der russische Gesandte in Wien schon erwog, in Österreich Asyl zu erbitten. Nun wurde Keyserlingk nach Wien geschickt. Dem entschlossenen Schutz Maria Theresias hatte es Botta schließlich zu danken, daß sich die wutschnaubende Elisabeth mit seiner fiktiven Arretierung in Graz zufrieden geben mußte.

1745 war Keyserlingk als Bevollmächtigter Rußlands bei der Kaiserwahl in Frankfurt. Den dort von Österreich anerkannten Kaisertitel der Zaren nun auch bei den Vertretern des Deutschen Reiches durchzusetzen, weilte er im nächsten Jahr in Regensburg. Am 29. Januar 1747 traf er als russischer Gesandter in Berlin ein. Friedrich II. wird ihn als Vetter seines vor eineinhalb Jahren gestorbenen Caesarion gerne aufgenommen haben. Doch war das Verhältnis zwischen dem preußischen und dem russischen Hof gerade dabei, sich zu verschlechtern. Abgesehen von sich entgegenstehenden politischen Interessen konnte wenig Sympathie aufkommen zwischen einem König, der Gedichte und Abhandlungen schrieb, der, rasch entschlossen, rasch handelnd, in den vordersten Reihen unter seinen Soldaten kämpfte, und einer Kaiserin, die Entscheidungen zaudernd hinausschob, die der festen Überzeugung war, Bücher lesen sei ungesund, und die lieber korpulent-anmutig die Nächte durchtanzte auf Bällen und sog. Maskeraden, zu denen die Männer auf ihren Befehl – mißmutig – in Damenkleidern, die Frauen – weniger mißmutig – in Herrenkleidern erscheinen mußten.

Ins Jahr 1747, zu dessen Beginn Keyserlingk nach Berlin gekommen war, fällt nun auch, auf den 7./8. Mai, Bachs Besuch bei Friedrich dem Großen. Es ist, sicherlich zurecht, angenommen worden, daß Keyserlingk dabei mitgewirkt hat, vielleicht auch, wie Miesner meint, um amtliche Schritte zu erledigen.[174] Ein Zusammentreffen Keyserlingks mit Bach ist allerdings nicht belegt. Im nächsten Jahr wurde die Verbindung mit C. Ph. Emanuel enger: Am 26. September 1748 stand «Ihro Excell: der Graf v. Keyserling» Pate bei dem zweiten Enkel Bachs, ebenfalls einem Johann Sebastian.[175] Eine Komposition C. Ph. Emanuels mit dem Titel «La Juliane» von 1755 kann vielleicht als eine späte Charakterisierung von Keyserlingks älterer Tochter gedeutet werden.[176]

1749 wurde Keyserlingk wieder nach Dresden beordert und reiste am 23. März von Berlin ab. Es gibt keine Nachricht darüber, ob er von Dresden aus noch einmal mit Bach in Verbindung getreten ist. Sicherlich ist ihm zu Ohren gekommen, daß Minister Brühl im Mai 1749 seinen Schützling Harrer zum Nachfolger im Thomaskantorat vorschlug. Bach war durch den fortschreitenden Star wahrscheinlich im Reisen behindert.[177] Keyserlingk hätte ihn also in Leipzig aufsuchen müssen – ob er es getan hat, ist fraglich.

Die Keyserlingksche Familie blieb den Bachen gewogen. Mit Verwandten Keyserlingks hat C. Ph. Emanuel korrespondiert. Und W. Friedemann hat im Alter von Mitgliedern der weitverzweigten Familie Unterstützung empfangen.[178]

Der weitere Lebensweg des russischen Gesandten Hermann Carl v. Keyserlingk sei noch kurz gestreift:

1752 ging Keyserlingk für 10 Jahre als russischer Gesandter nach Wien mit dem Auftrag, «den Oestreichischen Unterthanen griechischer Religion Erleichterungen zu verschaffen, Serbien und Illyrien nicht aus den Augen zu verlieren und die Einverleibung Croatiens mit Ungarn zu hintertreiben, auch mit Sorgsamkeit die Verhandlungen der Pforte zu überwachen.» Dafür wurde Keyserlingk 1753 der St.-Andreas-Orden verliehen. Sodann wirkte er am russisch-österreichischen Bündnis gegen

Preußen mit – gegen einen König, mit dem er sich vor wenigen Jahren noch hatte arrangieren sollen, gegen ein Land, in dem sich die Verwandtschaft Diedrichs und inzwischen auch sein anderer Vetter Johann Gebhard angesiedelt hatte, dessen junge Witwe Keyserlingks Sohn in zweiter Ehe heiraten sollte.[179] Seine Dienste wurden gut bezahlt: Zum Friedenskongreß in Augsburg z.B. wurde ihm ein monatliches Gehalt von 2000 Rubeln bewilligt, dazu 3000 Rubel Tisch- und Quartiergelder, 12000 Rubel zur Reise, 5000 Rubel zum Ameublement und 8000 Rubel zu einem silbernen Service.

Zar Peter III., der Preußenfreund, der laut dem Testament Elisabeths Ende 1761 auf den Thron kam, berief Keyserlingk nach Petersburg, um ihm Direktriven für eine Verwendung in Warschau zu geben. Als er dort ankam, hatte Katharina die Große den ihr verhaßten Gemahl schon beseitigt. Sie empfing Keyserlingk «mit großer Auszeichnung» – sie wußte, daß es jetzt galt, sich treue Anhänger zu werben – «und sandte ihn, nach Verleihung des St.-Alexander-Newski-Ordens, als Großbotschafter nach Polen». Hier sollte er kräftig in die verfahrene polnische Staatsverwaltung hineinwirken und nach dem Tode Augusts III. 1763 die Wahl Poniatowskis durchsetzen, eines ehemaligen, noch immer treuen Liebhabers von Katharina, der nun auch, um als König Anerkennung zu finden, zu einer Heirat mit einer Polin überredet werden mußte. Katharinas Rechnung in bezug auf ihren Liebhaber sollte nicht ganz aufgehen, denn er verband sich dann unerwartet mit den nationalen Interessen Polens. Keyserlingk aber hat das nicht mehr erlebt. Er, «der schon seit längerer Zeit gekränkelt hatte», sah durch sein vielseitiges Wirken in Polen «seine Krankheit sich in bedenklicher Art steigern und sein Ende herannahen... Am 30. September 1764 erlag er der Krankheit, betrauert von einer Nation, derem Dienste er seine besten Kräfte geweiht hatte; er starb mit dem Muthe eines Christen, der, seines redlichen Willens gewiß, mit Freuden zur Ewigkeit eingeht.» Seine Leiche wurde nach Kurland gebracht und «mit großem Gepränge» auf dem Erbgut Blieden[180] beigesetzt, das sein Vater schon früh erworben hatte.

Reichardt hat eine Schilderung des alten Keyserlingk gegeben, die sehr persönlich ist, aber vielleicht gerade darum tiefer hineinführt in das Wesen Keyserlingks und seine Beziehung zur Musik als alle Würdigungen.[181] Es ist eine Erinnerung aus der Zeit, da Reichardt – geb. 1752 – als 10- bis 12jähriger Knabe und geigendes Wunderkind immer wieder in das Nachbarhaus der Gräfin Truchseß-Waldburg, der Witwe Johann Gebhards, geladen wurde, in das bei der Heirat mit Keyserlingks Sohn Heinrich Christian ein glanzvolles Leben einzog, mit Pferdezügen, Kutschen, französisch eingerichteten Zimmern, kostbaren Gemälden, glänzenden Livreen, Mohren, Kosaken und Heiducken. Hier spielte der Knabe auch in Abendkonzerten, als Graf Hermann Carl auf der Durchreise im Hause seines Sohnes weilte. Der Graf war damals über die Mitte der Sechziger Jahre hinaus, stand dem Lebensende nahe und war, wie zitiert, schon lange kränklich. Reichardt schreibt:

«Der alte an Gestalt und Sitte herrliche Gesandte Graf *Kaiserling* war der allerleidenschaftlichste Kunstenthusiast, der vielleicht je die Tonkunst in vollen Zügen genossen hat. Der lebhafte Antheil, mit welchem er Musik anhörte, wuchs oft im Entzücken bis zu einer totalen Abwesenheit; und diese hohe Spannung, diese tiefe Rührung äußerte sich zuletzt in sehr heftigen Bewegungen des Körpers, besonders des rechten Armes, der dann an den übrigens ganz hingegebenen, gleichsam entseelten Körper, mit heftiger Bewegung convulsivisch anschlug. Das Geräusch, welches der Arm dadurch auf dem langen damastnen, goldgestickten Schlafrock machte, in welchem er die Musik ganz gemüthlich, aber stehend anzuhören pflegte, weckte ihn selbst oft, als eine Störung, die sich außer ihm ereignete, wie aus einem tiefen Traume. In solchen Traum versunken seufzte und jammerte er oft bei ergreifenden Stücken so tief in sich, daß es alle Anwesenden rührte, und bei feurigen Stellen oder glücklich überwundenen Schwierigkeiten jubelte er oft laut auf und kam mit dem ganzen Körper in die lebhafteste Bewegung. Dieser hochgespannte Enthusiasmus, dieser schmerz- und freudenvolle Genuß war aber so ächt, so wahr, stand dem ganzen schönen, herrlichen Greise so ganz als seine eigen Natur an, daß man nie einen der Anwesenden lachen oder auch nur darüber lächeln sah, so fremd und auffallend seine Geberden auch sein mochten, denn es war etwas unverkennbar Heiliges in seinem Entzücken. Man konnte sich dabei den heiligen Tanz David's vor der Bundeslade her lebhaft denken. Am Ende eines solchen hoch empfundenen Stückes wurden dann auch oft von Gliedern der edlen Familie, aus der gewöhnlich das ganze Auditorium bestand, Hände und Wangen mit ebenso herzlicher Verehrung dem Greise geküßt, als er selbst den glücklichen Virtuosen, der ihn so gerührt und entzückt hatte, küßte und liebkoste. Die ganze Gesellschaft war nach einem so genossenen Musikstück in der höchsten Erregung und man theilte einander die lebhaftesten Empfindungen ungescheut mit aufrichtiger Herzlichkeit mit...

So erlebte der Knabe schon früh im Norden, an Nordländern eine Theilnahme und Bewegung an der Musik, wie er sie später in dem Grade und hohen Verein nur jenseits der Alpen wiederfand.

Solchen Familien sollte die dankbare Vaterstadt Denkmäler weihen, wie sie in früheren Zeiten den Medicis und Fugger's wurden. Sie zünden in Vielen den heiligen Funken an, mit dem der innere Mensch erwacht und nähren ihn bis zu der heiligen Gluth, in welcher die Seele sich selbst ganz fühlt und ihre höchste Bestimmung ahnet. Sie heiligen gewissermaßen die Kunst und ihre Ausübung vor den Augen der Menge, die selbst nicht begreift, wie mit ihr der bessere, innere Mensch erwacht und jede Veredlung des wilden Natursohnes von ihr ausgeht.»

Mochte das Sich-Verlieren an Empfindungen bei Keyserlingk 20 Jahre früher, da Bach die Goldberg-Variationen für ihn schrieb, auch weniger weit vorgeschritten sein – in der Dresdner Oper war es schon 1740/45 Usus, die wechselnden Gemütsregungen der Musik mit Murmeln und Ausrufen des Mitgefühls und Entzückens zu begleiten[182]–, so ergibt sich doch eine Ahnung, in welche Atmosphäre hinein Bach seine letzten Kompositionen gestellt hat als eine therapeutisch reinigende Welt streng absoluten Tonwebens.

V
Johann Gottlieb Goldberg

«...; daß ich alle Tage von der seltnen Fertigkeit im Treffen eines unermüdten GOLDBERGS mit Erstaunen reden höre;»
Marpurg, Des critischen Musicus an der Spree erster Band. 25. März 1749

Als eine Art Musikpage[183] kam Goldberg in Keyserlingks Gefolge. Lange Zeit wußte man zwar von seiner Existenz und von der Bewunderung, die seine Virtuosität erregt hatte, aber genauere Lebensdaten waren nicht bekannt. Ernst Dadder hat dann vor 60 Jahren den Spuren Goldbergs nachgeforscht und manches klären können. Einen Auszug seiner Ergebnisse hat er im Bach-Jahrbuch 1923 veröffentlicht.[184] Weite Partien von Goldbergs Lebenslauf, der rasch zu leuchtendem Glanz führte und rasch verlosch, bleiben danach allerdings weiterhin so rätselhaft wie der Charakter des früh Verstorbenen. Die von ihm bekannten Daten sind deshalb schnell aufgezählt:

Johann Gottlieb Goldberg
(in der Taufurkunde Gollberg geschrieben, daneben auch Golberg oder Goltberg)

1727 14. 3. getauft in Danzig
Als Knabe von Keyserlingk nach Dresden mitgenommen, in der Lehre bei J. S. Bach in Leipzig, im Gefolge Keyserlingks in Dresden, Berlin und wieder Dresden

1751–56 Kammermusikus in der Kapelle des sächsischen Premierministers Graf Brühl in Dresden

1756 15. 4. begraben in Dresden

Sicher umgrenzt sind also nur die fünf Jahre, da Goldberg in Brühls 15köpfiger Kapelle gewirkt hat mit einem Monatsgehalt von 25 Talern. Das ist ein Jahresgehalt von 300 Talern – gegenüber Bach, der von 700 Talern eine vielköpfige Familie zu versorgen hatte, kein geringes Einkommen. Hier ist er, noch nicht 30 Jahre alt, gestorben. Am 15. April melden die «Curiosa Saxonica» seinen Tod, und der «Kern Dreßdnischer Merckwürdigkeiten» widmet ihm folgende Notiz: «15. April ist auch Herr Johann Gottlieb Goldberg, Hochgräflicher Kammermusicus, so im 29. Jahre an der Verzehrung» – der Schwindsucht[185] – «todes verfahren, und wegen seiner Geschicklichkeit im Clavecinspielen bedauert wird, nach St. Johannis begraben worden.» Für Mai und Juni wurde sein Gehalt noch ausbezahlt, um Begräbniskosten und Schulden zu decken. Laut kirchlichem Wochenzettel hat er zuletzt, «ledigen Standes», in der «Töpfergasse in Bährs Hause» gewohnt und, wie Reichardt weiß,[186] ein «höchst sonderbares, störrisches Leben» geführt.

Alles, was vor den fünf Jahren in der Kapelle des Grafen Brühl liegt, muß im Ungefähren bleiben. Es scheint, daß Goldberg davor ausschließlich im Dienste Graf Keyserlingks gestanden hat. Ob er Keyserlingk bei seiner besonderen Mission 1744 nach Wien, 1745 zur Kaiserwahl nach Frankfurt und während der Regensburger Zeit 1746 begleitet hat, ist nicht bekannt.[187] 1747/48 weist ihn die Notiz eines Zeitgenossen in Berlin aus als «in den Diensten des damaligen Rußischen Gesandten Graf Keiserling zu Berlin» stehend,[188] ebenso die dem Kapitel vorangestellte Bemerkung Marpurgs im «Critischen Musicus an der Spree».[189] Anscheinend ist Goldberg auch mit Keyserlingk nach Dresden zurückgekehrt.[190] Eine gewisse Zeit allerdings, vielleicht einige Male für kürzere Besuche, war er bei seiner Familie in Danzig, denn er hat dort seine jüngere Schwester unterrichtet. Das könnte in Keyserlingks erste Wiener oder die Regensburger Zeit fallen; vielleicht hat aber auch Keyserlingk, der selbst seine verwandtschaftlichen Beziehungen pflegte, ihn auf Reisen in Danzig abgesetzt und für einige Zeit beurlaubt.

Von einer seiner Reisen hatte Keyserlingk den Knaben mit nach Dresden gebracht. Nach Forkel ist dies von Königsberg aus geschehen. Da die Familie Goldberg aber immer in Danzig seßhaft gewesen zu sein scheint, hat Dadder angenommen, daß Danzig der Ausgangsort war. Goldbergs Vater war hier ein berühmter Lauten- und Geigenbauer, von dem gute Instrumente bekannt sind.[191] Der junge Goldberg kann beim ersten Musiker Danzigs Anfangsunterricht erhalten haben, Kapellmeister Freißlich, der offensichtlich mit der Familie befreundet war, da er bei Goldbergs Schwester Pate stand; oder beim Danziger Organisten Du Grain, einem hitzigen Sonderling, der als einziger imstande gewesen sein soll, «Goldberg'sche Claviersachen vollkommen gut und frei vorzutragen.»[192]

Keyserlingk war in der zur Frage stehenden Zeit zweimal nachgewiesenermaßen in Danzig: 1734, nachdem die Stadt, die sich im Streit um den polnischen Thron dem Gegenkönig Leszynski angeschlossen hatte, vor den russischen Truppen hatte kapitulieren müssen – damals war Goldberg ein Kind von sieben Jahren; und 1737 zur Tagung der «Kurländischen Commission». Dadder vermutet, daß Keyserlingk Goldberg von diesem zweiten Danziger Aufenthalt mitgebracht hat. Goldberg wäre somit zehn Jahre alt gewesen, als er, ein Knabe, «der ein seltenes Talent und große Anlage für Musik zeigte»,[193] nach Dresden kam.

Nicht genau datierbar – wie so vieles in Goldbergs Lebenslauf – ist, wann er Unterricht bei Bach bekam. Spitta äußerte die Ansicht, daß Goldberg erst zu Johann Sebastian nach Leipzig mitgegeben wurde, als Keyserlingks gleichaltriger Sohn 1740 die Universität bezog.[194] Wenn Keyserlingk aber 1740/41 schlaflose Nächte hatte und Goldberg ihm dann vorspielen sollte, muß Goldberg gerade in dieser Zeit vorwiegend in Dresden gewesen sein; ein Teil des Unterrichts bei J. S. Bach muß also schon vorher liegen. Goldberg wird noch immer mitgekommen sein, wenn Keyserlingk zu seinem Sohn fuhr, und wird wohl auch, wenn Keyserlingk ihn freigab, einige Zeit in Leipzig geblieben sein. In Kurzbesuchen allein aber hat er wohl kaum die Bachsche Kompositionsart so intensiv studieren können, wie das aus seinen Werken spricht.

Nun hat W. Friedemann in einer Widmung seines Klavierkonzertes e-Moll den Ruhm, Goldberg ausgebildet zu haben, für sich in Anspruch genommen: Er erinnert die Kürfürstin Maria Antonia Walpurgis 1767 daran, daß «ein gewisser, damahls bey dem am Churfürstl. Sächsch. Hofe stehenden Russischen Gesandten Herrn Grafen von Kayserling befindlicher junger Mensch, Nahmens Goldberg, die hohe Gnade hatte, eine Probe von seiner in der Music unter meiner Anführung erlangten Fertigkeit abzulegen».[195] Diese Bemerkung, ferner die Überlegung, daß W. Friedemann in Dresden am Ort zur Verfügung stand, haben dazu geführt, daß die Ansicht aufgekommen ist, W. Friedemann sei der Hauptlehrer Goldbergs gewesen;[196] Falck in seiner Biographie W. Friedemanns ist sogar so weit gegangen zu formulieren, daß J. S. Bach «nur noch letzte Winke zu geben brauchte».[197] Dagegen sprechen die Angaben der Zeitgenossen, die samt und sonders Goldberg nur als Schüler Johann Sebastians nennen: Hiller, der Goldberg in Dresden gesehen oder doch von ihm gehört haben muß,[198] Reichardt, der seine Informationen von Goldbergs Schwester hatte,[199] Hertel, der Goldberg in Berlin persönlich kennengelernt hat,[200] und C. Ph. Emanuel Bach[201]. Dadder ist also wohl der Wahrheit näher mit der Auffassung, Friedemann habe seinem Vater wie in anderen Fällen als Lehrgehilfe zur Seite gestanden. Der salomonische Urteilsspruch aber ist von Wanda Landowska gekommen: «Mais, en admettant même que Goldberg ait pris quelques leçons avec Wilhelm Friedemann, il n'en reste pas moins, et de façon irréfutable, que c'est à Jean-Sebastien qu'il doit tout.»[202] («Aber, wenn man auch einräumt, daß Goldberg Unterrichtsstunden bei Wilhelm Friedemann gehabt hat, so bleibt dennoch und unwiderlegbar Bach derjenige, dem er alles verdankt.»)

Wer war nun dieser Knabe oder Jüngling, dessen Lehrer zu sein, Ruhm bedeutete, dem in jungen Jahren eine so hohe Aufgabe gestellt wurde, daß Zweifel aufgekommen sind, ob er sie bewältigen konnte?

«Das Lob, das ihm diejenigen zollten, die ihn gehört hatten, war ohne Gränzen», schreibt Reichardt, dem Goldbergs Name neben dem Sebastian Bachs schon früh genannt worden war als der eines ähnlich großen Virtuosen mit «unglaublicher Fertigkeit und Meisterschaft im Claviere».[203] Bach selbst soll ihn «jederzeit für seinen stärksten Schüler im Klavier und in der Orgel gehalten» haben.[204] Und diese Könnerschaft kam nicht von ungefähr. «Er beschäftigte sich aber auch Tag und Nacht mit der Musik und kümmerte sich um alles übrige durchaus gar nicht.»[204] Das erleichtert die Sorge, daß die für Keyserlingk durchwachten Nächte der leiblichen und seelischen Entwicklung des Knaben unmöglich förderlich gewesen sein können. Es bewahrt aber auch davor, sich dem flüchtigen Urteil Hermann Kellers anzuschließen,

Goldberg sei mit der Benennung der Variationen «zu einer billigen Unsterblichkeit gekommen», die eher Keyserlingk zustehe.[205] Wie hätten die Goldberg-Variationen ausfallen müssen, wenn zu ihrer Interpretation nicht ein fanatisches Wunderkind, sondern nur ein begabter, fleißiger 14jähriger zur Verfügung gestanden hätte?

Außerordentliche Fertigkeit hatte Goldberg im Blattspiel. «Nie besaß einer eine größere Stärke im Spielen à livre ouvert; daher man ihn nur den Noten-Freßer zu nennen pflegte.»[206] Reichardts Vater, selbst Musiker, hat ihn «in Dresden ein schweres, neues Flügelkonzert, mit welchem man seine unerhörte Fertigkeit im Notenlesen so recht auf die Probe stellen wollte, umkehren, und so verkehrt von unten hinauf, ohne allen Anstoß abspielen, und alsdann mit Verachtung unter den Flügel werfen» sehen.[207]

In dieser köstlichen, sprechenden Anekdote kommt es zum Ausdruck: Goldberg war ein «eigensinniger, melancholischer und starrköpfiger Sonderling».[208] Von seinen beiden Schwestern liebte er die jüngere, Florentina Concordia, so leidenschaftlich, «daß er sie durchaus zu einer Virtuosin im Clavier machen wollte, ohnerachtet sie weder Talent noch Lust dazu hatte, und sich die unsäglichste, gänzlich verlohrne Mühe mit ihr nie verdrießen ließ»; dahingegen die ältere, Constantia Renata, «welche die brennendste Liebe und ein seltnes Genie zur Musik hatte, nie den mindesten Unterricht von ihm erhalten konnte. Sie mußte ihm alles durch verschloßne Thüren des Nachts abhorchen; brachte es aber ohne allen eigentlichen Unterricht dahin, daß sie die schwersten Bachischen, und die oft noch schwereren Claviersachen ihres Bruders, gleich ihm mit großer Vollkommenheit spielte.»[209] Diese Schwester Goldbergs hat Reichardt in Danzig kennengelernt und von ihr seine Mitteilungen und Goldbergsche Claviercompositionen erhalten. Sie «war damals schon viele Jahre an einen Major oder Obersten der Danziger Stadtmiliz verheurathet, und hatte ihre große Kunst in der letzten Zeit wenig geübt; demohngeachtet spielte sie jene ungeheuer schweren Sachen ihres Bruders noch mit ganz unglaublicher Fertigkeit und Kraft.»[210]

Von den Kompositionen Goldbergs war schon zu Reichardts Zeiten nicht mehr viel vorhanden, weil Goldberg «das meiste davon zu zerreißen und gutwillig nie etwas mitzutheilen pflegte».[211] Er soll es «doch immer nur als elende Kleinigkeit für Damen haben gelten lassen wollen».[212] Heute sind noch erhalten: zwei Kantaten, vier Triosonaten, eine Quatuorsonate, zwei Cembalokonzerte, und für Klavier solo ein Praeludium, ein Praeludium mit Fuge, eine Sonate, und 24 Polonaisen in allen Tonarten.[213] Das ist nicht die Palette eines Virtuosen, der eitel nur an sein Spiel und seinen Glanz denkt. Es scheint vielmehr, als habe sich Goldberg mehr gewünscht als nur den vergänglichen Ruhm des gefeierten Instrumentalisten. Aber die Urteile über den Komponisten Goldberg gehen auseinander. Forkel nennt Goldberg «ohne besondere Anlage zur Composition».[214] Spitta findet gleichwohl ein ihm bekanntes Praeludium C-Dur gediegen und, «wie zu erwarten», sehr brillant.[215] Reichardt bestätigt einmal Forkels Urteil: «Er war jedoch nicht gerade ein musikalisches Genie und ohne besondere Begabung für die Composition»,[216] läßt aber in der Berlinischen

Musikalischen Zeitung diesen Passus aus und setzt Forkel entgegen, er habe wahrscheinlich «nichts oder doch nur das unbedeutendste» von Goldbergs «Claviersachen» kennengelernt.[217] Diese Klavierkompositionen hielt Reichardt für sehr schwer: «... denn ohnerachtet er» – Reichardt – «viele Sachen von Sebastian Bach, und fast alle von Carl Philipp Emanuel Bach mit Fertigkeit und Ausdruck vortragen lernte, ward es ihm doch nie möglich auch nur eine Goldbergsche Polonoise oder variirte Menuet[218] bis zu einiger Sicherheit und Rundung im Vortrage zu üben.» Die linke Hand sei «nicht nur der rechten vollkommen gleich beschäftigt – welches in Seb. Bachs Compositionen auch meistens der Fall ist – sondern sie hat oft so muthwillig gehäufte undankbare Schwierigkeiten, daß man wohl auf den Gedanken kömmt, er habe einen ganz eignen Bau der Hand gehabt, vielleicht von so seltner Größe und weiter Umspannung, wie man in der letzten Zeit an Herrn Wölfl gesehen und bewundert hat. Dabei ist die Melodie oft kalt und trocken, und der Gang des Ganzen nicht selten verworren, der Sinn aber ist so tief und die Arbeit so groß, daß man den ächten altpreußischen Humoristencharakter in den Werken dieses Meisters wohl erkennen sollte, wenn man auch nicht wüßte, daß er ein Preuße von Geburt ist.»[219]

Dieses Urteil Reichardts wird man in den wesentlichen Punkten, ausgenommen wohl den Schwierigkeitsgrad der Klavierwerke, bestätigt sehen, wenn man die heute im Notenhandel erhältlichen Stücke Goldbergs studiert – Praeludium und Fuge f-Moll für Klavier,[220] drei Polonaisen für Klavier,[221] die zwei Kantanten «Durch die herzliche Barmherzigkeit» (zum Johannisfest) und «Hilf Herr» (Psalm 12),[222] und die neuerdings Goldberg zugewiesene Triosonate BWV 1037.[223] Natürlich läßt sich aus diesen wenigen Werken ein letztgültiges Urteil nicht ablesen, zumal sie noch in zwei Stile zerfallen: in die kontrapunktisch-archaisierenden Kompositionen mit Sturm-und-Drang-Elementen, die in die Lehrzeit bei Bach gesetzt werden und ganz unter dessen Einfluß stehen, so daß bei den beiden Kantaten wie bei der Triosonate sich die Frage stellt, ob Bach nicht sehr stark beratend und korrigierend eingegriffen hat; auf der anderen Seite in die dem Dresdner Modestil sich anpassenden Polonaisen, die der Zeit in der Brühlschen Kapelle zugeordnet werden – ab 1750 erlangten Polonaisen in Dresden große Beliebtheit.[224] In die spätere Zeit werden auch die beiden Klavierkonzerte und die Klaviersonate gesetzt.[225] Goldberg ist wegen seiner Fähigkeit, sich verschiedenen Stilen anzupassen, als rezeptive Begabung bezeichnet worden,[226] und gewiß komponiert er mehr nachempfindend als eigenschöpferisch. Einbezogen muß auch werden, daß die erhaltenen Kompositionen mit großer Wahrscheinlichkeit zu denjenigen zählen, die Goldberg am besten gelungen sind; denn man wird ihm wohl so viel Urteilsfähigkeit zusprechen müssen, daß er, wenn er schon einmal etwas von seinen Schöpfungen «mittheilte», die besten davon wählte.

Einiges nun läßt sich aus dem Vorhandenen doch feststellen: Goldberg bewegt sich mit erstaunlicher Fertigkeit, ja mit einer in solcher Frühreife «beinahe beängstigenden Virtuosität»[227] im kontrapunktischen Satz und zeigt Anpassungsfähigkeit im Stimmungsgehalt. Man spürt einen stets bemühten, drängenden Willen, der sensibel aus dem Nerv gestaltet, wie das später für Beethoven typisch ist; gelegentliche leidenschaftliche Melodien im «sonoren Klang»[228] der Mittel- und Baßlage weisen auf die Romantik voraus. Die Klavierkompositionen, ganz aus dem Spielen genommen, lassen ahnen, wie Goldberg musiziert haben muß: Sie deuten auf eine umfassende Gestaltungspräsenz des Interpreten. Die linke Hand – wie Reichardt schon bemerkt – benötigt die gleiche Aufmerksamkeit und Ausdrucksfähigkeit wie die rechte, auch dort, wo sie scheinbar unbedeutende Baßschritte hat; die starke Expressivität, die bei Goldberg in der linken Hand liegt, kann vermuten lassen, daß er vielleicht Linkshänder, jedenfalls beidhändig gleich begabt war – und hier sieht man, mit welchen besonderen Fähigkeiten Bach bei den Goldberg-Variationen rechnen konnte, wenn er in den virtuosen Variationen die Hände gleichwertig einsetzte. – Ohne eine sensible Gestaltungswachheit bleiben Goldbergs Kompositionen undurchsichtig oder blaß, fallen abrupte Abbrüche auf. Sie tragen sich nicht selbst – während bei Bachs Werken Größe und souveräne Überschau des Komponisten auch in schlechterer Wiedergabe durchblicken. Diese Überschau, so scheint es, hat Goldberg erkannt und erstrebt – er ist unter den Schülern Bachs derjenige, der den Lehrer am genauesten nachahmt –, und die Tragik erlebt, daß er sie nicht zu erreichen vermochte. Seine Klavierstücke wirken wie großartige, sehr gekonnte Improvisationen – «in seinen Phantasien soll er unerschöpflich gewesen seyn».[229] Aber sie kommen doch letztlich nicht über ein sehr geschicktes, sehr dramatisches Fortspinnen hinaus. Es kann geradezu rühren, in Praeludium und Fuge f-Moll zu sehen, mit welch intensiver Aufmerksamkeit Goldberg die Mittel Bachs studiert hat, und wie er sie nun selbst verwendet: lange Gänge in die Tiefe oder Höhe, sequenzartige Steigerungen, der wechselnde Beitrag der Stimmen zur Bewegung, die Vorbereitung eines neuen Stimmeinsatzes, Schlußsteigerung mit nochmaliger Themawiederkehr, sodann Abbrechen und akkordische Einschübe, wie sie Bach im Wohltemperierten Klavier II häufiger vor den Schluß setzt – und eine feierliche Schlußkadenz, wie in so mancher Orgelfuge Bachs. Keinen Augenblick schont Goldberg seine Kräfte, bzw. die Kräfte seines Interpreten. Wie eine Analyse von Goldbergs Werken, die A. Dürr durchgeführt hat,[230] zeigt, möchte Goldberg alle kontrapunktischen Künste, gleich Bach, beherrschen: Engführung, Umkehrung, Mehrthematik, Kanonisches – das alles findet sich bei ihm, teilweise gehäuft. Wenn man virtuose Freiheiten erwartet, eingestreute Läufe, fantasierende Arpeggien o.ä., so irrt man sich. Ganz exakt möchte er sein, exakter noch als Bach – im Einhalten der Stimmenzahl,[231] in der Bezifferung des Generalbasses, in der Aufzeichnung der Oktavierung, die der Cembalist zur Verstärkung verwendete;[232] Läufe werden nicht frei genommen, sondern genau ausgezählt (siehe Abbildung, Schluß des Praeludiums). Praeludium und Fuge f-Moll, faszinierend trotz ein paar Ungereimtheiten, streben wie andere Werke Goldbergs Weiträumigkeit an – auch die weit ausgreifende Führung der Singstimmen im Rezitativ der Kantaten eifert Bach nach.

Johann Gottlieb Goldberg. Anfang und Schluß von Praeludium und Fuge f-Moll. ▷

Andante.
Prélude.

Fugue.
Adagio.
tr
FIN.

Goldberg muß Freude daran gehabt haben, seine Hände flächig zu verwenden, also, wie Reichardt aufgefallen ist, sehr dehnfähige Hände gehabt haben. Eine Dreiklangsbrechung im Praeludium in der linken Hand deutet auf den beigefügten Fingersatz:

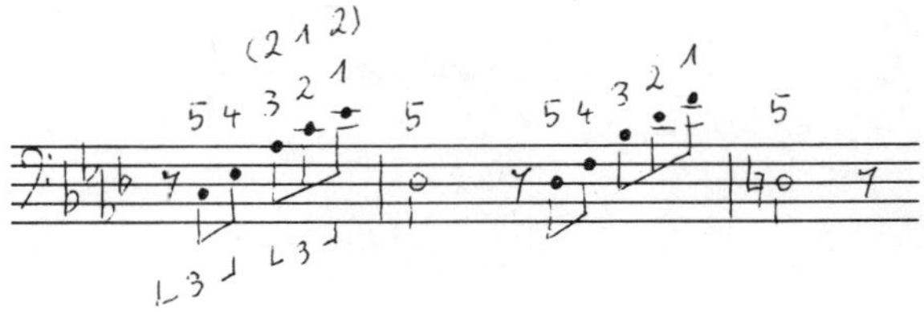

Dadder meint sogar, daß Goldberg die folgende Stelle aus dem Klavierkonzert Es-Dur ohne Daumenuntersatz gespielt hat:[233]

3. Satz, Takt 99

Das mag anregen, in Var. 26 der Goldberg-Variationen es mit einem ähnlich flächigen Fingersatz zu versuchen:

Var. 26, rechte Hand

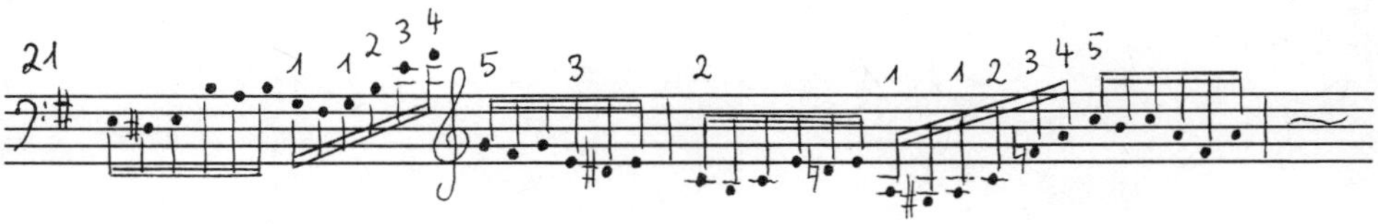

Die Polonaisen aus der späteren Zeit in der Brühlschen Kapelle zeigen noch den gleichen unruhigen Impetus. Aber jetzt, wo ihm das Kontrapunktische nicht mehr Leitfaden ist, kommt Goldberg nur noch zu einem Konglomerat verschiedenartiger Einfälle, die manchmal mutwillig, aber nie verzärtelt sind. Das Wollen ist noch immer groß: Goldberg schreibt 24 Polonaisen in allen Tonarten, der kosmischen Welt Bachs sich erinnernd. Auch in den «sehr schweren Flügelkonzerten» ist er «weit entfernt von der Einfachheit der sich anbahnenden Frühklassik»,[234] und ihre «mit Resten des strengen Stils»[235] durchsetzte Orchesterbegleitung bezeugt, daß Goldberg seine Lehre nicht vergessen hat, daß er nach mehr strebt als den «dürftigen zweistimmigen Gebilden, die in der zeitgenössischen Produktion schon die Regel bedeuten».[235] Wenn man diese Konzerte spielt, wird man allerdings nicht darüber hinwegsehen können, daß, bei viel Lebendigkeit im Harmonischen, die thematische Substanz doch dünn bleibt; und hat man sich von einem Virtuosen spieltechnische Erfindungen erwartet, so wird man enttäuscht. Goldberg hat sich wohl auf die Faszination seines Spiels verlassen, bei dem er improvisierend ausschmückte. Einige dieser Varianten, die Goldberg festgehalten hat, fügt Dadder seiner Ausgabe des d-Moll-Konzertes im Verlag Moeck bei. Gelegentlich hört man Reminiszenzen an die Klangwelt Bachs. An die Goldberg-Variationen im besonderen aber erinnert ein Menuett mit Variationen aus der Klaviersonate D-Dur in seinem sarabandenartigen Rhythmus,

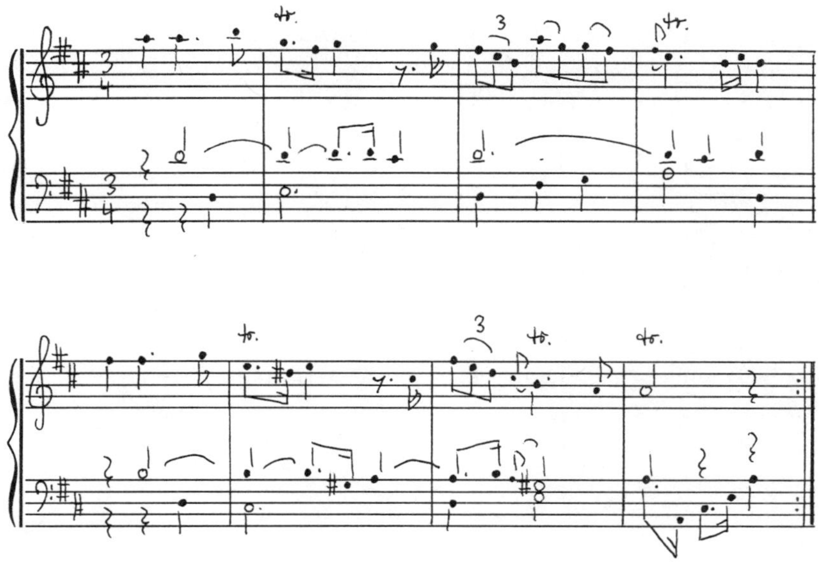

in der Beibehaltung des Basses, dessen Gerüst Dürr folgendermaßen angibt (Chromatik hält Dürr für ein Typikon Goldbergs),

in der notengetreuen Wiederkehr des Themas am Schluß und in der Ähnlichkeit gewisser Spielfiguren. Insgesamt aber scheint der Variationssatz in seinem Anspruch nicht über das gewöhnliche Variationenschema hinauszugehen.[234]

Nun erinnern gewiß manche Eigenheiten der Klangwelt, manches Abrupte, Drängende bei Goldberg an W. Friedemann, mit dessen Charakter Spitta ja Verwandtschaft bei Goldberg festgestellt hat,[236] eine Verwandtschaft, die dazu dienen mußte, Goldberg als Friedemanns Schüler auszuweisen. Aber *wie* Goldberg seine kontrapunktischen Kompositionen aufbaut, das kann er nur bei Johann Sebastian Bach gelernt haben. W. Friedemann ist da nicht so weit ausgreifend; er ist kompositorisch selbständiger, mit Goldberg verglichen origineller, einfallsreicher, empfindsamer, allerdings auch eigenwilliger und leichtfertiger. Selbst Falck, der Goldberg als Friedemanns Schüler in Anspruch nimmt, stellt fest: «Die Triosonaten, Konzerte und Polonaisen sind herbe, treffliche Musik, die von dem modernen Geiste, der Goldbergs Lehrer beseelte, nichts ahnen läßt.»[237] Die Ähnlichkeiten sind übrigens mehr in den späteren Werken Goldbergs gefunden worden,[238] so daß eher zu vermuten wäre, daß Goldberg sich in fortgeschritteneren Jahren auf der Suche nach Weiterentwicklung an W. Friedemann orientiert hat; das würde auch mit Friedemanns Bemerkung in der Widmung seines Klavierkonzertes an Maria Antonia Walpurgis zusammengehen.

Wie ersichtlich geworden ist, läßt sich aus Goldbergs Kompositionen schon annähernd ein Bild gewinnen von dem, was Keyserlingk in seinen Nächten von seinem jungen Cembalisten zu hören bekam – denn sicherlich hat Goldberg am liebsten improvisiert in den Stunden, da er aus dem Nebenzimmer von Keyserlingk gerufen wurde.[239] Und wenn seine «Freude am Neuen» bis zum «Manierismus»,[240] seine «gewagte Harmonik»[241] allzu aufregend wurde, wird es Keyserlingk verlangt haben nach Bachscher Spiritualität. Und so mag manchmal in das Phantasieren des Jünglings hinein der Satz erklungen sein: «Lieber Goldberg, spiele mir doch eine von meinen Variationen.»

VI
Bachs Aufgabe

...Allein solche werden etwa noch nicht wissen, daß die grosse musicalische Virtu so Ew. HochEdlen besitzen, mit der vortreflichen Virtu der Leutseligkeit und ungeheuchelten Liebe des Nechsten gezieret ist. Es ist wahr: Es giebt wohl noch hier und dar trefliche Künstler und wackere Virtuosen; aber es sind manche unter ihnen mit einer solchen Einbildung und sträflichen Selbst-Liebe eingenommen, daß sie alle so sie übersehen könen neben sich wie nichts achten, und die so hoch gebothene Liebe des Nechsten gar sehr aus den Augen setzen. Von Ew. HochEdlen bin eines gantz andern und bessern versichert.

G. A. Sorge in einer Widmung eines Klavierwerkes an J. S. Bach, vor 1745.[242]

Um die erworbenen Kenntnisse über die beteiligten Personen erweitert, stellt sich also die Aufgabe, die Bach gegeben war, folgendermaßen dar: Er sollte Stücke «sanften und etwas muntern Charakters» komponieren für einen ernsten und enthusiastischen Musikliebhaber, der die Neigung hatte, sich in den durch die Musik erweckten Gefühlen zu verlieren; für einen Diplomaten, dessen menschliche Einstellung mit seinen beruflichen Aufgaben immer wieder in Konflikt geriet, so daß sich, wahrscheinlich als Folge, ein schmerzhaftes «Steinleiden» herausgebildet hatte. Vielleicht halfen im Augenblick noch berufliche Unsicherheiten dazu, daß er nicht schlafen konnte; in diesen Stunden nächtlichen Wachens sollte ihn Bachs Musik erheitern. Zur Ausführung stand ein etwa 14jähriger Schüler Bachs zur Verfügung, ein fanatisch der Musik sich widmender Jüngling, der musikalisch und wohl auch menschlich vorsichtiger Führung bedurfte.

Dieser letzte Punkt, die Sorge für das Weiterkommen Goldbergs, scheint uns heute sekundär gegenüber den Wünschen Graf Keyserlingks, die das Hauptaugenmerk auf sich ziehen. Für Bach war es gewiß nicht so. Unter den Komponisten, die uns heute geläufig sind, gibt es, Zoltán Kodály vielleicht ausgenommen, keinen anderen, der so von pädagogischem Geist durchdrungen war wie Bach. Nicht nur daß er, kaum selbst aus den ersten Lehrjahren heraus, schon Schüler ausbildete, die sich unter ihren Zeitgenossen einen beachteten Namen gemacht haben;[243] überall war er bestrebt,

Werke von solcher Vollendung zu schaffen, daß sie «denen Lehrbegierigen» Vorbild sein können.[244] Und offensichtlich hat er sich selbst nicht so sehr als Meister großer musikalischer Schöpfungen gesehen denn als Mittler zwischen der Welt tönender Daseinsgesetze, in die er sich Einblick errungen hatte, und denjenigen, die den Weg dorthin suchten. Dazu war alles Übung – und so hat der Titel Clavier-Übung bei Bach eine ganz wörtliche, tiefe Bedeutung. In wahrhaft christlicher Haltung wollte er, der Wegkundige, den Weggenossen helfen. Dafür Mühen auf sich zu nehmen, dünkte er sich nicht zu hoch. So hatte Kirnberger, ein leidenschaftlicher Mensch[245] und, wie schon erwähnt, Bachs Schüler etwa zur Zeit der Entstehung der Goldberg-Variationen, durch außerordentlich fleißiges kompositorisches Studium sich übernommen und war krank geworden. Als Bach hörte, daß er in den fieberfreien Stunden nicht abließ, seine kontrapunktischen Studien fortzusetzen, erbot er sich, zu ihm auf seine Stube zu kommen, um dort mit ihm zu arbeiten. Als Dank dafür sollte Kirnberger nur «dieses Wenige zu seiner Zeit wieder auf andere gute Subjecte» fortpflanzen, «die sich nicht mit dem gewöhnlichen Lirumlarum begnügen».[246] Kirnberger hat sich daran gehalten und zugleich seinem Lehrer unbedingte Anhänglichkeit bewahrt.

Bei den «Concerten» oder «Soli», die Bach für seine Schüler zur Aufführung in der Kirche während der Kommunion geschrieben hat – nach Forkel sind sie «meistens verloren gegangen» –, richtete es Bach «immer so ein, daß seine Spieler auf ihren Instrumenten weiter kommen konnten».[247] Es ist also kein Zweifel: Für Bach war die Aufgabe, seinem hochbegabten Schüler Goldberg geeignete «Übungs»-Stücke an die Hand zu geben, untrennbar verbunden mit der Bemühung, für Graf Keyserlingk eine dessen Bedürfnissen entsprechende Musik zu schreiben. Gerade das, wohin Goldbergs besondere Begabung zielte, das Virtuose, hat er zu einem der Kennzeichen der Goldberg-Variationen gemacht, während es nirgend sonst bei Bach in dieser reinen Form erscheint. Und wenn auch dieses Virtuose, wie sich zeigen wird, zugleich dem dienstbar war, was auf Keyserlingk ausstrahlen sollte, so gilt deshalb nicht weniger, daß Bach in den Goldberg-Variationen seinem Clavierschüler alle möglichen Arten von Aufgaben, ja ein umfassendes Kompendium musikalisch-technischer Möglichkeiten vorgegeben hat:

Skalen in gleicher Richtung, z. B. kanonisch nacheinander,[248]

Var. 23

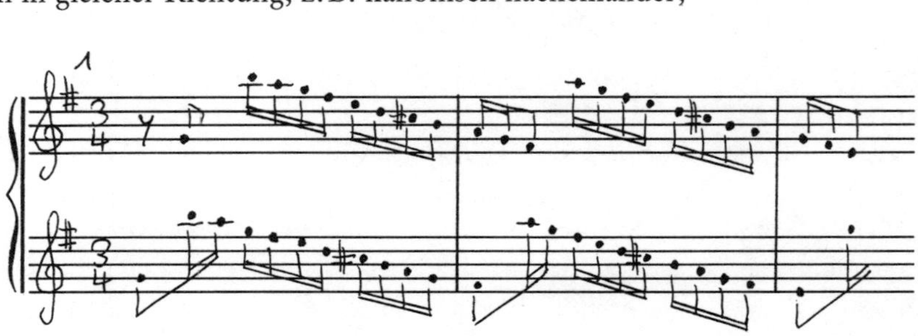

oder in Gegenbewegung;

Var. 11

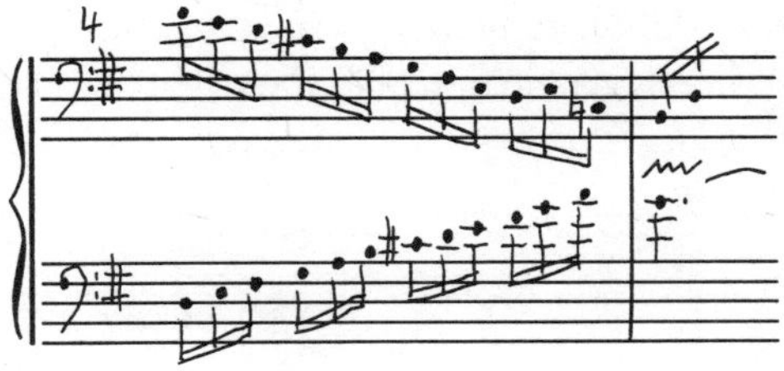

Läufe in gebrochenen Terzen, rasch die Klaviatur durcheilend,

Var. 17

rückgreifende Triolen, die gewissermaßen «auf Spitze» dahin kreiseln;

Var. 20

Akkordbrechungen verschiedenster Art, z.B. in Form aufgefächerter Dreiklänge,

Var. 20

oder bis zur Oktave und darüber hinausgehend;

Var. 14

Dreiklangspassagen in gerader Richtung fast über die gesamte Klaviatur hin:

Var. 11

Besonders bei den Akkordbrechungen kommen häufig Überkreuzungen in den Händen zustande, z. B. im Gegeneinander-Wirbeln,

Var. 8

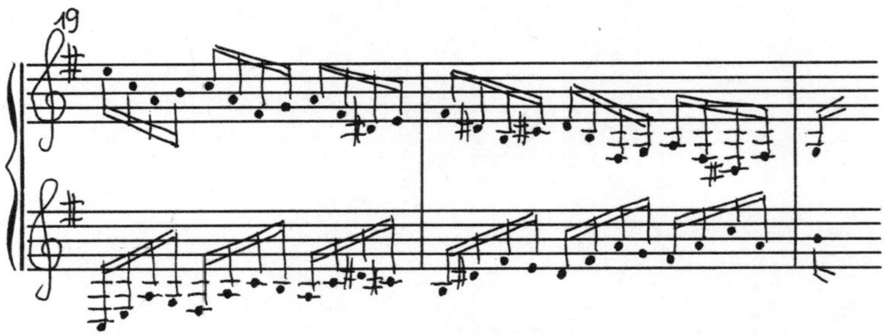

oder rhythmisch verschoben:

Var. 20

Das Überkreuzen kann bis in extreme Abstände führen, z. B.:

Var. 14

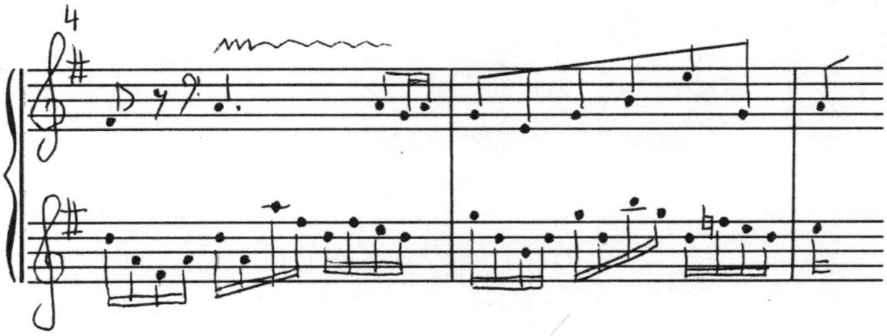

Höchster und tiefster Ton, die allerdings nicht zusammenfallen, aber die Handstellung bestimmen, sind für die linke Hand a', für die rechte G; somit eine Überkreuzung von über drei Oktaven. Ferner wird verlangt die Trennung der Hände in verschiedene Rhythmen – in der einen Hand $^{18}/_{16}$-tel, in der anderen $^{3}/_{4}$-tel:

Var. 26

Überschlagtechnik, wie sie Domenico Scarlatti liebt,

Var. 5

Übereinanderschichtung der Hände wie in den Pièces croisées von Couperin,

Var. 17

Zusammenwirken der Hände zu Laufwerk,

Var. 29

(linke und rechte Hand übernehmen im Wechsel jeweils drei Sechzehntel); Terzen- und Sextenskalen, allein und zusammen,

Var. 23

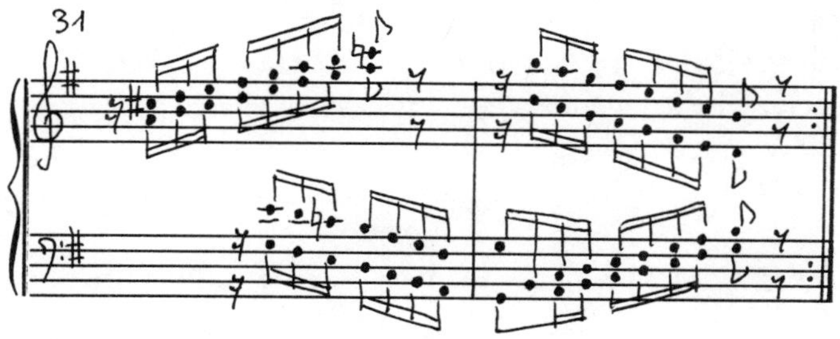

Mordentketten, bei denen wieder die Hände zusammenhelfen,

Var. 14

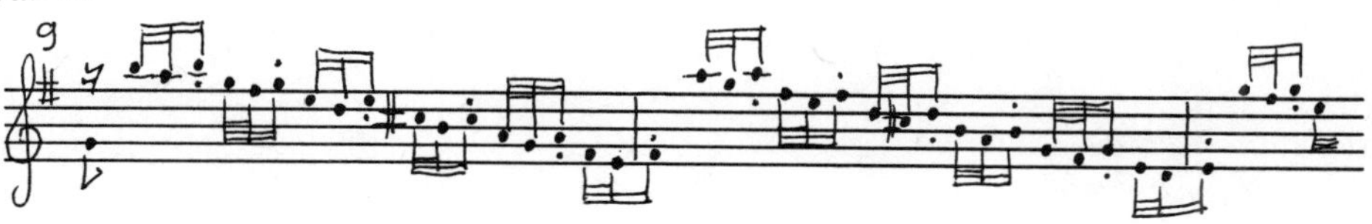

Triller und Doppeltriller, hier ausgeschrieben,

Var. 28

Akkorde, im Wechsel auf beide Hände verteilt:

Var. 29

Bei all diesen Aufgabenstellungen vermeidet Bach gerade das, was später Ferruccio Busoni als ein Endziel angesehen hat: «die Ausbeutung des Hauptgedankens bis zu dessen Erschöpftheit».[249] Bevor eine Bewegung sich festfahren kann, wird sie verändert oder durch eine andere ersetzt. Geht es in manchen Klavierwerken späterer Zeit darum, manuell durchzuhalten, z.B. in den Etüden Chopins, wo oft eine Bewegung das ganze Stück beherrscht, so stellt sich bei Bach die Aufgabe, bei steter Wandlung Einheit und Übersicht zu wahren. Spieler und Hörer werden in ununterbrochener Beweglichkeit erhalten. Das scheint ein Grundsatz der Bachschen Schule gewesen zu sein. In seinem «Versuch über die wahre Art das Clavier zu spielen» wendet sich C. Ph. E. Bach gegen die Verwendung von «faulen oder gar Trommel-Bässen», rasch wiederholten Oktaven der linken Hand, «weil alle Nerven in einer beständigen Steife erhalten werden, zweytens, weil die übrigen Finger nichts zu thun haben» und unvermögend werden, «Passagien rund heraus zu bringen».[250] Auch Goldberg befolgt in seinen Kompositionen das Gebot fortwährender Wandlungsfähigkeit.

Angesichts des Feuerwerks wechselnder Figuren könnte sich nun die Frage aufdrängen: Sind das die Stücke «sanften und etwas muntern Charakters»? Hat Bach nicht am Ende, seinem Schüler zuliebe, an den Wünschen seines Auftraggebers vorbeikomponiert? – Hier wird man sich noch einmal ins Gedächtnis rufen müssen, daß Bachs Musik Graf Keyserlingk primär erheitern und nicht, wie gelegentlich ins Spiel gebracht wird,[251] einschläfern sollte. Und unter diesem Blickwinkel des Erheiterns müssen die von Forkel gebrauchten Worte «sanft und etwas munter», die vermutlich von C. Ph. Emanuel Bach oder W. Friedemann stammen, betrachtet werden. Etymologisch wird munter gefaßt in der Bedeutung von wach, aufgeweckt, frisch, eifrig, lebhaft.[252] Es scheint zur Bachzeit noch in einem kräftigeren, aktiveren Sinn gebraucht worden zu sein als heute. Im Nekrolog heißt es, Bach sei zur Zeit seiner Augenoperation bei «noch sehr muntern Seelen- und Leibeskräften» gewesen[253] – also nach heutigem Sprachgebrauch bei noch frischen, regsamen Kräften. In ähnlicher Richtung wird «munter» in der Kantate BWV 207 «Vereinigte Zwietracht der wechselnden Saiten» verwendet:

> ...
> Der trete meine Bahn
> Beherzt mit stets verneuten Kräften an!
> Was jetzt die junge Hand, der muntre Fuß erwirbt,[254]
> ...

Wiederum steht «munter» hier im Sinne von tätig, frisch, lebendig, den es im abgeleiteten «sich ermuntern» behalten hat.[255]

Das Adjektiv «sanft» erscheint in den Kantatentexten stets in der gleichen Bedeutung, die wir ihm heute beilegen. Nach Kluge und Duden ist dabei «von der Vorstellung des friedlichen Zusammenseins oder guten Zusammenpassens auszugehen».[256]

Dies alles einbeziehend könnte man also in heutigen Worten so formulieren: Keyserlingk wünschte Stücke freundlichen, harmonischen und etwas frischen, lebendigen Charakters. Und es ist kein Zweifel: Damit stimmen die Goldberg-Variationen genau überein. Es gibt energische, kraftvolle Variationen darin, aber sie treten nicht abrupt ein, sondern immer vorbereitet in der unmerklichen Metamorphose des Verlaufes; mit den Moll-Variationen ziehen dunklere Wolken vorbei, aber sie verdichten sich nicht; auf dem Grunde bleibt immer die «sanft» schwebende Ausgeglichenheit bestehen. Nirgends ecken Kanten an wie in den Toccaten, nirgends tun sich dämonische Abgründe auf wie in den Englischen Suiten, nie auch zieht eine Entwicklung unabdingbar in ihren Bann wie im Wohltemperierten Klavier I, wie in allen Fugen Bachs. In den Goldberg-Variationen bleibt der Hörer auf seinen eigenen Willen gestellt, bleibt frei dem freien Spiel auf ruhigem, unbeschwertem Grunde gegenüber.

Doch könnte man noch immer einwenden: Wie passen die sprudelnd lebhaften Variationen zu der nächtlichen Stimmung, in der sie erklingen sollten? Ist uns die Nacht, soll sie erholsam sein, nicht viel mehr das Stillwerden, die Ruhe?

Daß Bach imstande war, mit seinen Mitteln die Stimmung der Tageszeiten einzufangen, hat er in mehreren Kompositionen bewiesen: Etwa im milden, balsamischen Weben von «Am Abend, da es kühle war»[257] oder im morgendlich dämmernden Zwielicht und Erschimmern der betauten Natur in «Weichet nur, betrübte Schatten».[258] Die Nachtstimmung war Bach tief vertraut. Hat er doch «durch seinen unerhörten Eifer in seinem Studiren» vor allem in der Jugend Nächte hindurch gesessen und dabei sein Augenlicht geschwächt.[259] Gerade diese nächtlichen Studierstunden, da alle anderen schliefen und er für seine Kunst wachte, mögen ihm besondere Erlebnisse gebracht haben. Nun wird sich der Durchschnittsmensch ja nicht anmaßen können, daß ihm so ohne weiteres der Einblick offenstünde in die Erlebniswelt, die sich der wahrhaft strebende Künstler durch seine intensiven Bemühungen erschlossen hat. Doch soll mit aller Vorsicht, und unter Zuhilfenahme «Kundiger», versucht werden, sich dem zu nähern, was Bach als die ganz eigenen Kräfte der nächtlichen Stimmung erfahren haben könnte.

Wenn das Getriebe des Tages verebbt, läßt sich deutlicher erleben, wie der Mensch verwoben ist mit der Welt, mit der irdischen Umgebung wie auch der außerirdischen, die im Licht der Sterne hereinstrahlt.

Es reget sich die Menschenliebe,
Die Liebe Gottes regt sich nun,

sagt Faust, vom Osterspaziergang in sein nächtliches Studierzimmer zurückkehrend.[260] Jetzt, da «wilde Triebe Mit jedem ungestümen Tun» entschlafen sind, erwacht die «beßre Seele»[261] und fühlt liebend, was mit ihr lebt und sie umgibt. Es ist ein ahnungsvolles Erkennen, wie ein Schicksalhaftes alles zusammenbindet. Das kann positiv sein, oftmals liegt es aber auch lastend auf dem nächtlichen Erleben.[262] Schicksal offenbart sich im Fortschreiten der Zeit, das in der Nacht deutlicher wahrgenommen wird als am Tage, wo das Tätigsein die Kräfte absorbiert. Die Marschallin in Hugo v. Hofmannsthals Rosenkavalier-Dichtung, die, um ihrer Liebe zu dem jungen Oktavian willen, das Älterwerden fürchtet und den «Augenblick» verweilen machen will, weil er «so schön» ist, geistert nachts in ihren Zimmern und stellt die Uhren ab, deren Ticken ihr unbarmherzig das Verrinnen der Zeit anzeigt.[263]

Anders muß zu dem nächtlichen Wahrnehmen, wie der Weltengang vorrückt, derjenige stehen, der wie Bach, wie im tiefsten Inneren auch Graf Keyserlingk, «nach dem Himmel zu» will[264]; vor allem dann, wenn er, gleich Bach, vom Musikalischen her Einblick in die Himmelsgesetze bekommen hat. Da mögen die nächtlich geahnten – oder geschauten – Ordnungen als freundliche Wegbegleiter erscheinen.

Bei der folgenden Analyse der Goldberg-Variationen wird also im Auge zu behalten sein die Frage, ob sich irgendwo ein Niederschlag dieses Schicksalswirkens, ein Erleben fortschreitender Gesetzmäßigkeit finden läßt. Die aufsteigende Zahlenreihe der Einsatzintervalle in den Kanons scheint ein erster Fingerzeig; doch müßte sich dies nicht nur theoretisch in Ziffern, sondern tönend-musikalisch offenbaren, wenn an ein wirkliches Abbild gedacht werden soll.

Freilich bleibt noch rätselhaft gerade für eine «Nachtmusik» das verwirrende, bunt schillernde Element des Virtuosen, das so, wie Bach es bringt, einzigartig in seiner Zeit dasteht. Denn Domenico Scarlatti, der ja auch virtuose Techniken verwendet hat, bindet sie ein in feste harmonische Fundamente. Er nimmt sie als auflockerndes Mittel, nicht wie Bach als auflösendes. Erst spätere Komponisten – Beethoven in manchen seiner letzten Werke, Liszt, Wagner, dann natürlich die Impressionisten – haben in ähnlicher Weise Aufschäumendes, Versprühendes komponiert, und Bach auch nur in diesem einen Werk, das ausdrücklich für die Nachtzeit geschaffen wurde.

Nun ist die Nacht ja zwar äußerlich ein Bild der Ruhe, des Entschlafens der Tätigkeiten; innerlich aber ist sie voller Regsamkeit, voller Lebendigkeit – so schildern es viele Märchen, Mythen und Dichtungen. Unter ihnen finden wir in Goethes Faust eine der bedeutsamsten Schilderungen solcher nächtlich waltenden Kräfte. Vom ersten auf den zweiten Teil der Dichtung übergehend, steigert Goethe den Blickwinkel von der «kleinen» in die «große Welt». Jetzt schildert nicht mehr Faust, wie im Studierzimmer, seine nächtlichen Empfindungen; er liegt, schuldig geworden am Tod Gretchens, «auf blumigen Rasen gebettet, ermüdet, unruhig, schlafsuchend». Um ihn herum aber ist in reger Tätigkeit ein «*Geisterkreis* schwebend bewegt, anmutige kleine Gestalten». Ariel, der Luftgeist, führt sie an:[265]

Die ihr dies Haupt umschwebt im luft'gen Kreise,
Erzeigt euch hier nach edler Elfen Weise,
Besänftiget des Herzens grimmen Strauß,
Entfernt des Vorwurfs glühend bittre Pfeile,
Sein Innres reinigt von erlebtem Graus.
Vier sind die Pausen nächtiger Weile,
Nun ohne Säumen füllt sie freundlich aus.
Erst senkt sein Haupt aufs kühle Polster nieder,
Dann badet ihn im Tau aus Lethes Flut;
Gelenk sind bald die krampferstarrten Glieder,
Wenn er gestärkt dem Tag entgegenruht;
Vollbringt der Elfen schönste Pflicht,
Gebt ihn zurück dem heiligen Licht.

In der scheinbaren Ruhe der Nacht vollführen Geister ihr schwebendes, wogendes Leben und bringen dem Menschen Heilung. Was uns aus dem Schlaf mit geheimnisvoll erneuten Kräften erwachen läßt, was die heutige Naturwissenschaft abstrakt auffaßt als Vermögen der Zellen, sich zu regenerieren, das ist hier als Tätigkeit von Wesenheiten begriffen.

Das eben aber war es, was Keyserlingk dadurch, daß er keinen Schlaf finden konnte, entbehren mußte: Die Begegnung mit der Geisterwelt, die «des Herzens grimmen Strauß» besänftigt. Wenn man Bach zugestehen will, daß er ein Wissen, oder doch ein unbewußtes Ahnen von solchen Zusammenhängen hatte, so wäre anzunehmen, daß er versuchen mußte, Keyserlingk mit dieser Welt regsamer, ausgleichend tätiger Wesenheiten durch seine Musik in Verbindung zu bringen, ihm musikalisch zu ersetzen, was ihm durch seine Schlaflosigkeit verloren ging.

Dieser Gedankengang soll nun bei der Betrachtung der Elemente des Werkes im Hintergrund stehen; er soll wieder aufgegriffen werden, wenn sich aus den Einzelheiten heraus die Berechtigung ergeben sollte, ihm näherzutreten.

Werkbetrachtung

VII
Bachs G-Dur und g-Moll nach den von ihm vertonten Texten

Kommt, eilet, stimmet Sait und Lieder
In muntern und erfreuten Ton.
G-Dur-Arie aus der Kantate BWV 74

Tonartencharakteristik ist ein umstrittenes Thema, auch unter Fach-Musikern. Das war offensichtlich schon zu Bachs Zeiten so. Quantz schreibt kurz nach Bachs Tod, 1752:[1]

Wegen der, gewissen Tonarten, sie mögen Dur oder Moll seyn, besonders eigenen Wirkungen, ist man nicht einig. Die Alten waren der Meynung, daß eine jede Tonart ihre besondere Eigenschaft, und ihren besonderen Ausdruck der Affecten hätte. Weil die Tonleitern ihrer Tonarten nicht alle einander gleich waren, da nämlich zum Exempel die Dorische und Phrygische, als zwo Tonarten mit der kleinen Terze, sich dergestalt unterschieden, daß jene die große Secunde und große Sexte, diese aber die kleine Secunde und kleine Sexte in ihrem Bezirke hatte; weil folglich fast jede Tonart ihre besonderen Arten zu cadenziren hatte: so war diese Meynung hinlänglich gegründet. In den neuern Zeiten aber, da die Tonleitern aller großen, und die Tonleitern aller kleinen Tonarten einander ähnlich sind, ist die Frage, ob es sich mit den Eigenschaften der Tonarten noch so verhalte. Einige pflichten der Meynung der Alten noch bey; andere hingegen verwerfen dieselbe; und wollen behaupten, daß jede Leidenschaft in einer Tonart so gut als in der anderen ausgedrücket werden könnte, wenn nur der Componist die Fähigkeit dazu besäße. Es ist wahr, man hat Exempel davon aufzuweisen; man hat Proben, daß mancher eine Leidenschaft, in einer Tonart, die eben nicht die bequemste dazu scheint, sehr gut ausgedrücket hat. Allein wer weis, ob dasselbe Stück nicht eine noch bessere Wirkung thun würde, wenn es in einer anderen und zu der Sache bequemern Tonart gesetzet wäre? Zu dem können außerordentliche Fälle keine allgemeinen Regeln abgeben. Es würde zu weitläufig seyn, wenn ich diese Frage hier aus dem Grunde zu entscheiden suchen wollte. Ich will aber eine Probe vorschlagen, welche sich so wohl auf die Erfahrung, als auf die eigene Empfindung gründet. Man transponire z. E. ein wohlgerathenes im F moll gesetzetes Stück ins G, A, E und D moll; oder ein anderes in E dur gesetzetes Stück ins F, G, Dis, D, und C dur. Thun nun diese zwey Stücke in einer jeden Tonart einerley Wirkung: so haben die Nachfolger der Alten Unrecht. Findet man aber, daß dieselben Stücke in einer jeden Tonart auch verschiedene Wirkung hervorbringen; so suche man sich diese Erfahrung vielmehr zu Nutzen zu machen, als sie zu bestreiten. Ich will inzwischen meiner Erfahrung, welche mich der unterschiedenen Wirkungen unterschiedener Tonarten versichert, so lange trauen, bis ich des Gegentheils werde überführet werden können.

Quantz, mit Bach bekannt und dessen Bewunderer, spricht sich also, aus seiner eigenen Erfahrung heraus, für eine Tonartencharakteristik aus.

Es ist auch hier kein Platz, dieser umstrittenen Frage «aus dem Grunde» nachzugehen,[2] und etwa zu diskutieren, ob dabei vielleicht, wie oft gemeint wird, die Stimmung eine entscheidende Rolle spielt. Quantz z. B. rechnete mit verschiedenen Stimmungen, auch der temperierten,[3] und sogar mit verschieden hohen «Kammertönen»: dem damaligen Chorton und Cammerton, dem Pariser, venezianischen, römischen «Ton».[4] Sie sind ihm angenehmer oder unangenehmer, aber sie hindern ihn nicht daran, gewissen Tonarten bestimmte Charaktere zuzuschreiben.[5] – Mattheson, vier Jahre älter als Bach (1681 geb.), berichtet bereits 1713 in seinem «Neu-Eröffneten Orchestre», daß über Tonartencharakteristik viel «Contradicirens» sei, und gibt dann eine recht ausführliche Beschreibung, wie er die einzelnen Tonarten empfindet; er «reflectiret» dabei aber «hauptsächlich auff den Cammer- und nicht Chor-Tohn».[6]

Hier, wo es um die Goldberg-Variationen geht, läßt sich der Problemkreis einengen auf die Frage: Sah Bach in G-Dur etwas, das besonders geeignet war, dem zu dienen, was er mit den Goldberg-Variationen wirken wollte? Oder wählte er G-Dur mehr zufällig, vielleicht weil die Klaviaturen der großen deutschen Cembali damaliger Zeit im Baß mit dem Kontra G begannen,[7] und dieses G_1 in G-Dur genutzt werden konnte – was Bach dann allerdings nur einmal, am Schluß von Variation 24, getan hat:

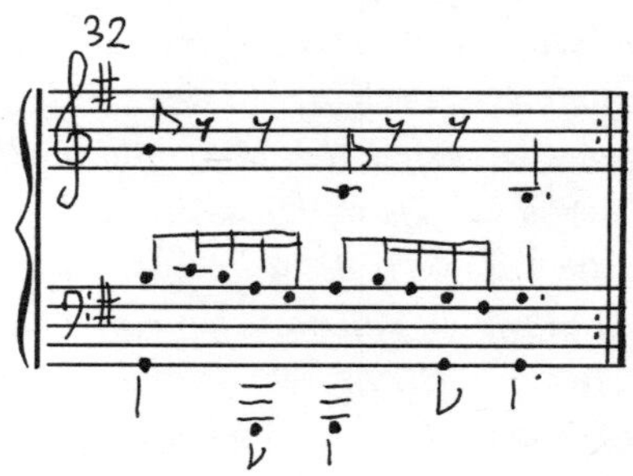

Um hier, wenn möglich, Klarheit zu bekommen, wurde eine Methode angewendet, die schon bei anderen Komponisten erprobt worden ist und Ergebnisse gebracht hat:[8] Es wurden die Texte vorgenommen, die Bach in G-Dur und g-Moll vertont hat. Führte Bach dabei eine Tonartenvorstellung, so mußte sich ein Gemeinsames für alle G-Dur-Texte und ebenso für alle g-Moll-Texte finden lassen. Am Erfolg war allerdings zu zweifeln: Sind nicht die Textvorlagen Bachs zu undifferenziert und dichterisch von zu geringer Qualität?

Gleichviel, ein anderer Weg stand nicht zur Verfügung; und so galt es, alle dem g zugeordneten Texte von Arien, Duetten, Terzetten und Chorsätzen aus Bachs Passionen, Kantaten und Motetten zu sammeln und zu vergleichen. Es kamen 102 Nummern in G-Dur, 61 in g-Moll zusammen.[9] Choräle im rein vierstimmigen Satz und Rezitative wurden ausgelassen, da sie tonartlich zu stark wechseln.

Sehr bald zeigte sich: Die Bilderwelt dieser Texte ist durchaus nicht gleichgestaltig, sondern sehr verschiedenartig, vor allem in G-Dur, nicht so stark in g-Moll. Da finden sich z. B. in G-Dur folgende weit auseinanderliegende Verse:[10]

BWV 61,5 Öffne dich, mein ganzes Herze,
Jesus kommt und ziehet ein.
Bin ich gleich nur Staub und Erde,
Will er mich doch nicht verschmäh'n,
Seine Lust an mir zu sehn,
Daß ich seine Wohnung werde.
O wie selig werd ich sein![11]

BWV 179,1 «Siehe zu, daß deine Gottesfurcht nicht Heuchelei sei, und diene Gott nicht mit falschem Herzen.»

BWV 211,10 Die Katze läßt das Mausen nicht,
Die Jungfern bleiben Kaffeeschwestern.
Die Mutter liebt den Kaffeebrauch,
Die Großmama trank solchen auch,
Wer will nun auf die Töchter lästern!

Was verbindet diese Texte? Nichts springt als Gemeinsames ins Auge. Gibt es überhaupt einen einheitlichen Punkt dabei? Ihn, wenn möglich, zu finden, mußte jede erreichbare Hilfe herangezogen werden.

Nun liegen von verschiedenen Autoren neuerer Zeit Tonartencharakteristiken vor. Rudolf Steglich geht in seinem Bach-Buch mit sensiblem Gespür Bachs Tonartenwahl nach; er nennt G-Dur Bachs Jesus-Tonart, den «innigen, glückseligen» Klang der Verbindung mit Jesus, «Ausdruck schlicht inbrünstigen Glücksgefühls im innigsten Besitz der Zweieinheit».[12] Das läßt sich auf sehr viele G-Dur-Texte Bachs beziehen, z. B. den ersten der oben angeführten drei. Bei anderen aber, wie dem zweiten und dritten, kann man damit nichts anfangen.

So heißt es, sich weiter umschauen: Hermann Beckh in «Die Sprache der Tonart»[13] bringt G-Dur in Verbindung mit dem Fühlen, der Blütenfülle des Mai, der Beredsamkeit, der «heilenden Liebeskraft»; anmutig, lieblich, bescheiden, innig, oft auch kindlich, unschuldig nennt er es. Manches davon findet man auch bei Mattheson.[14] Es bewahrheitet sich bei einem Teil der Texte, aber wiederum nicht bei allen. «Siehe zu, daß deine Gottesfurcht nicht Heuchelei sei» – das z. B. kann man keineswegs als anmutig und lieblich bezeichnen.

Ebenso hat man mit der Charakterisierung von G-Dur bei Anny von Lange[15] Schwierigkeiten, Bachs Texten beizukommen. G-Dur steht bei ihr als Ort der «Fähigkeit» zwischen «Wille/Tat» und «Tatsache» auf der einen Seite (C-Dur und F-Dur), «Antrieb» und «Fühlen» auf der anderen (D-Dur und A-Dur). Wie soll man den Vers «Die Katze läßt das Mausen nicht» unter dem Gesichtswinkel der Fähigkeit sehen? Dazu ist schon sehr viel Konstruktion notwendig.

Die beiden letztgenannten Autoren ordnen das «Fühlen» – ohnehin, wenn das Wort so blank gebraucht wird, ein sehr heikler Begriff in der Musik, die immer in irgendeiner Art Fühlen ist – verschiedenen Tonarten zu. Dabei fußen sie gleicherweise auf Aussagen Rudolf Steiners, von denen sie sich zu exakt durchgestalteten Systemen der Tonartenbetrachtung haben anregen lassen. Rudolf Steiner selbst setzt ganz anders an.[16] Er läßt das aus, was so leicht die Gefühle sympathisch oder antipathisch in Wallung bringt: Begriffe wie eben Inbrunst, Anmut und dergleichen. Das Empfinden wird vielmehr in eine Schule wertfreien Betrachtens von Qualitäten genommen, und erst hinterher mag der einzelne subjektiv für die eine oder andere eine Vorliebe fassen.

R. Steiner geht von den Intervallen der Tonleiter aus. Er schildert sie – aufsteigend – als einen Weg von innen nach außen. Dem beizustimmen wird keinem musikalisch Empfindenden schwer werden, zumal, wenn der Grundton dabei festgehalten wird:

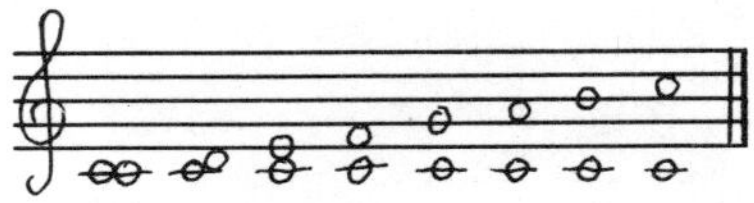

Wenn man c als den «unverrückbaren Fixpunkt» nimmt,[17] als den Ton, der unserem abendländischen Musikempfinden der Zentralton ist, so steht die Quinte, das g, an der Schwelle von innen nach außen. Gerade die Schilderung der Position, die mit der Quinte erreicht ist, kann bei Rudolf Steiner Rätsel aufgeben, weil er sie einmal von außen her beleuchtet – den Griechen gemäß, die die Tonleiter primär abwärts erlebten –, einmal von innen her, von e–f herauf, wie wir heute den Weg nehmen. Hat man aber eine erste ahnende Empfindung für die Eigenart dieser Schwellensituation bekommen, so ergibt sich das überraschende und kaum glaubhafte Resultat: Alle Texte, die Bach nach G-Dur und g-Moll gesetzt hat, können nun zusammengeschaut werden, ja es klärt und festigt sich anhand von Bachs Texten das Gefühl für den Ort, den das g bezeichnet. Denn es zeigt sich, daß Bach mit unfehlbarer Sicherheit, mit unbeirrbarer Folgerichtigkeit nach den von Rudolf Steiner beschriebenen Kriterien vorgegangen ist, so daß jeder Text mit seinen Bildern das Gefühl für die Position des g vertieft. Es finden dabei auch die zitierten Tonartcharakteristiken anderer Autoren den Platz, von dem aus sie ihre – partielle – Berechtigung erweisen.

Alle Fragen zu klären – Parodie, Transpositionen, die Bach selbst vorgenommen hat, gleiche Texte in verschiedenen Tonarten –, würde den Umfang einer eigenen Studie erfordern. So kann hier nur an einigen Beispielen das Grundsätzliche dargelegt werden.

Zunächst muß deutlicher gefaßt werden, wo man sich mit dem g befindet: Während im unteren Bereich, c, d, e, der Mensch Innenerlebnissen hingegeben ist, kommt er in der Quarte f dazu, sich zu erkennen als ein in sich abgeschlossenes, selbständiges Wesen, als ein Ich – daher die stärkende, festigende Wirkung der Quart; mit dem g aber tritt er an die «Grenze der Haut».[18] Nun fühlt er die Außenwelt, fühlt sich im Austausch mit ihr, erlebt, wie sie in der Atemluft, in allem, was von außen auf ihn wirkt, an ihm mitbildet.[19] Einen Schritt weiter, von der Sexte, dem a an, wird er sich in diese Außenwelt hinausleben, sich der Außenwelt hingeben. Aber in der Quinte, im g, hat er sich selbst noch, bleibt seiner selbst bewußt, doch eben an der Schwelle, an dem Angelpunkt der Waage zwischen innen und außen.

Das sind Empfindungsqualitäten, die uns heute nicht leicht nachzuvollziehen sind, weil wir dafür nicht geschult sind. Verfolgt man sie aber weiter, so ahnt man die Möglichkeit, wie aus der musikalischen Übung heraus eine ganz neue Menschen- und Weltbetrachtung entstehen könnte, neue, bisher unbewußt gebliebene Empfindungs- und Denkkategorien. Es läßt sich dabei auch etwas vom «Geist der Zeiten»[20] erfassen und in die Gefühlslage vergangener Epochen eindringen.[21] Denn in der Musik hat man ein untrügliches – weil unbewußt eingesetztes – Zeichen für die innere Konfiguration einer Zeit, eines Menschen.

In Bachs G-Dur- und g-Moll-Texten bestätigt sich alles, was Rudolf Steiner über das von der Quint bestimmte Musikerleben der Griechen gesagt hat: «Sie fühlten sich zwar sozusagen innerhalb ihrer Haut, aber ihre Haut ganz ausgefüllt mit Seele und Geist.» «Sie vergaßen völlig während des musikalischen Erlebens das physische Erleben.»[22] «Man fühlte sich noch immer als aus sich herausgehoben in der Quintenmusik», so daß «das Subjektive sich entrückt fühlte, in die Objektivität hinein sich versetzt fühlte.»[23]

Das ist genau, was auf dem Grunde aller g-Texte ruht: Die Empfindung, über dem Irdischen zu stehen, es von der Warte eines «Herausgehobenen» zu betrachten, der sich «mit Seele und Geist ausgefüllt» weiß. Das Im-Geiste-Sein ist am direktesten ausgedrückt im G-Dur-Text der Motette «Jesu meine Freude»:

BWV 227,6 Ihr aber seid nicht fleischlich, sondern geistlich.

– während das Herausgehobensein besonders offensichtlich im folgenden Text angesprochen ist:

BWV 15,7 Ihr klaget mit Seufzen, ich jauchze mit Schall,
G-Dur Ihr weinet, ich lache: ob einerlei Fall;
Euch kränket die plötzlich zerstörete Macht,
Mir hat solch Verderben viel Freude gebracht,
So künftig Tod, Teufel und Sünde verlacht.

In unzähligen, uns heute oft naiv und ungeschickt dünkenden Bildern wird dieser erhobene, gotterfüllte Zustand beschrieben:

BWV 165,1 O heilges Geist- und Wasserbad,
G-Dur Das Gottes Reich uns einverleibet
Und uns ins Buch des Lebens schreibet!
O Flut, die alle Missetat
Durch ihre Wunderkraft ertränket
Und uns das neue Leben schenket!

Die «Missetat», das physische Erleben, ist abgelegt, hinweggeschwemmt, die Seele lebt ein «neues Leben» in Gottes Reich.

Die erhobene Position muß nicht immer schon erreicht sein. Sie kann angestrebt, erfleht werden; entscheidend ist, daß sich die Empfindung dorthin richtet:

BWV 31,6 Adam muß in uns verwesen,
G-Dur Soll der neue Mensch genesen,
Der nach Gott geschaffen ist.
Du mußt geistlich auferstehen
Und uns Sündengräbern gehen,
Wenn du Christi Gliedmaß bist.

Wiederum sagt der Text: Das physische Erleben, der «alte Adam», muß zurückbleiben, dann wird die Seele Teil des göttlichen Geistes, wird «Christi Gliedmaß».

Wenn in den geistlichen Texten beschrieben wird, wie sich der Mensch «ausgefüllt fühlt mit Seele und Geist», so versteht sich darunter immer: ausgefüllt mit Göttlichem. Und als Repräsentant des Göttlichen nimmt Jesus im Evangelisch-Lutherischen eine bevorzugte Stellung ein. So erklärt sich, was R. Steglich gefunden hat als den «innigen, glückseligen Klang der Zweieinheit mit Jesus», der im anfangs zitierten «Öffne dich, mein ganzes Herze» schwingt wie in vielen anderen Texten, z. B.:

BWV 184,2 Gesegnet Christen, glückselige Herde,
G-Dur Kommt, stellt euch bei Jesus mit Dankbarkeit ein.
Verachtet das Locken der schmeichelnden Erde,
Daß euer Vergnügen vollkommen kann sein.

Ist der Zustand des Erhobenseins verbunden mit sieghaften Empfindungen, mit Wohlgefühl, so nimmt Bach G-Dur; g-Moll erscheint dort, wo gleichfalls diese erhöhte Stellung gemeint ist, aber Schmerzliches, Hemmendes sich dazugesellt:

BWV 56,1 Ich will den Kreuzstab gerne tragen,
g-Moll Er kommt von Gottes lieber Hand,
Der führet mich nach meinen Plagen
Zu Gott, in das gelobte Land.
Da leg ich den Kummer auf einmal ins Grab,
Da wischt mir die Tränen mein Heiland selbst ab.

Alles, was für die g-Position typisch ist, faßt der Text ins Auge: Das Ablegen des Kummers – das Ablegen des Irdischen –, die Vereinigung mit dem Heiland im gelobten Land. Aber der Weg dorthin geht unter der Last des Kreuzes, das dem Leib zu tragen auferlegt ist. So bestätigt sich, daß das Moll, wie R. Steiner angedeutet hat, näher am Leiblichen bleibt. «Das Moll-Erlebnis ist immer ein In-sich-Zurückgehen mit seinem Seelisch-Geistigen, ein Ergreifen seines Leiblichen durch das Seelisch-Geistige.»[24] Moll muß, so gesehen, nicht durchwegs traurig sein; gerade g-Moll ist in Bachs Zeit eher als lieblich und gefällig empfunden worden. Mattheson meint, es sei «fast der allerschöneste Tohn»; es eigne sich «so wol zu *zärtlichen* / als *erquickenden* / so wol zu *sehnenden* als *vergnügten;* mit kurtzen beydes zu *mäßigen Klagen* und *temperirter* Fröhlichkeit».[25] Diese Fröhlichkeit – man könnte vielleicht sagen, hoffnungsvolle Zuversicht – findet sich in «Ich will den Kreuzstab *gerne* tragen», findet sich immer wieder in g-Moll-Texten Bachs, z. B.:

BWV 12,6 — Sei getreu,
g-Moll — Alle Pein
Wird doch nur ein Kleines sein.
Nach dem Regen
Blüht der Segen,
Alles Wetter geht vorbei.

Stets aber ist den g-Moll-Texten irgendwo – hier in der «Pein» – erinnert an das Leibliche, auf das «das Seelisch-Geistige zurückgeht».

Als ein bekanntes g-Moll-Beispiel sei noch der Anfang der Johannes-Passion ausgewählt:

BWV 245,1 — Herr, unser Herrscher, dessen Ruhm
g-Moll — In allen Landen herrlich ist!
Zeig' uns durch deine Passion,
Daß du, der wahre Gottessohn,
Zu aller Zeit
Auch in der größten Niedrigkeit
Verherrlicht worden bist.

Auch hier stellt sich die Seele in eine emporgehobene Position, in die Position des Betrachters, vor dessen Blick die Passion vorbeiziehen soll. Der Herr selbst soll dem Schauenden sich helfend vereinigen und ihm die rechte Erkenntnis vermitteln, so daß er Gottes Verherrlichung miterlebt. Das ist eindeutig g-Position. Der Weg der Passion aber ist erfüllt von Leid und geht durch «größte Niedrigkeit» im Leiblichen; musikalisch gesehen durch Moll.[26]

Gewiß ist es ein sehr diffiziles Empfinden für den Text, was hier gefordert wird, ein Empfinden für den Platz, an den er sich stellt. Aber es handelt sich ganz offensichtlich um Urgründe der Töne und ihrer Aussage. Andere Komponisten sind, wie weiter unten zu streifen sein wird, in ähnlicher Weise vorgegangen und haben die gleichen Gesichtspunkte angelegt, die für Bach entscheidend waren.

In den G-Dur-Texten der weltlichen Kantaten herrscht ebenfalls jene Grundstimmung des Sich-erhoben-Fühlens, des Betrachtens von einer höheren Warte. Als Ursache des gehobenen Gefühls kann aber nun das Wirken eines weltlichen Fürsten genannt werden:

BWV 173a «Durchlauchtster Leopold», 4

G-Dur	Unter seinem Purpursaum Ist die Freude Nach dem Leide, Jedem schenkt er weiten Raum, Gnadengaben zu genießen, Die wie reiche Ströme fließen.

oder die segenspendende Natur:

BWV 205,13 G-Dur	Zweig' und Äste Zollen dir zu deinem Feste Ihrer Gaben Überfluß.

oder, ganz prosaisch, irdischer Wohlstand:

BWV 212,16 G-Dur	Es nehme zehntausend Dukaten Der Kammerherr alle Tag' ein! Er trink' ein gutes Gläschen Wein Und laß es ihm bekommen sein!

Daß das «Subjektive sich ins Objektive hinein versetzt fühlt» – W. Dörfler nennt es «Schaukraft»[27] –, kann aber letztlich auch allein in der Art der Betrachtung zum Ausdruck kommen, wie in dem eingangs ztitierten Text aus der «Kaffeekantate»: Die Großmama hat Kaffee getrunken, die Mutter auch; wer wollte sich da aufregen und aus der Ruhe bringen lassen?

Wenn man beim Objektiv-Kontemplativen verharrt, bewahrt man sich vor der Verstrickung in Schuld. So erklärt sich das Kindlich-Unschuldige, Bescheidene, das H. Beckh dem G-Dur als einen seiner Aspekte zuschreibt. Es kommt allerdings mehr in den Texten späterer Komponisten zum Ausdruck als in den Bachischen; am ehesten wohl noch in der Kantate BWV 84 für Anna Magdalena:

BWV 84,3 G-Dur	Ich esse mit Freuden mein weniges Brot Und gönne dem Nächsten von Herzen das Seine.

Nun wird es gewiß notwendig, einen Blick auf die Texte anderer Tonarten zu werfen. Denn ist nicht dort von ganz Ähnlichem die Rede wie in G-Dur, vor allem, in den geistlichen Werken, von der Liebe zu Jesus, von der Ausrichtung auf die göttliche Welt? Wo liegt der Unterschied? An einigen bekannten Texten der benachbarten Tonarten f und a sei es erläutert.

Von der Quarte, dem f, sagte R. Steiner: «Und so ergibt sich Ihnen für die Quart notwendig ein sehr starkes Sich-auf-sich-Beziehen.»[28] Das zeigt sich in der Tat in dem F-Dur-Text des einleitenden Götterchores der Kantate «Herkules auf dem Scheidewege»:

BWV 213,1 Laßt uns sorgen, laßt uns wachen
F-Dur Über unsern Göttersohn!
Unser Thron
Wird auf Erden
Herrlich und verkläret werden,
Unser Thron
Wird aus ihm ein Wunder machen.

Sich selbst betrachtend, sich selbst genießend, ihren Ruhm, ihre Taten, stellen sich diese Götter vor. Es ist ein Text freudig-gewisser Selbstempfindung, ganz auf die eigenen Möglichkeiten und Tätigkeiten bezogen. – Bei der Übernahme des Chorsatzes ins Weihnachts-Oratorium unterhalten sich nicht mehr die Götter, sondern Menschen sind angesprochen.

BWV 248,36 Fallt mit Danken, fallt mit Loben
F-Dur Vor des Höchsten Gnaden-Thron!
Gottes Sohn
Will der Erden
Heiland und Erlöser werden,
Gottes Sohn
Dämpft der Feinde Wut und Toben.

Hier ist es vielleicht nicht mehr so unmittelbar eingängig F-Dur, und doch konnte Bach die Tonart beibehalten. Denn der Text richtet sich an die Aktivität der Menschen-Iche. Im Danken, im Niederfallen sollen sie bedenken, daß um ihretwillen, um der Erlösung ihrer Erde willen, der Gottessohn geboren wird, daß er zu ihrem Schutz erscheint. Wieder steht die Empfindung des eigenen Selbstes im Vordergrund, das durch die Opfertat befreit und erhöht wird. – Im Choral, der, vom Orchester in Figuration eingebettet, die Kantate beschließt, wird es noch einmal ganz deutlich, wie in F-Dur das Ich vornehmlich auf sich selbst ausgerichtet ist:

BWV 248,42 Jesus richte mein Beginnen,
F-Dur Jesus bleibe stets bei mir!
Jesus zäume mir die Sinnen,
Jesus sei nur mein Begier.

Jesus sei mir in Gedanken,
Jesu, lasse mich nicht wanken!

Die sechs Zeilen sind zwar jedesmal auf Jesus bezogen, doch ist das Anliegen des Textes die eigene Läuterung und Festigung – Jesus soll dazu verhelfen. So ist es wieder ein «starkes Sich-auf-sich-Beziehen», wie es dem f zugehört.

Die Gegenseite, A-Dur, stellt sich in der nächsten Kantate des Weihnachts-Oratoriums gegenüber, deren Eingangschor dem vorher zitierten Eröffnungschor – «Fallt mit Danken, fallt mit Loben» – im Text sehr ähnlich scheinen mag:

BWV 248,43 Ehre sei dir, Gott, gesungen,
A-Dur Dir sei Lob und Dank bereit'.
Dich erhebet alle Welt,
Weil dir unser Wohl gefällt,
Weil anheut
Unser aller Wunsch gelungen,
Weil uns dein Segen so herrlich erfreut.

Hier nun wendet sich der Mensch nach außen. Gottes Lob soll hinausströmen im Gesang, die ganze Seelenkraft soll sich, unter Hintansetzung des eigenen Selbst, hinordnen auf Gott, auf etwas außerhalb des eigenen Ich; und nur als Begründung für allen Überschwang wird daran gedacht, daß Gottes Segen es ist, der solche Lobeserhebungen hervorruft.

Daß in der Sexte a Hingabe, Tätigkeit für einen anderen gefordert wird, zeigt auch die folgende beliebte Arie aus dem 1. Teil des Weihnachts-Oratoriums:

BWV 248,4 Bereite dich, Zion, mit zärtlichen Trieben,
a-Moll Den Schönsten, den Liebsten bald bei dir zu sehn!
Deine Wangen
Müssen heut viel schöner prangen,
Eile, den Bräutigam sehnlichst zu lieben!

In G-Dur braucht sich das Herz nur zu öffnen, um die Wohnung zu sein, in die Jesus einzieht («Öffne dich, mein ganzes Herze», zitiert auf S. 77). Jetzt aber muß sich die Seele «bereiten», schön machen, eilen – aus sich heraustreten. Und weil sie den Schönsten, den Liebsten «sehnlichst» liebt, also ein leiser Anklang der Fesselung, des Schmerzlichen dabei ist, erscheint Moll.[29]

Eine Arie voll freudig-hoffnungsvoller A-Dur-Hingabe bringt das Oster-Oratorium:

BWV 249,9 Saget, saget mir geschwinde,
A-Dur Saget, wo ich Jesum finde,
Welchen meine Seele liebt!
Komm doch, komm, umfasse mich;

Denn mein Herz ist ohne dich
Ganz verwaiset und betrübt.

Da es sich um ein Auferstehungs-Oratorium handelt, und das folgende Rezitativ sogleich in der Gewißheit beginnt, daß «unser Jesus wieder lebt», bleibt der B-Teil mit der Vorstellung, ohne Jesus «verwaist und betrübt» zu sein, nur eine Episode, die im cis-Moll-Schluß vor dem da capo eindringlich ausgemalt wird, die sieghafte Stimmung des A-Teils aber nicht abzudüstern vermag.

Einzelworte hat Bach dem Gesamtplan untergeordnet. Das hat C. Ph. Emanuel an Forkel geschrieben,[30] der dann, vielleicht etwas leichter verständlich, so formuliert hat: «Dabey hatte er den sehr richtigen Grundsatz, sich nicht auf den Ausdruck einzelner Worte, wodurch bloße Spielereyen entstehen, sondern nur auf den Ausdruck des ganzen Inhalts einzulassen.»[31] Soweit es um die Wahl der Tonart ging, war offensichtlich ausschlaggebend, welchen Ort auf der Skala von innen bis außen der Text als Ganzes ins Auge faßt.

Die Quinte, das g, steht in dieser Stufenleiter zwischen dem Sich-selbst-Empfinden, der Quart, auf der einen Seite, und dem Sich-Hingeben an etwas, das außerhalb des eigenen Selbstes ist, der Sexte, auf der anderen Seite. So ist sie auch ein Ort des Wechsels zwischen innen und außen. «Er» – der Grieche in seiner Quintenmusik – «fühlte sich immer fortgehen in diesem Musik-Erleben und wiederum zu sich kommen», sagte R. Steiner.[32] In die Bildsprache von Bachs Texten übersetzt, bestätigt sich das in vielen G-Dur-Texten. Z. B. in der Matthäuspassion.

BWV 244,19 Ich will dir mein Herze schenken,
G-Dur Senke dich, mein Heil, hinein.
Ich will mich in dir versenken,
Ist dir gleich die Welt zu klein,
Ei, so sollst du mir allein
Mehr als Welt und Himmel sein.

Das Hinaus und Herein hat Bach auch in der Melodik dieser Arie aufgegriffen:

Mit der Möglichkeit, zwischen innen und außen zu wechseln und sich aus irdischer Schwere zu befreien, erweist sich G-Dur als ein Ort müheloser Beweglichkeit. «Es ist eine Erfahrungstatsache, daß sich alle Fähigkeiten zum technischen Können am schnellsten an der G-Dur-Tonart entwickeln», schreibt Anny v. Lange.[33] Und so hat sie innerhalb ihres Tonartenkreises G-Dur mit «Fähigkeit» charakterisiert. Mattheson findet in G-Dur *«viel insinuantes und redendes»;* es «brillirt dabey auch nicht wenig».[34]

Nun kommt man in dieser labilen erhobenen Position, die man als Betrachtender, als Schauender einnimmt, auch dazu, die Verführungen zu erkennen, die heranbranden und verlocken wollen. Hier liegen die Möglichkeiten zu Negativem in G-Dur; die Erkenntnis macht es erst möglich, in Sünde zu fallen. Denn am Angelpunkt der Waage stehend, weiß man, daß auf der einen wie auf der anderen Seite die Waagschalen nach unten tendieren können. Demgegenüber heißt es, sich in der Überlegenheit, in der Objektivität zu halten. «Siehe zu, daß deine Gottesfurcht nicht Heuchelei sei»! (BWV 179,1, wie auf S. 77 angeführt.) Bis zum Bild des Sturmes kann die drohende Gefahr anwachsen:

BWV 178,3 Gleichwie die wilden Meereswellen
G-Dur Mit Ungestüm ein Schiff zerschellen,
So raset auch der Feinde Wut
Und raubt das beste Seelengut.
Sie wollen Satans Reich erweitern,
Und Christi Schifflein soll zerscheitern.

Aber die Insassen von «Christi Schifflein» wissen sich gesichert in Gottes Hut; das bezeugt das vorangehende Rezitativ:

...
BWV 178,2 so geht doch Gott ein ander Bahn:
er führt die Seinigen mit starker Hand
durchs Kreuzes Meer in das gelobte Land,
da wird er alles Unglück wenden.
Es steht in seinen Händen.

Bach hat sich eben, wie Forkel sagt, an den «Ausdruck des ganzen Inhalts» gehalten.
Dreifach ist G-Dur bezeichnet im folgenden Text aus der Matthäuspassion:

BWV 244,51 Gebt mir meinen Jesum wieder!
G-Dur Seht das Geld, den Mörderlohn,
Wirft euch der verlorne Sohn
Zu den Füßen nieder.

Judas – oder die Seele, die hier sagt: «Gebt mir meinen Jesum wieder!» – befindet sich in höchster Beweglichkeit, da sie in höchster Erregung ist. Das drückt die in 32-teln suchend umhergleitende, dann einen Ton von oben und unten umspielende Violine aus:

Die Seele möchte mit Jesus wieder vereinigt sein, und es soll ein Austausch stattfinden: Für den «Mörderlohn» will sie den Verratenen zurückerhalten. – Den verlorenen Sohn hat Bach hier nicht musikalisch geschildert; dafür wäre dann eine andere Tonart notwendig gewesen. Die Judastragik – heute oft stark in den Vordergrund gerückt – durfte nicht die Tragik des Gekreuzigten verstellen.

Es sei versucht, das bisher Erkannte zusammenzufassen: Man befindet sich also mit dem g auf einem labilen Waagepunkt, der Schwere enthoben; man steht gleichsam auf der Schwelle des eigenen Selbstes, des eigenen Hauses, atmet, was von außen kommt, tauscht sich mit ihm aus, verläßt aber noch nicht die Sicherheit, die das Bewußtsein gibt, in der eigenen Welt, im eigenen Selbst zu stehen.

Bevor die an den Kantaten- und Passionstexten gewonnenen Einsichten auf die besondere Aufgabe der Goldberg-Variationen bezogen werden, soll noch ein kurzer Blick auf andere G-Dur-Kompositionen geworfen werden. Zunächst möge noch einmal Bach sprechen: Im Angesicht des nahen Todes hat er für seinen Erdenaustritt in seiner letzten Komposition «Vor deinen Thron tret ich hiermit» (BWV 668) G-Dur gewählt, das in der zweiten Strophe des Textes mit ihrer innig empfundenen Gotteskindschaft des Menschen am deutlichsten zum Ausdruck kommt:

Du hast mich, o Gott! Vater mild,
Gemacht zu deinem Ebenbild;
In dir web, leb und schwebe ich,
Vergehen müßt ich ohne dich.

Der Wunsch nach Vereinigung mit dem Göttlichen ist zurückgetreten in der Generation nach Bach, die eben nicht mehr «alle Dinge mit Religion anfangen» wollte. Der Mensch war dabei, sich zu emanzipieren. Er strebte nicht so sehr danach, sich emporzuheben über das Irdische, sondern er wollte kräftig in die Erde hineinwirken – oder, wie eine Strömung der Romantik, sie ganz fliehen. Im Fortgang dieser Entwicklung sind wir heute an dem Punkte angelangt, wo uns eine klare, sichere Empfindung des Göttlichen fehlt. So klingt uns die Quinte, in der der Grieche – und offensichtlich noch Bach – die Gottheit erlebte,[35] jetzt leer. Und es muß angenommen werden, daß Bach und seine Zeitgenossen bei G-Dur, bei den Goldberg-Variationen, noch etwas ganz anderes gefühlt haben als wir heute – sicherlich Gewaltigeres. Doch darf die im Augenblick wachsende Bemühung um ein Verständnis der Aria mit ihren 30 Variationen vielleicht dahin gedeutet werden, daß neue Möglichkeiten im Aufbruch sind.

Es ist ein Beweis für den Quint-Charakter von G-Dur, daß diese Tonart nach Bach sehr bald an Bedeutung und Beliebtheit verloren hat. Sie wurde leichtgewichtig, spielerisch, kindlich anmutig, ja leichtfertig, denn sie hatte keinen rechten Inhalt mehr. Wesentliche Aussagen wurden ihr selten mehr anvertraut – während z.B. C-Dur immer ein gewisses Gewicht behalten hat und nicht so stark von den neu hinzutretenden Tonarten überrundet worden ist. Mozart, als «göttliche» Erscheinung empfunden,[36] hat G-Dur noch gerne verwendet – u. a. für die «Kleine Nachtmusik»; der prometheische Beethoven schon weniger. In den G-Dur-Texten der Klassik tritt an die Stelle der Zweieinheit mit Gott, der nun als machtvolle, aber von außen wirkende Wesenheit gesehen wird, das innige Sich-eins-Fühlen mit einem Menschen:

Mozart, Don Giovanni, nachkomponierte Arie des Don Ottavio:

Dalla sua pace	Von ihrem Frieden
la mia dipende,	hängt der meine ab,
quel che a lei piace	was ihr gefällt,
vita mi rende,	gibt mir Lebensmut,
quel che le incresce	was sie stört und hemmt,
morte mi da.	gibt mir den Tod.

Das alles, so lehrt Mozarts Musik, wird im beseligenden Gefühl des Aufgehens im Anderen gesprochen. Die üblicherweise gebrauchte deutsche Übersetzung «Nur ihrem Frieden weih ich mein Leben» bezeichnet keine g-, sondern eine a-Situation.[37]

Beethoven hat folgenden Liedtext nach G-Dur gesetzt:

Ich liebe dich, so wie du mich,
Am Abend und am Morgen,
Noch war kein Tag, wo du und ich
Nicht theilten uns're Sorgen.
Auch waren sie für dich und mich
Getheilt leicht zu ertragen,
Du tröstetest im Kummer mich,
Ich weint in deine Klagen.
Drum Gottes Segen über dir,
Du meines Lebens Freude,
Gott schütze dich, erhalt dich mir,
Schütz' und erhalt' uns beide.

In der Romantik wird die menschliche Gemeinschaft fortschreitend zum Problem. Man ist nicht mehr so bereit wie Goethe und Schiller in ihrer Freundschaft, konträre Ausgangspunkte gegenseitig anzuerkennen, in der Vereinigung eine Steigerung zu erleben, und sich selbst einmal außer acht zu lassen. Stattdessen sucht man Verbindung zu Naturgeistigkeiten. In der «Schönen Müllerin» sind für Schubert die g-Tonarten immer der Ort freudiger oder schmerzlicher Unterhaltung mit dem Bächlein, das die Rolle des Schutzgeistes und Seelenfreundes übernimmt. (Nr. 2 «Ich hört ein Bächlein rauschen», G-Dur; Nr. 4 «War es also gemeint, mein rauschender Freund», G-Dur; Nr. 15 «Wohin so schnell, so kraus und wild», g-Moll; Nr. 19 Der Müller: «Wo ein treues Herze in Liebe vergeht, ...» Der Bach: «Und wenn sich die Liebe dem Schmerz entringt, ...», g-Moll.) In der «Winterreise» zeigt in g-Moll der Wegweiser (Nr. 20) die

Straße, «die noch Keiner ging zurück». Hugo Wolf wählt g-Moll, wenn in Mörikes «Storchenbotschaft» «Geistlein, Hexlein, so luftige Wicht'» an den Karren des Schäfers auf der Weide anklopfen, der sein Nachtquartier nicht «mit dem König sein Bett» tauschen würde.

Ähnlich minutiös, wie Bach – einigen Stichproben nach – auch in den Rezitativen und Chorälen die Tonarten eingesetzt zu haben scheint, ist das Umgehen damit bei Richard Wagner. Eine Fülle von Beispielen ist von den genannten Autoren, vor allem von H. Beckh und F. Oberkogler, zusammengetragen worden. Hier sei zunächst nur der Versuch unternommen, eine G-Dur-Stelle aus dem Parisfal, die Anny v. Lange von ihrem Blickpunkt aus interpretiert hat,[38] zu deuten im Sinne dessen, was in diesem Kapitel über G-Dur gesagt worden ist:

Zu Beginn der Verwandlung im 1. Akt begleitet Gurnemanz Parsifal zur Ritterburg – zum Gral.

Gurnemanz: …
kein Weg führt zu ihm durch das Land,

– Gurnemanz beginnt seine Betrachtung beim Diesseitigen, beim irdisch-körperlich erfahrbaren Land (E-Dur); dort ist aber der Gral nicht zu finden –

und niemand könnte ihn beschreiten,
den er nicht selber möcht' geleiten.

Um ins Geistgebiet des Gral zu kommen, muß göttliche Hilfe dem Suchenden entgegenkommen und sich ihm vereinigen (G-Dur).

Parsifal: Ich schreite kaum,
doch wähn' ich mich schon weit.

Nun empfindet sich Parsifal schon draußen, so weit draußen, daß er selbst nicht abzumessen vermag, wo er ist: er «wähnt» sich weit (B-Dur). Der feste Boden des Sich-selbst-Erlebens ist verlassen, Parsifal ist darauf angewiesen, sich dem anzuvertrauen, was fürderhin mit ihm geschieht.[39]

Den Abschluß soll eine G-Dur-Passage aus dem 3. Akt des Parsifal bilden, die noch einmal sehr deutlich darauf hinweist, wie die Berührung mit dem Göttlichen aus dem Irdischen enthebt:

Gurnemanz (schöpft mit der Hand aus der heiligen Quelle und besprengt Parsifals Haupt):
Gesegnet sei, du Reiner, durch das Reine!
So weiche jeder Schuld
Bekümmernis von dir!

Was war nun für die von Keyserlingk gewünschte Musik mit G-Dur, so wie es Bach, wie es auch andere Komponisten sahen, gewonnen?

Es war ein Ort eingenommen, an dem man sich losgelöst fühlt aus der Verkettung in irdisches Geschehen; es kann von einer befreiten, höheren Perspektive aus angesehen werden. Auch wenn Hemmungen, Bedrohungen auftauchen – in Moll –, der Blick bleibt doch auf diesen Ort des Schauens, des Gleichgewichtes gerichtet, wo man sich aufgenommen fühlt von der angrenzenden Welt – für den religiösen Menschen wie Graf Keyserlingk – von der geistig-göttlichen Welt mit ihren Segenskräften. In solchem Besitze ist man keinem Ziel verpflichtet, von nichts gezogen oder getrieben, und gerade darum leicht beweglich. So konnte G-Dur dem Virtuosen Goldberg förderlich sein, zugleich aber auch dem Diplomaten Keyserlingk, der sich auf die verschiedensten Herrscherpersönlichkeiten und auf die verschiedensten Geschäfte einzustellen hatte. In G-Dur war er angehalten, dies alles von einer Überschau her zu betrachten, und konnte sich der Last körperlichen Schmerzes, seelischer Bedrängnis enthoben fühlen.

Auch ohne daß man die Charaktere der zwölf zur Verfügung stehenden Töne im einzelnen untersucht, läßt sich ahnen, daß es keine idealere Tonart als G-Dur für die von Keyserlingk gewünschten Stücke geben konnte.

VIII
Die Variationsform

Nos: Halthen Ihm vor daß er bißher in dem Choral viele wunderliche variationes gemachet, viele frembde Thone mit eingemischet, daß die Gemeinde drüber confundiret worden.
Aus dem Actum des Arnstädter Consistoriums vom 21. Februar 1706[40]

Bach glaubte, Graf Keyserlingk am besten mit Variationen helfen zu können. Dazu erläutert Karl Schumann: «Von der veränderten Wiederholung des Gleichen versprach sich Bach eine beruhigende, ja therapeutische Wirkung ganz im Sinne des uralten Zusammenhangs von Musik und Medizin».[41] Er trifft damit gewiß das Richtige: Einem Diplomaten, der sich ständig wechselnden Aufgaben gegenübergestellt sah, mußte das Zurückkehren zu einem Konstanten wohltuend sein; ein unbewußt rhythmisch immer wieder nachvollzogener Prozeß konnte ordnend und stärkend auf ihn ausstrahlen.

Nun können Variationen ja auch langweilen und Überdruß erregen und somit antitherapeutisch wirken. Es mußte also eine ganz besondere Form gefunden werden, in der sie besänftigen und zugleich erfrischen konnten, eben jene Form, die den Goldberg-Variationen auch von ihrem Bau her eine «einmalige Sonderstellung»[42] in der Musikgeschichte gibt. Wahrscheinlich ist es ja auch nur dies eine Mal vorgekommen, daß Variationen für einen solchen Zweck geschrieben wurden. Für gewöhnlich dienten sie ganz anderen Zielen: Man durchforschte an ihrer Hand die musikalischen Mittel, man erprobte seine Erfindungskraft – oder stellte sie unter Beweis, wie Mozart, als er in Prag eine halbe Stunde lang über das vom Publikum gewünschte «Non più andrai» aus seinem «Figaro» improvisierte. So gab auch Zelter, um Goethe die Talente des 12jährigen Mendelssohn vorzuführen, dem Knaben «ein sehr einfaches Lied in G-Dur in Triolenbewegung. Es mochte vielleicht sechzehn Takte haben. Felix spielte es einmal ganz nach und brachte dann, indem er die Triolenfigur in beiden Händen unisono einigemal übte, gewissermaßen seine Finger in das Geleise der Hauptfigur, damit sie sich ganz unwillkürlich darin bewegen möchten. Jetzt begann er, aber sogleich im wildesten Allegro.»[43] Daneben war, zu einer Zeit, da es noch keine Etüden gab, die Variation ein Mittel, die Finger zu üben und – wie Mattheson es nennt – «seine Faustfertigkeit sehen zu lassen».[44]

Auch Bach hat sich in dieser Art musikalischer Grundübung umgesehen, und offenbar so freizügig, daß er sich in seiner ersten öffentlichen Anstellung die Rüge zuzog, er habe durch «wunderliche variationes» die Gemeinde verwirrt. Einen Eindruck, wie etwa Bach in dieser frühen Zeit variiert hat, geben die Choralpartiten BWV 766, 767 und 768. Mit einer fast halbstündigen Improvisation über «An den Wasserflüssen Babylon» hat er in Hamburg den alten, neidischen Reinken zur Bewunderung hingerissen.[45] Auch hat Bach das Aussetzen einer Melodie in verschiedenen Taktarten und verschiedenen Charakteren seinen Schülern zur Aufgabe gestellt.[46] Es scheint, daß er ihnen selbst ein Beispiel hat geben wollen in der Aria variata alla maniera italiana BWV 989, die in die Weimarer Zeit datiert wird. Vielleicht ist sie, wie später die Inventionen, im Unterricht entworfen worden.[47]

Für sich selbst aber hatte er 1740/41, in den 50er Jahren stehend, solche Übungen lange hinter sich gebracht. Jetzt war sein Sinn auf Umfassenderes, auf große Zusammenhänge, auf übergeordnete Konzeptionen gerichtet. Und es bedurfte schon eines Auftrages von außen, ihn zu bestimmen, die Variation dort hereinzunehmen und sie im Wiederaufgreifen so zu formen, daß sie einer tieferen Aussage fähig wurde.

Um zu verstehen, wie die von Bach gewählte Form tatsächlich darauf zugeschnitten war, in der bestmöglichen Weise auf Graf Keyserlingk einzuwirken, ist es gut, sich kurz ins Gedächtnis zu rufen, welche damals gebräuchlichen Variationsarten Bach zur Auswahl standen.

Man kann bei einer Variation ausgehen von einer Melodie, einem Baß, oder einer Harmonienfolge. Das letztere war vor allem bei den Italienern beliebt, und so setzt Bach bei der Aria variata BWV 989 das «alla maniera italiana» hinzu. Eine Aria oder sonst ein kurzer Satz wurde als Thema genommen; Melodie und Baßführung wurden aber nicht als verbindlich betrachtet, sondern man hielt sich an die Harmonienfolge – kleine Abweichungen von ihr waren erlaubt. Diese Harmonienfolge wurde in stets neuem Satz in freier melodischer Erfindung nachvollzogen:

J. S. Bach, Aria variata BWV 989

Tema[48]

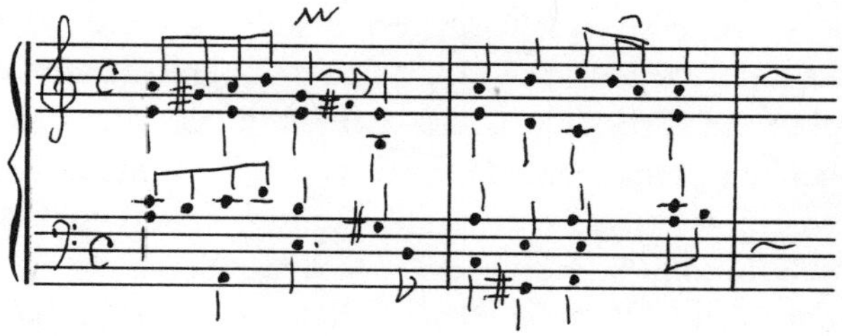

Var. X

Takt und Tempo, der ganze Charakter konnte in jeder Variation wechseln, da das Thema, und damit jede Variation, ein in sich geschlossenes Ganzes ist.

Var. VII

Trotz der großen Freiheit im Melodischen ist freilich die Auswahl an Tönen nicht unbegrenzt, da jede Harmonie im kadenzierenden Dur-Moll in Grundton, Terz oder Quint erscheinen muß; so ergeben sich immer wieder hier oder dort ähnliche melodische Bildungen. Solche melodischen Ähnlichkeiten sind aber nicht Ziel der harmoniekonstanten Variation, sie ergeben sich notgedrungen.[49]

Um Vor- und Nachteile einer Variationsart abwägen zu können, ist es hilfreich, von einer Bemerkung Rudolf Steiners auszugehen über die Wirkung der Elemente Harmonie und Melodie:

«Das Harmonische ergreift nun unmittelbar das menschliche Fühlen... Das Melodische leitet das Musikalische aus dem Fühlensgebiet hinauf in das Vorstellen».[50]

Das ist wiederum eine musikalische Urtatsache, die anzuerkennen keine Schwierigkeiten macht. Denn stets von neuem erfahren wir: Der Zusammenklang, die Harmonie, umfängt uns wohlig oder störend, aber sie bleibt mehr im Gefühl, in der Empfindung; wir nehmen sie nicht so scharf ins Bewußtsein – Generalbaßziffern genügen, sie anzudeuten. Die Melodie aber muß genau umrissen sein, jeder einzelne Ton spielt eine Rolle. Die Melodie auch geben wir an, ein Musikstück in Erinnerung zu bringen. Sie ist eben in unserem «Vorstellen».

Überträgt man dies nun auf die Variationsarten, so ergibt sich – zunächst sehr pauschal –: Geht die Variation von einer Harmonienfolge aus, so wird das Gefühl in einem bestimmten Bereich festgehalten; das Vorstellen aber sucht ständig nach neuen Inhalten. Wird aber eine Melodie variiert, so wird das Vorstellen auf ein «Thema» konzentriert; das Gefühl dagegen hat mehr Freiheit, sich zu verändern.

Die Nachteile der harmoniekonstanten Variation lassen sich demnach so formulieren: Das Gefühl, das sich erweitern, vertiefen sollte, bleibt beim stets Gleichen; die Vorstellungswelt jedoch sucht fortwährend Neues. Und so werden die Variationen zu einem losen Bündel wechselnder Bilder. Die harmoniekonstante Variation ist der Sanguiniker unter den Variationsarten.

Für Graf Keyserlingk mußte Beruhigung, aber auch Vertiefung angestrebt werden, die allein den Menschen wirklich erfrischt. Die harmoniekonstante Variation in ihrer üblichen Form hielt dafür ihren Rahmen zu eng und brachte zu wenig Sammlung für die Gedanken. So, wie sie gewöhlich gehandhabt wurde, war sie also nicht geeignet für eine Musik, die Graf Keyserlingk auferbauen sollte.

Die Ostinato-Variation war von England her als *ground* bekannt; auf dem Festland trat sie vornehmlich als Chaconne und Passacaglia in Erscheinung. Ein Thema von wenigen Tönen ist gegeben und dient als «Modell». Die Töne sind melodisch angeordnet, so daß also dem Vorstellen ein leitender Faden an die Hand gegeben ist. Weil dieses Thema aber vorwiegend ein Baß-Thema ist, hat es nur den Anhauch einer Melodie, stellt es sich zwischen das Harmonische und Melodische. Es ziseliert sich nicht scharf aus, sondern schreitet in langen Notenwerten dahin und läßt noch viel Raum für freie Entfaltung zwischen seinen «Pfeilern». Mehrere solcher Themen-Modelle waren im Umlauf und wurden, mit kleinen Abwandlungen, vielseits verwendet. Es galt, das Thema auszuharmonisieren und kontrapunktierende Stimmen dazuzusetzen. Der Spielraum ist allerdings wiederum harmonisch wie melodisch im kadenzierenden Dur-Moll beschränkt, denn die Halb- und Ganzschlüsse erfordern eine bestimmte Akkordfolge, in die sich die Melodietöne einfügen müssen.

Das Thema selbst konnte in Figurenwerk aufgelöst werden. Dabei kann sich der ursprüngliche melodische Gang unter Umständen so sehr verstecken, daß nur noch die Harmonienfolge wahrgenommen wird und der Abstand zur harmoniekonstanten Variation nicht mehr groß ist. Das Thema von Bachs Violin-Chaconne (aus BWV 1004) z. B. wird von verschiedenen Autoren verschieden angegeben; so wenig läßt es sich eindeutig fassen.[51]

In der Orgel-Passacaglia c-Moll (BWV 582) dagegen stellt sich das Thema einstimmig vor und bleibt immer deutlich hörbar; hier hat Bach, mit den reicheren Mitteln der «Königin der Instrumente» an der Hand, nach anderen Wegen gesucht, das stets wiederkehrende Gleiche lebendig zu halten. Nach Mattheson nämlich bringt die Ostinato-Variation mehr «Ersättigung als Wolschmack»;[52] und tatsächlich haben Chaconne und Passacaglia – beim ground ist es nicht anders – eine Eigenheit, die eine Fessel bedeutet: Ihr Thema ist im allgemeinen sehr kurz. Acht Takte wurden selten überschritten. Der Weg, der ausgegangen wird, ist schnell wieder zu Ende. Er muß mehrmals wiederholt werden im gleichen Takt und im gleichen Tempo, damit ein Musikstück entsteht, denn das Thema allein ist nur Bauelement. Schlecht geführt kann aus der rasch aufeinanderfolgenden Wiederholung schon eine «Mühle» werden. Bis zu einem gewissen Grad wirkt der Dreiertakt, den Chaconne und Passacaglia nehmen, in seinem beschwingenden Charakter der Gefahr der Verfestigung entgegen. Aber erst ein langer übergreifender, weit sich spannender Bogen kann aus den Einzelteilen eine Gesamtarchitektur schaffen und den freien Atem erzeugen, den das Chaconne- und Passacaglia-Thema für sich nicht hat. Bachs Violin-Chaconne und die Orgel-Passacaglia sind Musterbilder solch weiträumig geführter Spannungsbögen. Händel dagegen hat die Steigerung in seinen Klavier-Chaconnen hauptsächlich in der Hinzunahme immer schnellerer Notenwerte gesucht, so daß sie «trotz des Reichtums an rhythmischer Arbeit» «kein tieferes Interesse» auszulösen vermögen.[53]

Die Ostinato-Variation hat also gegenüber der harmoniekonstanten Variation den Vorteil, im Vorstellen nicht so flatterhaft zu sein, ohne es jedoch gleich in scharf konturierte Formen zu binden; und sie hat den Nachteil, stets im gleichen Takt festzuhängen und erst in einem größer angelegten Aufbau ihre Kurzatmigkeit durch eine weiträumigere Führung überwinden zu können.

Bach durfte nun aber nicht darauf ausgehen, Keyserlingk in eine unablässig fortschreitende Entwicklung einzuspannen. Es mußte die Möglichkeit gegeben sein zu unterbrechen, falls der Graf spüren sollte, daß der entbehrte Schlaf sich einstellen könnte. Chaconne und Passacaglia in der Form, wie sie die Barockzeit anbot, wie Bach selbst sie in seinen beiden Musterwerken gefaßt hatte, kamen also ebenfalls nicht in Frage.

Die vom Melodischen in seiner vollen eigentlichen Form ausgehende Variation, als dritte Möglichkeit, nahm sich einen Choral, ein Lied, eine Aria, eine Tanzweise zum Vorwurf. Nun hatte das Thema wieder eine vollgültige Form, es war ein für sich selbständiges Musikstück; als ausgeformte Melodie wendet es sich aber eindeutig ans Vorstellen. Es gab die Möglichkeit, das Thema als cantus firmus, ganz oder abschnittweise, notengetreu oder etwas verändert, in kontrapunktierende Stimmen einzuverweben. Dann erscheint es als ruhende, aber energisch auf sich aufmerksam machende Individualität in einem wandelbaren Geschehen. In dieser Art hat Bach die jeweils ersten Variationen seiner Choralpartiten gestaltet:

O Gott, du frommer Gott, BWV 767, Partita II

Die cantus-firmus-Variation ist sozusagen die Fantasievariation der kontrapunktischen Schreibweise. Mit den Veränderungen über «Vom Himmel hoch» (BWV 769) in kanonischer Technik hat Bach diese Gattung zu einem Höhepunkt geführt. Für Keyserlingks Zwecke aber scheidet die cantus-firmus-Variation aus. Denn die Form kann dabei, weil sie von den veränderlichen kontrapunktierenden Stimmen geprägt wird, stark variieren, so daß die therapeutische Wirkung eines regelmäßig wiederkehrenden Gleichen nicht gegeben ist.

Im wesentlichen formkonstant ist dagegen das, was man gewöhnlich unter Melodie-Variation versteht: das Kolorieren, Figurieren und Abwandeln einer Melodie. Das war auch zur Bachzeit die beliebteste Art der Variation. «Ein Tonsatz von einfacher Construktion mit klar hervortretender, behältlicher Melodie, eine Arie, Sarabande, ein Choral wurde als Thema aufgestellt und durch Figurationen der rechten Hand so umspielt, daß die Spitzen der Melodie gestreift wurden, oder melodisch leicht umgebildet, daß die wesentlichen Züge immer erkennbar blieben. Abwechslungsweise trat dann auch eine laufende Figur in der linken Hand ein, und oben wurde das einfache Thema vorgetragen.»[54] Beispiele dafür findet man in Bachs Choralpartiten:

O Gott, du frommer Gott, BWV 767

Choralmelodie

Partita IV
Diskant

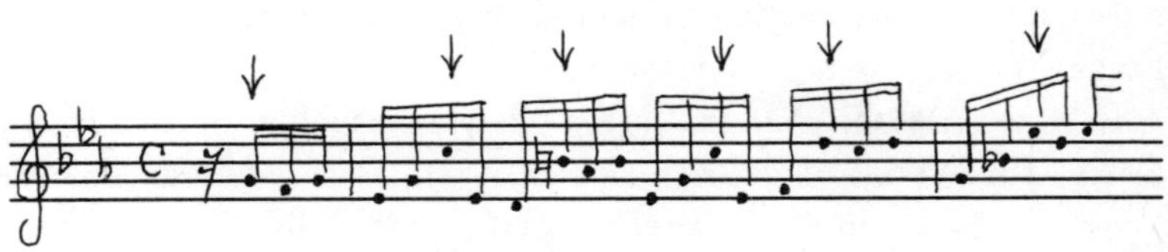

Partita III

Partita VI

Die Harmonisierung des Themas wurde mit kleinen Abweichungen beibehalten – wiederum sind die Variationsmöglichkeiten im kadenzierenden Dur-Moll nicht groß, so daß die Melodie-Variation meist zugleich eine harmoniekonstante Variation ist –; die Trennung der einzelnen Arten ist in der Praxis nicht so säuberlich zu machen wie in der Theorie.

Wie die harmoniekonstante Variation hat die Melodie-Variation den Vorteil, daß jede Variation in sich abgeschlossen ist und sich ihren Takt und ihr Tempo frei wählen kann. Ist aber jene in ihren Vorstellungsinhalten zu flatterhaft, so beruht der Nachteil der Melodie-Variation gerade auf dem Gegenteil: Sie bindet das Bewußtsein ausschließlich an eine und dieselbe Tonfolge. Man ist aufgefordert hinzuhören, wo sich das Thema verbirgt, welche Abwandlungen es durchmacht; wir sollen ihm nachforschen, während es sein Versteckspiel treibt. So okkupiert die Melodie-Variation den Kopf, insofern er am musikalischen Erleben beteiligt ist. Sie erlaubt ihm nicht, zur Erholung einmal ganz woandershin abzuschweifen und sich neu zu orientieren.

Keyserlingk dieserweise auf die Suche zu schicken und seinem Erkennungsvermögen Aufgaben zu stellen, konnte in keiner Hinsicht sinnvoll sein. Die reine Melodie-Variation dient überhaupt mehr als Zeugnis der Geschicklichkeit des Komponisten. Bach scheint sie am allerwenigsten geschätzt zu haben; schon in den Choralpartiten strebt er mehr zur Metamorphose als zur Spielvariation.

Für die Goldberg-Variationen galt es also, die Vorzüge der unterschiedlichen Variationsarten zu nützen und die Nachteile auszuklammern. So wählte Bach eine Mischform. Von der Ostinatio-Variation übernahm er das Prinzip des Baß-Themas. Damit war eine melodische Wegweisung gegeben, aber sie drängt sich nicht auf, weil sie das Melodische in der Andeutung beläßt und in den Baß versetzt, wo es weniger deutlich wahrgenommen wird – zumal Bach das Thema nur als Gerüst nimmt, das er auf die lebendigste Weise ausgestaltet. Das üblicherweise auf acht Takte beschränkte Ostinato-Thema hat er sodann auf 32 Takte erweitert. Es vollzieht nun in 16 Takten den Weg zur Dominante, in weiteren 16 den Weg zurück zur Tonika. Wie in der Melodie-Variation, wie in der harmoniekonstanten Variation ist jede einzelne Variation selbständig und schreitet den vollen Gang der zweiteiligen Liedform mit Wiederholungen der Teile a und b aus. Nach jeder Variation konnte also unterbrochen werden; eine Vielzahl in Takt und Rhythmus verschiedener Charaktere stand bereit, einer etwaigen augenblicklichen Gemütsverfassung entgegenzukommen. Sollten aber mehrere Stücke nacheinander oder der ganze Zyklus angehört werden, so trat das absolute Regelmaß des Aufbaus in seine Wirkung. Denn jede Variation hält sich in strenger Treue an das im Thema Vorgegebene; nicht einen einzigen Takt hat Bach einer Variation zugefügt, nicht einen einzigen Takt des Modells weggelassen. Nur sehr selten ersetzt er einen Ton des Themas durch einen anderen oder ändert die vorgegebene Harmonisierung ab.[55] Aber in immer wechselnder Ausgestaltung treten Töne, Harmonien dazwischen, so daß nie der Eindruck einer zwanghaften Wiederholung eines Schemas aufkommen kann.

Über dem unauffällig leitenden, und doch in seinen Grundzügen immer gleichen Weg des Basses treiben die Begleitstimmen ihr Spiel unerschöpflichen Einfallsreichtums. Nur zwei Variationen (Nr. 18 und 22) zeigen in ihrer Melodik Ähnlichkeiten, während sie in ihrer Struktur sehr verschieden sich aufbauen. Die anderen 28 sind in ihren melodischen Ideen immer wieder ganz neu, ganz überraschend, setzen immer ganz woanders an.

Damit diese «Gedankenfreiheit» der Oberstimmen nicht ins Unstet-Wechselhafte gerät, werden ihr Richtungen gewiesen in den Rhythmen, die die Goldberg-Variationen durchziehen: zunächst ein Dreier-Rhythmus, der eine Reihenfolge unterschiedener Variationen aufstellt – auf eine «freie» Variation, die in Charakter und

Kompositionstechnik von Mal zu Mal wechselt, folgt eine spielerisch-virtuose und, als dritte, eine kanonische Variation. Diesem Dreier-Rhythmus überlagert sich ein in zehn Stufen aufsteigender Gang von der Prim zur None und zum Quodlibet, das die Stellung der Dezim einnimmt. Und es wird zu beweisen sein, daß darin nicht nur ein Spiel mit Zahlen gegeben ist, sondern ein innerlich gesetzmäßiger Entwicklungsgang, in dem rätselvolle Parallelen auftreten.

Freiheit und Gebundenheit, sie gehen in den Goldberg-Variationen eine einzigartige Vereinigung ein.

Für die ersten acht Takte des Themas knüpfte Bach an ein Chaconne-Modell an, das, wie schon erwähnt, sich allseitiger Beliebtheit erfreute. Purcell hatte es schon verwendet:[56]

(⁄⁄ bezeichnet einen Triller)

Händel hatte es mit fast gleicher Oberstimme übernommen und einmal 62 Variationen (statt der 7 Purcells) angefügt:[57]

Ein anderes Mal hatte er es einer Chaconne mit 21 Variationen unterlegt:[58]

Es ist mit Sicherheit anzunehmen, daß Bach zumindest die zwei Chaconnen Händels gekannt hat, denn sie waren 1733, ohne Wissen und Willen Händels, in Amsterdam in einer Sammlung Händelscher Werke herausgekommen. Ebenso gewiß kannte er eine Sarabande Duodecies variat. seines Onkels Joh. Christoph Bach,[59]

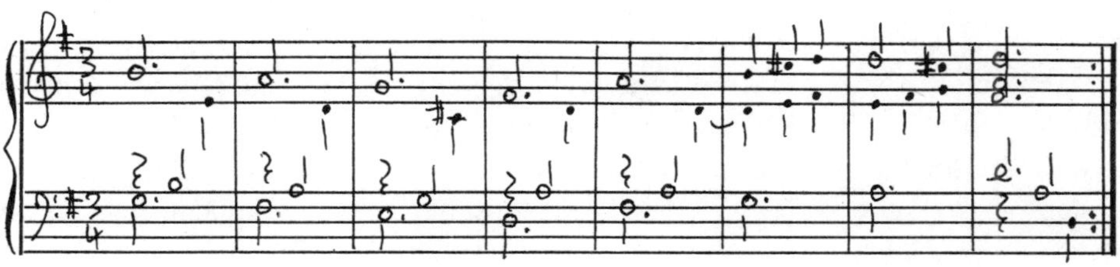

die allerdings in den zweiten vier Takten in die Dominante moduliert und erst später den Nachsatz zur Tonika hin bringt:

Auch die französischen Clavecinisten hatten den Baßgang zu einem ihrer Lieblingsmodelle erkoren. Dadelsen nennt[60] von Fr. Couperin aus Pièces de Clavecin Premier Livre, 1er Ordre: Gavotte; La Bourbonnoise, Gavotte; Second Livre, 10me Ordre: La Gabriêle; 11me Ordre: La Zénobie. Mit Couperins Werken war Bach wohl vertraut, und er hat sie auch, mit mancher Einschränkung, geschätzt.[61]

Gavotte[62]

La Bourbonnoise, Gavotte

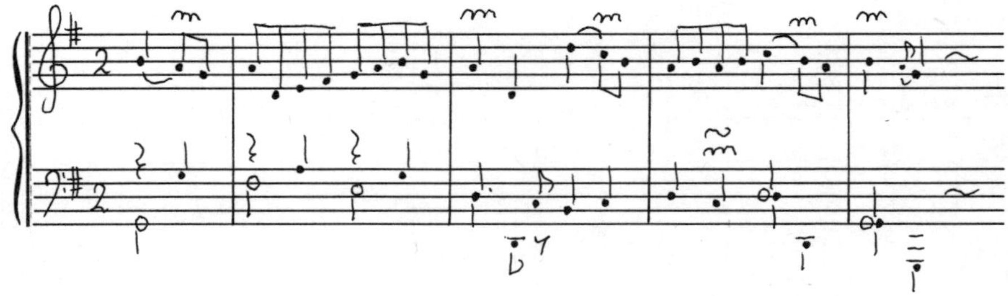

Schon lange mochte Bach empfunden haben, daß das so viel gebrauchte Thema noch nicht ausgeschöpft war; schon lange mochte es ihn gereizt haben, nun *seine* Komposition darauf zu schreiben und vorzuweisen. Jetzt tat er es; denn es war, wie das nächste Kapitel darlegen soll, in seinem Bau, in seinem inneren Wesen wie geschaffen für die Aufgabe, der seine Variationen dienen sollten.

Nun führt Bach seinen Baß in der Aria gleich belebt, mit Vorhalten, Durchgangs- und Wechseltönen vor. Gerade diejenigen, die meinen, Bach habe seine Kompositionen konstruiert – wie z. B., in all seiner Bachverehrung, Arnold Schering –, haben darin den Beweis dafür gesehen, daß die Aria ursprünglich nicht zum Variieren gedacht war. Sie meinten, Bach hätte sonst den Baß in säuberlich eindeutigen Noten bringen müssen, etwa so, wie Kirnberger ihn zum Skelett vereinfacht hat, um ihn augenfällig darstellen zu können:[63]

Das aber wäre Idee, wäre Konstruktion. Selbst Wanda Landowska, die große Bach-Interpretin der ersten Jahrhunderthälfte, hat sich von solcher Ideelichkeit anstecken lassen. Sie meinte, daß es vor allem die Achtelbewegung des Basses in den letzten Takten sei,

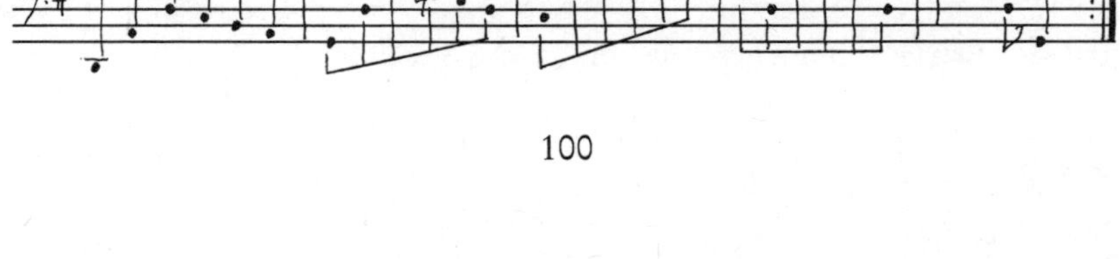

die dafür spreche, daß die Aria als alleinstehendes Stück entstanden sei.[64] Diese Achtelbewegung aber sieht sie in der ersten Variation fortgesetzt, und sie beginnt die erste Variation denn auch im Tempo des Aria-Schlusses.[65] Nur langsam, mit Sträuben gibt sie dann dem Drängen der 1. Variation nach, die ihr schnelleres Eigentempo durchsetzen will.

Bach geht nicht von einer Idee, er geht immer vom Lebendigen aus. So wie es auf der Erde, in der Erscheinungsform, von einer Sache immer nur verschiedene Exemplare gibt, jeden Stein, jede Pflanze, jeden Menschen in eigener Ausprägung, so tritt auch bei ihm das Baß-Thema gleich als lebendiges Individuum auf. Und es hat schon eine gewisse Berechtigung, wenn man, wie Müller-Blattau, die Aria als erste Variation ansieht[66] – jenes Themas, das als Schema gedacht, als Urimagination geahnt werden kann, das aber sich einkleiden muß, wenn es irdisch hervortreten will.

An den ersten, noch sehr «blank» vorgeführten Tönen des Ostinato-Modells läßt sich gut in einigen Beispielen aufzeigen, welcher Fülle verschiedenartiger Neugestaltungen Bach seinen Baß unterzieht. Zunächst eine Figurierung, die sich mit einfachem Umspielen begnügt:

Aria

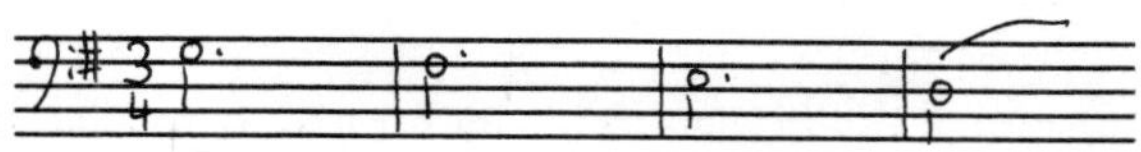

Var. 2

Sodann eine akkordische Auffächerung (besonders in den kanonischen Variationen begegnet es häufig, daß der Baß, wie in den ersten vier Takten, zunächst deutlich markiert wird, dann aber untertaucht in fluktuierende Bewegungen):

Aria

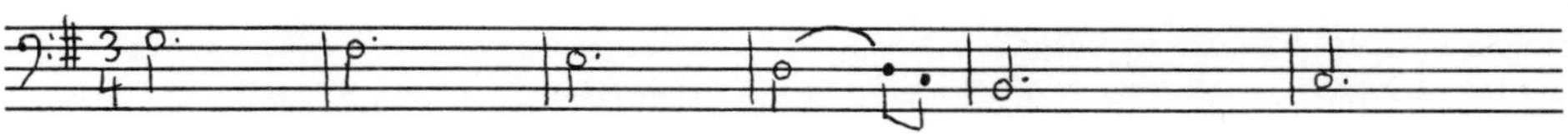

Var. 3

Manchmal werden die Modelltöne durch Läufe angesteuert:

Aria

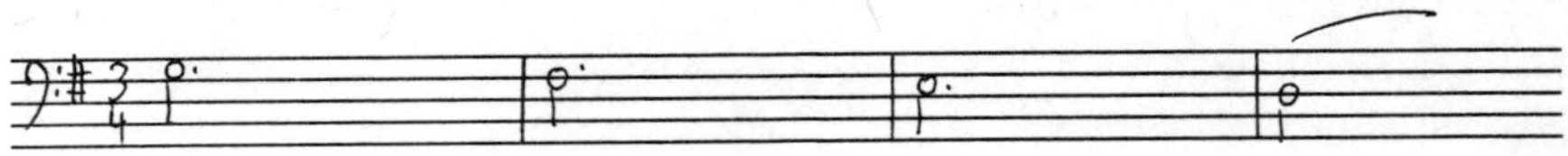

Var. 11

Manchmal wächst aus ihnen eine scheinbar ganz unabhängig sich gestaltende melodische Linie hervor:

Var. 27

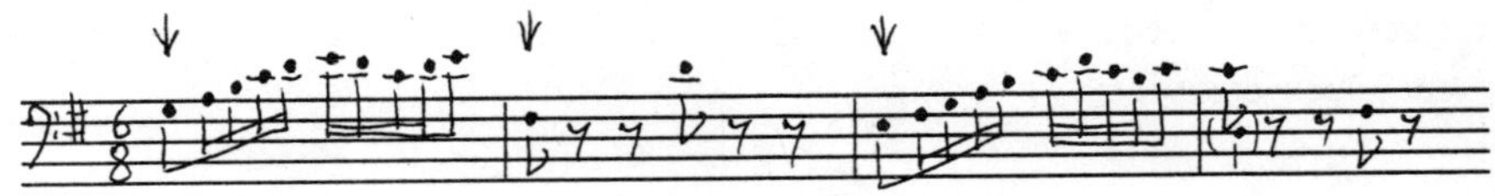

In wenigen Fällen, wenn es die Melodieführung erfordert, werden thematische Töne geopfert und andere springen dafür ein:

Var. 9

Rhythmische Dislozierungen kommen immer wieder vor:

Var. 10

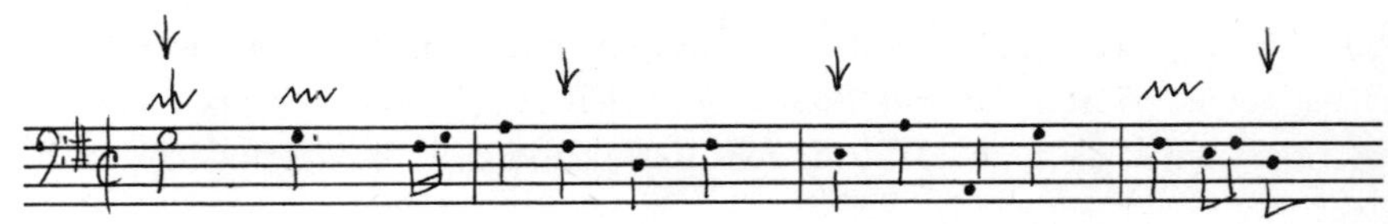

(Dafür bringt die eben zitierte Fughetta Var. 10 keine einzige harmonische Abweichung, die entscheidend wäre!)

Die thematischen Töne können beliebig oktavversetzt erscheinen, so daß die melodische Grundgestalt nur noch aus der Erinnerung hergestellt werden kann.

Var. 6

Var. 14

Var. 17

Die Moll-Variationen schließlich vollziehen den Weg gerne in chromatischen Schritten:

Var. 21
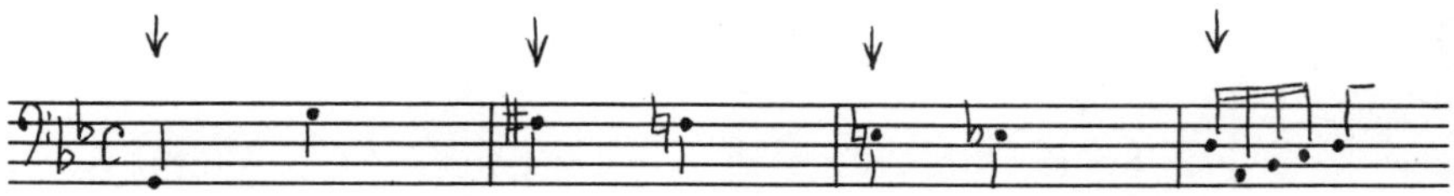

Daß in den Goldberg-Variationen der Baß dasjenige ist, an das sich die Veränderungen halten, ist nie bestritten worden. Daneben aber, so wird gelegentlich vorgebracht (zuletzt von Hans Hering in Bach-Jahrbuch 1974, S. 61 ff.), sei das Werk doch auch Melodie-Variation, d.h. die Melodie der Aria sei für die Variationen gleichfalls von Bedeutung, wenn auch in geringerem Maße. Denn es seien doch Anklänge daran hier und dort in den Variationen zu entdecken.

Nun war ja schon die Rede davon: Zu einem nach den Regeln der «klassischen» Harmonielehre aufgefaßten Baß gibt es nur eine begrenzte Auswahl an begleitenden Haupttönen. Ähnlichkeiten werden also immer wieder zu finden sein. Wenn zudem genügend Noten zur Verfügung stehen, aus denen man diejenigen herausnehmen kann, die man gerade meint – und in den Goldberg-Variationen hat man Auswahl unter sehr vielen Noten –, wenn man weiterhin zufrieden ist, sobald nur in ein paar Takten die Stimmführung an die Melodie der Aria erinnert, so läßt sich schon etwas finden, was an eine Melodie-Variation glauben läßt. Hans Hering sieht z.B. in Variation 5 in den ersten Takten der rechten Hand ein Umkreisen der Diskanttöne der Aria: (nach H. Hering, BJ 1974, S. 62)

Aria
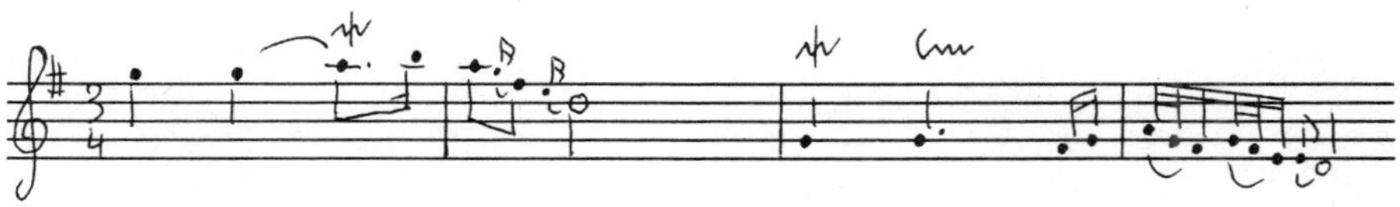

Var. 5

In ein großes Kunstwerk ist ja, seinem Schöpfer bewußt oder unbewußt, immer einiges «hineingeheimnißt». So mag mancher Bezug sich herstellen, doch bleibt er Akzidenz, wird nicht aufbauendes Prinzip. Wollte man sich darauf kaprizieren, alle Anklänge an einzelne Takte der Aria herauszuhören, so würde man die Goldberg-Variationen als Ganzes darüber verlieren.

Auffälliger als solche vage Ähnlichkeiten sind zwei Grundgebärden, die in den weitaus meisten Variationen die Oberstimmen dem Baß gegenüber einnehmen: Entweder sie folgen ihm in Terzenparallelen

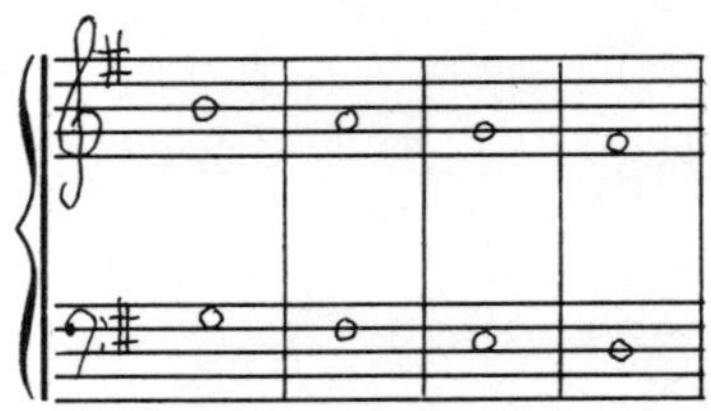

oder sie setzen ihm die Richtung nach aufwärts entgegen (mit alternativen Tönen).

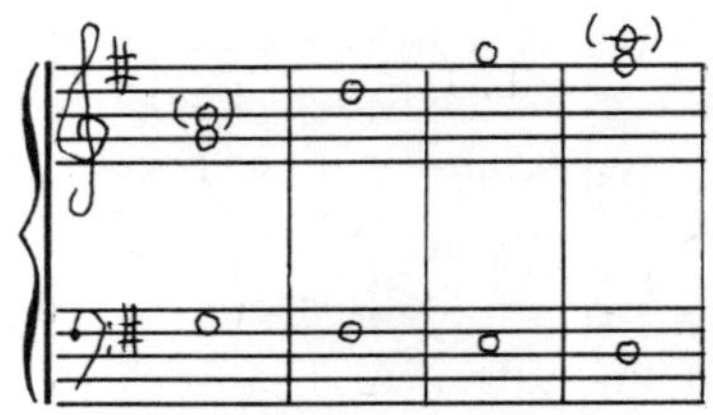

Beide Bewegungen sind aber entschieden das nicht, was die Aria bringt.[67] Deren Linienführung mit dem im dritten Takt wiederholten und dabei oktavversetzten g

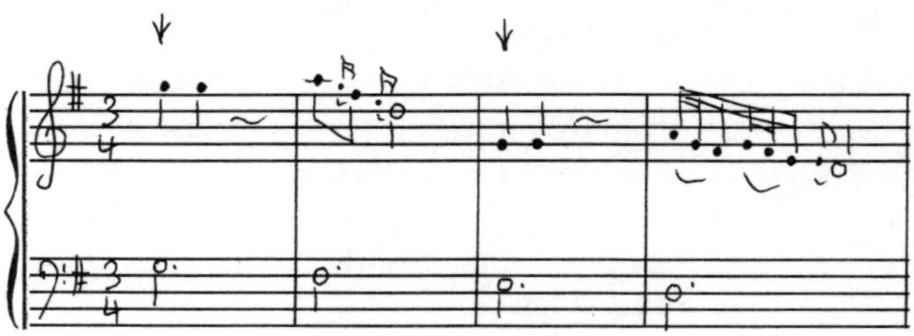

kehrt in keiner einzigen Variation wieder. Ja es scheint, als wolle sich die Aria melodisch strikt separat halten von den Variationen. Bach hat das im Quodlibet anklingen lassen, in dem das Wiederkehren der Aria angekündigt wird: «Kraut und Rüben haben mich vertrieben»; «ich bin so lang nicht bei dir gewest». Mögen die Variationen sich der Aria hier und da erinnert haben, sie war nicht da, sie ist zurückgetreten hinter den Variationen, die sich in sprudelnder Lebendigkeit dargelebt und des Basses bemächtigt haben.

Eine Frage könnte sich weiterhin in bezug auf die Variationsform stellen: Sind die

Goldberg-Variationen als Passacaglia oder als Chaconne zu bezeichnen? Beide Benennungen werden gebraucht. Spitta und Albert Schweitzer haben sie als Passacaglia geführt, und der Name mit seinem passare = gehen, schreiten, erweckt imaginativ sehr schön das Bild eines Weges, wie er in den Goldberg-Variationen ja gegeben ist (J. G. Walther allerdings leitet das Wort von Passe-rue = Gassenhauer ab).[68]

Die Musikwissenschaft ordnet heute die Goldberg-Variationen lieber unter die Chaconnen ein. Dafür gibt es mehrere Gründe. Chaconne und Passacaglia werden bei den alten Theoretikern widersprüchlich definiert, aber alle treffen sich darin, daß die Chaconne «erhabener und stöltzer»[69] einhergeht als die Passacaglia – J. G. Walther bringt Ciacona-Chaconne in Verbindung mit persisch Schach = König –, und daß die Chaconne eher den Dur-Tonarten zuneigt, während die Passacaglia «die kleinen (Ton-Arten) liebet».[70] Und die Dur-Tonart, mit den empfohlenen Ausweichungen «in den Modum minorem»[71] findet sich in den Goldberg-Variationen.[72] Auch hat man bei Chaconnen den Ostinato-Baß gerne diatonisch von der Tonika zur Dominante absteigen lassen, wie er es in den ersten vier Takten der Aria tut.[73]

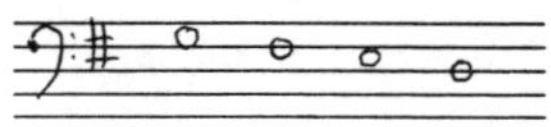

Im übrigen aber läßt sich wenig finden, was die Entscheidung zwischen den Benennungen Passacaglia und Chaconne erleichtert. Wenn Mattheson schreibt, daß die Chaconne «mit grösserer Freiheit vom vorgesetzten Themate im Basse weichen darff» als die Passecaille,[74] so gilt das für die französische Chaconne; die italienische Ciacona hält es nicht so. Wie frei ist nun überhaupt der Baß in den Goldberg-Variationen? Er verbirgt sich weit mehr als das Ostinato der Orgel-Passacaglia von Bach; und stellt sich doch deutlicher dar als das Thema der Violin-Chaconne. Er steht also etwa in der Mitte.

Ein anderes Kriterium, das genannt, aber einmal dieser, einmal jener Gattung zugeschrieben wird, ist, ob der Baß in die Oberstimmen aufsteigen darf.[75] Wiederum kann man diskutieren: Geht das Thema in den Goldberg-Variationen überhaupt in den Diskant hinauf? Soll man bei Stimmkreuzungen die oben liegende linke Hand als den Vertreter des Ostinato betrachten, oder das Thema in der unten agierenden rechten Hand suchen? Oftmals ist beides möglich:

Var. 26

Hier möchte man der linken Hand den Vorzug geben, aber die Entscheidung ist manchmal schwer; Ober- und Unterstimme gibt es letztlich in den virtuosen Variationen gar nicht mehr.

Dagegen bleibt das Thema in den Charaktervariationen und in den Kanons immer dem Baß. Eine Stelle, die gelegentlich als Beispiel für Stimmtausch angeführt wird,[76] ist u. E. nicht in diesem Sinne aufzufassen:

Var. 18

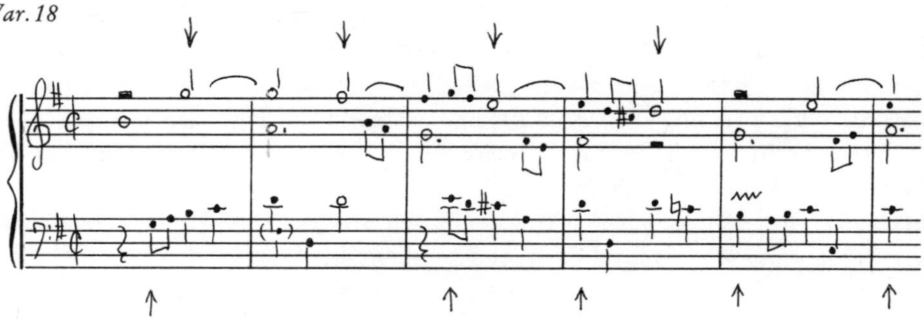

Hier bringt zwar der Diskant eindeutiger als der Baß die thematische Tonfolge g – fis – e – d. In den übrigen 28 Takten aber zeigt sich höchstens für zwei Töne ein thematischer Anklang in den Oberstimmen. So könnte man vielleicht sagen: In dem Augenblick, wo der Baß mit einer «logischen» Melodieführung beschäftigt ist und sich dafür einen Ersatzton wählt, ergreift die Oberstimme die Gelegenheit, die freigewordene thematische Linie in Besitz zu nehmen. Sie tut das übrigens auch in der vorhergehenden Variation, obwohl der Baß hier alle Ostinato-Töne seinerseits bringt:

Var. 17

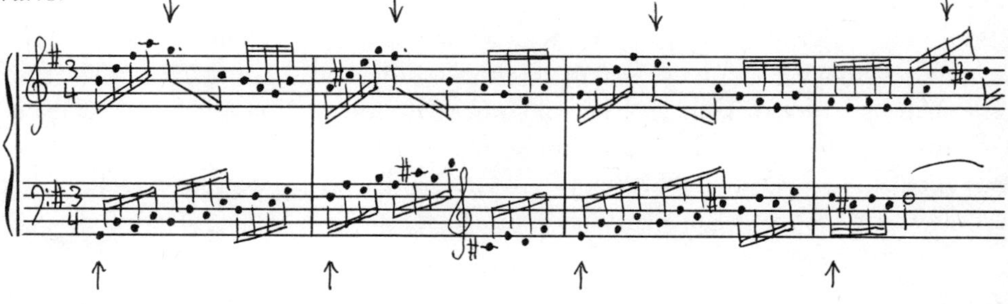

Bach würde ob solcher Diskussionen verwundert-verständnislos den Kopf geschüttelt haben, und so seien sie denn auch rasch beiseite gelegt.

Er selbst hat sich offensichtlich an keine der herkömmlichen Ostinato-Formen binden wollen. Mag man nun die Goldberg-Variationen als der Violin-Chacaonne Bachs oder als der Orgel-Passacaglia näher stehend empfinden, und sie, weil man Begriffe braucht, der einen oder anderen Gattung zuordnen – Bach hat sich dem Hin und Her entzogen, indem er sie «Aria mit verschiedenen Veränderungen» nannte.

IX
Die Zweizahl und ihre Vielfachen in den Goldberg-Variationen

Im Atemholen sind zweierlei Gnaden:
Die Luft einziehen, sich ihrer entladen;
Jenes bedrängt, dieses erfrischt;
So wunderbar ist das Leben gemischt.
Du danke Gott, wenn er dich preßt,
und dank ihm, wenn er dich wieder entläßt.
J. W. Goethe, aus «Talismane»

Vom Kleinsten bis zum Größten, vom zweimaligen Erklingen des ersten Melodietones der Aria bis zur Zweiteilung des Gesamtaufbaus, durchzieht die Zweizahl die Goldberg-Variationen. Es sei zunächst all dasjenige betrachtet, wo die Zwei ganz im Sinne jenes heilsamen Ausgleichs von Ein- und Ausatmen wirkt, wie ihn Goethes Gedicht beschreibt.

Das zeigt sich zuvörderst in dem achttaktigen, viel verwendeten Chaconne-Modell, von dem Bach ausgegangen ist. Ganz sicher verdankt es die Beliebtheit, derer es sich erfreute, seinem besonders wohltätigen, harmonisierenden Bau: Einer absteigenden Bewegung in den ersten vier Takten antwortet eine emportragende,

wobei der Quintschritt am Ende beruhigend und entspannend in die Tiefe geht. Auf engstem Raum ist eine Thematik angeschlagen und sogleich in Harmonie gebracht. Mit dem Hinunter – Herauf, Herein – Hinaus stellt sich das Thema ganz in die Austauschsituation von G-Dur hinein; und es ist auch, wie die Beispiele im vorigen Kapitel zeigen, vornehmlich in G-Dur verwendet worden.

Dieses Prinzip hat Bach nun in der Fortsetzung weitergeführt:

Wiederum wird eine absteigende Bewegung ausgeglichen durch eine emporhebende. Die Aria bringt dabei im 10. Takt einen Vorhaltsakkord, den die meisten Variationen aufgreifen:

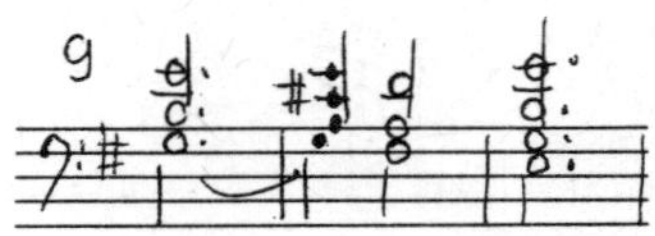

Dadurch wird die Spannung ein klein wenig angezogen im dritten Abschnitt, der die Modulation in der Dominante beginnt. Der vierte glättet dann wieder, indem er die sänftigende Gebärde des zweiten mit dem Quintschritt nach unten am Ende wiederholt.

Hiermit ist der Halbschluß auf der Dominante erreicht. Der erste Teil, der a-Teil, bringt also vier Phrasen: zwei ruhig sich antwortende, eine intensivierende und eine die Entspannung wieder herstellende.

Nun überträgt Bach gewissermaßen dieses Prinzip der Gestaltung einer Vierer-Gruppe in das nächstgrößere Maß. Zieht man achttaktige Bögen, so fallen der ersten Hälfte, dem a-Teil, zwei sich antwortende und insgesamt ruhig fortschreitende Gruppen zu;

in der dritten Gruppe aber verkompliziert sich der Weg ein klein wenig:

Die ersten vier Takte wandern suchend umher, im 19. Takt unentschlossen zwischen C-Dur und a-Moll schwankend. Die zweiten vier Takte möchten das Gleichgewicht sichern, indem sie aus der Tiefe heraus den Viertelschluß in e-Moll bekräftigen. Noch einmal bringt dabei ein Takt (23) zwei thematische Töne, die in den meisten Variationen nachvollzogen werden. So kennzeichnet schon äußerlich das Notenbild, wie hier eine leichte Schürzung vorliegt. In den Variationen wechseln an dieser Stelle die Motive einige Male in kürzeren Abständen, so daß eine Bewegung, die vorher vier Takte beherrschte, nun nach zwei Takten schon verändert oder ausgewechselt wird.

Der vierte Bogen, die letzten acht Takte, lösen die Verwirrung auf und strömen ins alte Gleichmaß, in eine befreite Gebärde, die den früheren Duktus des Ausgleichs zwischen Ab- und Aufsteigen wieder aufnimmt, doch jetzt in größeren, bewegteren Schritten:

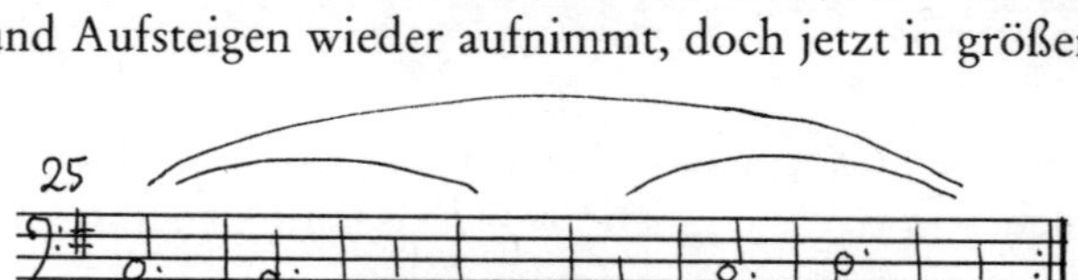

Das Grundschema dieses zweiteiligen Aufbaus – fließendes Sich-Entwickeln im ersten Teil, Ausweichen in andere Tonarten und damit ein Spannungsknoten zu Beginn des zweiten Teils, anschließend Zurückfinden zum Anfang – ist das Prinzip jeder zweiteiligen Liedform. In den Goldberg-Variationen ist dabei aber eine reine Klarheit und ein absolutes Ebenmaß gewahrt mit Abschnitten von 4–4, bzw. 2–8 Takten in beiden Hälften.

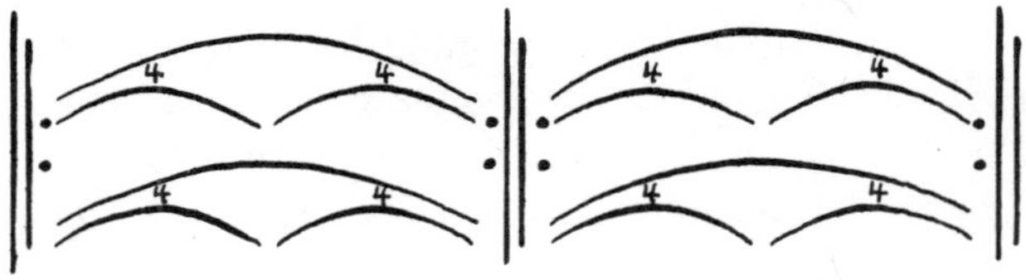

So hält sich alles gegenseitig im Gleichgewicht.

Meistens ist ja in der a-b-Form der zweite Teil länger als der erste, und der Gang durch andere Tonarten mitunter so weitläufig, daß die Ausgangstonart geradezu dem Blick entschwindet. Auch die Sarabanden, ursprünglich aus zwei Teilen zu je acht Takten bestehend, haben in der Hochbarockzeit die verlängerte zweite Hälfte. Nur bei Allemanden wahrt Bach in der überwiegenden Zahl die Symmetrie; nicht von ungefähr, denn es ist ein Tanz, der «das Bild eines zufriedenen oder *vergnügten* Gemüths trägt, das sich an guter Ordnung und Ruhe ergetzet».[77] Aber die Aria der Goldberg-Variationen ist selbst diesen Allemanden mit gleich langen Hälften gegenüber noch klarer im harmonischen Gang, noch reiner in der Gliederung in Systole und Diastole. Die übliche Konfliktsituation zu Beginn des b-Teils klingt nur an; die leichte Trübung, die entsteht, dauert nur kurz, dann stellt sich das alte gelöste Gleichmaß wieder her, in den letzten sechs Takten noch in rascheres Fließen gebracht durch die strömende Achtelbewegung des Basses und die Sechzehntel des Diskantes. Wenn sonst Bach die Spannung meist erst mit dem Schlußakkord löst – der dann um so befreiender eintritt –, so ist hier die Entspannung schon früher erreicht, und der letzte achttaktige Abschnitt ist ein sanftes Auslaufen, ein unbeirrtes Wiederaufnehmen des Weges, der zu Beginn eingeschlagen war.

Das Ebenmaß dieses Baßganges behält Bach, wie gesagt, in den Variationen bei, ohne einen Takt wegzulassen oder hinzuzufügen. Er setzt allein auf die inneren Verwandlungskräfte. In Variation 3, 9, 21 und 30 entspricht ein halber Takt einem Thementakt, im b-Teil von Variation 16 übernehmen zwei Takte einen Takt des Themas.

Die größere Zäsur nach acht Takten, die das Baß-Modell vorgibt, setzt sich in den Variationen immer durch, die kleinere nach vier Takten wird gelegentlich – z. B. in Variation 6 – überspielt, so daß sich der Atembogen darüber hinwegzieht.

Die Dynamik, nach der sich das Thema aufbaut, erscheint nun noch einmal ins Größere gespiegelt im Gesamtzyklus der Variationen.[78] Ein dezidierter Einschnitt liegt in der Mitte nach Var. 15; er ist im Originaldruck kenntlich gemacht dadurch, daß der Anfang der Ouvertüre Var. 16 eingerückt ist.[79] Bis dahin vollzieht sich der Fortgang geradlinig und ohne Komplikationen in gleichmäßig fortfließendem Strom (im einzelnen wird das noch zu betrachten sein). In der zweiten Hälfte, beginnend mit Var. 19 etwa, verwirrt sich der Weg, hat keinen so einheitlichen Zug mehr; es ist, als wirkten divergierende Tendenzen. Gegen Schluß aber – mit Var. 26 – bricht eine neue Kraft auf, die als die letzte Phase des Ausatmens dem Ende zustrebt. Mehrere Schallplattenaufnahmen machen diese Zielrichtung deutlich, indem die letzten Variationen unmittelbar aneinandergehängt werden, obwohl vorher wenig auf die Dynamik der Anschlüsse von Variation zu Variation geachtet worden ist.

So stellt sich, wie das Themenmodell im kleinen, der Zyklus im ganzen als ein großes Ein- und Ausatmen dar.

Der Drang nach Ausgleich, nach Symmetrie durchzieht die gesamte Bachsche Musik. Allerorten antworten aufsteigende Bewegungen auf absteigende und umgekehrt, werden Themen gespiegelt. Hier wurzelt die aufrichtende, tröstende, ins Lot bringende Kraft von Bachs Musik, die immer wieder zu erfahren ist, und nach jedem gelungenen Bach-Konzert am Publikum abgelesen werden kann. Als ein Symbolum für Bachs Streben nach Symmetrie steht sein seitengleiches Siegel:

(Im Musikalischen, Zeitlichen hat Komplementäres eine andere Form als im Bildnerisch-Räumlichen.)

In den Goldberg-Variationen ist Bach besonders deutlich bemüht, den Ausgleich herzustellen, ja gar nicht erst lange in Gefahr zu bringen. Die meisten Motive werden umgekehrt; für die virtuosen Variationen ist das geradezu Prinzip. Diese Umkehrungen treten vorwiegend im Wechsel der 4- und 8-Taktgruppen des Themenbasses ein, manchmal im schnelleren Rhythmus von zweitaktigen Abschnitten, den die Melodiestimme der Aria vorgibt. Und in den meisten dieser zweitaktigen Phrasen vollzieht der Diskant der Aria jenen Ausgleich zwischen Heraus und Hinein, den der Baß in acht Takten ausführt, jedoch in umgekehrter Richtung: Der erste Takt steigt nach oben, der zweite entspannt nach unten.

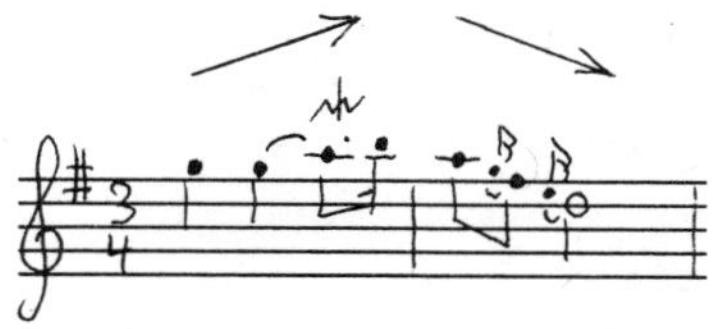

Zweitaktige Phrasierung ist eine Eigenheit der Sarabande. Von ihr hat die Aria noch ein anderes übernommen: die Wiederholung des ersten Tones im Takt auf der zweiten Zählzeit. Hier zeigt sich die Zwei nun noch in einer etwas anderen Nuance: Sie wirkt bestätigend und festigend. Nicht jede Sarabande bringt diese Tonwiederholung, aber sie liegt bei Sarabanden gewissermaßen in der Luft. So beginnt z. B. die Sarabande der G-Dur-Partita Bachs, sieht man vom Auftakt und den Vorschlägen ab, im gleichen Duktus wie die Aria-Melodie:

Aria

Sarabande
BWV 829

Die Neigung zu Tonwiederholungen erwächst aus dem eigentümlichen rhythmischen Gefüge der Sarabande, das sie zum Ausdruck spanischen Wesens gemacht hat. Zugrunde liegt der Dreier-Takt, von dem Kepler sagt: «Der dreiteilige Rhythmus nun ist stürmisch und leidenschaftlich». In ihn hinein aber setzt die Sarabande einen Zweischlag, der, nach Kepler, «ruhiger, friedlicher, gelassener» ist.[80] Denn die dritte Zählzeit wird als Verlängerung der zweiten, betonten Zählzeit angesehen, als verschmolzen mit ihr.[81] So zügelt die Sarabande – die Barock-Sarabande, ursprünglich war der Tanz rasch und «wollüstig» schmachtend[82] – die Leidenschaft der Drei durch die Gelassenheit der Zwei. Das gibt ihr die ihr eigene Größe. «Der Charakter einer Sarabande verpflichtete den Setzer, eine solche Verknüpfung verschiedener Zusammenklänge zu verfertigen, welche das Gemüth zu einer besonderen Größe erheben, es in Verwunderung setzen, und zur Ehrfurcht bewegen kan.» (Nichelmann, Bach-Schüler)[83] Diese Größe kann «steife Ernsthafftigkeit» haben und bis zur Arroganz, bis zur «Ehrsucht» gehen, die Mattheson, selbst in dieser Richtung angefochten, der Sarabande vorwirft.[84]

Die beiden Zählzeiten, die gegen den Dreiertakt stehen, behaupten sich nun am leichtesten, wenn sie den gleichen Ton bringen und sich darin festhalten. Folgt nach dieser Tonwiederholung eine Pause, so erhält der Tanz eine statuarische Erhabenheit. Ein Beispiel dafür gibt Händels beliebte Sarabande aus der d-Moll-Suite:[85]

Um sie von ihrem Sockel herab in Bewegung zu bringen, folgt Händel dem oft gepflegten Brauch und macht «Verdoppelungen oder gebrochene Arbeit draus, welche insgemein Variationes, von den Frantzosen aber Doubles genannt werden.»[86]

Bach verwendet die Sarabanden-Pausen selten und nur für die Begleitstimmen. Er führt lieber mit verbindenden Tönen über die schwache Taktzeit weiter. Und auch mit Tonwiederholungen geht er sparsam um. In der B-Dur-Partita allerdings beginnt er die Sarabande im punktierten Rhythmus mit zweimal wiederholtem Einsatzton:

BWV 825

Es bleibt ein unvergeßlicher Eindruck, wie Karl Richter in einem Konzert in Ottobeuren diese Sarabande so spielte, daß plastisch das Bild eines spanischen Tänzers entstand in seiner schroffen, geführten Eleganz; eine einzigartige und überraschende Interpretation, die in dieser Art kaum nachzuvollziehen, und auch natürlich nicht auf jede Bachsche Sarabande zu übertragen ist.

Die Aria ist keine eigentliche Sarabande. Der Sarabandenrhythmus klingt nur an in der Melodie; die Begleitung macht ihn ebenso wenig mit wie die Unterteilung in zweitaktige Phrasen. Aber die Tonwiederholungen und die Zweischlagbetonung gegen den Dreiertakt helfen dazu, der Aria ihre in sich gesicherte Größe zu geben.

Selten wiederholt sich der Sarabandenrhythmus in den Variationen; am deutlichsten, und mit Pausen auf der 3. Zählzeit, in Var. 26:

Var. 26

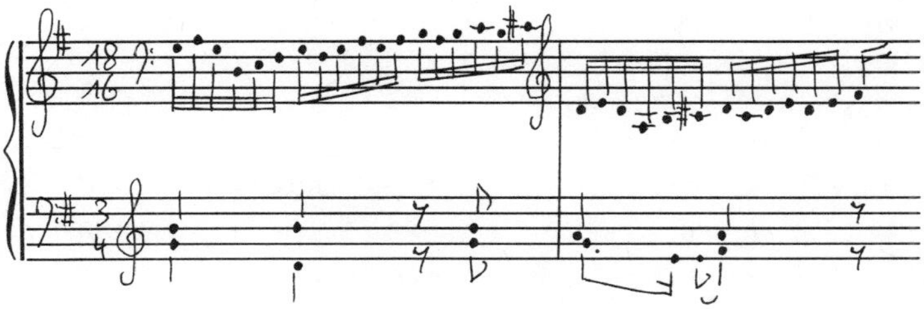

Doch stürmen die 18/16tel-Läufe über diese Pausen hinweg. In zwei Variationen entsteht ein Sarabandenrhythmus im Zusammenwirken der Stimmen;

Var. 13

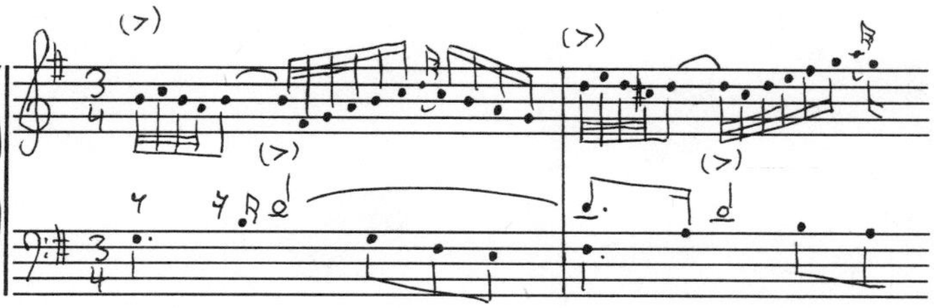

Var. 25

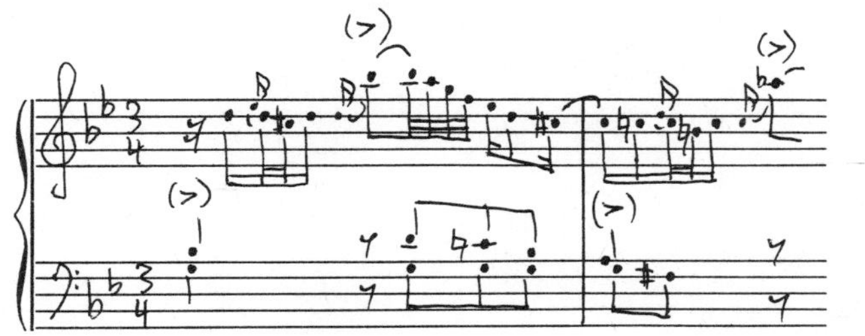

einmal bildet er sich in «lauffenden Noten», die die Sarabande in ihrer eigentlichen Form nicht «zuläst, weil die Grandezza solche verabscheuet»:[87]

Var. 17

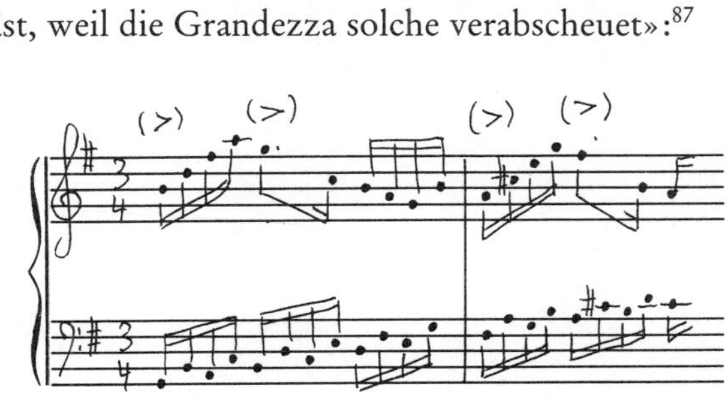

Zweitaktigkeit, wie in der Melodie der Aria, tritt in den Variationen nur noch einmal – in Var. 7 – bestimmend hervor, sonst findet sie sich nur abschnittweise.

Im größeren ist die Zwei nun noch als bekräftigendes Element wirksam in den Wiederholungen der a- und b-Teile der Aria und der Variationen. Diese Wiederholungen läßt man in unserer modern-neurasthenischen Zeit oftmals weg, und wenn die Darbietung des Werkes uninteressant ist, mag man ganz froh darüber sein. Doch verzichtet man dann auf Einprägung, auf Vertiefung. «Die Wiederholung ist ein mächtiges Mittel zur Steigerung der inneren Erschütterung und gleichzeitig ein Mittel zum primitiven Rhythmus, welcher wieder ein Mittel zur Erzielung der primitiven Harmonie in jeder Kunst ist», schreibt W. Kandinsky.[88] In diesem Sinne sind gewiß auch die Wiederholungen der a- und b-Teile ein primitives Mittel; aber ebenso zweifelsfrei entsteht Harmonie nur mit ihnen, ja es erfüllen sich die einzelnen Sätze erst, wenn man die Wiederholungen spielt – so, daß sie zur «Steigerung der inneren Erschütterung» werden.

X
Der Dreier-Rhythmus der Variationen

> Will man auf das innerlich Wirksame, auf das sich Gestaltende sehen, muß man auf die Gestaltung im Sinne der Dreiheit schauen.
> *R. Steiner*[89]

Dreiteilungen begegnet man in der Musik häufig: in dreiteiligen Formen, in dreisätzigen Werken. Ob es aber eine Komposition gibt, in der drei Satzarten in rhythmischer Folge wiederkehren wie in den Goldberg-Variationen, das herauszufinden müßte erst die gesamte Musikliteratur durchgesehen werden. Einen Zweischlag hat Bach im Wohltemperierten Klavier genommen mit dem Wechsel von Praeludium und Fuge; aber die Dreier-Rhythmik der Goldberg-Variationen scheint einzigartig dazustehen.

Wenn Bach zu so ungewöhnlichen Strukturen greift, so drängt sich um so mehr die Frage auf, was er damit verfolgt haben könnte. Zu übersehen ist die Dreier-Periodik nicht, da jede dritte Variation als Kanon im Notentext gekennzeichnet ist. Allerdings stellen sich die Kanons im Erklingen nicht, wie man vermuten könnte, durch ein trocken-konstruktives Wesen aus der Reihe der anderen Variationen heraus. Man hört ihnen «ihre Strenge keineswegs an, sie übertreffen oft sogar ihre leichtlebigeren Nachbarn an Liebenswürdigkeit».[90] Im Konzert mögen vielleicht eher die virtuosen Variationen mit dem Überkreuzen der Hände als ein Wiederkehrendes auffallen. Aber die dritten im Bunde, Variationen wechselnden Charakters, sorgen dafür, daß die Impulse immer wieder in neue Richtungen gehen; sie verschleiern, daß sich ein gleichbleibender Rhythmus wiederholt.

Auf die turnusmäßige Folge von jeweils drei Variationen verschiedener Art, wobei nur die erste und die letzte Gruppe sich Eigenheiten wahren, wird heute von allen Seiten hingewiesen. Nur: welche drei gehören zusammen? Wo beginnen, wo enden die Gruppen? Bei Karl Richters Konzert in Schloß Schleißheim im Sommer 1980 war im Programmheft folgende Einteilung getroffen:

Aria

Var. 1. a 1 Clav.	Var. 16. Ouverture a 1 Clav.
Var. 2. a 1 Clav.	Var. 17. a 2 Clav.
Var. 3. Canone all'Unisono a 1 Clav.	Var. 18. Canone alla Sesta a 1 Clav.
Var. 4. a 1 Clav.	Var. 19. a 1 Clav.
Var. 5. a 1 ovvero 2 Clav.	Var. 20. a 2 Clav.
Var. 6. Canone alla Seconda a 1 Clav.	Var. 21. Canone alla Settima
Var. 7. a 1 ovvero 2 Clav.	Var. 22. Alla breve a 1 Clav.
Var. 8. a 2 Clav.	Var. 23. a 2 Clav.
Var. 9. Canone alla Terza a 1 Clav.	Var. 24. Canone all'Ottava a 1 Clav.
Var. 10. Fughetta a 1 Clav.	Var. 25. a 2 Clav.
Var. 11. a 2 Clav.	Var. 26. a 2 Clav.
Var. 12. Canone alla Quarta	Var. 27. Canone alla Nona a 2 Clav.
Var. 13. a 2 Clav.	Var. 28. a 2 Clav.
Var. 14. a 2 Clav.	Var. 29. a 1 ovvero 2 Clav.
Var. 15. Canone alla Quinta a 1 Clav.	Var. 30. Quodlibet a 1 Clav.

Aria da capo e Fine

Auf der zweiten Schallplatteneinspielung Karl Richters[91] sind die gleichen Einschnitte durch Zwischenrillen kenntlich gemacht. Karl Richter hat sich also wohl zu dieser Unterteilung bekannt. Sie ist diejenige, die eine konsequente Durchführung durch den Zyklus der 30 Variationen erlaubt. Unausgesprochen gehen auch alle heutigen Publikationen über die Goldberg-Variationen in Deutschland davon aus.

Ralph Kirkpatrick formiert die Gruppen anders in seiner Herausgabe der Edition Schirmer.[92] Nimmt man ihn beim Wort, so ergibt sich folgendes graphisches Bild:

Aria
Var. 1.
Var. 2.

Var. 3. Canone all'Unisono
Var. 4.
Var. 5.

usw.

Hier wird die Dreier-Gruppe also vom Kanon eröffnet, während er bei Karl Richter den Beschluß macht. Vielleicht ist Kirkpatrick dabei von der Auffassung seiner Lehrerin W. Landowska ausgegangen, die erste Variation bilde eine Fortsetzung der Aria. Er muß dafür mehrere Ungereimtheiten in Kauf nehmen: Var. 1, die er selbst als «festlich geschmückten Eingang» bezeichnet,[93] kommt in die Mitte einer Gruppe zu stehen, ebenso die Ouvertüre Var. 16, vor die dennoch Kirkpatricks Schallplatteneinspielung die übliche Pause legt.[94] Am Schluß faßt Kirkpatrick dann gegen seine Regel Var. 28 und 29 mit dem Quodlibet Var. 30 zusammen, so daß der Kanon Var. 27, im Gegensatz zu den anderen Kanons, ohne das Gefolge zweier Variationen dasteht. Die Inkonsequenzen sind also durchaus gewichtig.

Die dritte Möglichkeit, den Kanon als Mittelglied einer Dreiheit anzusehen, deutet R. Steglich an;[95] doch legt er sich nicht ausgesprochen auf diese Einteilung fest. Sie würde übrigens auch kein logisches Bild ergeben: Einer Einzel-Variation nach der Aria stünden zwei Variationen am Schluß des Zyklus vor der Aria da capo gegenüber.

Nun mag man sich natürlich wundern: Wie ist es möglich, daß die Gruppierung so verschieden getroffen werden kann? Gibt es am Ende keine eindeutigen Zeichen der Zusammengehörigkeit bei den Variationen einer Dreier-Gruppe, keine Scheidegrenzen nach einer Dreier-Einheit? Mit dem Gefühl ist hier nicht zu argumentieren, so unverrückbar sicher es sich einstellen mag, vor allem beim anfänglichen Kennenlernen, beim ersten Spielen des Werkes, das, wie die Erfahrung lehrt, oftmals die Richtung einprägt; «stets bleibt der erste Augenblick der Begegnung mit dem Werk sehr wichtig».[96] Wer wollte z.B. einem Musiker, dem wir so viele interessante Konzerterlebnisse, so viele anregende Bemerkungen über Musik verdanken wie R. Kirkpatrick, absprechen, daß er gleichfalls von inneren Erfahrungen ausgegangen ist?

Es gibt aber Kriterien, die sich im Notentext niederschlagen – motivische Eigenheiten, Eigenheiten des Duktus u.ä. –, an denen man die Zusammengehörigkeit der Dreiheiten ablesen kann; sie sollen im nächsten und übernächsten Kapitel im einzelnen gefaßt werden. Und diese Merkmale, auf die jetzt nur verwiesen werden kann, bestätigen die Einteilung Karl Richters und der neueren Musikwissenschaft: Die Kanons beschließen jeweils die Gruppe. Die Kanons sind es aber auch, die dazu verleiten können, sich bei der Einteilung zu täuschen. Sie stellen einen Entwicklungsgang dar, führen gleichsam auf ein neues Plateau. Sie vollenden ihre Gruppe, machen aber gleichzeitig bereit zu Neuem. So bricht der Fluß hier nicht ab; das Werdende steht schon an, wenn es auch noch ungeboren ist.

Man wird ein gutes Bild für die Dynamik der Folge Charakter-Variation – virtuose Variation – Kanon finden in dem, was Rudolf Steiner als dreifachen Schritt des Werdens der Pflanze dargestellt hat: Entstehen – Wachsen und Gedeihen – Absterben, wobei der Keim zu Neuem sich bildet.[97] Die Charakter-Variationen geben den Impuls, die virtuosen Variationen führen ihn fort und entfalten den Fluß, die Kanons fassen zusammen und formen den Keim zu neuer Entwicklung. Dieses Neue aber ist nicht, wie bei der Pflanze, eine Wiederholung des Alten, Gleichen, sondern stellt eine andere, fortgeschrittene Stufe dar.[98] Das ist Bachs Mittel, in vollkommen lebensvoller Weise den Strom der Variationenreihe über die Gruppenunterteilungen hinwegzuführen. Für den Interpreten – Kirkpatrick – mag naheliegen, die Kanons mit dem, für das sie den Boden bereiten, zusammengehörig zu denken.

Keineswegs hat Karl Richter die Pausen, die im Programmheft nach jeder Dreiheit gesetzt waren, nun in sein Spiel übernommen. Wie es bei ihm, der aus einer allgegenwärtigen Musikdurchdrungenheit musizierte, zu erwarten war, kamen die Anschlüsse unter den Variationen stets variabel, aus der Notwendigkeit des Gesamtstromes. Die Strukturen, die der modern-bewußte Mensch sich klarmachen will und klarmachen soll, müssen Bauplan bleiben. Es würde ertötend wirken, sie zur Schau zu stellen in der klingenden Erscheinung des Kunstwerks. Sie müssen als verborgen tragendes Gerüst dienen, das der Fluß des Lebendigen mit seiner Vielgestalt umkleidet.

Wird das XI. Kapitel die gemeinsamen Merkmale der drei Variationen einer Gruppe, das XII. Kapitel die wandelbare Dynamik der Anschlüsse von Variation zu Variation ins Auge fassen, so sollen hier die drei Arten der Variationen in ihrem Bau, in ihren Eigenheiten analysiert werden. Die erste und letzte Gruppe muß dabei, ihrer Unregelmäßigkeit wegen, von der Betrachtung zunächst ausgeschlossen werden. Es wird später keine Schwierigkeiten machen, sie wieder einzufügen. Und so soll der Versuch unternommen werden, sich dem Rätsel zu nähern, das Bach aufgegeben hat, indem er drei verschiedene Variationsarten in wiederkehrendem Rhythmus sich hat folgen lassen.

Die Charakter-Variationen Nr. 4, 7, 10, 13, 16, 19, 22, 25. Das Denken

Überschaut man die Variationen, die die Dreier-Gruppen eröffnen, so fällt vor allem ihre Vielgestaltigkeit auf; nicht so sehr in den Taktarten – da werden sie von den Kanons übertroffen –, als in einigen anderen Eigenschaften: Das Tempo ist sehr unterschiedlich, es geht vom Adagio (Var. 25) bis zum raschen Giguentempo (Var. 7). Kirkpatrick gibt als Extreme ♪ = 46 und ♪ = 184 an.[99] Auch die verwendeten Notenwerte differieren stark; insgesamt findet sich die volle Skala von ganzen Noten bis zu Zweiunddreißigsteln. Veränderlich ist außerdem die Stimmenzahl und die Satzweise. Auf eine Variation, die aus einem kurzen Motiv ein Spiel in Imitationen und Umkehrungen durch vier Stimmen hindurch aufbaut, folgt eine zweistimmige Variation im punktierten $^{6}/_{8}$tel-Rhythmus, die Bach selbst durch den Zusatz «al tempo di Giga» als tanzartig gekennzeichnet hat, sodann eine vierstimmige Fughetta und eine Variation, in der eine kolorierte Melodie von zwei Begleitstimmen getragen wird. Im zweiten Teil reiht sich zuerst eine «Ouverture» im altfranzösischen Stil an mit einer prunkvollen, meist zweistimmig imitierenden, jedoch mit akkordischen Füllstimmen ausgestatteten ersten Hälfte und einer fugierten zweiten Hälfte in lockerer Vierstimmigkeit; darauf kommt eine Variation im $^{3}/_{8}$-Takt mit drei Stimmen, die ihre Motive untereinander austauschen, ein vierstimmiges Alla breve in alter kontrapunktischer Satzweise und ein Adagio, in dem wiederum eine Melodiestimme gegen zwei Begleitstimmen steht. Innerhalb dieser Abfolge gibt es gewisse Parallelen, auf die

Hermann Keller zum Teil schon hingewiesen hat,[100] und die sich in den ähnlich oder gleich wiederkehrenden Taktarten – $^3/_8$, $^6/_8$, ¢ und $^3/_4$ – spiegeln. Darauf wird noch zurückzukommen sein.

Trotz dieser Parallelen zeigt sich doch jede dieser Variationen als ein Individuum mit eindeutig kristallin ausgeprägter Gestalt. Und daß es Bach hier auf die Ausarbeitung von deutlich charakterisierten Typen verschiedener Art ankam, kann man schon daraus ablesen, daß er fünf der sechs Tempo- bzw. Satzbezeichnungen (den Titel «Canon» nicht einberechnet) diesen Variationen beigegeben hat. So scheint es sinnvoll, wenn H. Keller die Reihe «Charakter-Variationen» nennt,[101] mag auch dieser musikalische Terminus sonst in etwas anderer Weise gebraucht werden; jedenfalls ist er besser als die mehrfach benützte Bezeichnung «freie Variationen».

Da nun diese Variationen so individuell sich ausformen und dabei an Bekanntes erinnern, hat man über sie am meisten zu schreiben gewußt, hat man sich am lebhaftesten zu Vergleichen angeregt gefühlt. So ist Var. 4 als Springtanz[102] (Ke), als Bauerntanz (V), ja als «Rüpeltanz aus dem Sommernachtstraum» (Ke) interpretiert worden – die Pianisten zeigen sich geneigt, die Stücke immer etwas derber aufzufassen, als sie sich auf dem Cembalo darstellen –; Var. 7 als Siciliano (Ke, S), als Forlane bzw. Saltarello (V) und auch als Scherzo (Ki); Var. 13 als Konzertsatz (F) oder Arie, deren Melodie entweder geigen- (Ke) oder flötenartig (Ki) empfunden wurde. In Var. 19 fühlte man sich an einen Ländler (Ke) oder an eine Barkarole (V) gemahnt, in Var. 22 sah man eine Invention (F), ein Fugato (M) oder ein altes Ricercare (S), in Var. 25 wiederum einen Konzertsatz (F) oder eine Arie (Ki).

Nun entwickeln sich alle diese Charakter-Variationen in thematischer Arbeit aus *einer* musikalischen Grundfigur heraus. Sie sind also alle von der Zahl *Eins* bestimmt. Diese eine Figur kann ein Motiv sein, aus dem in Nachahmungen und Veränderungen die Variation entwickelt wird, sie kann eine Melodie sein, die sich horizontal fortspinnt und der Begleitstimmen sekundieren, sie kann eine Themen-Dreiheit sein, innerhalb derer die Stimmen getauscht werden, oder sie kann ein Thema sein, das kontrapunktisch verarbeitet wird. Immer aber ist es *eine* Substanz, die das Stück formt und die gleich zu Beginn sich darstellt; was an Motiven später noch hinzutritt, ist Beigabe, ist Fortsetzung des gleichen Charakters.

Und dieses Eine, das alles trägt, ist deutlich *melodisch* ausgebildet. In jeder Variation ist eine Melodie, ein Thema gegeben, dem die Aufmerksamkeit folgt. «Das Melodische» – dieser Hinweis Rudolf Steiners wurde schon zitiert – «leitet das Musikalische aus dem Fühlensgebiet hinauf in das Vorstellen». Es sind also dies die Variationen, die am meisten zum Bewußtsein sprechen; wie es sich ja auch gezeigt hat, daß man über sie am meisten zu sagen weiß. Dem Interpreten stellen sie eigene Aufgaben: Er ist aufgefordert, mit gestalterischer Wachheit und Klarheit zu konturieren und die Phrasierung, den Aufbau herauszuarbeiten. Bei den anderen beiden Variationsarten dagegen trägt ihn ein Strom, ein Geschehen weiter, und in dieses Weiterfließen muß er sich einordnen und sich ihm gewachsen zeigen. Hier, in den Charakter-Variationen, bleibt er mehr auf sich selbst gestellt, bleibt freier. «Sie werden in der Melodie frei, wie sonst im Vorstellen».[103] Mit dieser Freiheit hängt die Vielgestaltigkeit zusammen, in der sich die Charakter-Variationen darleben. Es ist die Freiheit des Vorstellens, des Denkens, die den Menschen zum Herrn der Erde bestimmt. Und es läßt sich in den Noten nachweisen, wie in den Charakter-Variationen immer wieder gerungen wird, Herr zu bleiben, eine vertikale Gebärde einzunehmen, den «Kopf oben» zu behalten. So wird der erste Ton oder der erste Dreiklang zu Beginn immer deutlich aufgestellt, bevor die Bewegung voran geht.

Var. 16

Var. 25

Eventuell wird er durch einen Mordent, Mordentartiges, Doppelschlagartiges befestigt und betont –

Var. 7

Var. 19

Var. 13

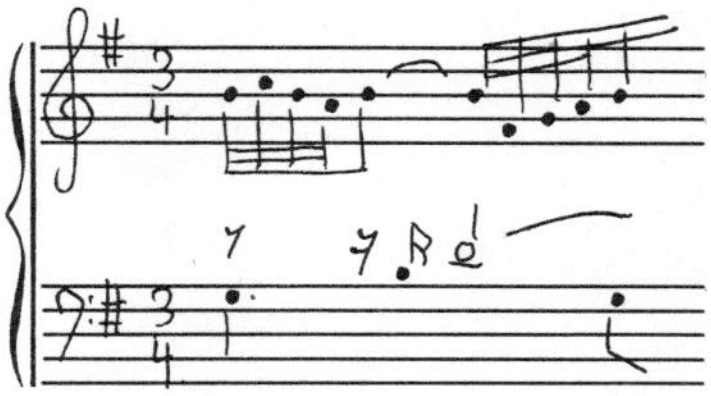

während in den virtuosen Variationen die allgemeine Beweglichkeit sich sogleich des Einsatztones bemächtigt,

Var. 8

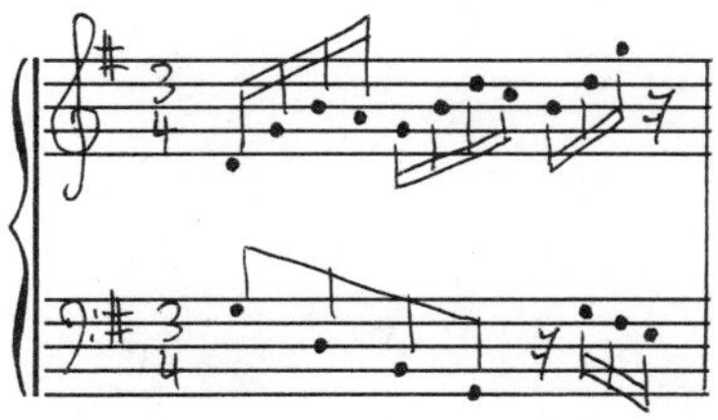

in den Kanons sich aus ihm ein voranstrebendes Motiv, meist in Skalenschritten, entwickelt.

Var. 27

Und im weiteren Verlauf wechseln die Charakter-Variationen zwischen Voraneilen und Zügeln des Flusses, wohingegen die virtuosen Variationen sich in unaufhörlicher Bewegung befinden und die Kanons in immer dichter werdenden Kreisen vorwärtsstreben. Zur Erläuterung möge ein Vergleich zwischen den beiden ähnlichsten Variationen des Zyklus dienen, Var. 18 und 22:

Im Alla breve (Charakter-Variation, s. Notenbeispiel auf der nächsten Seite) stellt sich der Modellton g mit der Sexte zunächst einmal plakativ hin. Erst im zweiten Takt beginnt eine raschere Achtelbewegung, die fürs erste wieder abgefangen wird. Und später machen sich die Einsätze des Altes und Diskantes synkopisch gegen den inzwischen eingelaufenen Rhythmus  geltend, stellen sich immer neue Themeneinsätze gegen den Takt, so daß Kanten entstehen, die immer wieder Anstoß zur Aufmerksamkeit geben.

Var. 22 alla breve

Var. 18 Canone alla Sesta

Im Kanon Var. 18 dagegen ist das h' der zuerst erklingenden Mittelstimme nur Auslöser für den Baß, der vom Modellton g in Sekundschritten nach oben strebt. Und die damit eingeschlagene Bewegung schwingt nun ununterbrochen weiter; sie verlangsamt sich manchmal, strudelt in gehäuften Achteln an den Enden der Phrasen, wo der Verlauf eine Biegung macht, fährt aber danach ungestört fort. Alle drei Stimmen wirken einmütig – wenn auch nicht gleichwertig – zusammen; die Synkopen des Diskantes unterbrechen nicht den Fluß, sondern fügen sich im Sinne eines Nachschlagens ein.

Im Kanon herrscht also im ganzen Satz ein gemeinsames Vorwärtsstreben, im Alla breve aber wollen sich die Stimmen immer wieder individuell geltend machen. So kennzeichnet alle Charakter-Variationen ein ichhaftes Element, sie möchten sich aufrichten und behaupten. Bach appelliert mit ihnen an die wache Vorstellungskraft; indem er an gewohnte Formen erinnert, geht er wie ein guter Pädagoge vom Bekannten aus, bevor er zum Unbekannten vorschreitet. Die Charakter-Variationen sind unter den drei Variationsarten die am leichtesten faßbaren.

Dem Zyklus als Ganzes geben sie immer wieder neue Impulse. Sie bringen ein Element der Konturierung, der kristallin sich ausformenden Gestalt hinein. Ohne sie würde ein Strudel musikalischer Ereignisse über den Hörer hinwegbrausen, und er hätte nicht die Möglichkeit, das flutende Geschehen zu fassen und festzuhalten.

Die virtuosen Variationen Nr. 5, 8, 11, 14, 17, 20, 23, 26. – Das Fühlen. Trochäisches, Spondeisches und Jambisches in den Goldberg-Variationen

Ganz im Gegensatz zur Vielgestaltigkeit der ersten Reihe sind die mittleren Variationen der Dreier-Gruppen in ihren Mitteln sehr einheitlich. Fast durchwegs benützen sie den $^{3}/_{4}$-Takt. Nur in Var. 11 taucht ein $^{12}/_{16}$-Takt auf; die $^{18}/_{16}$ in Var. 26 dagegen haben einen $^{3}/_{4}$-Takt in der anderen Hand gegen sich und reihen sich also doch in die hier übliche Taktart ein. Die Tempi wird man in allen Fällen munter nehmen, so, daß die 32-tel glitzernd perlen; sind keine 32-tel vorhanden, werden die 16-tel etwas schneller. Kirkpatrick, der die virtuosen Variationen Arabesken nennt und zum Teil recht gemäßigt vorträgt, kommt nur auf den begrenzten Spielraum zwischen ♩. = 80 und ♩. = 126.[104] Die Auswahl an Notenwerten ist gleichfalls beschränkt: 32-tel, 16-tel, Achtel beherrschen das Feld, Viertel kommen nur gelegentlich vor, und die zwei halben Noten muß man schon suchen. Die Stimmenzahl liegt letzlich immer bei zwei; dort, wo Stimmen hinzutreten, in Var. 23, handelt es sich um Stimmteilung oder -verdoppelung, und auch die zweite Stimme des Sarabandenmotivs von Var. 26 ist nur eine ergänzende Stimme.

In ihren Mitteln sind diese Variationen also die einheitlichsten von den drei Variationsarten. Und trotzdem sind sie zugleich die absonderlichsten, kühnsten und erfindungsreichsten; vor allem sie machen es aus, daß die Goldberg-Variationen «eine Sonderstellung» im Bachschen Schaffen einnehmen.[105] Es gilt also festzustellen, worin das Außerordentliche, Geheimnisvolle liegt, das ihnen eigen ist.

Da ist zunächst zu nennen: Sie haben keine eigentliche Melodie. Vielmehr setzen sie sich zusammen aus musikalischen Grundbewegungen: Skalen aufwärts und abwärts, Akkordbrechungen der verschiedensten Art, Triller, Schüttelfiguren, Sprünge. Auch rhythmisch bieten sie wenig Auffälliges oder Markantes; es kommt ihnen dagegen auf die fortdauernde, ineinanderwebende Beweglichkeit an. Was entsteht, ist vor allem *Klang* – gewissermaßen vorweggenommener Impressionismus. Und da weder Melodisches noch Rhythmisches hervorsticht, so wird man die virtuosen Variationen hauptsächlich dem *Harmonischen* zuordnen müssen. «Das Harmonische ergreift nun unmittelbar das menschliche Fühlen. Dasjenige, was sich im Harmonischen ausdrückt, wird durch das menschliche Gefühl erlebt.»[106] Das Fühlen verläuft, wie schon ausgeführt wurde, nicht so bewußt wie das Vorstellen; das Harmonische wird nicht so deutlich erfaßt wie das Melodische. So sind die Beschreibungen bei den virtuosen Variationen immer etwas kürzer; die Angaben beschränken sich auf die geforderten Techniken – Überschlagtechnik, Wechsel der Hände, Ineinandergreifen etc., und auf eine Andeutung erlebter Empfindungsqualitäten: Nr. 5 sanft belebt (Ki),[107] Nr. 8 beschaulich (Ki), Nr. 11 anmutig (Ke), Nr. 14 launig (Ki), Nr. 17 zart (Ki), Nr. 20

scherzohaft (Ki), Nr. 23 übermütig (Ke), Nr. 26 elegant (Ke). In vielen Fällen kann man aber auch zu einer anderen Auffassung kommen, je nachdem in welchem Tempo und in welcher Registrierung man die Variationen spielt. Es kann z.B. die von Kirkpatrick als «zart» bezeichnete Var. 17 ausgesprochen stürmisch vorgetragen werden.

Die Struktur der virtuosen Variationen scheint einfach, da sie, wie gesagt, im Grunde durchwegs zweistimmig sind. Der Aufbau ist im Prinzip immer der gleiche: Linke und rechte Hand formen sich aus den genannten Grundbewegungen jede ein kurzes Motiv und wirken damit zuammen zu einem Spielelement. Die Hände können dabei imitierend die gleiche Bewegung ausführen

Var. 11

oder, was weit häufiger geschieht, zwei verschiedene Bewegungen gegeneinander setzen.

Var. 8

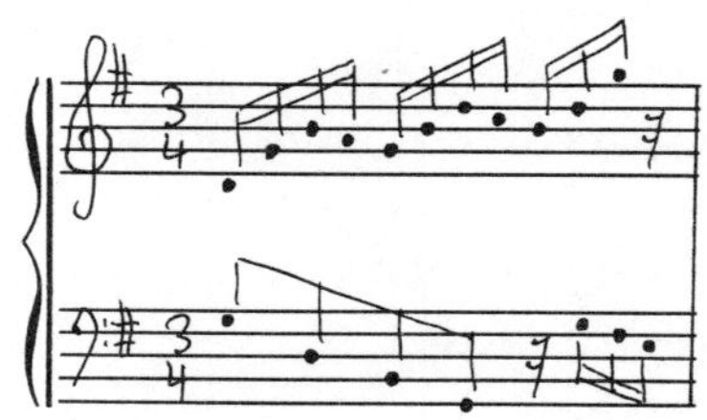

Ein solches zweistimmiges Spielelement bekommt eine gerade Zahl von Takten für sich – 4, 8, manchmal nur 2 –, und jede Variation verwendet zwei solcher Spielemente und tauscht sie abschnittweise gegeneinander aus. Im XII. Kapitel werden die beiden Elemente für jede Variation angegeben.

Die virtuosen Variationen zeigen sich also in mehrerlei Richtung von der Zahl *Zwei* bestimmt.

Die beiden Elemente lösen sich, wie geschildert, gegenseitig ab, metamorphosieren sich manchmal etwas, nie aber werden sie kontrapunktisch gegeneinander verarbeitet. Es mag so scheinen, wenn in Var. 5, 8, 17 und 26 eines der beiden Grundmotive in beiden Elementen erklingt und dabei einer neuen Gegenstimme kontrastiert wird:

Var. 8

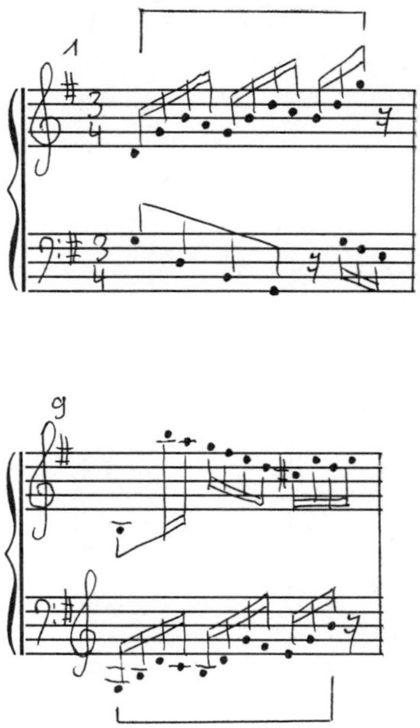

Der Eindruck thematischer Arbeit entsteht jedoch auch hier nicht, es wird eben nur eine Bewegung zweimal verwendet.

Nun sind die Motive der beiden zusammenwirkenden Stimmen so geartet, daß sie weder Baß- noch Diskantcharakter haben. Sie sind deshalb beliebig austauschbar, und werden auch beliebig ausgetauscht. Was oben war, erklingt demnächst unten, das untere oben.[108]

Var. 17

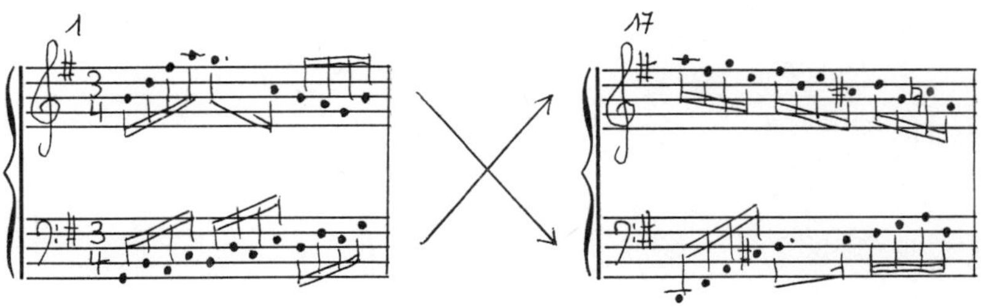

Gewiß findet man so etwas immer wieder in Bachs Werken. Aber die Konsequenz, mit der Bach dieses Mittel in den virtuosen Variationen handhabt, ist doch einzigartig – wobei Bach freilich jedes Schema vermeidet. Und wiederum wird der Tausch zwischen oben und unten in gerad-taktigen Abschnitten vorgenommen. Entweder tritt er nach 4 Takten ein oder, nachdem bereits das zweite Spielelement am Zuge war, nach 8 Takten, oder erst bei der Umkehrung des Verlaufs in den kongruierenden Takten des b-Teils.

Damit ist das Wechselspiel noch nicht beendet. Hinzu kommt, jedes Schwergewicht restlos auflösend, das, was die spezielle Eigentümlichkeit der Technik in den virtuosen Variationen ausmacht: Die Möglichkeit des zweimanualigen Spiels nutzend, eilen die Hände in fliegendem Wechsel aneinander vorbei und kreuzen sich. Bald ist die rechte Hand unten und die linke oben, bald die linke wieder unten und die rechte oben, bald schieben sich die Hände auf den Manualen übereinander. «In der Ausschöpfung der Mittel des zweimanualigen Spiels läßt Bach die Pièces croisées von Louis und François Couperin weit hinter sich.»[109]

So kann man die virtuosen Variationen allesamt Trillergeborene nennen. Der Beweglichkeit des Trillers, seinem leichtfüßigen Flattern gehören sie an. Ob es hinauf oder hinunter geht, das gilt ihnen, wie dem Triller, gleich. Oben und unten ist aufgehoben, kopfüber, kopfunter bewegt sich die Fahrt, und sie ist – das wird immer wieder festgestellt – von Humor und Witz begleitet. Da kichert und spukt es einmal hier, einmal dort, da flattern Bewegungen auf, da sprudeln und sprühen Läufe und kurze Motive, glitzern 32-tel in die nächste Oktave hinauf oder hinunter – «Da pisperts und knisterts und flisterts und schwirrt», wie Goethe in einem Gedicht schreibt, das bald noch näher ins Auge gefaßt werden soll. Durch seine Liebenswürdigkeit spricht dieses quirlige Treiben zum Herzen. «Zu je kleineren Noten Sie kommen, desto erfüllter, innerlich erfüllter ist Ihre Seele, innerlich gestalteter, innerlich geformter.»[110]

Es zeigt sich: Die Schwerkraft ist aufgehoben in diesem Reich unbegrenzter Beweglichkeit. Nicht ins Materiell-Festgefügte führen diese Variationen; und es ist verständlich, daß Vergleiche hier nur bruchstückhaft zu Gebote standen. Denn wie soll man dieses Gebiet der Schwerelosigkeit fassen, in dem das eine unbeschadet durch das andere hindurchschreitet und frei sich bewegen kann? Die gewöhnlichen, tagwachen Menschensinne führen nicht zu solchen Erlebnissen; doch die ahnenden und wohl auch tiefer schauenden – inspirierten – Künstlerseelen haben Wesenheiten geschildert, die in schillernder Beweglichkeit, auch in allerhand Humorigem und in Schabernack sich darstellen; Märchen und Sagen geben Kunde von ihnen: Es sind die Elfen, Nixen, Nymphen, Kobolde, Irrlichter, der ganze Chor der Wesen, die ihr Dasein in den Elementen haben. In Shakespeares «Sommernachtstraum» spricht ein solches Wesen seine Art aus (II. Akt, 1. Szene):

Elfe: Über Täler und Höh'n,
Durch Dornen und Steine,
Über Gräben und Zäune,
Durch Flammen und See'n
Wandl' ich, schlüpf' ich überall,
Schneller als des Mondes Ball.

In der Hurtigkeit der Elfe – binnen kurzem ist sie schon wieder fort –, in dem, wie es ihr gleich gilt, ob sie über oder durch das hindurch geht, was sich ihr in den Weg stellt, auch darin, wie sie keinen anderen Namen hat als Elfe, weil die Elementarwesen nicht zu einer individuellen Einzelseele gelangen, – in all diesen Eigenschaften kann man schon eine Analogie zum webenden, veränderlichen, doch auf eine individuell geprägte Melodie verzichtenden Erscheinungsbild der virtuosen Variationen sehen. Es ist dabei von keiner entscheidenden Bedeutung, ob man annehmen will, daß Bach bei der Komposition das Bild elementarischer Wesenheiten vor sich hatte, oder ob er rein musikalisch-absolute Qualitäten empfunden hat. Für den Umgang mit den virtuosen Variationen kann es sicherlich von Nutzen sein, hier, wo man musikalisch ungewohnten Boden betritt, sich von Bildhaftem anregen zu lassen. Daß übrigens Franz Liszt, der nächste ausgesprochene Klaviervirtuose unter den Komponisten nach Bach, bei manchen seiner virtuosen Kompositionen die elementarische Sphäre im Sinn bewegte, zeigen die Titel «Gnomenreigen», «Waldesrauschen», «Irrlichter», «Schneegestöber».

Goethe, der Sprachplastiker, hat die Elementarwesen nicht nur ihre Art schildern lassen, sondern ihnen in den Elementen der Sprache, den Lauten, ein Erscheinungsbild gegeben. Im Faust II, 3. Akt, «Schattiger Hain», erklingt ein Chor, der gekennzeichnet wird mit den Worten: «Wer keinen Namen sich erwarb und Edles will, Gehört den Elementen an.» Ein Teil des Chores spricht – oder singt (Vers 9992ff.):

Wir in dieser tausend Äste Flüsterzittern, Säuselschweben
Reizen tändlend, locken leise wurzelauf des Lebens Quellen
Nach den Zweigen; bald mit Blättern, bald mit Blüten überschwenglich
Zieren wir die Flatterhaare frei zu luftigem Gedeihn.

Neue Wortbildungen – Flüsterzittern, Säuselschweben – dienen dazu, alle diejenigen Laute zu häufen, die Ausdruck für diese Wesen sein können. Und aus dem Klang der Laute entsteht ein weit deutlicheres Bild von der Art dieser Wesen als aus dem, was sie inhaltlich von ihrer Tätigkeit mitteilen. Denn die gedankliche Aussage – deren Träger die Sprache nun eben auch ist – versteckt sich hinter den sprachlichen Mitteln und läßt sich gar nicht so leicht erfassen.[111] Die Konsonanten huschen und wispern, wie die Läufe und Figuren in den virtuosen Variationen; in beiden Fällen ist es ein Spiel mit Elementen, die sich selbständig machen, die selbst die Aussage sind – hier die Konsonanten als strukturgebendes Element der Sprache, dort Laufwerk, Triller, Staccato, Legato etc. als Strukturen des Musikalischen, beide als Klangerlebnis genommen.

Es ist auffällig, daß man die elementarische Welt vielfach lautmalerisch geschildert findet. So beschreibt Goethe in seinem Gedicht «Hochzeitslied» ein nächtliches Treiben von «winzigen Wichten», das der Graf «im Behagen des Traumes», zwischen Wachen und Schlafen, erlebt:

Da pfeift es und geigt es und klinget und klirrt,
Da ringelts und schleift es und rauschet und wirrt,
Da pisperts und knisterts und flisterts und schwirrt;...

Hier also, bei der Charakterisierung des Treibens elementarischer Wesen, findet sich jene Zeile – die letzte oben –, die schon einmal angeführt und der Beschreibung der virtuosen Variationen an die Seite gesetzt wurde. Auch hier ist es die Lauterfindung, die Vokal- und Konsonantenwahl, die das Bild trägt, und über die Empfindung aufnehmen läßt, was vom Verstand her schwer zu fassen ist. Der in den Vordergrund drängende Vokal ‹i› wird beständig durchsetzt von der Wirkenswelt charakteristischer Konsonanten, die als volles Gegengewicht ihre bildnerische Kraft entfalten. Es entsteht ein hochbewegt-klingendes Gleichmaß, eine Schwerelosigkeit, in der alles Scharfe, Schroffe, Wilde heiter-heilsam in lautliche Erscheinung treten darf.

In ähnlicher Weise aus den Lauten heraus, aber volkstümlich-direkt hat Kopisch in seinen «Heinzelmännchen» die eifrige Tätigkeit der kleinen nächtlichen Arbeiter beschrieben:

...
und schwenkten
und senkten
und gossen und panschten
und mengten und manschten.

Trotz der – gegenüber dem Goethe-Gedicht – derberen Auseinandersetzung von Konsonant und Vokal wird letztlich von Kopisch die notwendige Leichte erreicht.

Auch in Dichtungen, die keine konkrete Schilderung elementarischer Wesen geben, wird man Parallelen finden können zu den Sonderbarkeiten der virtuosen Variationen. Christian Morgenstern hat in mehreren Gedichten Wörter, Wortgruppen ausgetauscht und vermischt. Eines davon (aus «Palmström») heißt «Die Kugeln»:

Palmström nimmt Papier aus seinem Schube.
Und verteilt es kunstvoll in der Stube.

Und nachdem er Kugeln draus gemacht.
Und verteilt es kunstvoll, und zur Nacht.

Und verteilt die Kugeln so (zur Nacht),
daß er, wenn er plötzlich nachts erwacht,

daß er, wenn er nachts erwacht, die Kugeln
knistern hört und ihn ein heimlich Grugeln

packt (daß ihn dann nachts ein heimlich Gurgeln
packt) beim Spuk der packpapiernen Kugeln...

Das dunkelnde ‹u› wird geknetet und umhergeworfen von einer ganzen Konsonantengesellschaft. So bereitet sich Palmström alchimistisch die Atmosphäre vor, in der er nächtlich, halb dem Schlaf verhaftet, in der Knisterstimmung der Papierkugeln webende Wesenheiten ahnen wird. Um dies auch in der Form erscheinen zu lassen, verarbeitet Morgenstern Worte und Satzelemente zu einer sprachlich-musikalischen

Variation und hebt damit das Gedicht aus der Erdenschwere. Ähnlich verfährt er in einem anderen Nachtgedicht: «Der Rock» (Palmström, Notturno II).

Ausschließlich aus dem Tausch, aus dem Schütteln von Wort- und Lautqualitäten baut Paul Klee, als Poet, ein Gedicht auf und überwindet das Schwergewicht der Begriffe, wie auf vielen seiner Bilder das Lastende der Gegenstände:[112]

1. Strophe
Rach und Degen
ein Dach dem Regen
Schurm und Stirm
im Sturm ein Schirm

2. Strophe
Rach und Degen
Schurm und Stirm
im Sturm ein Schirm
ein Dach dem Regen
...

Im Musikalischen, bei Bach, Mitte des 18. Jahrhunderts, ein ähnliches Spiel mit Elementen, das mit knappsten Mitteln ins reine Schweben führt:

Var. 14

Klee ist als Maler des «Zwischenreiches» bezeichnet worden. Und ist nicht die gleiche schöpferische Stimmung, die man in den virtuosen Variationen findet, von Paul Klee an anderer Stelle angedeutet worden:[113]

Ein kleiner Genius streckte
sein Händchen nach mir aus
und führte mich in seine Region sanft hinauf.
Da fielen die Dinge nach oben und nicht nach unten.

Nun läßt sich an den angeführten Texten noch etwas aufspüren, was tiefer hineinleiten kann in ein Verständnis der Goldberg-Variationen. Die Gedichte teilen sich – vom Inhalt ist jetzt ganz abgesehen – in solche, die aus einer Erregung sprechen, und solche, die ruhig, objektiv schildern. Das ist eine Frage des Rhythmus, des

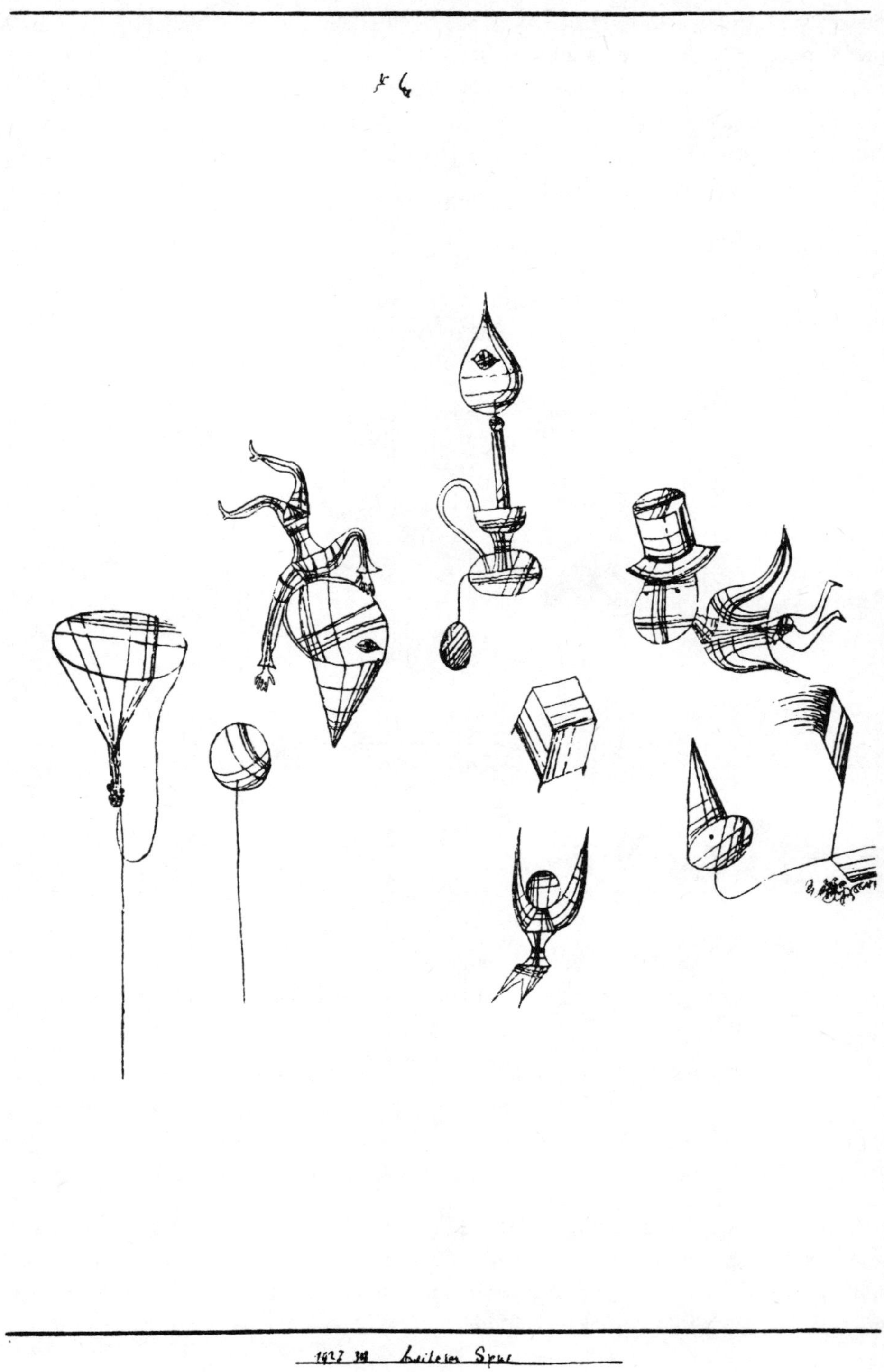
56
1927
heiterer Spuk

Versfußes; es resultiert daraus, ob der jambische – auftaktische – oder der trochäische Rhythmus verwendet ist.

Der Jambus ist der erregtere Versfuß, derjenige, der individuelle Anteilnahme bringt. Im «Hochzeitslied», wo den Grafen dünkt, «als läg er im Fieber», nimmt Goethe den Jambus, ebenso Kopisch in den «Heinzelmännchen», da die Gefahr droht, daß die Zwerglein entdeckt werden. Im Trochäischen liegen dagegen spezifisch beruhigende, ordnende, heilende Kräfte: «Nehmen Sie an, es fließt ein Versmaß trochäisch oder daktylisch ab ... Ja, sehen Sie, solch ein Rhythmus, mehr ins Rezitativ-Gesangliche überführt, hat Pythagoras in seiner Schule benützt, um die Leidenschaften leidenschaftlicher Menschen zu zügeln. Während er ganz gut gewußt hat, daß ein jambischer Fluß eher die Emotionen in Fluß bringt.»[114]

Dabei spielt der Gegensatz von Vokal und Konsonant eine wichtige Rolle. Die Vokale neigen dem Jambus zu, denn sie sind Ausdruck der inneren Empfindung. Die Konsonanten aber bringen die Kräfte der Welt der Erscheinungen zum Ausdruck, sie greifen und formen nach.[115] Sie haben – wie Rudolf Steiner ausführt – eine besondere Beziehung zum Trochäus. «Trochäisch sprechen heißt, den ganzen Stil so einrichten, daß die Konsonanten zu ihrem Recht kommen.»[116]

Der zitierte Chor der Elemente aus Faust II hat ein trochäisches Versmaß; und es wurde schon darauf hingewiesen, wie dort die Konsonanten als Gestaltungsmittel hervortreten. Dafür ein weiteres Beispiel aus Faust II, 2. Akt, Szene «Am unteren Peneios»: Peneios, der Hauptstrom Thessaliens, wendet sich in persona an die ihn umgebenden Nymphen (Vers 7249ff.):

Rege dich, du Schilfgeflüster!
Hauche leise, Rohrgeschwister,
Säuselt, leichte Weidensträuche,
Lispelt, Pappelzitterzweige,
Unterbrochnen Träumen zu!

Im Weiteren dieser Szene findet sich ein ähnliches Motiv wie in der Arielszene zu Beginn des Faust II, auf die schon einmal Bezug genommen wurde, wo die Elfen dem schlafenden Faust Heilung und Stärkung bringen: Faust tritt an das Ufer des Flusses, und die Nymphen raten ihm, die von der Wanderung der Klassischen Walpurgisnacht ermüdeten Glieder auszuruhen, während sie «säuseln», «rieseln», «flüstern» (Vers 7269f.).

Der Dichter – wie auch der Musiker in seiner Weise – kann nun die Elemente mischen und dadurch eine spezifische Klangatmosphäre gestalten. Im «Hochzeitslied» ist interessant, wie Goethe das jambische Element, das mehr den Vokalen zuneigt – am Gedichtanfang tritt das deutlich hervor: «Wir singen und sagen vom Grafen so gern» – jetzt, bei der Schilderung der nächtlichen Feier der kleinen Tänzer mit dem

] *Paul Klee, Heiterer Spuk. 1927.*

Konsonantischen durchsetzt: pispert, flistert, knistert... Damit führt Goethe in einen Zwischenzustand, ja in der Tat in ein Fiebriges hinein, das der Graf bei dem Ereignis empfindet.

Zu anderen Mitteln greift Christian Morgenstern für das hintergründig-spukhafte Fluidum seines Gedichtes: Bei einer Mischung von Konsonantischem und Vokalischem bringt er den trochäischen Versfuß in beständigen Widerstreit mit einem Jambischen, indem er Worte, die eigentlich lieber unbetont sind – und, daß, ihn –, trochäisch betont.

Auch in der Musik erscheint oftmals Auftaktisches und Abtaktisches gemischt. Für die Goldberg-Variationen ist von entscheidender Bedeutung, daß die Aria und alle Variationen bis auf das Quodlibet am Schluß volltaktig beginnen, also trochäisch oder daktylisch. Eine ruhige, objektive Grundhaltung ist damit eingenommen. Die Charakter-Variationen versuchen manchmal, dies zu durchbrechen, indem sie zwar den Einsatz volltaktig bringen, dann aber auftaktig weiterfahren, z.B.:

Var. 16
Ouverture

Darin machen sie ihre individuellere Eigenart geltend. Die virtuosen Variationen dagegen sind im Zusammenklang immer volltaktig;

Var. 11

Var. 14

mag eine Stimme auch gelegentlich auftaktig – man kann nicht sagen einsetzen, sondern hereingleiten, im Zusammenwirken ergibt sich immer ein volltaktiger Rhythmus.

Var. 5

Man könnte sogar noch weiter gehen und das stetige Dahinströmen der virtuosen Variationen, das von allem Skandieren frei bleiben muß, als eine spondeische Bewegung auffassen. Denn wird die unbetonte Silbe zu einer betonten durchgestreckt, so entsteht der Spondeus. Diesen zeigt zunächst unverwechselbar der Sarabandenrhythmus der Aria mit seinen zwei Betonungen, von denen die zweite in die Länge gedehnt wird bis zur 1 des nächsten Taktes. Und dieser Sarabanden-Rhythmus kehrt am deutlichsten in zwei der virtuosen Variationen wieder (Nr. 26 und 17); als spondeisch könnte man aber, wie gesagt, das ganze kontinuierliche Weiterströmen der virtuosen Variationen ansehen. Der Spondeus beruhigt und festigt noch in verstärktem Maße, wie es eine Schilderung des Neuplatonikers Jamblichos v. Chalkis (3./4. Jahrhundert v. Chr.) illustriert: «Pythagoras soll auch, als er einmal in seine Arbeit vertieft war, durch spondeische Musik mit Hilfe eines Aulosspielers die Raserei eines betrunkenen Jünglings aus Tauromenion beschwichtigt haben, der nachts einer Angebeteten am Hausportal des Nebenbuhlers nachschwärmte und dieses in Brand stecken wollte. Dazu hatte ihn nämlich die erregende phrygische Aulosweise angefeuert. Dem machte Pythagoras – er trieb gerade mitten in der Nacht Sternkunde – sehr schnell ein Ende, indem er dem Bläser empfahl, ins spondeische Maß überzuwechseln. Durch diesen Wechsel wurde der Jüngling alsbald besänftigt und verzog sich sittsam nach Hause…»[117]

Die spondeische Grundhaltung der virtuosen Variationen sorgt dafür, daß das verwirrende Ineinander der Stimmen doch zu keiner Aufregung, keiner Irritation führt. Alle Lebhaftigkeit, aller überraschende Gestaltenreichtum, alles Quirlige, Sprudelnde glättet sich im fortgesetzten Dahinströmen, im schwebenden Sich-weiter-Entwickeln. Die Expressivität ist eingebettet in einen ruhigen Fluß. Es ist ein gebändigtes Ungebärdiges, ein Ins-Leichte-Überführen komplizierter, verschlungener, ja vertrackter Elemente.

So dient die Verwirrung, die das Elementarwesen *Puck* im «Sommernachtstraum» anrichtet, nur dazu, die Liebenden fester aneinanderzubinden. Sie sinken am Ende in einen sänftigenden Schlaf, den Puck trochäisch (im Amphimacer) herbeiruft:

Auf dem Grund
Schlaf gesund!

Und Puck beendet das heilsame Spiel, das er mit ihnen getrieben hat, ähnlich wie Bach die Variationen der Aria, mit einem volkstümlich derb-humorigen Sprüchlein:

(III. Akt, 2. Szene)	Im Quodlibet:
Hans nimmt sein Gretchen,	Kraut und Rüben
Jeder sein Mädchen;	Haben mich vertrieben.
Find't seinen Deckel jeder Topf	Hätt' mein Mutter Fleisch gekocht,
Und allen geht's nach ihrem Kopf.	So wär' ich länger blieben.

– und wechselt dabei am Ende doch noch schalkhaft ins Jambische!

Humor und Beweglichkeit der virtuosen Variationen strahlen auf die anderen Variationsarten aus. Die Charakter-Variationen erhalten dadurch ein Trillernd-Glitzerndes, die Kanons eine heitere, auch in den Moll-Varianten ruhige Anmut. Es fragt sich, ob man nicht überhaupt diese mittleren Variationen als *Mittelpunktsvariationen des Werkes* ansehen muß, von denen aus die Tendenz einmal mehr zum Freien, Individuell-Konturierten hin geht, auf der anderen Seite mehr zum Kanonisch-Gebundenen.

Bach hat mit dem einzigen Werk, das er, nach Forkel, ausdrücklich einem nächtlichen Musizieren zugedacht hat, und das Graf Keyserlingk Ermunterung und Besänftigung bringen sollte, ein musikalisches Äquivalent geschaffen zu jenen Schilderungen von Dichtern, die ein nächtliches, heilendes, schwereloses Weben im Bilde von Wesen darstellen, die in den Elementen ihr Dasein haben – dort, wo der Faust Goethes «alle Wirkenskraft und Samen» schauen möchte.[118] Diese Kräfte, diese Wesen sprechen für den, der es vernehmen kann, Worte: «Aber diese Worte gehören zum Weltenworte, und wenn wir es auch nicht hören mit dem gewöhnlichen Bewußtsein, so sind diese Worte doch nicht ohne Bedeutung für die Menschen. Denn die uralte Anschauung, die instinktivem Hellsehen entsprungen ist, daß die Welt aus dem Worte heraus gebildet ist, die ist eben eine tiefe Wahrheit. Aber das Weltenwort ist nicht irgendeine Silbenzusammensetzung aus wenigem, sondern das Weltenwort ist dasjenige, was aus unzähligen und unzähligen Wesen zusammentönt. Unzählige und unzählige Wesenheiten haben etwas zu sagen in der Weltentotalität, und das Weltenwort tönt aus diesen unzähligen Wesenheiten zusammen. Nicht die allgemein abstrakte Wahrheit, daß die Welt aus dem Worte geboren ist, kann uns das vollständig geben, sondern allein das kann es uns vollständig geben, wenn wir nach und nach konkret darauf kommen, wie aus den Stimmen der einzelnen Wesenheiten sich das Weltenwort in seinen verschiedenen Nuancen zusammensetzt, so daß diese verschiedenen Nuancen in die große Weltenharmonie und in die gewaltige Weltenmelodie hineintönen und reden, indem es schafft.»[119]

Die Kanons Var. 3, 6, 9, 12, 15, 18, 21, 24, 27. Das Wollen

In die Reihe der Kanons kann der Primen-Kanon Var. 3 mit einbezogen werden, denn obgleich er der unregelmäßigen ersten Dreier-Gruppe angehört, zeigt er sich doch ganz in der gleichen Art geprägt wie die übrigen Kanons der Goldberg-Variationen: Die Bewegung läuft bei ihnen in Vierteln, Achteln und Sechzehnteln, mit seltenen halben Noten, wobei sich das Tempo stets nach ruhig fließenden Sechzehnteln orientiert (Kirkpatrick gibt als Eckwerte ♩ = 56 und ♩ = 66 an). Doch findet sich, wie in den virtuosen Variationen beim Takt, hier bei den Notenwerten eine Ausnahme: Der Sext-Kanon Var. 18 ist alla breve notiert, so daß «die geschwinden Passagien... in Achttheilen geschrieben» sind, und alle Noten «noch einmal so geschwind genommen werden, als im gemeinen geraden Tacte».[120]

Die Zahl der Stimmen ist, bis auf den letzten Kanon in der None, immer drei. Dabei laufen nur die beiden Oberstimmen kanonisch; daß aber die Nachahmung bis in den Schlußton hinein in der exaktesten Genauigkeit eingehalten ist, wird man bei Bach nicht anders erwarten. Die Baßstimme, also die dritte Stimme, bewegt sich frei, übernimmt aber die Aufgabe, die Modelltöne des Ostinato in ihren Verlauf einzuflechten. Sie stellt diese Ostinato-Töne zu Beginn sehr häufig dezidiert hin; im Fortgang, wenn das anfangs Angeschlagene in Prozesse übergeht, greift der Baß dann Motive der Oberstimmen auf, verschwistert sich mit ihnen, und nimmt dabei die Modell-Töne wie selbstverständlich mit. Immer behält der Baß eine deutliche Selbständigkeit. Es scheint sogar, daß der Gestaltung der linken Hand oftmals besondere Aufmerksamkeit zu widmen und besondere Bedeutung zu geben ist, da sie sehr häufig mit einem willensmäßigen Element in den gleichmäßigen, ruhigen Fluß der Kanonstimmen eingreift.

Man wird wohl die Zahl *Drei* als die Zahl der kanonischen Variationen ansehen und es so betrachten können, daß im zweistimmigen Kanon Var. 27 die dritte Stimme imaginär, unhörbar geworden ist; denn nun geht das Kanonische seiner Auflösung entgegen und wird in Var. 30 durch das Quodlibet ersetzt, das seine Liedthemen frei kontrapunktiert. Eine andere Zahl macht sich nicht geltend, auch nicht in der formalen Gliederung der Kanons. Durch Gliederung sind sie überhaupt nicht ausgezeichnet. Wenn der Weg einmal begonnen hat, zieht er in unabdingbarem, willensstarkem Strome fort, in unablässigem Weiterschreiten. Die im Themen-Modell vorgegebenen Einschnitte werden kurz angedeutet – nur Var. 18 und 24 heben die Viertelschlüsse etwas hervor –, und alsbald geht es im Zuge dem Halb- oder Ganzschluß zu. Es ist nicht, wie in den virtuosen Variationen, ein horizontales Strömen, sondern ein Vorwärtsstreben in immer intensiver sich ziehenden Kreisen. Man sieht es an den Motiven, die immer wieder eine sich einrollende Gebärde ausführen, zurückkehren zu Tönen, die schon da waren:

Var. 3

Var. 6

Var. 9

Var. 12

Und die Spiraltendenz macht sich bemerkbar darin, wie die Bewegung meist langsam beginnt, dann dichter wird und sich einläuft zu durchgehenden Sechzehnteln.

In diesem Kreisen entsteht, überraschend vielleicht bei den Kanons, die doch der angeblich kühlen, gedanklichen kontrapunktischen Schreibweise angehören, ein Element der Wärme. Mit dieser heiteren, ruhigen Wärme ergreifen und umhüllen die Kanons. Sie ziehen in den Bann ihrer Entwicklung, ihres Vorwärtsschreitens, ihrer Stetigkeit. Und man muß sich erst herauslösen, um das wenige ins Bewußtsein zu fassen, was die Kanons an Besonderheiten des Aufbaus bieten. Da stellt sich Var. 18, der Alla-breve-Kanon, separat, weil er mehr den Duktus eines Spielstückes hat und ganze Passagen des a-Teils im b-Teil notengetreu wiederholt; Var. 24 kadenziert mit einem wiederkehrenden Motiv nicht nur den Halb- und Ganzschluß, sondern auch die Viertelschlüsse und tauscht danach führende und nachlaufende Stimme aus. Var. 12 und 15 bringen den Kanon in der Gegenbewegung. Damit ist man aber schon am Ende – nichts sonst ist an der Struktur der Kanons greifbar. Gewiß klingen sie alle melodiös; und jede Variation hat gewisse Motive, die wiederkehren, hat einen Grundduktus, der beibehalten wird.[121] Aber das Melodische lebt in ständiger Metamorphose, in ständiger Umwandlung. Es ändert sich immer neu ab, so daß es sich kaum fixieren läßt. Und es spannt sich so weit, daß es sich ins Unendliche auszudehnen scheint.[122] Denn wenn auch die Einzelstimme in sich Gliederungen aufweist, so sorgt doch das Überlappen der Kanonstimmen dafür, daß keine grundsätzliche Zäsur eintritt, sondern der Bogen in immer größere Fernen läuft.

Das also, was man unter Melodie mit Frage und Antwort, Atembögen, Perioden erwartet, prägen die Kanons nicht aus. Im Melodischen entgleiten sie dem Zugriff. Dagegen tut sich eine diffizile, bis in die subtilsten Differenzierungen geführte Ausgestaltung auf einem anderen Gebiet hervor: dem des Metrischen. Fast jeder Kanon bringt eine neue Taktart: 3/8, 6/8, 9/8, 12/8, 3/4, 2/4, c, ¢ sind verwendet, und der Ausnahmefall ist hier, daß zwei Variationen den gleichen Takt, c, haben.[123] Der heutige Mensch, durch die nachbachische Musikentwicklung auf die Großunterschiede von geradem und ungeradem Takt reduziert (wobei eben noch Dreier- und Sechser-, Zweier- und Vierertakt auseinandergehalten werden), durch die jüngere Entwicklung der U-Musik auf den «beat», den Einer-Schlag gekommen, hat im Grunde gar keine rechte Sensibilität mehr für diese Vielgestalt der Metren. Rhythmus fällt uns dort auf, wo er Bestandteil der Melodie ist und die Melodie charakterisiert, oder wo er sich in stumpfer Gleichheit einhämmert. Im Metrum aber wirkt das Rhythmische verborgener, sensibler, als im Hintergrund tätiges Gesetz. Es läßt Freiheit für Einzelgestaltung und bleibt doch unausweichlich bestimmend im Großen. Und hier nun, in der Ausziselierung des Taktes, wo die virtuosen Variationen undifferenziert, die Charakter-Variationen beschränkt bleiben, zeigen die Kanons die größte Vielfalt. Im Metrisch-Rhythmischen liegt ihre besondere Stärke. «..., der Rhythmus trägt die Harmonie nach dem Wollen hin. Sie bekommen das gebundene Wollen, das in der Zeit maßvoll verlaufende Wollen, das nicht nach außen geht, sondern das an den Menschen selber gebunden bleibt. Es ist echtes Fühlen, das sich aber hineinerstreckt in das Gebiet des Wollens.»[124]

Dem Willensmäßigen sind die Kanons demnach zuzuordnen, während die Charakter-Variationen dem Denken, die virtuosen dem Fühlen zugerechnet wurden.

Wohin aber führt Bach mit diesen Variationen, jetzt, nachdem das Bekannte, Konturierte verlassen und ein Zwischenreich schwereloser Beweglichkeit durchmessen ist? Es läßt sich nicht schlagender sagen, als Bach es selbst getan hat, indem er diese Variationen benannt hat: zum Kanon. Kanon heißt Maßstab, Richtschnur, Gesetz, Regel.[125] Und nicht nur ist die kanonische Nachahmung in strenger Treue gewahrt, es steigen die Kanons auch in absoluter Regelmäßigkeit von der Prim zur None auf und machen damit das Gesetz sichtbar, das in den Goldberg-Variationen waltet.

Der Kanon galt mit der strengen Bindung seiner Stimmen immer als «höchste, kunstvollste Stufe der Kompositionslehre».[126] Bach, in der letzten Zeit seines Lebens sich verstärkt dem Kanon zuwendend, sucht darin ohne Zweifel mehr als nur eine letzte Sublimierung seiner Satzkunst. Arnold Schering bringt Bachs Auffassung des Kanons in Zusammenhang mit der Kanonkunst, wie sie die römischen Meister des 17. Jahrhunderts pflegten: «Historisch erfaßt ist Bachs kanonische Kunst der große, bewegte Ausklang einer über Jahrhunderte sich erstreckenden Pflege dieser Technik, deren wechselvolle und aufs höchste fesselnde Geschichte noch nicht geschrieben ist. Die Stellung der einzelnen Generationen zum Kanon ist verschieden gewesen. In den Mittelpunkt des spekulativ gerichteten Musikschaffens rückt er erst mit dem Anbruch des Barocks, und es ist in mehr als einer Beziehung bedeutungsvoll, daß während des ganzen 17. Jahrhunderts Rom und seine Meister darin den Ton angaben. Hier wurde, was selbst bei den Niederländern noch kaum der Fall gewesen war, der Kanon als Selbstzweck gepflegt und die Parole ausgegeben, daß ohne seine Beherrschung das Letzte zur Meisterschaft fehle. Von Rom aus liefen die Anregungen nach Norditalien (Modena, Bologna), nach Wien, nach München – also zunächst nach den katholischen Gegenden Deutschlands – und kamen von da aus nach Mittel- und Norddeutschland. Wahrscheinlich hat in vorläufig noch unerklärter Weise der Jesuitismus dabei eine Rolle gespielt. Denn es zeigt sich, daß dem Kanon, wie ihn die römischen Meister auffaßten, etwas seltsam Esoterisches beigemischt war, etwas, was mit den letzten Geheimnissen der Religion, insbesondere der Offenbarung, in Zusammenhang stand. Zahlenkult und technische Geheimniskrämerei gingen einen merkwürdigen Bund ein, und ein Schleier der Mystik umwob gewisse kanonische Leistungen, in denen in rätselhafter Weise sich verborgene göttliche Kräfte zu enthüllen schienen.»[127] Dieselbe Stellung zum Kanon sieht Schering bei Bach: «Er betrachtete ihn mit derselben Ehrfurcht wie die erzkatholischen Meister der römischen Schule.»[128]

Wenn Schering allerdings meint, dies gelte nur für den Vokalkanon Bachs, während die Instrumentalkanons für rein artifiziell zu gelten hätten,[129] so kann man ihm nicht folgen. Der Kanon ist Ordnung, ist Bindung, ganz gleich, ob ein zugehöriger Text von Ordnung und Gesetz spricht[130] oder nicht; und es ist keine Frage, daß Bach dies stets gegenwärtig war, wenn er Kanons komponierte. Gerade in den Goldberg-Variationen läßt sich erleben, daß, wie Schering es für den Vokalkanon festhält, «schließlich in der kanonischen Arbeit auch das Gefühl unbedingter Sicherheit und Festigkeit zum Ausdruck kommt, insofern die beteiligten Stimmen untrennbar miteinander verkittet sind und darin einer Art ehernem Gesetze folgen».[131] Nach dem Bereich individueller Freiheit, nach der Zone herausgehobener Schwerelosigkeit taucht die Gebundenheit des Kanons wie eine Notwendigkeit, als ein Wohltuendes auf; Verankerung in einem sicheren Boden ist gewonnen. Die Wärme und Grazie der Kanons, vor allem aber, wie sie sich mit dem Urphänomen der aufsteigenden Zahlenreihe verbinden, lassen vermuten, daß es sich um eine Einordnung in höhere Gesetze handelt, daß sich eben hier «verborgene göttliche Kräfte enthüllen».

Allerdings kann es als Widerspruch erscheinen, wenn das göttlich-überpersönliche Gesetz, dessen Abbild man in den Kanons vermuten kann, in Verbindung gesehen werden soll mit dem Wollen. Gerade im Willen glauben wir uns am meisten frei, wollen wir am entschiedensten frei sein. Rudolf Steiner hat mehrfach ausgeführt, daß unsere Entschlüsse bis zu einem gewissen Grade tatsächlich frei sind; zum anderen Teil aber entspringen sie Schicksalsuntergründen, die uns mit dem gewöhnlichen Bewußtsein nicht zugänglich sind.[132] Goethe hat davon in seinen «Urworten. Orphisch» gesprochen, wenn er sagt, daß der Mensch «fortgedeihe» «nach dem Gesetz», wonach er «angetreten», «orphisch» ausgedrückt nach seinem Daimon, Dämon:[133] «Der Dämon bedeutet hier die notwendige, bei der Geburt unmittelbar ausgesprochene, begrenzte Individualität der Person, das Charakteristische, wodurch sich der Einzelne von jedem Andern bei noch so großer Ähnlichkeit unterscheidet. Diese Bestimmung schrieb man dem einwirkenden Gestirn zu, und es ließen sich die unendlich mannigfaltigen Bewegungen und Beziehungen der Himmelskörper unter sich selbst und zu der Erde gar schicklich mit den mannigfaltigen Abwechslungen der Geburten in Bezug stellen. Hiervon sollte nun auch das künftige Schicksal des Menschen ausgehen, und man möchte, jenes Erste zugebend, gar wohl gestehen, daß angeborne Kraft und Eigenheit mehr als alles Übrige des Menschen Schicksal bestimme.»

Das weist darauf hin, daß oftmals dort, wo wir frei zu entscheiden glauben, uns Schicksal, Veranlagung, Neigung leiten. Gewisse Gesetze, unter die wir gestellt sind, treten hinzu und wirken mit. Und dennoch bleibt dem Wollen ein Freiraum. Es ist eine der kompliziertesten Fragen des Menschseins, und die Bemühung um die Erkenntnis des Verhältnisses zwischen Freiheit und Bindung durchzieht die Menschheitsgeschichte. So ergibt sich aus Plutarchs Schrift «Über den Dämon des Sokrates» die Auffassung, daß «außer dem in den irdischen Leib versenkten Teil der Seele ein anderer reiner Teil derselben außerhalb, über dem Haupte des Menschen schwebend bleibt, als ein Stern sich darstellend, der mit Recht sein Dämon, sein Genius, genannt wird, welcher ihn leitet, und dem der Weise willig folgt.»[134]

«Willig» verbindet sich der Einsichtige dem Höheren, das waltet. Der Wille des einzelnen spielt mit. Aber wie? Wie stehen Freiheit und Notwendigkeit zueinander?

Es ist nun erstaunlich, daß die Kanons der Goldberg-Variationen wie ein Klangbild dieses rätselhaften Verhältnisses erscheinen, das gedanklich zu durchdringen ein ganzes Gebäude erfordern würde.[135] Natürlich erreicht es in der klanglichen Manifestation nicht ganz das Bewußtsein, aber es vermag doch vielleicht das Gefühl am Sinnbild tiefe Einblicke zu gewinnen:

Zwei Stimmen folgen sich in kanonischer Gebundenheit nach, als ehernes Geist-Gesetz, das die Stufen der aufsteigenden Zahlenreihe vorschreibt, der aufsteigenden Intervallreihe, die noch zu betrachten sein wird. Die dritte Stimme aber begleitet den Kanon in freier Weise, frei insofern, als sie ihren Charakter wählen kann, gebunden, weil sie sich den Kanonstimmen hinzufügen muß. Sie behauptet einmal mehr ihre Eigenheit,

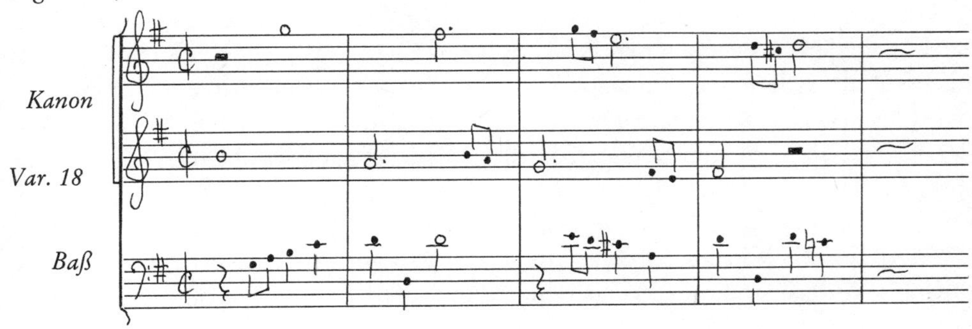

prägt sich ganz eigenständig aus; in anderen Variationen paßt sie sich den Kanonstimmen an

(hier macht sich der Baß im Takt 17 das Einsatzmotiv der Kanonstimmen zu eigen) und gestaltet so gleichgerichtet mit am Geschehen. Es ist die Stimme, die als Ostinato, als das immer Bestehende, gleichsam als Entelechie durch die Bereiche hindurchgeht und in den Kanons auf die fortlaufenden Entwicklungsgesetze trifft. Und dieses Ostinato steht über allem; ihm müssen sich auch die ehernen Gesetze, die Kanonstimmen anpassen. Im Zusammenwirken entsteht erst der geheimnisvolle Schicksalsgang; das Ineinanderklingen der drei schafft höhere Wirksamkeit. Daß die dritte, freie Stimme oftmals die Aufmerksamkeit auf sich zieht und das Klangbild der Variationen entscheidend prägt, wurde schon gesagt.

Dieser von Anfang an mitlaufenden Baßstimme wegen wird der unvorbereitete Hörer in den seltensten Fällen wahrnehmen, daß es sich um streng geführte Kanons handelt. Selbst der Interpret wird nicht immer in jedem Augenblick gegenwärtig haben, in welcher Phase sich der Kanon gerade befindet, und wohin die nachahmende Stimme notwendig laufen muß.[136] Darüber ein komplexes Bewußtsein haben zu wollen, hieße die Stufe, auf der Bach selbst stand, einnehmen wollen. Und wer vermöchte das? Es kann aber nicht «der Sinn des Ganzen... in Frage gestellt werden», wenn «die kanonische Arbeit vom Hörer nicht bemerkt» wird[137] – ebensowenig wie der Sinn des Lebens als versäumt angesehen werden muß, wenn wir nicht alle unsere Schicksalsgänge durchschauen. Gewiß mag der Genuß größer sein für denjenigen, der mehr vom Gefüge der Kanons erkennt. Aber auch ohne solche Durchblicke wird man die Kraft der Kanons empfinden, sich an ihrer Schönheit, ihrer Ruhe freuen können, wird man sie ganz besonders lieben können. Denn das Wundersame und Wundertätige ist erreicht: Das strenge Gesetz wirkt nicht drückend; die exakteste Genauigkeit bleibt doch unaufdringlich; das Unausweichliche wird ganz aufgenommen in ein Harmonisches, und von ihm überwunden.

Ganz sicherlich hat Bach dem Grafen Keyserlingk für seine schlaflosen Nächte nicht die Aufgabe stellen wollen, sich im «Auseinanderhören» von Kanonstimmen zu üben – und daß Graf Keyserlingk dies ohne Mühe konnte, ist nicht anzunehmen. Es scheint vielmehr, als habe Bach sagen wollen: Nachdem du, von der diesseitigen Welt kommend, das erquickende, lösende Bad des elementarischen Zwischenreiches durchlebt hast, horche hin auf Gesetzmäßigkeiten, die von höherer Ordnung künden. In der Harmonie mit ihnen ist Sicherheit; im Zusammenwirken mit ihnen gestalte deinen Weg.

Das Ineinanderwirken der drei Variationsarten. Die erste und letzte Dreier-Gruppe

Die drei Variationsarten sind so betrachtet worden, daß die Charakter-Variationen mehr ans Bewußtsein sich wenden, also dem Denken zuneigen, die virtuosen Variationen dem reinen Fühlen angehören, die Kanons dem zuzurechnen sind, was das Willenselement ins Musikalische hineinträgt.[138]Denken, Fühlen und Wollen gehen einen Bund ein, und das Werk wendet sich ihnen in immer wiederkehrendem Wechsel zu.[139]

Mit der Gliederung des physischen Organismus des Menschen in Nervensystem, rhythmisches System (Herz – Lunge) und Stoffwechsel-Gliedmaßensystem und der Beziehung dieser Glieder zu Denken (Vorstellen), Fühlen und Wollen trat Rudolf Steiner 1917 an die Öffentlichkeit.[140] Er spricht über diese Zusammenhänge im Vortrag vom 6. Dez. 1919[141] folgendes aus:

«Nun haben Sie auch entnehmen können aus Vorträgen und aus meiner Darstellung in den ‹Seelenrätseln›, wie zusammenhängt mit dem menschlichen Haupte das Denk- und Vorstellungsleben, wie zusammenhängt mit all dem, was die rhythmische Tätigkeit beim Menschen – also wie gesagt, grob gesprochen – das Brustsystem ist, alles dasjenige, was Fühlsphähre ist, und wie zusammenhängt die Willenssphäre, die aber beim Menschen das eigentliche Geistige darstellt, mit dem Gliedmaßensystem, mit der Gliedmaßenorganisation. Relativ selbständig sind diese drei Systeme des menschlichen Organismus. Relativ selbständig, nur eben zusammenwirkend, sind auch das Vorstellungsleben, das Gefühlsleben und das Willensleben... Es ist nun sehr wichtig, daß man sich klar macht, daß eigentlich in jedem der drei menschlichen Systeme Denken, Fühlen und Wollen enthalten sind. Im Kopfsystem, im Denksystem ist durchaus auch Fühlleben und Willensleben vorhanden, nur sind diese viel schwächer entwickelt als das Vorstellungsleben. Ebenso sind Gedanken in der Gefühlssphäre vorhanden, traumhaft nur uns zum Bewußtsein kommend, schwächer eben als in der Kopfsphäre.»

Es ist ein Kennzeichen des Organischen, daß die Kräfte ineinanderwirken. Der menschliche Verstand kommt nur bis zum Trennen der Wirkungen. Organisches – also eigentlich Leben – vermag er in unserem jetzigen Entwicklungsstadium noch nicht aufzubauen.[142] Im «schönen Schein» gelingt es dem Künstler, wenn ihm Inspiration zu Hilfe kommt. Weben im Kunstwerk die Kräfte in der richtigen Weise ineinander, dann entsteht «Notwendigkeit» im Goetheschen Sinne.

Das Ineinandergreifen der Wirkungen als Ausdruck des Organischen und Seelisch-Geistigen hat R. Steiner (1919) in eine mantrische Spruchform eingeschrieben, um sich damit auch an die moralisch-künstlerische Erkenntniskraft und somit an die Gesamtwesenheit des Menschen zu wenden:[143]

ECCE HOMO

In dem Herzen webet Fühlen,
In dem Haupte leuchtet Denken,
In den Gliedern kraftet Wollen.
Webendes Leuchten,
Kraftendes Weben,
Leuchtendes Kraften:
Das ist der Mensch.

In Bachs Musik sind Melodisches, Harmonisches, Rhythmisches in organischer Weise verbunden. Legt die spätere Musik ein Hauptgewicht auf das Melodische und gibt damit dem ans Vorstellen sich Wendenden den Vorzug, so daß Wagner sie mehr der Dichtung verwandt sieht als der Musik in ihrer Urgestalt,[144] so sind bei Bach die Elemente im Ausgleich. In den Goldberg-Variationen trennt er nun die drei Bereiche. Soll trotzdem Organisches entstehen, so muß die eine Sphäre in die andere hineinwirken, muß die eine Wirkung in die andere übergreifen. Und tatsächlich: Das Kristallische der Charakter-Variationen, das Improvisative der virtuosen, das Gebundene der kanonischen Variationen, es ist jeweils besonders ausgeprägt in einer Variationsart, aber es spielt mit und gestaltet hinein in die anderen; in wechselseitigen Einfärbungen wächst ein lebendiges Ganzes. So konturieren sich Motive in den virtuosen Variationen,

Var. 26, linke Hand
Virtuose Var.

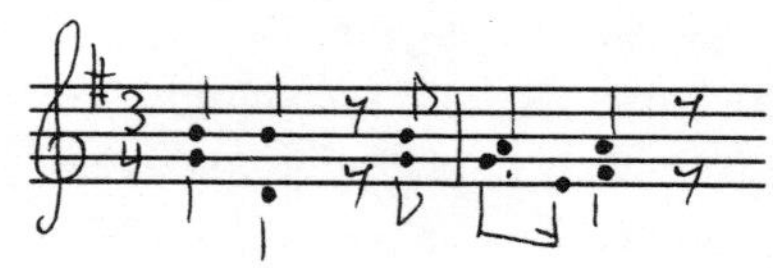

wird der ganze Kanon Var. 18 zum Spielstück. So greift das Triller- und Glitzerelement der virtuosen Variationen über auf die Charakter-Variationen

Var. 7
Charakter-Var.

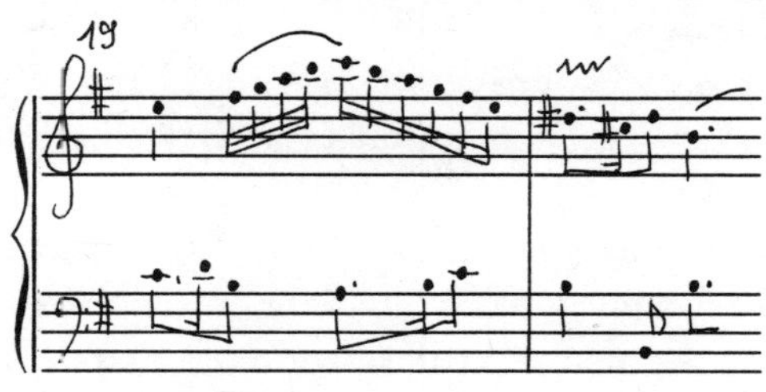

und sogar auf die Kanons,

Var. 27
Kanon

so trifft man in den Charakter-Variationen wie in den virtuosen gelegentlich auf kanonische Imitation:

Var. 16
Charakter-Var.

Var. 23
Virtuose Var.

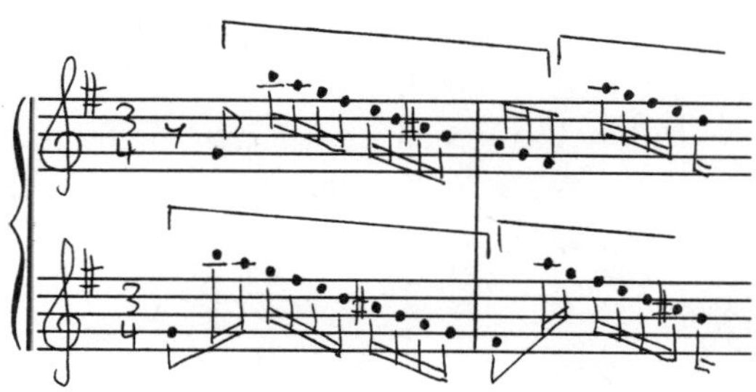

In tiefster Bedeutung sachgemäß geht Bach vor. Das einmal Erkannte, die Verschiedenheit der Bereiche, wird nicht abstrakt, als Schema durchgeführt, es bleibt immer lebensvoll und verwandlungsfähig, immer überraschend. Man findet das eine auch im anderen; darin liegt tiefere Wahrheit. Das waltende Gesetz des Dreischlags ist offensichtlich, und doch ist es nicht verwendet als Rezept, sondern es ist «heilig öffentlich Geheimnis»,[145] es birgt Umfassenderes. Vieles mag man erkennen, Größeres ahnen – das gelöste Rätsel bleibt doch Rätsel.

Zu den Lösungsaufgaben, die der Dreier-Rhythmus stellt, gehört nun auch die Unregelmäßigkeit der ersten und letzten Gruppe. Sie halten die Abfolge Charakter-Variation – virtuose Variation nicht ein, sondern schieben die Elemente ineinander.

Die Gewichte sind dabei verschieden gesetzt: In der ersten Gruppe hat das Konturierende, Charakterisierende die Vorherrschaft und das Virtuose wartet noch im Hintergrund und deutet sich nur an. Der Kanon Var. 3 dagegen – es wurde bereits gesagt – unterscheidet sich in seinen Mitteln nicht von den anderen Kanons und trägt damit schon etwas vom späteren Regelmaß in die erste Dreier-Gruppe hinein.

Anders ist es in der zehnten, letzten Dreier-Gruppe. Jetzt hat das virtuose Element die Oberhand, aber eine Tendenz zum Charakterisierenden macht sich geltend. In Variation 28 und 29 scheint die Folge von sprudelnder Leichtigkeit und Energie-Impuls umgekehrt gegenüber Variation 1 und 2. – In der abschließenden Variation 30 wird der Kanon durch das Quodlibet ersetzt. Das strenge Gesetz tritt in seiner Wirksamkeit zurück und weicht einer freieren Gestaltung. Diese ist nun deutlich melodisch ausgerichtet, Volkstümliches glanzvoll-festlich verarbeitend. Sie wendet sich nun ganz ans Erkenntnisvermögen, an den erkennenden Humor, und stellt damit wieder auf die diesseitigen Füße.

In der ersten Dreier-Gruppe ist also das virtuose Element noch nicht entbunden, in der zehnten ist es so dominant geworden, daß sozusagen die Strenge des Kanons vor ihm weichen und einer lockereren Satzart Platz machen muß. Diese Eigenheiten der ersten und zehnten Dreier-Gruppe gegenüber den acht mittleren, regelmäßigen Gruppen sind so bedeutsam – und haben ja auch so viel Verwirrung gestiftet –, daß sie fordernd nach einer Erklärung drängen. Aus dem Dreischlag selbst werden sie nicht einsichtig. Und wenn man nicht annehmen will, daß Zufall gewirkt hat, oder daß dem Komponisten die Differenzierung zu Beginn noch nicht so deutlich vor Augen stand, daß sie am Ende ausgeschöpft war, so bleibt nur eine Möglichkeit: Die Unregelmäßigkeiten der Randgruppen müssen aus dem Wesen der zehn Stufen entspringen, die die Dreier-Gruppen durchlaufen. Ihnen wendet sich nun die Betrachtung zu. Aus ihnen wird sich ergeben, welchen Weg die Goldberg-Variationen beschreiten, welchem Plane sie folgen; und dabei wird sich zeigen, ob es sinnvoll ist, ja vielleicht einer Notwendigkeit entspringt, wenn sich die 1. und 10. Gruppe innerhalb der Reihe Besonderheiten wahren.

XI
Der zehnstufige Weg der Intervalle und Bachs Lebenslauf

> Wer sich in richtiger Weise in dasjenige vertieft, was man im pythagoräischen Sinne heißt: Studiere die Zahl, der lernt aus dieser Zahlensymbolik heraus das Leben und die Welt verstehen.
>
> *R. Steiner*[146]

Beethoven bringt in den Diabelli-Variationen 33 «Veränderungen» (kann es sein, daß er mit der Bezeichnung «Veränderung», die er nur bei den Diabelli-Variationen verwendet, sein Werk an die Goldberg-Variationen anknüpfen wollte?),[147] Schumann in den Symphonischen Etüden zwölf Variationen bzw. zehn in der Spätfassung, Brahms in den Händel-Variationen 24, in den Paganini-Variationen 2 mal 14, Reger in den Telemann-Variationen 23 – um die am meisten beachteten Werke zu nehmen. Händels Chaconnen auf das achttaktige Modell variieren das Thema 21 bzw. 62 mal; Bachs Aria variata ist mit 8, 9 und 10 Variationen überliefert, die drei Orgelpartiten mit 6, 8 und 11 Variationen (11 nach Umarbeitungen). Es gibt also keine Zahl, die eine gewisse Allgemeingültigkeit für Variationen hätte, auch nicht bei Bach. Und doch ist anzunehmen, daß der Komponist eine bestimmte Dynamik verfolgt hat, die eben zur betreffenden Zahl der Variationen geführt hat. In manchen Fällen – das zeigen die Umarbeitungen – war die Dynamik nicht sogleich klar, oder auch anders denkbar. Nicht aber bei den Goldberg-Variationen; so, wie sie vorliegen – und es scheint, wie schon erwähnt, keine Vorstufen, keine Umarbeitungen gegeben zu haben – läßt sich keine Variation hinzufügen und keine wegnehmen, ohne die Architektur zu zerstören. Ferruccio Busoni, blind für diese Organik und einer Zeit angehörend, die auch auf anderen Gebieten sehr selbstherrlich schaltete, hat nicht nur Takte, sondern auch ganze Variationen wegkürzen wollen.[148] Damit sind die Rhythmen, die im Aufbau der Goldberg-Variationen walten, zerstört. Daß der Dreischlag einem ganz besonderen Plane folgt, als ein «dreifach merkwürd'ger Geisterschritt»,[149] wurde schon im vorigen Kapitel aufgezeigt. Nunmehr stellt sich die Aufgabe, nachzuweisen, daß auch die Zahl 10, dokumentiert im zehnmaligen Durchlaufen des Dreischlages, eine Notwendigkeit darstellt innerhalb dessen, was Bach aussagen wollte mit den Goldberg-Variationen. Es mag sein, daß darüber hinaus die Zahl 30 für sich, nicht nur als Resultat aus 10 mal 3, eine Bedeutung hat. Maßgeblich für die Betrachtung ist aber vor allem die Zehn, weil Bach auf sie mit den Einsatzintervallen der Kanons hinweist (wobei die Zehn selbst nur erlebt wird als zehnter Durchlauf durch eine Dreier-Gruppe).

Vielleicht muß hier eingeschoben werden: Es ist in keiner Weise an Zahlenmystik oder an jene bei Bach so oft zitierte Zahlensymbolik gedacht, unter der man eine Idee, ein Spiel mit Zahlen sieht. «Der seelige war, wie ich u. alle eigentlichen Musici, kein Liebhaber, von trocknem mathematischen Zeuge» (C. Ph. E. Bach).[150] Und man würde Bach solches «Zeug» unterschieben, wenn man meinte, er habe in der Zehn einen Geheimcode gesehen für etwas Bestimmtes und deshalb zehn Dreier-Gruppen aufgestellt. Bach läßt den Hörer die Wirkung der Zahl erfahren, indem er ihn zehnmal durch eine Dreier-Gruppe hindurchführt. Die Schwierigkeit ist, daß der heutige Mensch durch seine Erziehung die Zahl nur in quantitativer Bedeutung sieht, während die Qualität ihm verschlossen bleibt. Zehn ist für uns 1+1+1+1+1+1+1+1+1+1; damit ist zehn etwas mehr als acht oder neun, etwas weniger als elf oder zwölf, aber ohne eigenen Charakter. Das war nicht immer so; und Bach empfand offensichtlich anders. Denn er schreibt nicht zehn beliebige Kanons, zehnmal einen, sondern er ordnet sie nach Zahlen: all'Unisono, alla Seconda, alla Terza usw. Das scheint zunächst ein naheliegendes Prinzip, eine überschaubare Reihenfolge zu erhalten, einen Leitfaden durch alle Möglichkeiten verschiedener Einsatzintervalle. Aber nun stellt sich die Rätselfrage: Warum sind es gerade zehn Gruppen? Von der Tonleiter, von den Intervallen her, nach denen Bach sich richtet, schiene es doch um vieles sinnvoller, bei der Oktave zu endigen; sehen wir doch einen Oktav-Kanon nur als Sonderfall eines Primen-Kanons an.[151] Bach aber geht noch weiter zum Nonen-Kanon, den wir einem Sekund-Kanon gleichsetzen. Die Dezime dagegen, bei der Bach schließt, stellt so, wie wir sie heute nehmen, als Ton mitten in der höheren Oktave, keinen Endpunkt dar.

Die Zahl der zehn Gruppen ist also nicht unmittelbar einleuchtend, und es zeigt sich nicht sogleich, was Bach zu ihr geführt hat. Für Variationen hat die Zahl zehn, wie festgestellt wurde, keine allgemeine Bedeutung; und in der übrigen Musik spielt sie ebenso wenig eine Rolle. Sonaten und Suiten, auch die Brandenburgischen Konzerte, hat Bach, wie es zu seiner Zeit üblich war, im halben Dutzend herausgegeben. Das Wohltemperierte Klavier bringt 24 mal 2 Stücke, besser 12 mal 4; das ergibt sich notwendig aus den zwölf chromatischen Tönen. Sie wurden in alter Überlieferung dem Tierkreis zugeordnet, den die Sonne im Jahr durchläuft. So wurde die Zwölf betrachtet als die Zahl des (kosmisch gedachten) Raumes. Die Dekade dagegen, ein sehr prosaisches Maß, scheint geradezu unmusikalisch. Oder hat diese Zahl, mit der sich so leicht rechnen, so leicht umgehen läßt, doch eine besondere Bedeutung?

Es läßt sich finden, daß sie in alten Mysterienweisheiten als heilige Zahl galt. Man erblickte in ihr zehn schaffende Urprinzipien, zehn schöpferische Ideen,[152] die in der Welt wirksam sind. Von den Pythagoreern, die nicht nur für die Mathematik, sondern auch für die Musik entscheidende Grundlagen gegeben haben, ist als Ausspruch über die Zehn überliefert: «Denn sie ist groß, allvollendend und allwirkend und Urgrund und Führer des göttlichen und himmlischen Lebens wie auch des menschlichen.»[153] Aristoteles kam auf zehn Kategorien. Und in der hebräischen Geheimlehre hatte man den Sephiroth-Baum mit seinen zehn Zweigen. Aus dem Wort Sephiroth ist der Name Chiffre, Ziffer entstanden,[154] aber die Zweige waren nicht gedacht als Zahlen im heutigen Sinne, sondern als Kräfte, als Wirksamkeiten. Vom zehnten, Malkuth, schreibt Ernst Bindel:[155] «Gemeint ist mit dem Wort Malkuth die Einprägung des Reiches der Himmel in die Erdenwirklichkeit, also eine Art Abschluß des auf die Erde gerichteten göttlichen Wirkens.» So nannte auch Thomas v. Aquin die Zehn die Zahl der irdischen Vollkommenheit.[156]

Die Zehnzahl hat danach – während z. B. die Zwölfzahl anderes aussagt – mit dem zu tun, was wirkt, was in die irdische Erscheinungsform tritt. Und es ist verwunderlich, daß es zehn Ziffern gibt – dann ist ein absolutes Ende; aus ihnen werden alle anderen Zahlen «komponiert».[157] Auch Bach setzt nach 10 mal 3 Variationen einen absoluten Schluß. Das macht er deutlich, indem er die 30 Variationen in den Rahmen der zweimal erklingenden Aria setzt. Im Wohltemperierten Klavier ist es nicht so; da bleibt das Ende offen. Man kommt nicht eigentlich wieder zum Anfang, wie Zuzana Ruzickova meinte, als sie ihrem Vortrag des 1. Teils des Wohltemperierten Klaviers in der Ansbacher Bachwoche 1969 der h-Moll-Fuge das erste Praeludium folgen ließ. Man steigt chromatisch auf vom c und kommt dann nicht beim gleichen c an, sondern beim höheren. Der Schluß des Wohltemperierten Klaviers I ist ein Hinausschreiten in immer größere, immer schwerer faßbare Fernen; der Weitergang entschwindet dem Blick. Die letzten Variationen der Aria aber streben einem Ziel zu, und im Quodlibet wird das Ende mit zupackendem Griff gültig und unwiderruflich gesetzt. Danach erklingt die Aria wieder und bestätigt, daß der Bereich der Variationen seinen Abschluß gefunden hat.

Das Wohltemperierte Klavier durchschreitet die Orte der zwölf chromatischen Töne; in den Goldberg-Variationen – das ist von entscheidender Bedeutung – ist immer *ein* Platz, *ein* Standpunkt gewahrt, immer das g, wenn man auch Färbungen entdecken könnte: Var. 15 nach f-Moll, Var. 4 nach D-Dur, Var. 16 nach C-Dur, Var. 18 nach A-Dur; dadurch erhält die stets gleichbleibende Tonart Vielfalt.

Aber diese Tonarten-Färbungen sind nicht das, was den Weg der Goldberg-Variationen bestimmt. Führer sind hier, statt der Tonarten, die Intervalle. Und wenn man sich mit den Intervallen beschäftigt, so stößt man darauf: Die Intervalle sind musikalische Urprinzipien, schaffende Urkräfte, Urphänomene! Jedes Intervall hat eine andere Dynamik, eine andere Aussage; der Musiker denkt nur im allgemeinen nicht darüber nach, er beläßt es lieber im Gefühl, stößt aber schmerzlich darauf, wenn er sich vergreift und statt der Terz eine Quart, statt der Oktave eine Sept oder None spielt. Und er weiß, daß jedes Intervall eine andere Stellung im musikalischen Gefüge hat, anders eingeführt, anders aufgelöst werden muß, anderen Zwecken dient.[158] Zehn solcher Intervalle, solcher Wirksamkeiten führt Bach in den Goldberg-Variationen vor.

Die Namen der Intervalle – das ist uns so selbstverständlich, daß wir nicht darüber nachdenken, und doch ist es vielsagend – sind Zahlen. Keinen Namen sonst haben die

Intervalle. Man könnte ja zunächst meinen, man hätte die Töne einfach der Tonleiter nach numeriert. Aber ein näheres Studium der Zahlen als Qualitäten, nicht als Quantitäten, ergibt, daß die Aussage des Intervalls zusammenstimmt mit der Aussage der Zahl, deren Namen das Intervall trägt. Die Intervalle sind tönende Zahlen. In ihnen erklingt die Zahl als schaffendes Weltenprinzip.[159] Man kann aus dem Intervall Aufschluß gewinnen über die Zahl, und die Zahl kann helfen zu erfassen, was im Intervall wirkt.

Das nachzuweisen, wird Aufgabe dieses Kapitels sein. Es kann in der Kürze natürlich nur andeutungshaft geschehen, und soll immer bezogen sein auf die Goldberg-Variationen. Die Intervalle wie die Zahlen haben mehrseitige Aspekte; davon sollen nur diejenigen betrachtet werden, die in den Goldberg-Variationen aufgezeigt werden können. Es dokumentiert sich das Intervall nicht nur im Abstand der Kanonstimmen – da wird es nur besonders deutlich fixiert. Auch die beiden anderen Variationen, die zu einer Dreier-Gruppe gehören, sind bestimmt von den Wirkenskräften des sie beherrschenden Intervalls. Nicht daß das Intervall besonders häufig vorkäme; sondern die drei Variationen geben, von verschiedenen Seiten aus und mit verschiedenen Mitteln, ein Bild ihres Intervalls in künstlerisch-musikalischer Lebendigkeit. So stellen die zehn Dreier-Gruppen tatsächlich zehn in dreifacher Sicht wirkende Prinzipien vor. Und da sich in anderen Zehn-Stufen-Wegen die genau gleiche Dynamik der Folge 1, 2, 3, 4, 5, ... wesenhaft abprägt,[160] so darf man vermuten, daß der Musiker – und Musikfreund – hier in einem Medium, das ihm am Herzen liegt, die Möglichkeit besitzt, ein kleines Stück einzudringen in das, was immer als das Geheimnis der Zahl betrachtet wurde. Es ist wohl anzunehmen, daß Bach auf diesem Wege, auf dem Weg des Lauschens, des Stehens vor den Mysterien der Töne, die Erkenntnis gekommen ist, die in den Goldberg-Variationen erklingend sich darstellt. Waren ihm doch in seinem sinnlich-übersinnlichen Hören nicht nur die tönenden Verhältnisse, die er für jedes Fugenthema im voraus angeben konnte,[161] sondern auch das Essentielle der Töne ganz anders zugänglich, als dies normalerweise der Fall ist.

Es wird zunächst darum gehen, die Grundlagen zu haben für das, was die hervorstechenden Merkmale der Dreier-Gruppen sind. Es sind also zunächst die Intervalle in ihrer Aussage zu fassen, bevor im nächsten Kapitel die Variationen im einzelnen daraufhin betrachtet werden können. Über die Aussage der Intervalle, die ja nicht leicht zu präzisieren ist, hat R. Steiner Angaben gemacht, die dem modernen Bewußtsein entsprechen; mehrere Autoren haben diese Angaben ausgearbeitet. Darauf wurde schon im G-Dur-Kapitel hingewiesen. Der Musiker wird aber die beste Brücke zu R. Steiners Intervallcharakterisierungen finden in dem Buch von Hermann Pfrogner «Lebendige Tonwelt».[162] H. Pfrogner hat hier, im Kapitel «musica humana», anhand von Beispielen aus der Musikliteratur nachgewiesen, daß die Intervalle in der Tat im bezeichneten Sinne von den Komponisten verwendet werden. Einige daraus sollen bei der Intervallbetrachtung herangezogen werden. Ist man von Pfrogner erst einmal auf die Spur gebracht, wird man «auf Schritt und Tritt» neue Belege finden.

Gewissermaßen als Illustration sei erlaubt, eine Parallele zu ziehen zum menschlichen Lebenslauf, insbesondere zu Bachs Lebensweg. Denn das menschliche Leben entwickelt sich, wie R. Steiner ausgeführt hat, in Siebenjahresepochen.[163] Zehn solcher Epochen gibt es, dann ist das, was gesetzmäßig als Impuls hereinwirkt, zum Abschluß gekommen, dann ist der Lebensweg «irdisch vollkommen». Das Leben ist dann nicht zu Ende – so wie es auch kürzer dauern kann –, aber in gleicher Weise findet keine Entwicklung mehr statt. Frühere Zeiten haben von diesen Sieben-Jahres-Abschnitten gesprochen; so hat z.B. Solon ein Lehrgedicht darüber verfaßt,[164] bei Agrippa v. Nettesheim finden sich Angaben darüber.[165] Beide beziehen sich allerdings mehr auf äußerliche Kennzeichen, auf das Wachsen und Wieder-Abnehmen der Kräfte. Sie kommen aber auf zehn Siebener-Jahre; dann ereile der Tod den Menschen «zu schicklicher Zeit».[166] Ähnliches steht wohl hinter dem 90. Psalm, 10: «Unser Leben währet 70 Jahre, ...»

Es wirken im Menschenleben noch andere Rhythmen; daß sich aber, von bestimmten Gesichtspunkten aus, von sieben Primen-Jahren, dem Sekund-Alter, dem Terz-Alter usw. sprechen läßt, kennzeichnet, wie allbeherrschend das Wesen der Zahl ist, und wie absolut gesetzmäßig die Wesenheit der Eins, der Zwei, der Drei usw. aufeinander folgen. «Es sind nicht nur die Töne nach dem Gesetz der Zahl angeordnet, sondern auch die Ereignisse in der Zeit.» (R. Steiner)[167]. Die Zahlenreihe ist, qualitativ genommen, eine Aufeinanderfolge gesetzmäßig sich aneinanderreihender Wirksamkeiten. Die Musik beweist die Mathematik: In der Tonleiter erfahren wir die aufsteigende Reihe von Zahlencharakteren als sinnvoll, weil wir sie hörend als sinnvoll erkennen. Im Gang unseres Lebens durchleben wir sie, ohne uns dessen bewußt zu sein.

Das Rätsel, das sich in den Goldberg-Variationen damit stellt, daß die Dezime Abschlußfunktion einnimmt, die wir ihr doch nicht zubilligen, muß sich dann aus der Betrachtung der Intervallqualitäten lösen.

> «Die Zahl kann uns vieles lehren, und gewissen Zahlen liegen tiefe Geheimnisse zugrunde.»[168]

Prim

Die Eins ist Ein und Alles – alles in Eins gewendet, Universum. Damit ist sie eine der am schwersten begreifbaren Zahlen – jedenfalls für den heutigen Menschen. Frühere Zeiten haben die Eins nicht, wie wir, als das unterste Glied der Zahlenreihe aufgefaßt, sondern sie wurde gesehen als die umfassende Zahl, aus der durch Teilung die höheren

Zahlen entstehen.[169] Die Musik, in der so viele Weltengeheimnisse sich ausdrücken, hat ein Abbild dafür bewahrt: Durch Teilung der Saite erhält man die Intervalle mit den höheren Zahlen. Sie sind in dem Einen, der einen Saitenlänge, Rohrlänge enthalten. In den Obertönen des Grundtones schwingen die Intervalle der Zahlenreihe mit. Der eine Ton birgt sie, birgt also sehr Verschiedenartiges, aber er bewahrt es in sich als ein Latentes, er verschmilzt es in seinen Klang hinein und prägt es nicht differenziert aus.

Noch an einem anderen läßt sich das Umfassende der Zahl 1 in der Musik erleben: In der Prim, im Einklang können sich beliebig viele Stimmen vereinigen. Beliebig viele Primen können zusammenkommen. Bei den Sekunden, Terzen usw. ist es so, daß jede neu hinzutretende Sekunde oder Terz etc. den Zusammenklang verändert. Bei der Prim entsteht immer das gleiche, immer wieder die Prim. Und es gehört zu den sonderbarsten Erlebnissen, die die Musik bereithält, wenn zwei Stimmen, von verschiedenen Seiten kommend, in die Prim zusammenlaufen; wie sie hineinschlüpfen, weggesogen werden, und, als ein Neues, der Einklang erscheint.

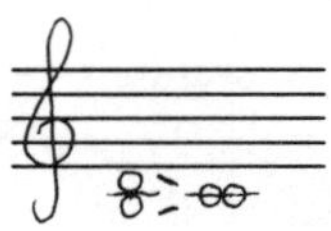

Es hat einen bedeutsamen Bezug, daß im Deutschen das «hinein» zu tun hat mit eins – wer hineingeht, wird eins mit dem, in das er sich hineinbegibt.

Umgekehrt betrachtet: Die Prim, die erklingt, gibt nicht heraus, wie viele Stimmen sie enthält. Sie ändert ihre Klangfarbe nach den Stimmen, die zusammenwirken, und deutet damit schon an, was aus ihr spricht; aber die Einzelstimme muß ihr Eigensein opfern um des Einklanges willen. Die Prim schließt zusammen. Und diese Fähigkeit, alles vereinigen zu können, gibt der Prim eine große Kraft und Festigkeit. So weist H. Pfrogner darauf hin, wie die Prim das bevorzugte Intervall der Litanei, der Gebete ist.[170]

Verdi, Gebet der Desdemona, IV. Akt des Otello

Die Stärkung, die man sich vom Gebet erhofft, findet man im Wiederholen des einen Tones. Mit ihm verbinden wir uns, unser eigenes Selbst; und indem wir ihn festhalten, halten wir uns selbst fest. Die Prim hat mit unserem Selbst zu tun. In ihr wird, einer Angabe R. Steiners zufolge, der Mensch in der Zukunft sein Ich erleben, «wie es auf der Erde ist».[171] Jetzt ist das noch undifferenziert, nur ein Ahnen. Indem wir einem

Ton, der erklingt, mit demselben Ton aus unserem Inneren antworten, indem wir ihn wiederholen, erleben wir uns als da-seiend, als zur Welt gehörend.

So ist es von einer tiefen Wahrheit, daß die Prim mit der Eins benannt wurde, obwohl der Abstand der Stimmen null ist – was zu den bekannten Schwierigkeiten für die musikalischen Anfänger führt, daß in der Musik der erste Ton bei den Abständen mitgezählt werden muß. Die Prim, der Einklang, ist nicht null, ist schon etwas. Es ist ja vieles da, aber es ist ineinandergewoben zu einer umfassenden Totalität.

Aus der Einheit heraus lebt – darauf hat R. Steiner aufmerksam gemacht – das Kind in den ersten Lebensjahren.[172] Als ein nachahmendes Wesen verbindet es sich ganz mit seiner Umwelt und nimmt sie in sich herein bis in seine Organe, die es nach dem bildet, was es sieht und wahrnimmt. Es fühlt sich ganz selbstverständlich als Teil seiner Umgebung. Und diese Kraft der Einheit, in der sich die Eigenheit erst andeutet, nehmen wir als das Liebenswerte des Kindes, als sein Geschenk an uns entgegen.

Es erscheint wie eine Parallele dazu, daß in der ersten Dreier-Gruppe der Goldberg-Variationen Charakter-Variation und virtuose Variation sich noch nicht differenzieren. Und so, wie dabei das Charakterisierende den Vortritt hat, ist das Kind vor allem daran, seine Vorstellungen auszugestalten nach den Erfahrungen, die auf es zukommen. In allem aber waltet schon das Gesetz, das die Entwicklung leitet – der Kanon-, und das sich nach dem Individuum, auf das es trifft, ausformen muß.

Als ein äußeres Zeichen der Einheit der ersten Lebensjahre lebt das Kind, soll es recht gedeihen, in der schützenden Umhüllung des Elternhauses, der nächsten Umgebung. Auch Bach war diese Hülle für die erste Lebensepoche gewährt. In einer großen Familie, zu der die Stadtpfeifergesellen gehörten wie der weitverzweigte, eng zusammenhaltende Verwandtenkreis der Bache, war sein Erdenweg aufgenommen; ihnen allen bildete die Musik die selbstverständliche Lebensgrundlage. So wuchs Bach tiefer und entschiedener als alle anderen Komponisten hinein in die Einheit mit seiner Lebensaufgabe. Es erwuchs der Welt in ihm das musikalische Gewissen, vor dem sich alle Musiker in der Folgezeit zu verantworten haben.

Sekund

Nun aber geht es nach außen, nun tritt etwas aus dem Geschlossenen hervor in die Erscheinung. «Alles, was nach außen sich manifestiert, steht unter der Zweizahl».[173]

Was sich zeigt, ist noch nicht gestaltet, nicht geprägt. Es ist Tätigkeit, Geschehen an sich. War die Prim ein Punkt, so ist die Sekund der Linie vergleichbar. Sie hat Dynamik, hat Bewegung, aber keine Festigkeit. Die Linie bleibt im Raume unsicher, ohne Stütze, ohne ihre Bestimmung festzulegen. Die Sekunde strebt von ihrer Natur aus weiter. Die Richtung gilt ihr gleich – sie mag den eingeschlagenen Weg fortlaufen oder zurückkehren, beides führt sie mit gleicher Behendigkeit aus. *Triller* und *Lauf,* die Elemente der virtuosen Variationen, für die die Zwei als bestimmende Zahl erkannt wurde, gehören ihr; in ihnen belegt sie, wie sie an Beweglichkeit allen anderen Intervallen überlegen ist. Es scheint wohl begründet, daß erst in der zweiten Dreier-Gruppe, in der Sekundgruppe, das virtuose Element aufbricht. Ab jetzt bilden Ordnungszahlen die Kanonüberschriften: alla Seconda, alla Terza usw. All'unisono war noch etwas anderes, war noch umfassend.

Secundus, der zweite, ist verwandt mit der lateinischen Präposition secundum = längs, entlang, gemäß, zufolge; also einer Präposition, die eine Bewegung weist, eine Richtung führt. Als Bewegungsintervall wehrt sich die Sekunde gegen Fixierung im Zusammenklang, indem sie sich «reibt». Im Nacheinander aber ist sie von umfassender Bedeutung in der Musik, ist sie doch Hauptbestandteil der Melodie und sorgt für deren Weiterschreiten.

Matthäus-Passion, Nr. 75

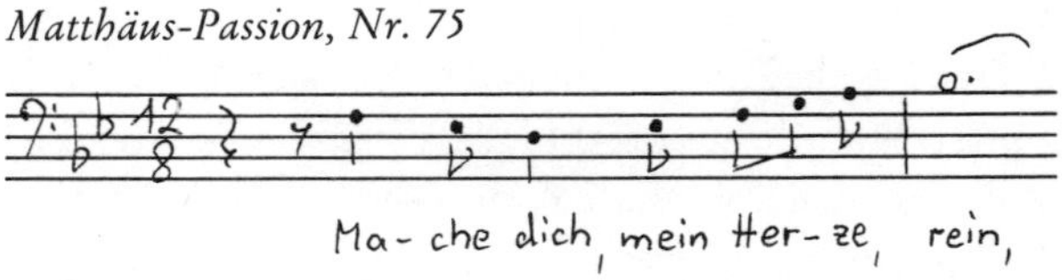

Und im gleichen Sinne des Verflüssigens wirkt sie in den Verzierungen, die zum größten Teil aus Sekunden gebildet sind – alle Arten von Trillern, Mordent, Doppelschlag. Jenen Zeiten, die noch aufmerksamer in das musikalische Geschehen hineinhorchten als die unsrige, galten die «Manieren» nicht als Zierrat oder Tand, sondern als wesentliche musikalische Mittel: «Sie hängen die Noten zusammen; sie beleben sie».[174]

Auch der Vorhalt wird vornehmlich in der Sekunde ausgeführt. Es gibt natürlich Sext-, Oktavvorschläge etc. (z.B. in Var. 25 der Goldberg-Variationen). Der im Sekundschritt sich lösende Vorhalt aber ist es vor allem, der die Noten «gefällig»[175] macht, der das Eindeutige, Endgültige von Zieltönen abmildert, und verflüssigt, was starr zu werden droht. Im Vorhalt treten Eigenschaften zutage, die der Sekund in besonderem Maße zu eigen sind: Anmut und Liebenswürdigkeit. Gerade Bach hat, neben vielen D-Dur-Stücken, die das Dynamische, die aufbrechende Bewegungskraft der Sekundtonart dokumentieren (die D-Dur-Praeludien des Wohltemperierten Klaviers und die Fuge des I. Teils, das «Et resurrexit» der h-Moll-Messe), einige Stücke in dieser Tonart geschrieben, die von ganz besonders lieblicher Grazie sind: Die D-Dur-Invention, noch mehr das vierte der Sechs kleinen Präludien mit seinen anmutig-liebkosenden Vorhalten:[176]

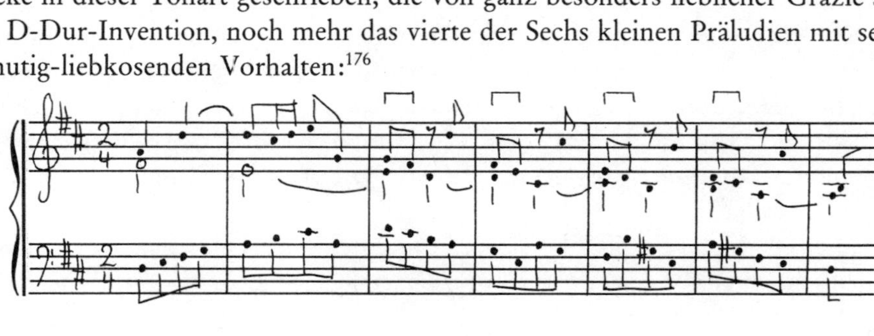

In der «anmutigen Beweglichkeit» sieht H. E. Lauer ein Kennzeichen des Alters zwischen sieben und vierzehn Jahren;[177] also jener Epoche, die man das Sekund-Alter nennen könnte. Zu keiner Zeit seines Lebens hat der Mensch so wie hier Freude an der Bewegung um ihrer selbst willen, nicht eines Zieles wegen. Laufen, Springen ist dem Kind Ausdruck seiner Lebensfreude.

Äußerlich tritt das Kind nun heraus aus der Einheit seiner bisherigen Umwelt, denn die Schule wird ihm jetzt zweiter Lebens- und Erfahrungsraum. Dem Knaben Johann Sebastian Bach war der Schritt hinaus aus der Geborgenheit in besonderer Weise vorgeschrieben: Gerade im Umbruchalter um das 9./10. Lebensjahr, wo das Kind beginnt, »sich abgesondert zu fühlen von seiner Umgebung», wo es anfängt, Außenwelt und Ich zu unterscheiden,[178] und wo eine Fülle von Fragen in ihm aufschießt,[179] stand er ohne elterlichen Rückhalt da. Für die Lebensgrundlagen sorgte der ältere Bruder. Aber die seelische Umhegung, wie sie die Eltern geben, fand er gewiß nicht in gleicher Weise bei ihm. Es scheint, als sei dem Knaben bedeutet worden: In der Musik ist dein Zuhause, dort ist dein Elternhaus. Wahrscheinlich war Bach, wie die meisten Jüngsten einer Familie, mit einer gehörigen Portion Selbständigkeit und Eigenwilligkeit ausgestattet. Und mit unerhörtem Fleiße verwandte er alle Kräfte – auch die der Nächte! – auf das Studium des Musikalischen.

Terz

Mit der Terz ist ein erstes Einhalten erreicht. Sie stürmt nicht mehr voran wie die Sekund; sie fühlt sich wohl bei sich und spürt sich selbst nach. Wenn man Dreiklänge arpeggiert, geht man immer gegen einen inneren Hang des Beharrens an.

Die Drei bildet als erste Zahl eine Figur: das Dreieck. Es ist das Vieleck mit optimaler Stabilität; es ist in sich unverschiebbar. Und es ist eine Form, die beständig ist und bei sich bleibt: Wenn man an allen Ecken Dreiecke ansetzt, entsteht wieder ein Dreieck, nur mit umgekehrter Spitze:

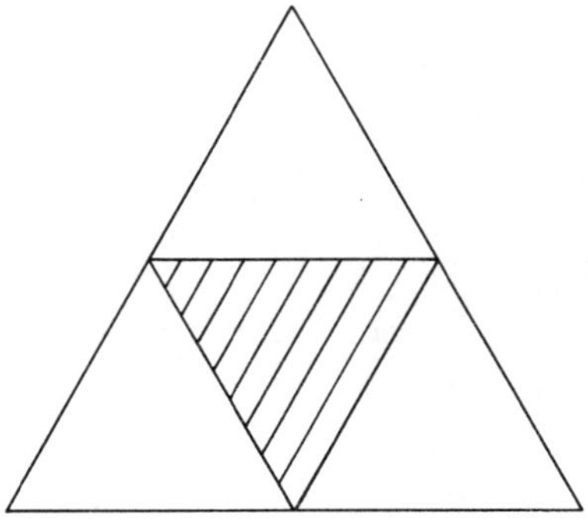

Die Kanons der Goldberg-Variationen, auf drei Stimmen sich aufbauend, geben innere Sicherheit in den Variationszyklus hinein.

So wie Dreiecke kann man auch Terzen gut aneinandersetzen. Es bildet sich, nach jeder Seite, der Dreiklang, und auch der Septimen- und Nonenakkord ist noch brauchbar.

Freilich, zum festen Stehen auf der Erde eignet sich das Dreieck weniger. Da kann man die bestürzende Erfahrung machen, wie leicht ein dreibeiniger Stuhl – wenn man ihn auch überallhin stellen kann – über seine Seiten abkippt. Platon ordnet die Körper, die aus dem gleichseitigen Dreieck gebildet sind – Tetraeder, Oktaeder, Ikosaeder – den beweglichen Elementen Feuer, Luft und Wasser zu, während der Würfel der Erde angehört.[180]

So ist auch die Terz in all ihrem Wohlklang zart und labil. Der Terzschluß gibt niemals die volle Festigkeit, er klingt weiter, vibriert im Raum.

Franz Schubert, Im Abendrot, Schluß

«Wo die Dreizahl sich als ein Gesetzmäßiges enthüllt, liegt ein Seelisches zugrunde».[181] Dieser Satz Rudolf Steiners – der gewiß in seinem Kontext genommen werden muß, sollen Mißverständnisse ausgeschlossen sein – läßt sich wohl nirgendwo leichter bestätigen als in der Terz. So wie der Reim in die abendländische Dichtung gekommen ist, in dem ein Wort sich dem andern gesellt, es «liebzukosen»,[182] so ist die Terz in die abendländische Musik eingezogen als das Intervall des Herzens. Eine Musik ohne Terzen erscheint uns leer, es fehlt ihr die Herzlichkeit. Freude und Leid, Bedrückung und Befreiung, Verinnerlichung und Nach-außen-Strahlen, das sind die großen Erlebnisse des Dur-Moll als eines Tonsystems, das ganz aus der Terz genommen ist. In dieser Musik sehen wir die eigentliche Gefühlsmusik; allerdings ist sie es nur, «soweit dieses Empfindungsleben an die irdische Leiblichkeit gebunden ist», und mit der Bindung an die Leiblichkeit wird die Musik nun subjektiv.[183] Es entsteht, aus den Terzklängen heraus, die Möglichkeit, daß sich der Komponist individuell in seine Musik hineinprägt: das anmutig-schwebend Wehmütige Mozarts, das Prometheische Beethovens, die Seelenhaftigkeit Schuberts, die Schwermut Brahms'... «Das Terzen-Erlebnis ist ein intimes, das man mit sich in seinem Herzen abmacht».[184] «Denn das Terzen-Erlebnis verinnerlicht das ganze musikalische Empfinden.»[183]

So wie die Gefühlswelt in Atem und Blut sich spiegelt, im Rot- und Blaßwerden,[185] im heftigen Wallen oder Stocken des Atems, so hat das Terzenerlebnis Verwandtschaft mit dem Atem- und Blutrhythmus im Menschen. «Die Terz versetzt ihn in die Möglichkeit, die Fortsetzung des Atmungsprozesses nach innen zu erleben.»[186] H. Pfrogner bringt Beispiele aus der Musikliteratur, wo die Terz den Ausdruck übernimmt, wenn von Blut, von Luft, Duft oder ähnlichem, dem Atem Verwandtem die Rede ist.[187]

Matthäus-Passion
Nr. 17

Die Labilität des Gefühlslebens, das Brausen von Atem und Blut machen sich im Menschenleben besonders bemerkbar in der 3. Siebenjahresepoche, der Zeit von der Pubertät bis zum 21. Lebensjahr. Das körperliche Wachstum ist zu einem gewissen Ruhepunkt gekommen, um so heftiger wallt es innerlich: Dur und Moll, Hochstimmung und Weltschmerz wechseln ab und werden mit Hingabe ausgekostet. Der Gegensatz zwischen männlich und weiblich, der in dieser Zeit Bedeutung erhält, ist ja immer wieder auf Dur und Moll übertragen worden.[188] Die innere Unruhe treibt dazu, vielerlei kennenlernen zu wollen, und – am besten mit dem festen Rückhalt eines sicheren Hafens im Elternhause – immer Neues zu erfahren, zunächst ohne ein bindendes Ziel.

Bei Bach war bereits ein innerer Plan wirksam. Da diente die Wanderschaft der Zeit von ca. 1699–1706 schon einer speziellen Aufgabe: den Grund zu legen für eine umfassende Kenntnis der Stile seiner Zeit. In Lüneburg (1700–1703) nahm er die flämische Orgelschule in sich auf, Celle, das Bach vermutlich von Lüneburg aus besucht hat, bot die Bekanntschaft mit französischer Musik, in Weimar (1703) war die italienische kennenzulernen; und selbst die Arnstädter Anstellung (1703–1707) hat Bach genutzt, eine «Bildungsreise» zu Buxtehude nach Lübeck zu unternehmen, von dessen Wirken so manches bei Bach anklingt: z. B. aus der Kantate «Das neugeborene Kindelein» von Buxtehude das «Trotz Teufel, trotz Welt» im «Trotz dem alten Drachen» von «Jesu meine Freude»:

Buxtehude

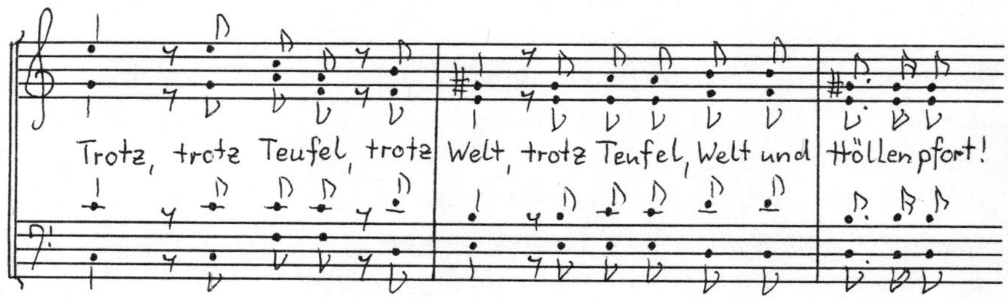

Bach
BWV 227

Was an Kompositionen aus dieser Zeit erhalten ist – die Orgelpartiten BWV 766–768, das Capriccio sopra la lontananza del suo fratello dilettissimo BWV 992 –, zeigt schon den Herzschlag Bachs, aber für die Form dient noch Vorgegebenes als Leitfaden: der Choral, das Programm des Capriccio. Noch fehlt die architektonische Kraft.

Formung ist ja allgemein ein Problem, mit dem das Alter der Pubertät und Nachpubertät ringt. Die anstürmende innere Welt zu bewältigen kommt der Tanz zuhilfe – nicht nur die rhythmische Bewegung im Reigen, wie sie das kleine Kind so begeistert, sondern der Tanz als gestaltete Form. Keinem Alter ist der Tanz so genuin, so notwendig wie dem Alter nach der Pubertät. Es ist nun eigenartig, daß Bach gerade in der dritten Dreier-Gruppe der Goldberg-Variationen an Tanzartiges denkt. Gewiß mag man bei anderen Variationen auch – so wie bei manchen Fugen, Konzerten, ja geistlichen Sätzen von Bach – einen Tanzcharakter herausspüren. Aber nur dies eine Mal, in Var. 7, weist Bach mit der Überschrift – al tempo di Giga – auf einen Tanz hin.

Quart

Als ein Aufruf erklingt die Quart – ein Appell an das Bewußtsein, zugleich eine Aufforderung, bereit zu sein zum Handeln. Tatkraft wohnt der Quart inne. Als Auftakt ist sie genauso verwendbar wie für einen bestätigenden, energischen Schluß. Dabei hält sie sich gerne individuell: Übereinandergeschichtet ist sie nur bedingt zu gebrauchen. – Quadrate, an die Seiten eines Quadrates angesetzt, lassen viel freien Raum zwischen sich.

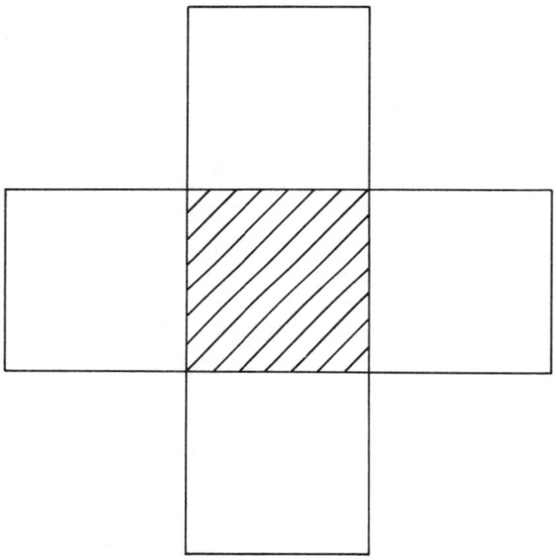

Bewußtsein und Tatkraft – das scheinen zunächst zwei verschiedene Dinge. Aber wirkliches Handeln ist nur aus dem Bewußtsein möglich. Das Tier handelt nicht, es folgt seinen Instinkten und Bedürfnissen, die ihm bedeuten, seine Nahrung zu suchen, sein Leben zu wahren. Es hat auch keine Hände zum «Handeln». «Das Tier wird durch seine Organe belehrt; der Mensch belehrt die seinigen und beherrscht sie.»[189] Die Vier ist die Zahl des Menschen, der mit seinem Ichbewußtsein über den drei unteren Naturreichen Mineral, Pflanze und Tier steht. In Haydns «Schöpfung» wird, in der gemüthaften Sprache des Textes, der Mensch angekündigt als «das Geschöpf, das Gottes Werke dankbar sehn, des Herren Güte preisen soll.»[190] Es ist der Mensch, der erkennen und sich deshalb die Erde untertan machen kann.

So fand H. Pfrogner eine Fülle musikalischer Beispiele, in denen die Quart auf Worte gewählt wurde, die Verstandesmäßiges betreffen: Aufruf zum Wachsein, Frage, Denken, Wissen.[191] Einige der Beispiele verbinden das Wort «Ich» mit der Quart, und als «Beispiel der Beispiele» bringt Pfrogner das «Ich bin's» aus Bachs Johannespassion, Nr. 4:

Es ist also kein Zweifel, daß mit innerer Sicherheit gefühlt worden ist, was Rudolf Steiner als Quart-Empfinden formuliert hat: «Und die Quart hat schon dieses großartig Eigentümliche, daß der Mensch sich innerlich in der Quart erlebt, aber nicht so intim erlebt wie in der Terz... Er sondert sich von der Umwelt ab, schafft sich in sich»;[192] «er schaut gewissermaßen von außen sich selber an».[193]

Der rechte Winkel, das Viertel des Kreises, wurde bei den Griechen Gnomon, Erkenner genannt.[194] Und vom vierten der griechischen Werdegötter, der Kabiren, von Kadmilos heißt es im Faust II, Vers 8188f.:

Er sagte, er sei der Rechte,
Der für sie alle dächte.

Die Erde ist das Wirkensfeld des Menschen, soweit er Geschöpf ist. Und es ist die Vier zugleich die Zahl des Erdenhaft-Festen. Gnomen heißen die Elementarwesen, die im Erdenelement wirken. In Vierheiten gliedern sich die Elemente, die Himmelsrichtungen, die Jahreszeiten, die Temperamente. Mit vier Beinen steht der Stuhl fest auf der Erde. Der Kubus erscheint als der Ausdruck gesammelter irdischer Kraft, und er stellt seine Seiten senkrecht-entschieden auf die Waagrechte. Das Kochsalz, Natriumchlorid, bildet ihn als Kristall.[195]

Die physischen Kräfte des Menschen sind auf dem Höhepunkt in jenem Alter, das früher mit dem Mündigwerden im 21. Lebensjahr eingeleitet wurde. In dieser Zeit, bis ca. zum 28. Lebensjahr, wird dem Menschen ganz das zugestanden, was Rudolf Steiner ebenfalls als zu dem gehörend schildert, was der Mensch in der Quart erlebt: «... er gestaltet sich nach seinen eigenen seelischen Bedürfnissen.»[196] Der Student darf sich ganz mit sich beschäftigen, sich selbst bestimmen, bis hin zum mutwilligen Ulk. Allerdings erwarten wir auch, daß er jetzt die Grundlagen legt für seine physische Existenz, für seinen Beruf.

Bach war in dieser Zeit ein frühes Sich-Manifestieren in der Öffentlichkeit gestattet mit der Mühlhäuser Ratswahlkantate BWV 71. Dann aber war ihm aufgegeben, vor allem sein Orgelspiel zur Meisterschaft zu bilden, das Fundement seines Erdenwirkens; mit ihm konnte er unmittelbar in seine Zeit hineinplastizieren, hier blieb seine Könnerschaft unangefochten. Die Mehrzahl seiner Orgelkompositionen sind in diesem Lebensabschnitt in Weimar entstanden. Es waren freie Formen – Toccata, Präludium – und Formen, in denen ein Thema ichhaft, personifiziert als Dux, auftritt und erkannt und wiedererkannt werden will – Fuge.

Mit einer Fughetta leitet Bach die Quart-Gruppe der Goldberg-Variationen ein.

Als zweite Besonderheit fällt in den Quart-Variationen auf: Der Kanon ist jetzt in der Gegenbewegung geführt. Nun wird man ja nicht jede Einzelheit erklären können, erklären müssen. Es sei aber darauf hingewiesen, daß es zwischen vier Punkten zum ersten Mal möglich wird, die Verbindungslinien sich kreuzen zu lassen. Im Bild des Kreuzes, das entsteht, wenn man die Seiten des Würfels aufklappt – wobei die Sechszahl,[197] die Zahl des Opfers, mitspricht –

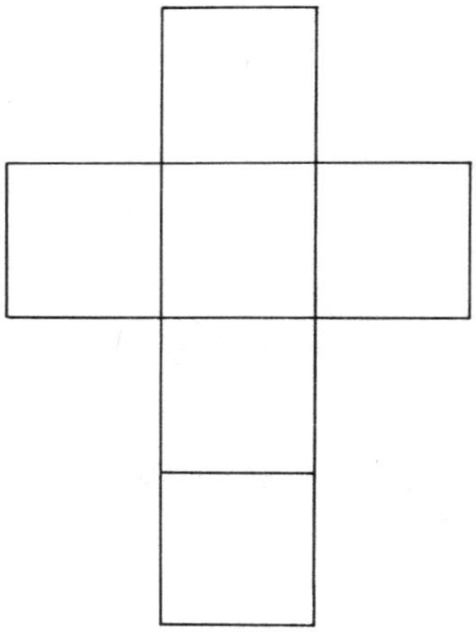

erscheint der Überwinder, der Heiler für die Erdenwelt. Das f – vom «unverrückbaren Fixpunkt c» aus der Quartton – galt dem Mittelalter als der Ton von Golgatha,[198] der Vereinigung des Christus mit der Erde.

Hier stößt man auf das innerste Geheimnis dieser anscheinend so klar sich darstellenden Zahl 4.

Quint

Die Quinte definiert der moderne Mensch, wie schon einmal gesagt, vornehmlich als «leer». Denjenigen, die Schwierigkeiten haben, die Quint zu finden, rät man, sie über die Terz anzusteuern. So innerlich ausgefüllt zum Dreiklang wird uns die «Hülle» der Quint angenehm.

Wenn diese Hülle aber fehlt, stellt sich ein Mangel ein. Die Schlußtonika ohne Quint hat nicht die ganze Festigkeit. Erst die Quinte gibt den «vollen Klang»; um ihn zu erhalten, darf der Leitton abspringen, was doch für die Einzelstimme unbefriedigend bleiben muß.

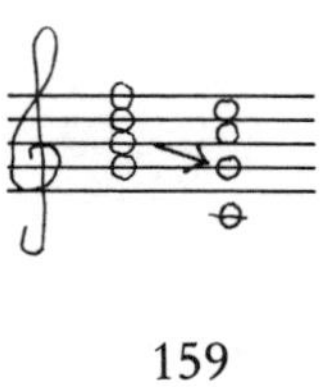

So zeigt die komplizierte Stellung der Quint schon in diesem Gegensatz, daß sie allein für sich «leer» klingt, für einen «vollen» Klang aber unerläßlich ist. Auf Dualitäten stößt man bei der Quint, bei der Fünfzahl immer wieder.

Die Quinte ist die Haut des Dreiklangs, sie vollendet ihn – die Quinte ist «Abschluß».[199] Eine Terz allein bezeichnet noch nicht Dur oder Moll. Sie kann als obere oder untere Terz des Dreiklangs genommen werden und gehört so Dur wie Moll gleichermaßen an. Erst ihre Stellung zum Grundton, ihre Stellung innerhalb der Quint macht sie zum Ausdruck für Dur oder Moll. Die Quinte schließt beides ein: Dur und Moll, je nachdem, wie man sie unterteilt:

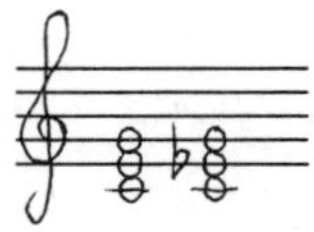

Sie trägt beide Möglichkeiten latent als Alternative in sich. Und es berührt eigenartig, daß Bach in der Quint-Gruppe die erste Moll-Variation bringt und damit die beiden Tongeschlechter scheidet. Jetzt erst ist dies möglich geworden.

Dur ist Hinausströmen, Moll Hereinnehmen, Verinnerlichen – beides birgt die Quint. Das erinnert daran, daß die Quinte, wie im G-Dur-Kapitel dargelegt wurde, ein Intervall des Austausches ist. Man «geht bis an die Haut» und befindet sich der Außenwelt gegenüber, mit der man, z. B. im Atem, in Wechselwirkung tritt. H. Pfrogner hat aus den Möglichkeiten, mit der Umwelt Kontakt zu nehmen, vor allem Anrede und Gruß ausgewählt und mit exemplarischen Beispielen belegt.[200] Die h-Moll-Messe bietet ein solches Beispiel einer Quint-Anrede:

Nr. 22
(im Bach-Werke-Verzeichnis)

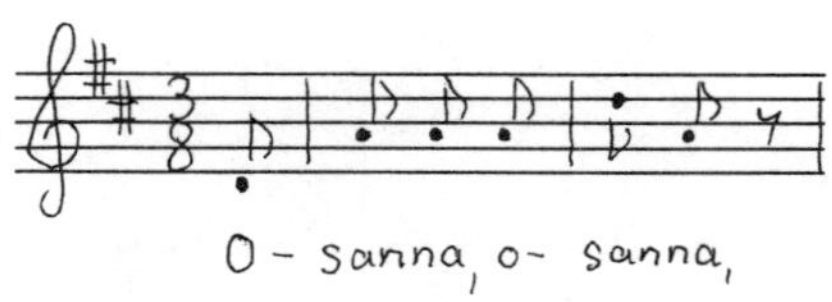

Wie Bach in die Quinttonart Texte setzt, in denen der Mensch sich umgeben fühlt von der göttlichen Welt, wurde schon ausgeführt.

Als müsse für dieses Wahrnehmen der Umwelt ein recht sinnenfälliges Bild hingestellt werden, bildet die Fünf als erste Zahl einen Stern – Ausdruck der die Erde umgebenden kosmischen Welt.

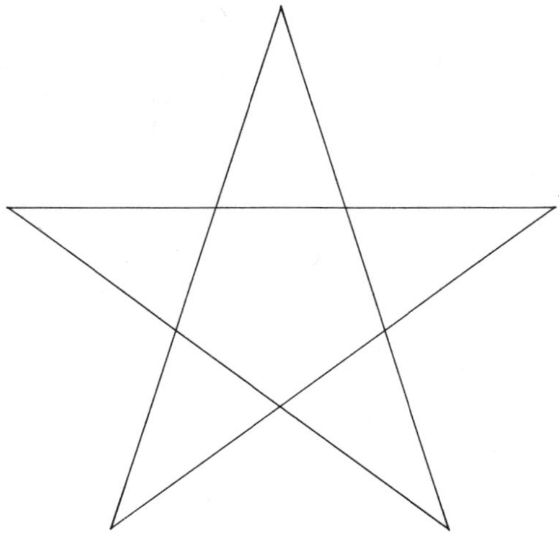

Im einzigen Körper, den das regelmäßige Fünfeck zusammensetzt, dem Pentagondodekaeder, verbindet sich die Fünf mit der Zahl des Tierkreises, der Zwölf. Platon rechnet die Form des Pentagondodekaeders nicht mehr dem Irdischen zu: «... doch diese verwendete Gott für das All, um es mit Bildern auszuschmücken».[201] Die «quinta essentia» der pythagoreischen Weltsicht bezeichnet ebenfalls ein das Irdische Überwölbendes: den Äther, der nicht mehr als Erdenelement empfunden war. Daraus entstand der Begriff Quintessenz für etwas, das über die Erscheinungsform einer Sache hinausgeht und das Allgemeine aus den vielgestaltigen Besonderheiten zieht. Rudolf Steiner macht darauf aufmerksam, daß auch die Quinte in der Skala gegenüber den vorangehenden Intervallen einen veränderten Bereich heraufruft: «Schlagen Sie die Skala bis zur Quarte an, Prim, Sekund, Terz, Quarte, es ist ein Weiterschreiten. Bei der Quinte bekommen Sie das Gefühl: da wird's anders.»[202]

Im Quintbereich der Goldberg-Variationen ergibt sich ein Neues insofern, als nun die ganze Bewegung, die bisher voranstrebte, in eine Waagestellung gerät – in jene Waagestellung, die Bach dem ganzen Werk gibt, indem er es nach G-Dur, in die Quinttonart setzt. Der Komposition insgesamt gegenüber bildet also die Quint-Gruppe gewissermaßen die quinta essentia – und in der Quint-Gruppe findet sich jene Variation, die im Duktus der Aria am nächsten kommt: Var. 13. Die Quinte ist «Abschluß» – nach der Quint-Gruppe unterbricht Bach und eröffnet dann die zweite Hälfte neu mit der Ouverture.

In der Quinte ist der Mensch nicht mehr nur mit Selbstbetrachtung, mit Erkennen und tatkräftigem Handeln beschäftigt wie in der Quarte, nun schaut er aus sich hinaus, spürt sich dabei aber noch selbst. Die Fünfzahl ist, alten Anschauungen nach, ebenfalls die Zahl des Menschen,[203] aber nicht des Menschen als Schöpfungswesen, das sich den anderen irdischen Reichen angliedert wie in der Vier, sondern des Menschen als Geistwesen. Bei Plutarch ist die Rede davon, wie ein reinerer Teil des Menschen,

Dämon genannt, als ein Stern außerhalb des irdischen Leibes bleibt. In der Fünfzahl erscheint der Mensch als «den Göttern gleich»,[204] fähig zu überschauen und zu unterscheiden. Damit jedoch wird er auch verantwortlich für sein Tun, kann er sich in Schuld verstricken. Die Erkenntnis, die den Menschen zur Selbstbestimmung führen konnte, wurde erreicht über den Sündenfall. Das Wort Dämon, das bei Plutarch den höheren Teil der menschlichen Seele meint, ist auch der Name für die Geister des Bösen. «... überall, wo uns ein Böses begegnet, ein solches, das tatsächlich für das eigene Wesen verderblich wirken kann, da ist auch eine Fünfheit im Spiele.»[205] Die Fünf ist eine Zahl der Krisis, die zu einer Scheidung führt; zwei Möglichkeiten zeichnen sich ab, zwei Wege tun sich auf – so im Gleichnis von den fünf klugen und fünf törichten Jungfrauen.[206] Daß der Quintkanon wiederum in der Gegenbewegung läuft, scheint einer tieferen Notwendigkeit zu entsprechen.[207]

Mit den Jahren vor der Lebensmitte – ca. 28 bis 35 – tritt der Mensch in die Verantwortung für sein Handeln ein. Nicht mehr findet er Entschuldigung wie für einen Studentenstreich, nicht mehr wird ihm Unerfahrenheit so leichthin nachgesehen. Jetzt erwartet man mehr von ihm. Im Beruf, in der Familie, im Hausstand soll er sich nach allen ihm gegebenen Seiten ausweiten, die Möglichkeiten und die Widerstände erproben, vorstoßen und zurückgehen nach Notwendigkeit, insgesamt die Richtung seines Lebens erkunden. Jetzt läuft sein Weg im Zusammenwirken mit der Außenwelt, jetzt muß er die äußeren Umstände mitgestalten. Diese Stufe will der Baccalaureus im Faust II nicht eingehen. Er will nicht verantwortlich werden, nicht Schuld auf sich nehmen, wie es dabei unumgänglich ist:

Hat einer dreißig Jahr vorüber,
So ist er schon so gut wie tot.[208]

Er gehört bereits zu den modernen Menschen, denen das, was musikalisch als Quinte erklingt, tot, leer, ohne Sinn erscheint.

Kompositorisch findet man Bach in diesem Lebensabschnitt in der Auseinandersetzung mit verschiedenen musikalischen Formen: in den letzten Weimarer Jahren vor allem mit der Kantate – die Beförderung zum Konzertmeister hatte seinen Wirkenskreis erweitert –, in Köthen mit Suite, Sonate und Konzert. Damit waren, zusammen mit der im vierten Sieben-Jahres-Abschnitt vorherrschenden Fugenkomposition, alle Grundlagen errungen, auf denen hinfort weitergebildet, aus denen die größeren Formen aufgebaut werden konnten.

Am Ende dieser Epoche, 1720, starb Maria Barbara Bach. In ihr hatten Bach die Kräfte des eigenen Familienstammes begleitet.[209] Ihr Tod kündigte nun gleichsam an, daß die Zeit abgelaufen war, da Bach sich selbst und der Ausbildung seiner Fähigkeiten leben konnte. Die Zukunft würde alsbald anderes von ihm fordern.

Überschau

Was Bach in den ersten fünfzehn Variationen ins Leben gerufen hat, ist ein kontinuierlich vorwärtsschreitendes Geschehen. Es kommt in der Quint-Gruppe zwar zu einem Waagepunkt, doch gibt es keine Einbrüche. In einheitlichem Strom fügen sich die Variationen aneinander, klar und übersichtlich für die Empfindung baut sich die Entwicklung auf.

Die fünf Stufen des bisherigen Weges sollen noch einmal vorüberziehen in einem andersgearteten Bilde. Von Goethe besitzen wir ein Gedicht, in dessen fünf Strophen es hereinklingt wie ein Abdruck dessen, wofür die Intervalle Prim, Sekund, Terz, Quart, Quint tönender Ausdruck sind: «Urworte. Orphisch». Der Titel weist auf die orphischen Mysterien, auf Orpheus, den Sänger, den Magier der Musik. Von Musik ist zwar in dem Gedicht nicht die Rede; doch sprach Goethe selbst von «einer Folge, die, wenn man sie erst kennt, dem Geiste die wichtigsten Betrachtungen erleichtert».[210] Es scheint also, daß es ihm vor allem auf eine Entwicklungsreihe, auf Stufen ankam, und daß er darin eine bedeutsame Gesetzmäßigkeit sah.

Die erste Strophe lenkt wie in ein Zentrum von verschiedenen Seiten immer wieder auf eine Einheit, ein Geschlossenes, als Ganzes Vorgegebenes:[211]

ΔΑΙΜΩΝ, Dämon
Wie an dem Tag, der dich der Welt verliehen,
Die Sonne stand zum Gruße der Planeten,
Bist alsobald und fort und fort gediehen
Nach dem Gesetz, wonach du angetreten.
So mußt du sein, dir kannst du nicht entfliehen,
So sagten schon Sibyllen, so Propheten,
Und keine Zeit und keine Macht zerstückelt
Geprägte Form, die lebend sich entwickelt.

Die zweite Strophe bringt Beweglichkeit, noch ohne Plan, ohne Ziel:

ΤΥΧΗ, das Zufällige
Die strenge Grenze doch umgeht gefällig
Ein Wandelndes, das mit und um uns wandelt;
Nicht einsam bleibst du, bildest dich gesellig
Und handelst wohl so, wie ein andrer handelt:
Im Leben ist's bald hin-, bald widerfällig,
Es ist ein Tand und wird so durchgetandelt.
Schon hat sich still der Jahre Kreis geründet,
Die Lampe harrt der Flamme, die entzündet.

Die dritte Strophe führt in den Gefühlsbereich, wie er auch im inneren Pulsieren der Terz lebt:

ΕΡΩΣ, Liebe
Die bleibt nicht aus! – Er stürzt vom Himmel nieder,
Wohin er sich aus alter Öde schwang,
Er schwebt heran auf luftigem Gefieder
Um Stirn und Brust den Frühlingstag entlang,
Scheint jetzt zu fliehn, vom Fliehen kehrt er wieder:
Da wird ein Wohl im Weh, so süß und bang.
Gar manches Herz verschwebt im Allgemeinen,
Doch widmet sich das edelste dem Einen.

In die Festgefügtheit, in die Bestimmtheit, wie wir sie in der Quart finden, stellt sich die vierte Strophe hinein. In der Sternenkunst der Musik wird allerdings der jetzt geschilderte Zwang, die Nötigung zum ganz Natürlichen und Wohltuenden.

ΑΝΑΓΚΗ, Nötigung
Da ists denn wieder, wie die Sterne wollten:
Bedingung und Gesetz; und aller Wille
Ist nur ein Wollen, weil wir eben sollten,
Und vor dem Willen schweigt die Willkür stille;
Das Liebste wird vom Herzen weggescholten,
Dem harten Muß bequemt sich Will und Grille.
So sind wir scheinfrei denn nach manchen Jahren
Nur enger dran, als wir am Anfang waren.

Dann aber, in der fünften Strophe, öffnet sich ein Tor, der innere Raum weitet sich, der äußere wird wahrgenommen. Ein Wirkendes, Beflügelndes kommt von außen entgegen; Quinten-Stimmung ist damit eingetreten:

ΕΛΠΙΣ, Hoffnung
Doch solcher Grenze, solcher ehrnen Mauer
Höchst widerwärtge Pforte wird entriegelt,
Sie stehe nur mit alter Felsendauer!
Ein Wesen regt sich leicht und ungezügelt:
Aus Wolkendecke, Nebel, Regenschauer
Erhebt sie uns, mit ihr, durch sie beflügelt,
Ihr kennt sie wohl, sie schwärmt durch alle Zonen –
Ein Flügelschlag – und hinter uns Äonen!

Wie setzt sich nun der Weg fort? «Die Quinte ist der Mensch. Geht man weiter, so geht man eigentlich schon in das Außermenschliche hinein, aber weil es Musik ist, in das Geistige hinein.»[212]

Die Zahlen, die auf die Fünf folgen, können wir als Einheiten nicht unmittelbar überschauen. Wir teilen darum die Sechs, die Sieben, die Acht in kleinere Zahlen auf. Ähnlich ist es bei den Intervallen: Sext, Sept sind schwerer zu treffen als die kleineren Intervalle, und wir setzen sie aus diesen zusammen. Auch die Oktave sperrt sich mehr, als es den Anschein hat. Am schwersten ist es, über die None und Dezime etwas auszusagen; die Dezime zumal betrachten wir, wie schon erwähnt, nur in ihrer Dreiklangsfunktion, nicht als Intervall eigenen Inhalts.

Nun hat Bach die Goldberg-Variationen ja in die höheren Intervalle hinaufgeführt. Überschaut man die zweite Hälfte, so zeigt sich die Fortsetzung des Weges nicht mehr so einheitlich, so glatt wie der bisher zurückgelegte Gang.[213] Der Humor tritt keineswegs zurück; aber gelegentlich droht die Gefahr des Zerfallens oder Stockens. Der Interpret muß mehr eigene Kräfte aufbringen, den Zusammenhalt zu wahren und das Geschehen fortzuführen. Erst ab Var. 26 tut sich dann jener «finale-mäßig»[214] erscheinende Zug zum Schluß auf, von dem schon die Rede war.

Eigenartigerweise läßt sich das gleiche im menschlichen Lebenslauf feststellen. Die Sieben-Jahres-Abschnitte sind in der zweiten Lebenshälfte schwerer zu erkennen und zu charakterisieren. Während wir am Lebensbeginn Kleinkindalter, Kindes-, Jugendalter, Reifezeit unterscheiden, bezeichnen wir nach dem Mannesalter nur noch die Greisenjahre gesondert. Wie Rudolf Steiner sagte, sind die Perioden hier auch nicht so eindeutig festgelegt: «Unregelmäßig wird diese Einteilung, diese Gliederung in siebenjährige Perioden in der zweiten, in der absteigenden Lebenshälfte.» Die Zukunft wird darin eine Änderung bringen: «Es wird daher die zweite Hälfte des Lebens in der Zukunft beim Menschen viel regelmäßiger werden, als sie heute schon ist, immer regelmäßiger und regelmäßiger.»[215]

Es wäre natürlich interessant zu wissen, ob Bach in dem, was er in den Goldberg-Variationen zum Ausdruck bringt, schon ein Zukünftiges hat erklingen lassen können, oder ob selbst ein Musiker mit seinen Einsichten an das gebunden ist, was die Zeit zuläßt. Das ist hier unmöglich zu entscheiden. Doch soll versucht werden, mit den verschiedensten Mitteln sich den höheren Intervallen, den höheren Zahlen zu nähern. Mehr als bisher wird es jetzt, wo sich die Aufgabe erschwert, kaleidoskopartig sein müssen. Dabei kann das, was Bach in der zweiten Hälfte der Goldberg-Variationen komponiert hat, wiederum als Maßstab und Kontrolle dienen.

Sext

Das Sechseck vermag keinen Körper mehr zu bilden, es muß in der Fläche verharren:

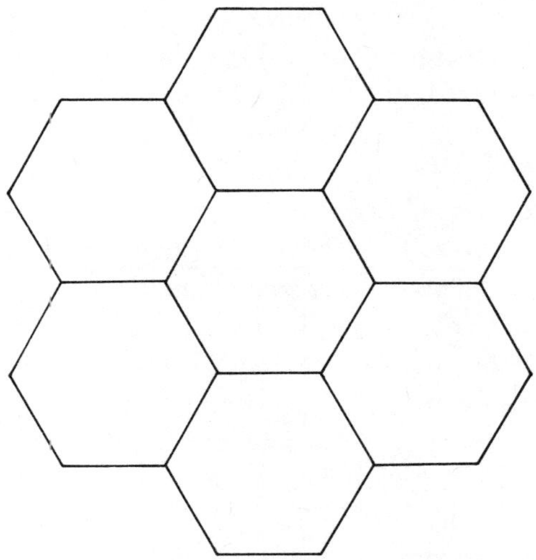

Es kann hinausstrahlen, sich ausbreiten, aber keinen Innenraum formen. So steht die Sechszahl da als ein erstes Zeichen, daß nun die Innenwelt zu verlassen ist und der Weg draußen genommen werden muß. Der innere Zusammenhalt, in der Fünfzahl schon bedroht, muß aufgegeben werden. So lehrt es der Sechsstern: Nicht aus einer Linie kann er gezogen werden, zwei Dreiecke müssen zusammenstehen. Bach eröffnet die Sext-Gruppe mit einer zweiteiligen Ouverture; nirgend sonst sind in einer Variation a- und b-Teil in Takt und Duktus verschieden.

Die Biene, die sechseckige Waben baut, sammelt nicht, um für sich zu behalten, sondern um hinzugeben. Sie stellt damit ein Bild selbstloser Opferkraft auf. Die musikalischen Beispiele, die H. Pfrogner zusammengetragen hat,[216] zeigen die Sexte als ein Intervall, das ein Sich-Verströmen zum Ausdruck bringt, strahlend, freudig in Dur (hier ein Beispiel aus der Kantate «Sie werden aus Saba alle kommen»),

BWV 65,6

in Moll gedämpft, bedrückt:

Matthäus-Passion
Nr. 29

Matthäus-Passion
Nr. 47

Die Sexte addiert sich zusammen aus der Quart, dem Intervall der Tatkraft, und der Terz, dem im Inneren erlebten Gefühl. Mit dem Gefühl hat sie zu tun. «Die Sexte erzeugt im Verhältnis zum Grundton ein Bild des Empfindens, des Fühlens».[217] Sie ist das Komplementärintervall der Terz: Was nach innen gerichtet war, wendet sich nun nach außen. Die Sexte hängt zusammen mit einem Erlebnis der «Entrückung».[218] Man gibt sich selbst hin, die Herzenskräfte verströmen sich.

Das Alter zwischen 35 und 42 Jahren, die sechste Siebenjahresepoche, brachte früher den Anfang der Tätigkeit nach außen. Jetzt wurde man reif befunden für Ämter, jetzt durfte man beginnen, für das Gemeinwohl zu wirken. Heute führen diese Jahre oft in die sogenannte «midlife-crisis»: ein deutliches Zeichen dafür, wie schwer uns der Weg geworden ist, der vom Haften an der eigenen Person hinweg zur Selbstlosigkeit führen sollte. In der Fünfzahl war schon die Möglichkeit aufgetaucht, zwei verschiedene Wege zu gehen. In der Sechszahl wird es zur Realität. Neben den Kräften, die zu einer Höherentwicklung dienen können, besteht, heute nur in einem ersten Anzeichen gegeben, was der Apokalyptiker für die Zukunft voraussagt mit dem Tier, dessen Zahl 666 ist: die Gefahr, am Sinnlich-Triebhaften festzuhalten, ihm zu verfallen.[219]

Die Grundlage dazu hat erst der Materialismus so recht geschaffen. In Bachs Lebensgang wirkt im sechsten Abschnitt (1720–1727) vor allem die Tendenz des Nach-außen-Tretens. Die Siebenjahresepoche wird eröffnet mit der lobenden Anerkennung in Hamburg durch den 97jährigen Johann Adam Reinken. Bach bewarb sich auf dieser Reise um den Organistenposten von St. Jacobi; er muß also gleich zu Beginn dieses Lebensabschnitts hinausgestrebt haben aus der kleinen Köthener Residenz. Den Wechsel in die weltoffene Handelsstadt Leipzig brachte dann die Berufung zum Thomas-Kantor, in ein «öffentliches Amt». Und nun sieht man Bach dabei, seine Tätigkeit mit unversieglichen Kräften nach allen Seiten auszuweiten, trifft man ihn im Kampf, seine Stellung als Director musices zu einer umfassenden zu gestalten – was freilich nicht im erhofften Maße gelang.

Die Werke dieser Epoche sind Werke des Glanzes, aber es entstehen auch, für das Fortkommen anderer besorgt, die größeren klavieristischen Lehrwerke und die

Klavierbüchlein für Wilhelm Friedemann und Anna Magdalena. In den letzten Köthener Jahren liegen die Brandenburgischen Konzerte, die Inventionen und Sinfonien, das Wohltemperierte Klavier I, dessen erste Praeludien der Schulung Wilhelm Friedemanns gewidmet waren. Mit der Johannes-Passion, dem Magnificat, den Kantaten für das Kirchenjahr legt Bach den Grundstock für eine allseitige Kirchenmusikpflege.

Ein gleiches strahlendes, mutvolles Sich-Verströmen tönt die Sext-Gruppe der Goldberg-Variationen aus. Die kristallinen Gestaltungskräfte greifen nun auch in den Kanon hinein und formen ihn nach dem Muster eines Spielstücks mit kongruenten Abschnitten im a- und b-Teil. So erscheint noch einmal in anderer Weise jene Zweibetontheit der Sechszahl, die in den zwei Dreiecken des Sechssterns zutage getreten war.

Etwas von dem Sturmcharakter, der entstehen kann, wenn die Sextkräfte zurückgestaut werden,[220] ließe sich in die Sext-Gruppe hineinlegen – doch darauf kann erst bei der Betrachtung der einzelnen Variationen im nächsten Kapitel eingegangen werden.

Septim

«Am Tage Bonifacii ist mein Sohn Hanns sechs Jahr alt, und gehet in das siebente Jahr. Ego celebrabo eius natales, qui iam ingreditur septimum annum, qui est climactericus, id est, variativus, denn das siebente Jahr wandelt allezeit den Menschen. ... Sic septimus annus cuiuslibet hominis est climactericus, adferens novam vitam, mores et aliam conditionem.» (Luther, Tischreden[221])

Daß in der Siebenzahl eine Situation der Entscheidung gegeben ist, des Divergierens der Kräfte, die nach einer Lösung streben, das ist sinnenfällig in der Septime gegeben. Die kleine Sept strebt nach unten und zwingt im Dominantseptakkord die Tonika herbei.

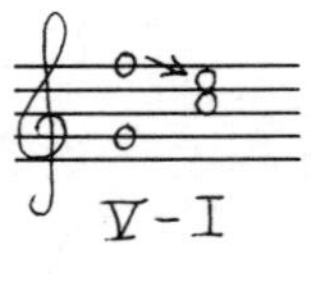

Die große Septime, als Leitton, zieht in die entgegengesetzte Richtung und fordert mit gleicher Notwendigkeit eine Auflösung.

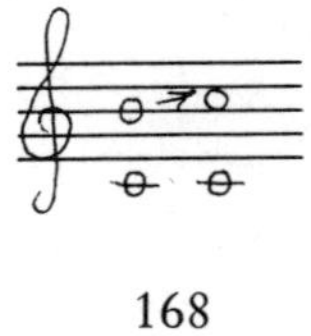

Die Septime hält es nicht am Platze; darin erweist sie sich als Komplementärintervall der Sekunde, dem Intervall der inneren Beweglichkeit. «Die Septime erzeugt im Verhältnis zum Grundton ein Bild des Belebens, des Belebens des Unbelebten.»[222] Wieder kehrt sich, was innen war, nach außen: «Die Haut fliegt Ihnen weg, und die ganze Seele geht in die Umgebung hinein.»[223]

Die Beispiele, die H. Pfrogner für kleine und große Septime bringt, zeigen, daß nun das Fundament schwankt und verloren zu gehen droht – man behauptet sich in der kleinen Septime eben noch, gerät außer sich in der großen.[224] Zwei Stellen bei Bach seien dafür genannt:

BWV 105,3

kleine Sept

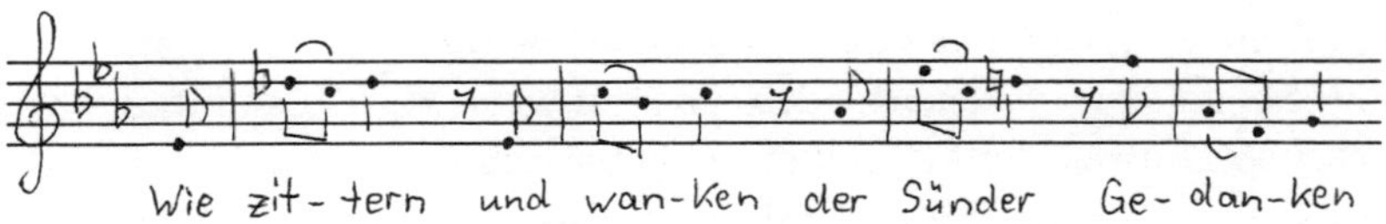

Matthäus-Passion Nr. 64

große Sept

Im zweiten Beispiel steht die große Sept für den Zwang, der auf Simon von Kyrene ausgeübt wird, so daß sein eigener Wille ganz aus ihm «hinausgedrückt» wird.

Wie die Septime weggleitet, so sträubt sich das Siebeneck gegen eine Fixierung. Es ist mit Zirkel und Lineal gar nicht zu konstruieren. Fügt man an die Seiten des angenähert regelmäßigen Siebenecks noch einmal Siebenecke an, so schieben sich Teile übereinander:

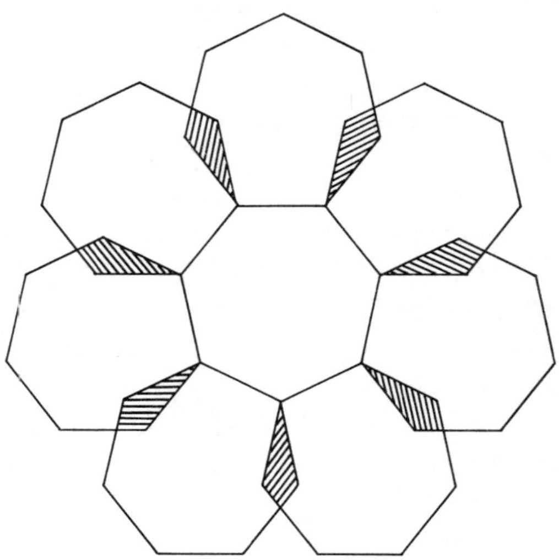

Es führt also die Sieben aus der Fläche heraus und hinein in Verdichtung und Verdünnung. Hatte die Sechs die Dreidimensionalität verlassen, so geht nun auch die Zweidimensionalität verloren, geht der Raum ganz verloren. Die Sieben gilt als Zahl der Zeit, des Zeitenflusses.[225] Sieben Wochentage wechseln sich ab, nach den sieben Wandelsternen, den Planeten, benannt.

Divergierende Tendenzen im Widerstreit zwischen nach vorne gerichteten und rückwärts hängenden Kräften, wie sie in großer und kleiner Septime zum Ausdruck kommen – auch beim Sieben durch ein Sieb wird geteilt –, können in der siebten Siebenjahresepoche des menschlichen Lebens, im Alter zwischen ca. 42 und 49 Jahren auftreten. Das Bedürfnis nach neuen Impulsen ist noch rege, aber die Statistiken zeigen, wie schwer berufliche Veränderungen nach dem 42. Lebensjahr werden. Oft geht es um die Alternative des Sturms nach vorne oder der Resignation. In diesem Abschnitt beginnt sich zu entscheiden – darauf weist H. E. Lauer hin[226] –, welchen Platz in seiner Umwelt der Mensch im Alter einnehmen wird.

Bach hat es in seinem Leben mehrmals hinnehmen müssen, zurückgesetzt zu werden. Jetzt aber ging der Schlag tiefer: Die Differenzen mit dem Leipziger Rat führten dazu, daß man ihm die Besoldung «verkümmerte», und Bach sich nach einer neuen Anstellung umtat, wie der viel zitierte Brief an den Jugendfreund Georg Erdmann aus dem Jahre 1730 bezeugt. Mit der Übernahme der Leitung des Convivium musicum hatte Bach aber seine Wirkensmöglichkeiten 1729 entscheidend erweitern können, und die Berufung Johann Matthias Gesners zum Rektor der Thomasschule brachte ihm vier Jahre, in denen er in seinem Amt mit Anerkennung und Unterstützung rechnen konnte.

Kompositorisch ist «die Zeit von 1727 bis gegen 1734» in Bachs Leben «die reichste und blühendste».[227] Es entstehen die Werke, die krönende Gipfelpunkte ihrer Gattung bilden und in manchem einen Abschluß in der Beschäftigung mit bisher geübten Formen bringen sollten – hierin die Sieben als eine Zahl der Vollkommenheit[228] bestätigend: 1729 die Matthäus-Passion als die umfassendste von Bachs Passionen, als ein Werk, das eine gewisse Allgemeinverständlichkeit mit esoterischer Tiefe verbindet, und das Schlüssel geworden ist für die Wiederentdeckung Bachs im 19. Jahrhundert; 1731 die vielgestaltigen Partiten als Höhepunkt von Bachs Suitenkomposition, die dadurch, daß sie im Druck erschienen, Bachs Kunst zum ersten Mal eine weitere Verbreitung ermöglichten; ebenso das wahrscheinlich 1734 komponierte Italienische Konzert und die Ouvertüre h-Moll. Schließlich, als eine Zusammenfassung der Kantatenform, das Weihnachts-Oratorium. Es steht schon im Übergang zur achten Siebenjahresepoche, ein Geburtsbild als Motiv für den neuen Lebensabschnitt hinstellend.

Die divergierenden Tendenzen der Siebenzahl zeigen sich auch im Sept-Bereich der Goldberg-Variationen. Die drei Variationen scheinen auseinanderzustreben, scheinen uneinheitlich. Als Besonderheit fallen die jetzt einsetzenden «weiblichen» Endungen auf – Endungen auf unbetonten Taktteilen:

Var. 19

Sie fluktuieren, vermeiden die feste Gestalt und demonstrieren das auflösende Element der Sieben, ähnlich wie die Beweglichkeit des Sekund-Bereiches zum Nachschlagen an den Schlüssen geführt hatte:

Var. 4

Im ebenfalls labilen Nonen-Bereich wird eine solche «weibliche» Endung noch einmal wiederkehren.

Wie Bach im Quint-Bereich die sich ausbreitenden Kräfte in Moll gesammelt und nach innen gebunden hatte, so begegnet er jetzt den divergierenden Tendenzen mit der Konzentrationskraft von Moll. Damit hält er am Schluß der Septimen-Gruppe zusammen, was auseinanderstreben, zerfallen möchte.

Oktave

«Und worauf beruht denn das innig Befriedigende der Oktave? Das innig Befriedigende der Oktave beruht darauf, daß – ich möchte sagen – man der Gefahr entkommt, die in der Septime liegt. Man entkommt der Gefahr, die in der Septime liegt, und findet sich wiederum draußen.

Es ist wirklich mit der Oktave so, als wenn man erst bei der Septime – ein geschundener Marsyas geworden wäre, ohne Haut dastünde, die Seele einem herausginge, die Haut fortflöge und losgekommen sei; aber nun fühlt man bei der Oktave: man ist schon entblößt von seiner Haut, aber sie kommt, kommt zurück, man wird sie gleich haben, sie ist im Zurückkommen, sie ist im Anziehen und dazu noch außerhalb von einem. Man ist sogar um ein Stück größer geworden, man ist voller, weiter geworden. In der Oktave ist es einem, als ob man wachsen würde, während man sie erlebt.»[229] Diese in einem Vortrag von Rudolf Steiner gegebene Charakterisierung findet eine Ergänzung in einem anderen Ausspruch von ihm: «Die Oktavempfindung bringt uns das Finden des eigenen Selbstes auf einer höheren Stufe.»[230]

Es ist ein höchst eigenartiges Phänomen, wie sicher wir den achten Ton als Wiederholung des ersten auffassen. Schon für Aristoteles waren es zwei gleiche Töne.[231] Tatsächlich sind Prim und Oktave in ihren Obertönen eng verwandt. Daß der Oktavton innerhalb dessen aber auch seine Eigenheit hat, lebt weniger stark in unserem Bewußtsein. Recht beliebig verfahren wir mit der Verstärkung der Celli durch die Kontrabässe, mit der Registrierung durch 32-, 16-, 8-, 4- oder 2-Fuß. Das war zu Bachs Zeiten nicht anders. «Wir gehen heutigen Tages mit den lieben Octaven so vertraulich um, als wenn es lauter Unisoni wären», sagt Mattheson.[232] Oft fällt es schwer, Oktavierungen überhaupt zu hören. «Eine wirkliche Oktavempfindung ist eigentlich in der Menschheit noch nicht ausgebildet.»[233]

Klar und unauffällig klingt die Oktave; und doch läßt sich ihre Aussage in einem ahnen: Oktavverstärkungen steigern den Klang ins Großartige, Mächtige. Und dieser Wirkung hat man sich schon zur Barockzeit bedient. Gelegentlich schreibt Bach dezidiert Oktavierungen am Schluß vor:

Fuge zur Chromatischen Fantasie, BWV 903, Schluß

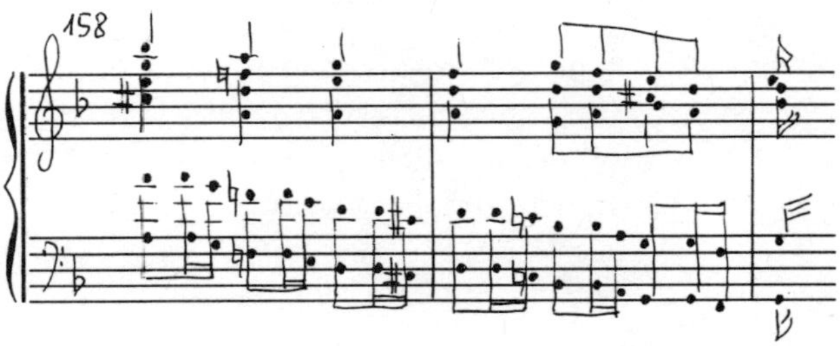

Dem Sanctus der h-Moll-Messe geben die Oktavschritte der Bässe Mächtigkeit und Kraft:

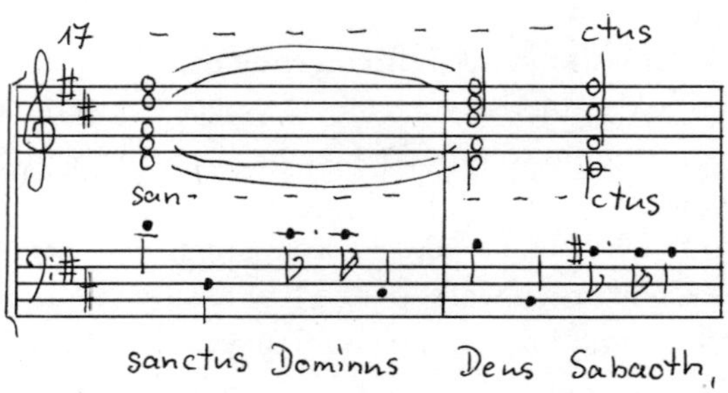

So erleben wir einen Abglanz davon, daß die Glätte der Oktave mehr beinhaltet, als uns wahrnehmbar ist. Und dieses Fluidum eines Bestehenden und doch nicht voll Erkannten scheint die ganze Achtzahl zu umwittern. Goethe weist im Faust II darauf hin, wie in verborgenen Welten der achte der samothrakischen Werdegötter, der

Kabiren, auf seine Zeit in der Zukunft wartet. Drei Götter bringen Nereiden und Tritonen, vier sind im Olymp verblieben (Vers 8198f.);

> Dort west wohl auch der achte,
> An den noch niemand dachte!

Als Jungbrunnen, als aufbauend, schöpferisch machend galt die Achtzahl vergangenen Jahrhunderten und Jahrtausenden.[234] Und das führt zurück auf die eingangs zitierte Charakterisierung der Oktave durch Rudolf Steiner: Man findet sich selbst wieder, aber auf einer anderen Stufe, größer, voller, weiter geworden. Der achte Zweig des Sephirothbaumes heißt Hod: Ruhm, Herrlichkeit.

Nun kann man ja fragen: Worin lebt sich dieses größer gewordene Selbst dar, was ist seine Tätigkeit? Und es scheint, daß der Name der Zahl Auskunft gibt: Es hat Acht! Es paßt auf! Beide Wörter, das Zahlwort acht wie das Acht-geben, entstammen etymologisch der gleichen Wurzel. In der Zahl 8 ist eine Position der Übersicht eingenommen – man ist Beobachter, wachend auch über sich selber. Aus Quart und Quinte summiert sich die Oktave am natürlichsten: aus Denken und verantwortlichem Bewußtsein. Ein Lichtvolles ist in der Oktave erreicht.

H. E. Lauer weist für den Zeitabschnitt der beginnenden 50er-Jahre auf Leo Tolstoi, der in dieser Zeit «zum schärfsten Richter über sein bisheriges Leben» geworden sei.[235] Wie der Mensch Übersicht gewinnt und sich in ein handelndes und ein kontrollierendes Bewußtsein teilt, scheint in der arabischen Ziffer 8 ein Bild zu finden: Eine sich schließende Linie, die aber zu zwei Kreisen sich schlingt. Es ist die Form, die der Sinuskurve der Oktave entspricht:

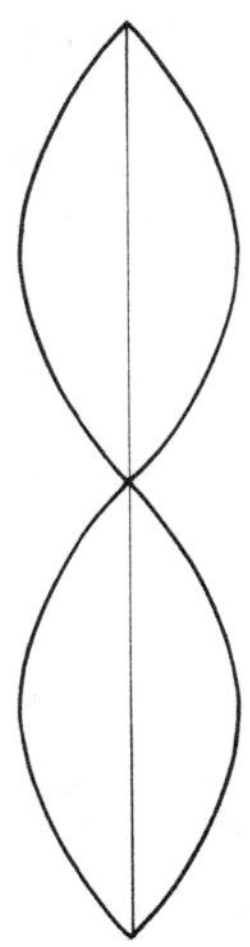

Den Kanon der Oktav-Gruppe der Goldberg-Variationen hat Bach geteilt. Er schnürt sich in der Mitte jeder Hälfte ab; die bisher nachlaufende Stimme läuft nun voraus und beginnt einen neuen Kanon: eine Art musikalischer Lemniskate.

Das Alla breve der Var. 22 eröffnet die Dreiergruppe mit Fugiertem in lockerer Form nach Art eines alten Ricercars. Ricercare heißt suchen, forschen, wobei die Vorsilbe andeutet, daß es sich um ein Wieder-Aufsuchen, Wieder-Aufnehmen handelt. Im Ricercare wird das Thema, das schon einmal da war, wieder aufgegriffen. Es ist eine ähnlich sich ans Erkennen wendende Kompositionsweise wie die Fughetta im Denkbereich der Vier, aber jetzt mit weniger strengen Regeln, jetzt mit mehr Spielraum für freie Entscheidung.

Der achte Sieben-Jahres-Abschnitt von Bachs Leben (ca. 1734–41) wird eingeleitet durch das Geburtsbild des Weihnachts-Oratoriums. Im folgenden hat Bach dann nur ein neues, größeres, zusmmenfassendes Werk in diesem Zeitraum geschrieben: die «Orgelmesse», den 3. Teil der Clavierübung. In diesen Jahren findet in ihm ein Ringen um die Messe statt, die katholische wie um eine evangelische – vielleicht müßte man sagen: eine Bachische. Aus der Autonomie seiner Persönlichkeit, aus den jetzt gewonnenen Einsichten des auf eine höhere Stufe gelangten Selbstes heraus sucht Bach Formen zu schaffen, um mittlerhaft die Verbindung zur göttlichen Welt herzustellen. Das Erlebnis der Oktave, so sagte Rudolf Steiner, wird «auftreten als eine neue Art, das Dasein Gottes zu beweisen. Denn das wird das Oktaverlebnis sein. Man wird sich sagen: Wenn ich mein Ich einmal so erlebe, wie es auf der Erde ist, in der Prim, und es dann noch einmal erlebe, wie es im Geiste ist,» – in der Oktave – «dann ist das der innere Beweis vom Dasein Gottes.»[236]

Im irdisch-alltäglichen Leben wurde die Autorität Bachs gerade jetzt in der allerschärfsten Weise angegriffen im Konflikt mit Ernesti, in der Attacke Scheibes. Es mag ein Wink gewesen sein, sich aus den irdischen Zusammenhängen zu lösen, dorthin zu gehen, wo «der Achte» west, in die Bereiche, wo man «größer, voller, weiter» ist. Im Irdischen sind sie nicht zu finden, sie stehen darüber. Aber ein kleiner irdischer Niederschlag fällt doch ab: Der Titel eines «königlichen» Hofcompositeurs, mit dem Graf Keyserlingk in der Bach-Biographie erscheint, tritt zu den bisherigen «hochfürstlichen» Titeln hinzu.

None

In vielen Sprachen ist das Zahlwort neun im Wortstamm mit neu verwandt, im Deutschen, in den romanischen Sprachen, die es aus dem lateinischen novem – novus nehmen. Das überrascht. Wenn man die Zahlenreihe abwärts geht, eröffnet die Neun zwar die neue Dekade – aber so zählen wir gewöhnlich nicht. Kommt man von unten herauf, so tritt eigentlich nirgendwo so recht hervor, daß neun mit Neuwerden zu tun hat – außer in der Musik! Die None eröffnet die neue Oktave. Die Töne bis zum Oktavton bilden eine geschlossene Einheit. Der Oktavton ist Mittler, und erst die None schreitet in einen neuen Bereich hinein.

Nun steht ja wiederum eine Frage an: Was ist dieses Neue, das mit der None erklingt, was stellt es vor? Was bedeutet die neue Oktavreihe im Verhältnis zur unteren? Darüber gibt es kaum Angaben. Rudolf Steiner hat nichts geäußert über das heutige Nonenerlebnis. Und wenn schon eine eigentliche Oktavempfindung «in der Menschheit noch nicht ausgebildet ist», so läßt sich die None, als ein über die Oktave Hinausgreifendes, noch schwerer in ihrer Wesenheit erkennen und erleben.

Es muß also versucht werden, in aller Vorsicht aus dem, was bisher im Verlauf der Intervalle sich dargestellt hat, einen Schluß zu tun: Wenn in den Tönen bis zur Oktave der Raum abgeschritten wurde vom «Ich, wie es auf der Erde ist», bis zum Ich, «wie es im Geiste ist», so führt die None darüber hinaus auf den Weg zu einem Über-Ichhaften. H. Pfrogner spricht bei der None einmal vom Ausdruck für das «alles Menschenmaß Übersteigende».[237] Aufschlußreich ist eine Stelle in der Johannes-Passion, für die Bach die None verwendet:

Nr. 18

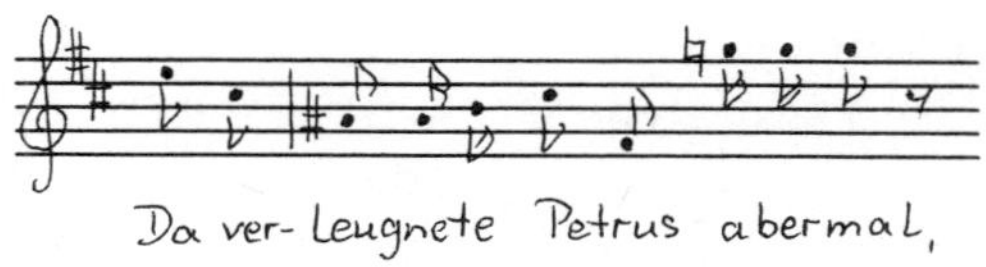

Die ersten beiden Male, da Petrus leugnet, setzt Bach es in den Sext-Raum

Nr. 14

Nr. 18

(bedeutungsvollerweise einmal in der Quinttonart G-Dur, dann in der Sexttonart A-Dur). Damit wird deutlich, daß Petrus in diesem Augenblick die Kräfte des inneren Zusammenhalts fehlen, daß ihm diese Antwort so einfach wegfließt. In Bedrängnis geraten, geht er gewaltsam über sich selbst und über sein besseres Wissen hinweg – das sagt die None aus. Er verdrängt sein eigenes Bewußtsein.

Richard Wagner nimmt die sich hinaufschwingende übermäßige None im Parsifal, 2. Akt, auf die Worte der Kundry «...läßt sich dann Gottheit erlangen.»

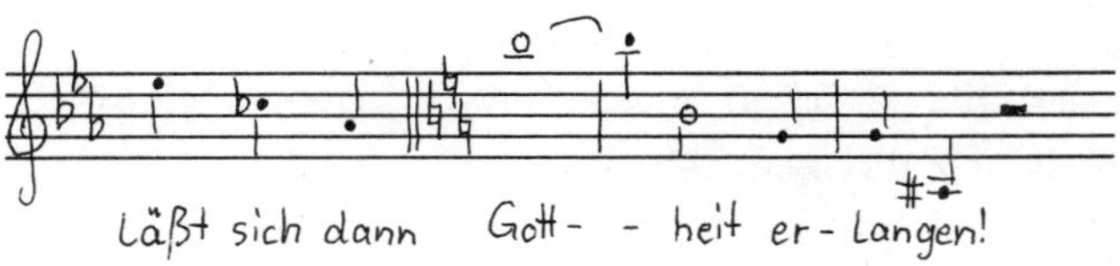

In den Goldberg-Variationen kann man das Hinausgehen über das Ichhafte bestätigt finden darin, daß im Nonen-Kanon die freie Baßstimme wegbleibt. Die Ostinato-Töne gehen auf im kanonischen Gesetz; was aus eigener Entscheidung die dritte Stimme hinzugegeben hatte, entfällt. Der Nonen-Kanon löst sich aus den Fundamenten des Ich. Der darüberliegende Bereich ist allerdings noch nicht erreicht – wäre man schon dort, so sähe das Gesetz, von innen geschaut, anders aus; die None ist auf dem Weg dorthin. Als Sekunde über der Oktave ist sie Bewegungsintervall. Sie tendiert entweder dazu, zurückzufallen in die Oktave oder weiter nach außen in die Dezime hineinzugleiten. Auch das dokumentiert sich in der Nonen-Gruppe: Sie teilt sich deutlich in zwei Gebärden, in die verweilende von Var. 25, wo in Moll noch einmal eine Konzentration nach innen stattfindet, sodann in die ab Var. 26 aufbrechende Zielbewegung zum Schluß der 30 Variationen hin. Ähnlich ist die Neun im römischen Ziffernsystem ein Hinweis auf die Zehn: IX.

Aufstieg und Abstieg, beides liegt in der Neun.[238] Es wird nicht verwundern, sie einmal dargestellt zu finden verbunden mit allem, «was den Menschen in seinen Fall hineingeführt hat, und was ihn darin festhalten will»,[239] auf der anderen Seite als Zahl des Himmlischen Jerusalem, als Maß des Menschen, der am Ende der Erdenzeit sich zu seinem Engel hinaufentwickelt hat. 1+4+4 = 9 «ist das Maß des Menschen und zugleich das des Engels.» (Apokalypse 21; Vers. 17, Übers. E. Bock). In der Neun befindet sich der Mensch, der dabei ist, über das Menschenmaß hinauszugehen, der «Gottheit erlangen» will.

Es ist eine Zahl, die täuschen kann: Da sie durch drei teilbar ist und den rechten Winkel des Kreisviertels bezeichnet, glaubt man, das Neuneck müsse sich leicht konstruieren lassen mit Zirkel und Lineal; aber das ist so wenig möglich wie beim Siebeneck. Mit den geometrisch darstellbaren Zahlen 3 und 4 so nah verwandt, möchte die Neun nicht recht hinein in die Erscheinung; vom umgekehrten Standpunkt aus gesehen, strebt sie gerade heraus aus dem Dasein.

Das zeigt, in seiner Weise, das Lebensalter zwischen 56 und 63 Jahren. Noch in der Werkwelt stehend, hat man doch dort keine Zukunft mehr. Die Orientierung geht bereits hinaus in die Zeit, da die Verantwortlichkeit im Beruf wegfällt, während doch noch Aufgaben dort zu erfüllen sind. Im «verwelkenden Dasein» dieser Jahre[240] gilt es, aufzubrechen zu neuen Lebensinhalten.

Bach trat in dieser Zeit, wie zu Beginn des Buches dargestellt, den Rückzug aus dem öffentlichen Wirken an. Das Convivium musicum gab er ab, in der Schule weigerte er sich, die Inspektion durchzuführen. In dieser Siebenjahresepoche, an deren Beginn die Goldberg-Variationen stehen, setzt die Beschäftigung mit dem Kanon ein und findet im Musikalischen Opfer, in den Canonischen Veränderungen über «Vom Himmel hoch» ihren Niederschlag. Nun interessieren Bach vornehmlich die ehernen Gesetze der Tonwelt; persönliche Freiheit, subjektives Gefühl treten zurück. Bach orientiert sich jetzt auf den «Engel» hin.

Dezime

Noch einmal um einen Schritt schwieriger, ja im Grunde unmöglich ist es, die Dezime zu erkennen. Die Töne liegen so weit auseinander, daß wir sie nicht zusammenhören, keinen Inhalt in ihnen erfassen können. Und das ist durchaus erklärlich: Was von der Prim bis zur Oktave erlebt wurde, was in der None in Auflösung begriffen war, das wurde empfunden als mit dem eigenen Selbst verbunden, und es ist jetzt verlassen. Davon hat die Dezime Abstand genommen. Und weil das Ichhafte nicht mehr ist, fällt es uns so schwer, die Dezime zu erfassen. Als Terz über der Oktave hat sie ein leichtes Pulsieren in sich, klingt – als große Dezime – durchaus heiter und in sich zufrieden, aber etwas enthoben und wesenlos. So schreibt Mattheson, daß «die Benennung der Decime bey einigen keinen Eingang finden will»; nur der Auflösung der benachbarten Intervalle wegen müsse man sie von der Terz unterscheiden.[241] Es wird sich die Darstellung also darauf beschränken müssen, ein paar Anhaltspunkte zu finden, die helfen können, etwas zu erahnen von dem, was die Dezime, die Zehn ausspricht.

Im arabischen Ziffernsystem bildet sich die Zehn aus einer 1 und einer 0: Was in der Eins gegeben war, was durch die Zwei, die Drei, die Vier etc. in Erscheinung getreten war, schließt sich jetzt ab, hat seinen Kreis ausgeschritten. Die Zehn galt den Griechen als «die Schlüsselhalterin des Alls, die der Urzahl (der Einheit) gleichet in allem».[242] Ähnlich äußert sich St. Martin über das zehnte Blatt im «Buch des Menschen»: «Es war ohne Zweifel das allerwesentlichste und eigentlich das Blatt, ohne das alle die vorhergehenden nicht würden gekannt seyn; denn wenn man sie alle zehn in Circumferenz ordnet, nach ihrer numerischen Ordnung, so findet sich die meiste Verwandschaft zwischen ihm und dem ersten, aus dem alles ausfließet».[243]

Nun zeigt sich die Dezimen-Gruppe der Goldberg-Variationen verwandt mit der Primen-Gruppe insofern, als sie die Trennung in Charakter-Variation und virtuose Variation so wenig vollzieht wie diese. Jetzt schließt sich das Differenzierte wieder zusammen. Was in die Erscheinung getreten war, hat sich erfüllt; es wird anulliert, es ist zu Ende gekommen. Die Zehnzahl will nicht selbst etwas sein, sie bestätigt das Gewesene: Sie ist das Amen. Sie trägt die Gesetze, die Notwendigkeiten, die bis zur Zehn geführt haben, in sich, und so ist sie selbst frei geworden vom Gesetz: Das Quodlibet bindet die von ihm gewählten Volkslieder in freier Entscheidung aneinander. Rudolf Steiner sagte über die zehnte Lebensepoche, das Alter zwischen 63 und 70 Jahren, man bekomme hier, «im okkulten Sinne gesprochen, das frei im Weltall sich bewegende, geschenkte Leben, ... das in gewisser Beziehung emanzipiert sein kann von dem, was in früheren Lebensaltern noch Notwendigkeiten sind.»[244]

So bedeutet die zehnte Lebensepoche einerseits ein Losgelöstsein – wie etwa, äußerlich, von beruflichen Pflichten –; auf der anderen Seite bringt sie, sichtbar im Körperlichen, eine Verfestigung und Verknöcherung. Bei Mozart finden sich beide Aspekte, wenn er einmal, im «Laudate dominum», in die Dezime springt bei «manet in aeternum» (bleibt, verharrt im Ewigen),

ein anderes Mal in der Fiordiligi-Arie in «Cosi fan tutte» die Dezime verwendet, um das unerschütterlich Beharrende des Felsens gegen die Winde – contra i venti – auszudrücken als ein Bild der Treue Fiordiligis:

Nr. 14

Mit dem Bestehen, Fortdauern hat also die Zehn zu tun – entweder im unveränderlich Festen, oder in der Überwindung des Festen, im Ewigen, Entmaterialisierten. Und ein Extrakt der ersten Zehner-Einheit geht ja auch hinüber in die zweite – 11, 12, 13 usw.

Die Musik weiß noch etwas dazu zu lehren. Als Oktave plus Terz macht sie in der Dezime auf die Bedeutung der Herzenskräfte aufmerksam. So kann man das Intervall nehmen als Verkündigung, daß es die Herzenskräfte sind, die überdauern werden. Das Alter ist nicht weise aus Verstandeskräften – der Verstand will gar nicht mehr so mittun –, es ist weise aus dem Herzen. In der Dezimen-Region der Goldberg-Variationen überwiegt das vornehmlich dem Gefühlsbereich zugehörige Elementarisch-Virtuose – im Unterschied zur Primen-Gruppe, wo die charakterisierende Gebärde vorherrscht. Aber dem Alter sind nicht jene Herzenskräfte dienlich, die subjektiv-gefühlsgeladen sich ausleben; in der zehnten Lebensepoche sollte sich das Gefühl vom eigenen Ich wegwenden und selbstlos werden. «Da hat das Innere sich soweit konsolidiert, daß der Mensch in schöner Entwickelung allen äußeren Egoismus abgestreift haben kann. Da hat er nur noch die Liebe zu dem, was da ist in der Welt. Er will nichts mehr für sich haben, er ist jetzt für seine Umgebung da. Das bildet die Menschheit heute erst in seiner allerersten Anlage heraus, weshalb es heute noch schwer ist, darüber zu sprechen.»[245]

Nun hat sich Bach in der letzten Lebensepoche noch einmal mit aller Leidenschaft eingesetzt in einem Fall, der nicht unmittelbar ihn selbst betraf – in der Kontroverse Doles gegen Biedermann, in einer Auseinandersetzung, wo die Würde und das Ansehen der Musik angegriffen war. Kompositorisch entstand die Kunst der Fuge, und damit gerade das, was Mattheson ausdrücklich abgelehnt hatte: «Fugen sind gerne zu leiden und wol zu hören; aber ein gantzes Werck von lauter Fugen hat keinen Nachdruck, sondern ist eckelhafft».[246] Erich Schwebsch hat es als Bild eines Weltenprozesses gedeutet.[247]

Das römische Zeichen für Zehn – X – entspricht dem griechischen Chi – χ –, der

Initiale des Christos χριστος, des Überwinders des Todes und der Verhärtung, Alpha und Omega, Anfang und Ziel der Erdenentwicklung.

In der zehnten Epoche schreibt Bach seinen Namen in sein letztes großes Werk ein und verläßt den Erdenplan.

Rückschau

Noch einmal sollen am Schluß die zehn vollzogenen Schritte in den Bildern eines Goethe-Gedichtes wiederholt werden: «Das Göttliche». Dieses Gedicht ist gewiß schon unter vielen Blickwinkeln betrachtet und interpretiert worden.[248] Seine Größe beweist es einmal mehr, indem es sich auch unter dem Gesichtspunkt dessen, was die Zahlen sagen, was die Intervalle tönen, anschauen läßt – wobei natürlich nur gewisse Tendenzen, gewisse Richtungen ins Auge gefaßt werden können, die hineinverwoben sind in die Aussage des Gedichtes. Den Inhalt wählt es sich, wie jede echte Zehnerreihe, neu. Man kann darin zusätzliche Aspekte des Zahlen- und Intervallwesens finden. Hier interessiert aber vornehmlich, was mit dem bisher Dargestellten zusammenfällt.

Das Göttliche

(1) Edel sei der Mensch
Hilfreich und gut!
Denn das allein
Unterscheidet ihn
Von allen Wesen,
Die wir kennen.

Eine geschlossene Einheit (Prim) wird betrachtet, ein Wesen mit eigener Prägung.

(2) Heil den unbekannten
Höhern Wesen,
Die wir ahnen!
Ihnen gleiche der Mensch!
Sein Beispiel lehr' uns
Jene glauben.

Eine Richtung, eine Orientierung wird gewiesen – nach den höheren Wesen –, wie im lateinischen secundum (Sekund).

(3) Denn unfühlend
Ist die Natur:
Es leuchtet die Sonne
Über Bös' und Gute,
Und dem Verbrecher
Glänzen wie dem Besten
Der Mond und die Sterne.

Vom Fühlen (Terz) ist jetzt die Rede, wenn auch im negativen Sinn. Zwei Tendenzen – gut und böse – vereinen sich unter einem Dritten, dem Himmel mit seinen Gestirnen.

(4) Wind und Ströme,
Donner und Hagel
Rauschen ihren Weg
Und ergreifen
Vorüber eilend
Einen um den andern.

Irdische Erscheinungen sind tätig und greifen zu (Quart).

(5) Auch so das Glück
Tappt unter die Menge,
Faßt bald des Knaben
Lockige Unschuld,
Bald auch den kahlen
Schuldigen Scheitel.

Schicksal waltet, der «Stern» des Menschen (Quint). Mit dem Hinweis auf Schuld und Unschuld ist die Verantwortlichkeit berührt.

(6) Nach ewigen, ehrnen,
Großen Gesetzen
Müssen wir alle
Unseres Daseins
Kreise vollenden.

Der Blick geht hinaus aus dem Menschen auf die außerhalb stehenden Gesetze. Die Selbstheit muß vergessen werden (Sext).

(7) Nur allein der Mensch
Vermag das Unmögliche:
Er unterscheidet,
Wählet und richtet;
Er kann dem Augenblick
Dauer verleihen.

Es wird gesondert. Entscheidungen fallen an (Septim).

(8) Er allein darf
Den Guten lohnen,
Den Bösen strafen,
Heilen und retten,
Alles Irrende, Schweifende
Nützlich verbinden.

Der Mensch erscheint jetzt als Herrscher, mit Autonomie und Übersicht ausgestattet, «Acht» habend (Oktave).

(9) Und wir verehren
Die Unsterblichen,
Als wären sie Menschen,
Täten im großen,
Was der Beste im kleinen
Tut oder möchte.

Die Gedanken lenken sich auf die Unsterblichen, der Mensch wird ihnen verglichen; das «engelgleich»-Sein tritt vor die Betrachtung, wenn auch «im kleinen» (None).

(10) Der edle Mensch
Sei hilfreich und gut!
Unermüdet schaff er
Das Nützliche, Rechte,
Sei uns ein Vorbild
Jener geahneten Wesen!

Nun wird es bestätigt: Der Mensch kann Vorbild des Göttlichen sein, unsterblich, selbstlos das Gesetzmäßige, «Rechte» schaffend. Nun ist das Gedicht in der Zehn, der Zahl der «schaffenden Urprinzipien». Der Ring zur ersten Strophe hat sich, mit wörtlichen Anklängen, geschlossen.

XII
Aria mit verschiedenen Veränderungen
Ein Weg durch das Werk

> Die reiche Mannigfaltigkeit und der milde Umriß der Gestalten, das unendlich wechselnde Spiel des Lichts, der leichte Flor, der die fernen Objekte umkleidet, alles wirkt zusammen, unsere Sinne zu ergötzen. Das sanfte Geräusch eines Wasserfalls, das Schlagen der Nachtigallen, eine angenehme Musik soll dazu kommen, unser Vergnügen zu vermehren. Wir sind aufgelöst in süße Empfindungen von Ruhe, und indem unsere Sinne von der Harmonie der Farben, der Gestalten und Töne auf das angenehmste gerührt werden, ergötzt sich das Gemüt an einem leichten und geistreichen Ideengang und das Herz an einem Strom von Gefühlen.
> *Friedrich Schiller, aus: Zerstreute Betrachtungen über verschiedene ästhetische Gegenstände*

Es soll nun versucht werden, auf der Grundlage der Intervallcharakteristik den Weg von der Aria durch die 30 Variationen zur Aria zurück nachzuzeichnen. Eine solche Werkbetrachtung ist natürlich zunächst stark subjektiv. Es wird aber hoffentlich möglich sein zu zeigen, daß die gegebene Auffassung eine gewisse Gültigkeit hat innerhalb dessen, was die Intervalle beinhalten. Auf andersgeartete Interpretationen, soweit sie von Gewicht erscheinen, soll hingewiesen werden.

Wanda Landowska z.B. hat die Goldberg-Variationen gespielt als ein Hineingehen ins immer Festere, immer energischer sich Darlebende.[249] Von der Beherrschung der cembalistischen Mittel her ist sie sicherlich die unübertroffene Meisterin unter den Cembalisten seit dem Wiederaufleben dieses Instruments, aber auch eine Interpretin mit allen Eigenwilligkeiten des Jahrhundertbeginns. «Feierlich, etwas pathetisch beginnt sie die Goldberg-Variationen», heißt es zu ihrer zweiten Schallplatteneinspielung. «Die ersten Variationen sind durch das gemäßigte Zeitmaß noch sehr zurückhaltend, mit zunehmender Forcierung des Tempos aber verstärkt sich bis hin zum energisch vorgetragenen, folkloristisch getönten «Quodlibet» die innere Kraft, der Impuls».

Vom Schluß her, von den beiden letzten Variationen her, wird man dieser Interpretation Berechtigung zusprechen müssen. Die gegen Ende sich steigernde Kraft ist nichts anderes als die Kehrseite jenes Weges des Sich-Entäußerns, der in den Intervallen gefunden wurde. Wenn W. Landowska aber die ersten Variationen «zurückhaltend» nimmt, so läßt sich die Vermutung nicht abweisen, sie übertrage ein ökonomisches Prinzip, nach dem gewiß viele Variationswerke aufgebaut sind, auf eine Komposition, die anderen Regeln folgt.

Motivik, Rhythmik, der Bau der einzelnen Stücke sollen für die hier gegebene Interpretation befragt werden nach ihrer Aussage. Es läßt sich zwar aus Einzelheiten nicht, wie der junge französische Pianist D. Varsano meint, [250] mit Sicherheit ableiten, wie ein Stück zu interpretieren ist – «eine endgültige Lösung wird es nicht geben, dazu ist die Musik Bachs zu groß, dazu sind wir, die Interpreten, als Menschen nicht perfekt genug» (Karl Richter);[251] aber Anhaltspunkte kann man doch gewinnen.

Es ist keineswegs daran gedacht, eine erschöpfende musiktheoretische Analyse zu geben. Diese erarbeitet man sich mit besserem Gewinn selbst beim Studium des Werkes. Nur Grundzüge sollen beleuchtet und die Materialien umrissen werden, die den Grundstock der einzelnen Stücke bilden. Und dabei wird noch einmal das Gesetz der aufsteigenden Intervallreihe erstehen, das die Dynamik der Variationen, auf der das Hauptaugenmerk liegen soll, bestimmt.

Aria

Wie die Ruhe und Weite der Nacht selbst erklingt die Aria, fließend, offen, ohne sich festzulegen – ein allgemein-lebendiges «Chaos», lang fortschreitend im grenzenlosen Raum. Kein Melodie-Thema zwingt die Gedanken in feste Bahn; in stetigem Fluktuieren verändert sich das Melodische, im atmenden Gang der Begleitstimmen sicher geborgen.

Rätsel hat dieses geheimnisvoll einmalige Gebilde aufgegeben. Die Vergleiche, die immer gerne zu anderen Musikstücken gezogen werden, führen zu keinem Ergebnis. Die reiche Verzierung gemahnt an die Kunst der französischen Clavecinmusik, die unter August dem Starken am Dresdner Hofe sehr beliebt gewesen war[252] – man hatte ja im Auge gehabt, Marchand hierher zu ziehen, der von Bach dann aus dem Felde geschlagen worden war. Wollte Bach nun seine Version französischer Musik dem in Dresden residierenden Grafen Keyserlingk vorweisen? Hatte Keyserlingk Freude gezeigt an französischer Clavecinkunst, die Bach, wie Adlung berichtet, hervorragend vortrug?[253] Aber was entstand, wuchs in Form und Gehalt weit über die Clavecinmusik hinaus. Und schon gar nicht war es jene «kurtze, in zween Theile unterschiedene, singbare, schlechte Melodie, die nur mehrentheils darum so einfältig aufgezogen kömmt, daß man sie auf unzehlige Art kräuseln, verbrämen und verändern möge»,[254] wie man sie «gemeiniglich» als Thema für Variationen wählte.

Unirdisch beginnen Baß und Oberstimme im Intervall der Doppeloktav; ohne Hast und doch mühelos in rasche Beweglichkeit übergleitend setzt sich die Melodie fort.

Andeutungsweise, wie ein Hauch nur entsteht in den Unterstimmen der Dreiklang mit seiner stabilen Festigkeit.[255] Er bildet sich im Nacheinander der Stimmen am Ende des Taktes und zergeht am Beginn des nächsten, um sich neu aufzubauen. Aber auch hier tritt kein zwingendes Gleichmaß ein; da und dort lösen sich die Mittelstimmen, der Baß selbst heraus und tragen Eigenes zur thematischen Aussage bei. So entsteht ein ungebundenes und doch organisches Wechselspiel, kurzfristig leicht sich ballend, aber bald wieder zur Entspannung kommend. Immer ähnlich und doch immer wieder neu formt sich die Gestalt der Melodie, wobei zwei Gebärden führend sind: die bestätigende des wiederholten Tones im ersten Takt mit der Tendenz des Aufsteigens, und die sänftigende, lösende Bewegung nach unten im zweiten Takt.[256] In dieser Ausgleichbewegung, die, wie im IX. Kapitel geschildert, der Baß in umgekehrter Richtung in acht Takten vollführt, erlangt die Aria ihre Ruhe und Objektivität. Dazu dient ihr noch ein zweites Mittel: Häufiger als in anderen Musikstücken ihrer Zeit und der folgenden Epochen erklingen im Zusammentreffen der Stimmen die reinen Intervalle Oktav, Quint, Quart:

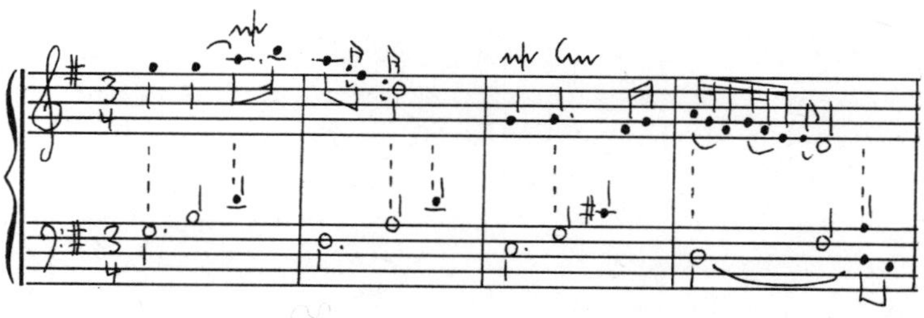

Dadurch hält sich die Aria gerade «rein» von Leidenschaften, bewahrt sie sich jene Weite und Offenheit, in die sie den Hörer aufnimmt.

Nach den harmonischen Schürzungen zu Beginn des b-Teils glätten zwei aneinandergereihte beruhigende Gebärden – gleichsam Takt 2 und 4 zusammengehängt –,

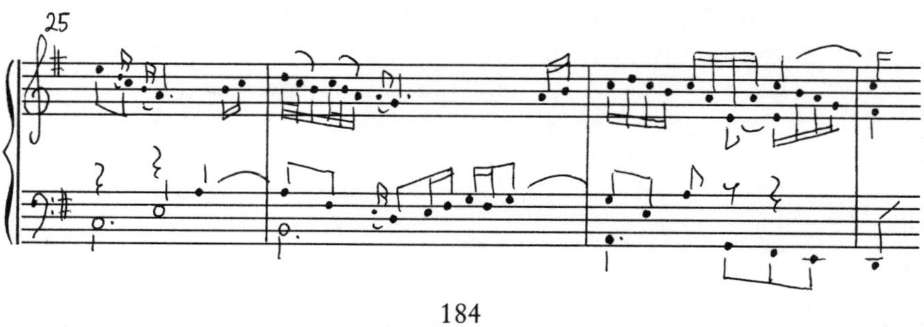

dann gehen die Stimmen, ohne je ihre überlegene Ruhe aufzugeben, in ein gleichmäßiges Fortschreiten über und nehmen den Weg auf den Schluß hin. Es ist eigenartig, wie diese letzten Takte als ein Näherkommen gespielt werden können und auch als ein Sich-Entfernen; so vermögen sie Vorbereitung zu sein für die sich anschließende Variationenreihe wie auch verschwebender Ausklang des ganzen Werkes. Und gerade diese Doppeldeutigkeit läßt stark vermuten, daß Bach beim Konzipieren der Aria schon die ganze Anlage der Komposition überschaut und bedacht hat – das Ende des Entwicklungsganges und den Auftakt zum Kommenden.

Variatio 1.
a 1 Clav.

Einer Geisterschar gleich, die lebendig wird, wenn man den Blick auf sie richtet, springen die Variationen hervor.

Tatbereit, voller Lebensfreude setzt Var. 1 ein. Wie das Kind mit einem Überschuß an Lebenskraft in die Welt tritt, so scheint in Var. 1 die Vitalität gegeben, die für den Weg durch die 30 Variationen notwendig ist. Was erst später sich differenziert, ist in der Frische dieser Eingangsvariation in einem Kräftekeim «voraus lebendig».[257]

Das langsame Tempo, das W. Landowska für die 1. Variation genommen hat, da sie ihre Sechzehntel für die Fortsetzung des Aria-Schlusses hielt, wird heute zum Glück nicht mehr für verbindlich angesehen. D. Varsano, der sonst so manche Aussage W. Landowskas zu den Variationen wörtlich wiederholt, bringt dagegen vor, daß der Rhythmus von zwei Sechzehnteln gegen Achtel in der 1. Variation typisch sei für die Allegro-Eingangssätze des Barock-Konzertes.[258] Dem ist hinzuzufügen: Er ist auch typisch für die Polonaisen in Anna Magdalenas Klavierbüchlein. Der Baß-Rhythmus $^3/_4$ 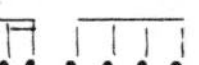 wird der charakteristische Begleitrhythmus der späteren Polonaise werden, die als Eröffnungstanz dient. Und was Mattheson über den «Affekt» der Polonaise schreibt, ließe sich durchaus auf Var. 1 anwenden: «Wenn ich etwas zu setzen oder solche Worte in Noten zu bringen hätte, darin eine besondre *Offenhertzigkeit* und ein *gar freies* Wesen herrschte, wolte ich keine andre Melodien-Gattung dazu erkiesen, denn die Polnische».[259]

Die impulsierende Energie, die von diesem Polonaisen-Rhythmus ausgeht, ordnet Var. 1 den Charakter-Variationen zu. Doch bauen wie in den virtuosen Variationen zwei Spielelemente das Stück auf. Das erste beginnt mit einem ausgeschriebenen Mordent:

(Man erinnert sich an den Vorwurf Scheibes: «Alle Manieren, alle kleine Auszierungen, und alles, was man unter der Methode zu spielen verstehet, druckt er mit eigentlichen Noten aus.»)[260] Der Mordent dient dazu, Töne hervorzuheben und zu bekräftigen. «Man findet ihn über Noten, welche man in Ansehung der Harmonie anschlagende zu nennen pflegt, und welche daher offt von besonderem Gewichte sind» (C. Ph. E. Bach).[261] Die Note wird gestützt, emporgehoben, indem von unten noch einmal auf sie hingeführt wird. Dieses Sich-Bestätigen ist das wesentlichste Element des ersten Spielmotivs; es wird vom Baß aufgegriffen und wiederholt sich in den folgenden zwei Takten. Dazwischen schießen Läufe die Tonleiter hinauf und hinunter, von Baßsprüngen kontrapunktiert. Doch bleibt dies thematisch noch sehr im allgemeinen. Es ist mehr ein Erproben der Kräfte, eine allgemeine Freude an der Bewegung, als ein ausgeprägtes Thema. Beim Wechsel in die linke Hand bildet sich die Figur sogleich um:

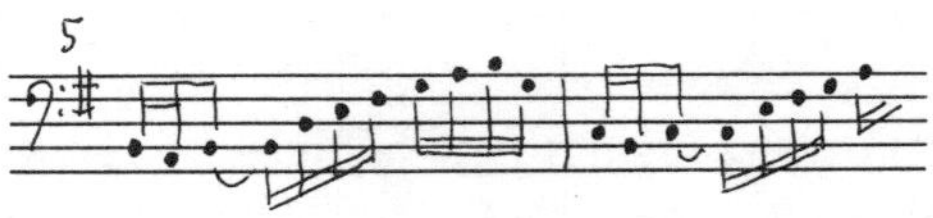

Und bei der Umkehrung nach unten im b-Teil wird aus dem Mordenten sogar ein Schleifer, so daß fast nur der Rhythmus als Charakteristisches zurückbleibt:

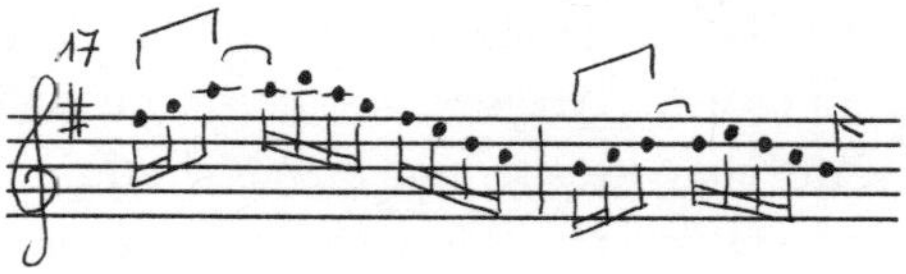

Das zweite motivische Element, ein Abschreiten des Dreiklangs mit begleitenden Oktav- und Terzsprüngen in der anderen Stimme – beide Bewegungen füllen den Dezimenraum, auf die Zehn vorausweisend, die der Eins «gleichet in allem» – hält sich noch unbestimmter, zeigt noch weniger Hang zu individueller Ausformung:

So wirkt Var. 1 durch ihre innere Kraft, nicht durch ausmodellierte Motivik, und spricht darin deutlich ihren Primen-Charakter aus. Es sind nur in erster Andeutung die Grundelemente veranlagt – Skalen- und Dreiklangsbewegung –, die später so bestimmend werden in den virtuosen Variationen und den Goldberg-Variationen als Ganzes die eigentümliche Prägung geben. Daraus hebt sich, als Ausdruck des Sich-selbst-Empfindens, der Mordent hervor.

Zum Halbschluß und Ganzschluß laufen die zwei Stimmen in den Einklang zusammen, ziehen sich zurück wie die Schnecke in ihr Haus: als müßten sie noch besondes darauf verweisen, daß Var. 1 den Primen-Bereich umschreibt. In anderen Kompositionen hat Bach gelegentlich in ähnlicher Weise das Zusammenlaufen in den Einklang verwendet – z. B. im G-Dur-Praeludium des Wohltemperierten Klaviers II; in den so bewunderungswürdig vielgestaltigen Schlußpassagen der 30 Variationen kommt es nicht ein zweites Mal vor.

Variatio 2.
a 1 Clav.

Aus der Innenwelt, in die die Schlußfigur von Var. 1 entschwunden war, erklingt nun Var. 2. Und es ist, als wollte sie die Abgrenzung, die Intimität dieses Innenraumes schildern. In dreistimmigem Satz entwickelt sich aus kleinen Motiven ein fein ziseliertes Spiel. Aus dem Mordent, der in der ersten Variation sich so auffällig hervorgetan hatte, bildet sich der Baß eine Figur und hält daran über weite Strecken hin fest; die Mittelstimme greift die Schlußtöne des Diskantes auf, setzt ein Kopfmotiv davor und kommt so zu einem kleinen Thema, das sich im Sprung nach außen wagt – nicht allzu weit, nur bis zur Quart, zur Selbsterkennung –, sich dort mit Hilfe des Mordenten eine kurze Weile hält, dann aber eilig nach innen zurückläuft:

Var. 1

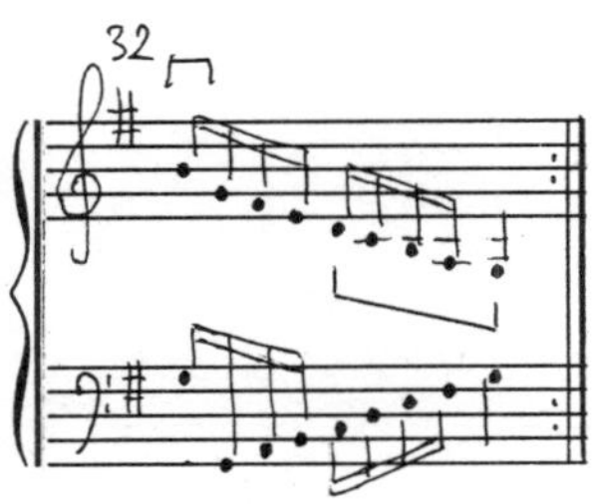

Var. 2

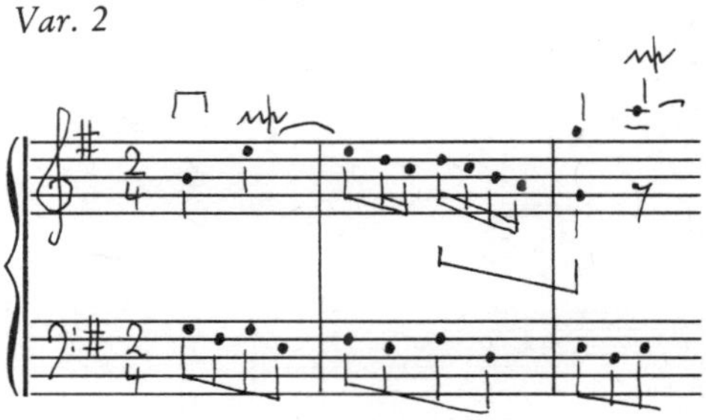

Die Oberstimme imitiert das, dann binden sich Diskant und Mittelstimme eng zusammen und nehmen ein Sechzehntel-Motiv hinzu, das ein Einrollen ist, und das man als verkleinerte Umkehrung der Baßfigur auffassen mag:

Damit ist das ganze thematische Material genannt. Die Motive purzeln übereinander, verschränken sich, bauen sich um, dann tauchen die Stimmen wieder einzeln heraus. Es wiederholen sich sogar deutlich Abschnitte. Aber alles bleibt im Kleinen; es bewahrt bis zum Schluß den Hang, sich nach innen zu ziehen – so zeigt Var. 2 auf ihre Weise, wie sie zur Primen-Sphäre gehört.

Nimmt man die Variation in flüssigem Tempo, das ihr wohl ansteht (aber nicht von vielen Interpreten gewählt wird), so erhält sie den Charakter eines liebenswürdigen, samtig-weichen Wechselspiels zwischen vorsichtigem Hinauswagen und Zurückeilen. Noch ist alles Erwartung, erster Versuch.

Variatio 3.
a 1 Clav. Canone all' Unisuono.

Aus geheimnisvollen Tiefen löst sich nun der Unisono-Kanon. Heiter-freundlich, aber mit ernstem Bedeuten führt er aus dem Kleinen hinaus in die Weite seines $^{12}/_{8}$-Taktes. Die Spitzentöne vom Ende der 2. Variation rücken auseinander und nehmen kurze Melismen zwischen sich; die vorher erklingende Baßfigur geht hinein in eine größere Bewegung.

Var. 2

Var. 3

So entsteht Weiträumigkeit. Dabei aber zeigt der Unisono-Kanon keine Bemühung, seine Aussage zu konkretisieren. Die Motivik ist stets wandelbar, ja sie scheint geradezu wahllos. Das Abschreiten des Dreiklangs wird bald verlassen im Baß, und es entwickelt sich eine bis zum Doppelstrich gespannte, immer veränderliche und doch unausweichlich vorwärtsschreitende Sechzehntelbewegung. Auf dem Baß liegt ganz besonders das Augenmerk; denn die Oberstimmen prägen sich melodisch wenig ein und scheinen noch regelloser in ihrer Motivik als er. Trotzdem besteht nie die Gefahr des Zerfließens. Auch diese Primen-Variation hält die Kräfte in sich zusammen, die sie, wie die anderen Variationen der ersten Gruppe, im Verborgenen läßt.

Fast alle Interpreten nehmen den Kanon in recht raschem Tempo. Aber damit ist ihm u. E. nicht gedient. Hat doch diese Variation unter allen dreißig die meisten harmonischen Wechsel. Die Harmonien des Chaconne-Modells werden mit zwei, oft drei Akkorden umschrieben. Es fragt sich, ob man so rasch darüber hinweggehen soll, denn es bleibt dann, wie sich immer wieder zeigt, meist nur ein unangenehmer, tonloser rhythmischer «drive» übrig. Dagegen hat es durchaus Reize, die immer neuen Richtungen des Basses melodisch mitzugehen. Die Beschreibung «pastoral», hirtenartig, die Karl Schumann wählt, kann für den Kanon vielleicht ein Schlüssel sein. Im $^{12}/_{8}$-Takt hat Bach ja auch die «Hirtensinfonie» der zweiten Kantate des Weihnachts-Oratoriums geschrieben.

Im b-Teil beginnt vorsichtig ein deutlicheres Ausgestalten. Der Baß hält sich jetzt öfter zu Achteln an, und ein kleines Motiv tritt mehr und mehr hervor, das im 1. Takt in den Kanonstimmen schon veranlagt war (siehe das vorige Notenbeipiel) und sich auch in den Baßgang des a-Teils unauffällig eingeflochten findet:

So sammeln sich die Kräfte. Es deutet sich an, daß etwas entstehen will. Eine Veränderung bereitet sich vor.

Variatio 4.
a 1 Clav. (Charakter-Var.)

Variation 4 bringt sie. Auf dem Fundament punktierter Viertel im Baß hüpft der Diskant mit raschen Sprüngen zum zweigestrichenen g hinauf (welchen Anlauf hatte dorthin Var. 1 gebraucht!). Damit öffnet sich das Motiv, das am Schluß von Var. 3 noch in sich zurückgekehrt war, nach außen:

Var. 3 *Var. 4*

Aber das so zielsicher angesteuerte g′ bleibt, weil die Sekund-Sphäre mit ihrer Beweglichkeit erreicht ist, labil und bildet sich zum Vorhalt um. Alt und Tenor haben sich währenddessen mit Imitationen dazugemischt. Kaum zusammengefügt, zergeht das ganze Gebilde mit einer Sechzehntelfigur, und von neuem setzen die Stimmen an, im Nacheinander wechselnde, flüchtige Aufbauten zusammenzustellen. Diese rasch bewegliche Tätigkeit geht durch die ganze Variation.

H. Keller sieht in der Variation einen «Rüpeltanz» aus dem Sommernachtsstraum, D. Varsano einen Bauerntanz. Das sind Pianisten-Interpretationen. Vom Cembalo aus wird man Var. 4 eine gewisse Spitze und Aggressivität geben können; natürlicher aber wird man sie in lockerer, lebhafter Anmut belassen – dabei wohl sich erinnernd, daß Bach «flüchtig und künstlich» gespielt hat.

Der $^{3}/_{8}$-Takt rückt Var. 4 in die Nähe eines Passepieds, und wenn auch die Passepieds in Bachs Suiten durchwegs ganz anders gebaut sind, so hat Var. 4 doch jene «Unruhe und Wanckelmüthigkeit», die Mattheson den Passepieds zuschreibt. «Inzwischen ist es doch auch eine solche Art der Leichtsinnigkeit, die nichts verhaßtes oder misfälliges, sondern vielmehr was angenehmes an sich hat: so wie manch Frauenzimmer, ob es gleich ein wenig unbeständig ist, dennoch ihren Reitz dabey nicht verlieret.»[262] Passepieds wurden, ihres «hurtigen» Tempos wegen, gelegentlich statt eines Allegro verwendet.[263] Viele Interpreten nehmen Var. 4 allerdings gebremst und behäbig – wohl um einen Gegensatz zur 3. Variation zu haben, die sie in schnellem Tempo spielen. Aber nur W. Landowska vermag das gemächliche Zeitmaß zu füllen; in anderen Schallplatteneinspielungen wirkt Var. 4, auf diese Art genommen, ältlich-steif und hölzern.

Konflikte entstehen mit einer solchen Tempowahl vor allem im b-Teil. Denn nun mehren sich die Sechzehntel, bilden etwas größere Gruppen, blitzen hier und dort hervor, verstecken sich dann wieder hinter dem Gang der Achtel. Schon läßt sich sehen, was in die Erscheinung drängt und entbunden sein will. Es ist so ungestüm, daß sein Impetus auch am Schluß noch über die 1 des Taktes hinausschießt:

Variatio 5.
a 1 ô vero 2 Clav. (Virtuose Var.)

In Var. 5 brechen die Bewegungskräfte hervor, sprühen, glitzern, blitzen, sprudeln. Alles hilft zusammen zu gemeinschaftlichem Wirken. Das Nachschlagen am Schluß von Var. 4 besteht fort in einem Überschlag-Motiv[264]

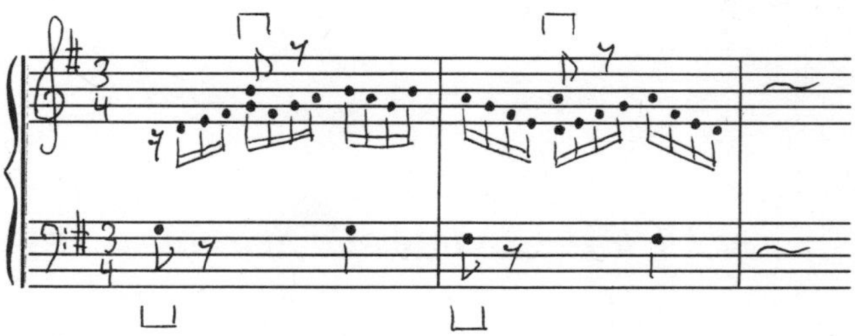

und setzt sich den beiden Laufbewegungen des ersten und zweiten Spielelementes gegenüber. Diese beiden Laufbewegungen können nur ganz allgemein angegeben werden als einmal eine Tonleiterbewegung, wie im obigen Beispiel, zum anderen eine Schüttelfigur mit vorgetäuschter Zweistimmigkeit:

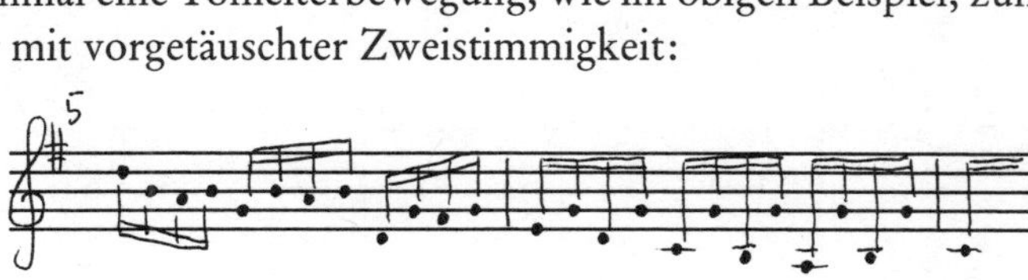

Beide legen aber ihren Aktionsbereich und ihre Gestalt nicht fest. Sie laufen ineinander über, formen sich auch weitgehend um. Ebenso biegt das Überschlagmotiv im Verlauf des Stückes immer mehr in Triller, in Achtelgänge parallel zur anderen Stimme, in kurz eingeworfene Passagen aus, alles in ungebundener Folge.

So wird die Variation zum Bild frei tätiger, spielerischer Beweglichkeit. Ein erstes Offenbarwerden hat stattgefunden; es ist, als wäre jetzt ausgesprochen, worum es geht.

Wenn man Var. 5 in raschem Tempo spielt, erfordert sie den gleichen Grundstock an Virtuosität wie die späteren «elementarischen» Variationen. Und es fragt sich, ob es berechtigt ist, davon zu sprechen – wie es oftmals getan wird –, der Weg der Goldberg-Variationen sei ein Weg der Steigerung der technischen Schwierigkeiten. Gewiß, die Techniken werden diffiziler und differenzierter. Aber eine Technik ist dann immer einige Takte lang beherrschend. Dagegen erfordert Var. 5 ein stets präsentes, waches Umstellungsvermögen.

Gewisse Schwierigkeiten macht die Variation vor allem, wenn man sie auf einem Manual spielt. Und es muß vielleicht die Frage aufgeworfen werden, warum Bach hier überhaupt an die Ausführung auf einem Manual gedacht hat, da sich die Variation doch ungleich leichter auf zweien bewältigen läßt. Man könnte meinen, Bach habe möglichst viele Variationen den Instrumenten sichern wollen, die nur ein Manual besaßen. Aber den Nonen-Kanon, der ohne die geringste Komplikation auf einem Manual zu spielen ist, hat er zwei Klaviaturen zugeteilt. Es muß also angenommen werden, daß es ihm bei Var. 5 auf die Vermischung der Stimmen, auf ihr Ineinander ankam. Die Sekunde, die Zwei bildet ja noch keine Form, sie offenbart nur Bewegung. So ist auch die Auseinandertrennung der Hände auf die Manuale noch nicht eigentlich vollzogen. Erst bei seinem nächsten Erklingen wird das nun geborene virtuose Element einer strengeren Gestaltung unterworfen werden.

Variatio 6.
a 1 Clav. Canone alla Seconda.

Was durch Var. 5 erreicht ist, faßt Var. 6 mit lebensvoller Gebärde zusammen. Von den beiden letzten Tönen der 5. Variation geht sie aus;

Var. 5 *Var. 6*

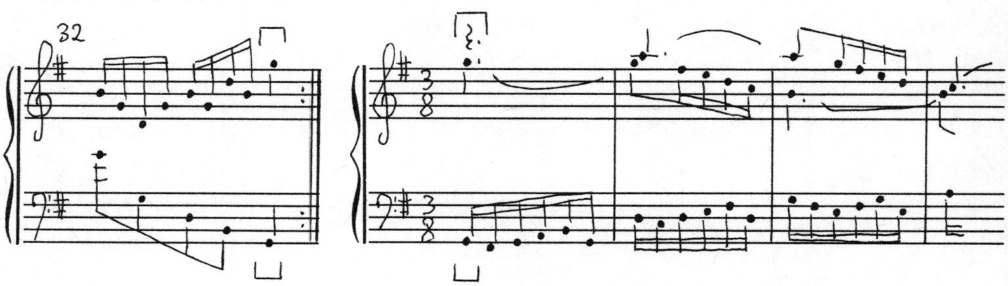

neue Kräfte sind gewonnen. Sie werden nun gefestigt und zum inneren Eigentum gemacht.

Durch die kanonische Nachahmung in der Obersekund wird jede Passage angehoben und gesteigert. Die führende Stimme wartet, bis die Imitation vollzogen, bis die Bestätigung erfolgt ist. Jede Kanonstimme hat sich nur gegen die durchlaufenden Sechzehntel des Basses zu behaupten. Selten entstehen Überschneidungen. Klarheit und Übersicht sind bis zum Schluß gewahrt. So nennt W. Landowska die Variation «glatt».[265]

Die Motivik beschränkt sich auf allgemeine Figuren und bleibt gerade deshalb bildsam und beweglich – direkt Gerichtetes, Umschließendes, auch gelegentlich noch einmal Sich-Einrollendes, alles in lockerer Ausbildung. Es ist getragen vom kontinuierlichen Fluß der Sechzehntel, der alle Veränderungen mühelos in sich aufnimmt. Energische Oktav-Sprünge im Baß festigen den Schluß und unterstreichen seine Gültigkeit. Im Nachschlagen zeigt sich noch einmal der dynamische Charakter der Sekund.

Damit ist aber der Bewegungsdrang zu Ende gekommen, der Variation 1 bis 6 durchzogen und zu einer Einheit verbunden hatte. Im geschilderten Sinne einer Zusammenfassung nimmt Karl Richter für Variation 6 das volle Werk mit 16-Fuß.[266]

Daß es auch andersartige Auffassungen gibt, sei nicht vorenthalten: R. Kirkpatrick kommt, bei vorsichtigem Tempo, zu ganz anderer Charakteristik der beiden letzten Variationen: Variation 5 «mit ihrer durchsichtigen, sanft belebten Figuration... Es folgt ein zweiter Kanon von sehnsüchtiger Zartheit...». Einen Einschnitt in der Weise, wie er hier geschildert ist, scheint Kirkpatrick nach Var. 6 nicht zu empfinden.

Variatio 7.
a 1 ô vero 2 Clav. / al tempo di Giga
(Charakter-Var.)

So wie die Terz nach der Sekund einen Ruhepunkt bezeichnet, gewährt Var. 7, trotz des raschen Tempos, eine Entspannung. Nachdem der Anfangsimpuls der ersten sechs Variationen verklungen ist, wird sie von anderem Orte her hörbar: ein luftiges Spiel, in punktiertem Rhythmus hüpfend, aber nun schon von ausgeprägter Gestalt, denn die Formkraft der Zahl 3 ist erreicht. Zum ersten Mal innerhalb der Variationen bildet sich eine Melodie mit korrespondierenden Frage- und Antwortabschnitten heraus. Der Baß lehnt sich an den Duktus der Oberstimme an und sekundiert mit Fundamenttönen, die zu Beginn noch einmal die als Nachschlag in Var. 6 ausgeschrittene Oktave aufgreifen. Ein pulsierender Hauch schwingt mit, die Terz, das Intervall des Herzens anzeigend.

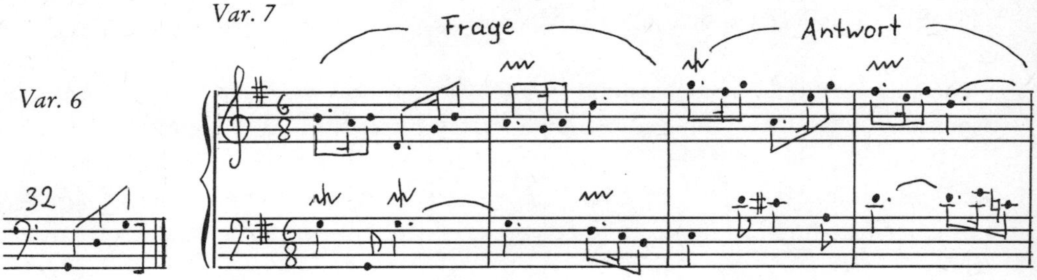

Mutwillige Triller und 32tel-Anläufe schieben ein koboldisches Element hinein, in dem das Virtuose, wie im X. Kapitel beschrieben, auch in dem Bereich der Charakter-Variationen sich geltend macht.

Das Am-Orte-Tändeln, der liebliche $^6/_8$-Takt, den die Italiener für ihre gefühlvollen Barkarolen heranziehen, verleitet zu einem gemäßigten Tempo, zum empfindsamen melodiösen Auskosten. So findet man Var. 7 oftmals als Siciliano gekennzeichnet.[267] Es scheint, daß auch Bach damit konfrontiert war, daß die Variation lyrisch aufgefaßt wurde. Vielleicht hat ihn das veranlaßt, in seinem Handexemplar «al tempo di Giga» dazuzusetzen. «Tempo di Gavotta, di Sarabanda, di Minuetta &. c. bedeutet / daß man die Pieçe, worüber gedachte Worte stehen / ob es gleich keine rechte Gavotte &. c. dennoch nach dem Mouvement derselben zu singen oder zu spielen habe.»[268] Alle Giguen sind, nach Mattheson, frisch und hurtig zu nehmen.[269] Dabei unterscheidet er noch verschiedene Arten: die langsamen und punktierten Loures, die ein *«stoltzes, aufgeblasenes* Wesen» anzeigen; diese «gravitätischen Giguen» stehen allerdings meist im $^6/_4$-Takt, während der $^6/_8$-Takt sich «zu allerhand *coulanten, melodieusen* auch frischen und hurtigen Sachen sehr wol» schickt. Ihn haben die «welschen Gige». Diese, «welche nicht zum Tantzen, sondern zum Geigen (wovon auch ihre Benennung herrühren mag) gebraucht werden, zwingen sich gleichsam zur äußersten *Schnelligkeit* oder *Flüchtigkeit;* doch mehrentheils auf eine fliessende und keine ungestüme Art: etwa wie der glattfortschiessende Strom-Pfeil eines Bachs.»[270] Bei J. G. Walther, mit dem Bach in Weimar in engem Kontakt gestanden hat, ist Giga wie Gigue ein «behender Englischer Tantz» im $^3/_8$-, $^6/_8$- oder $^{12}/_8$-Takt, der «bey der ersten Note jedes Tact-Viertels gemeiniglich einen Punct hat» (außer in fugierten Giguen).[271] Wahrscheinlich ist Bachs Zusatz im Sinne Walthers zu interpretieren.

Nun läßt das «al tempo di...» ja manche Freiheit. Andere Charakterisierungen wie «Scherzo» (Kirkpatrick), «Forlana» (W. Landowska)[272], «Saltarello» (Varsano) können vielleicht unser heutiges Musikverständnis ebenfalls in die Richtung lenken, die Bach gemeint hat.

Man wird nicht weit daneben greifen können, wenn man sich wiederum erinnert, daß Bachs Spielweise «sehr flüchtig und künstlich» war. Und künstlich im barocken Sinn, kunstvoll ist diese 7. Variation, auch wenn ihre Anlage im zweistimmigen Filigran leicht überschaubar ist.

Variatio 8.
a 2 Clav. (Virtuose Var.)

Variation 8 erfordert als erste Variation entschieden zwei Manuale; denn nun bleibt es nicht beim Überschlagen der Hände, nun kreuzen sich die Läufe, und die Stimmüberschneidungen werden nur dann voll durchsichtig, wenn die beiden Stimmen verschiedene Klangcharaktere haben. Zugleich kommt jetzt ein eigensinniges Element herein, ein rollender, blitzender Schabernack. In der einen Hand wirbelt eine spiralartige Bewegung nach oben; in der anderen verfestigen sich Dreiklangstöne in pochenden Achteln, die durch Sechzehntel-Auftakte immer wieder einen neuen Anstoß erhalten. In diesen Achteln findet sich die Schlußpassage von Var. 7 wieder:

Var. 7 *Var. 8*

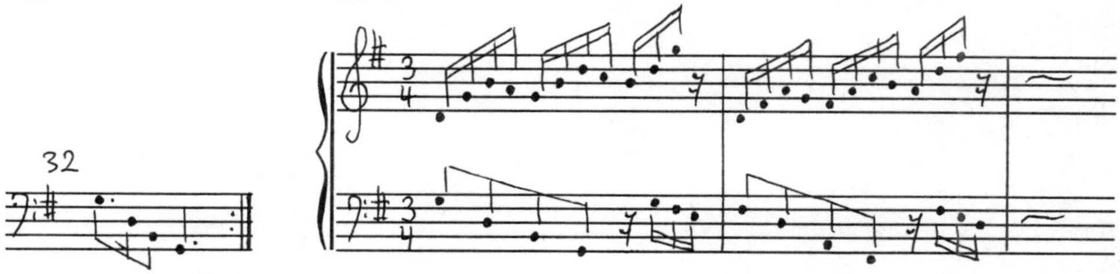

Im 9. Takt schießt als zweites Bewegungselement ein pfeilartiger Lauf von oben nach unten herein,

wird aber dann abgelenkt und ins Rollen hineingezogen, das nun die Unterstimme übernommen hat; für kurz kreisen die Stimmen in Gegenbewegung aneinander vorbei.

Von diesem motivischen Material wird, bis auf eine kurze Passage im b-Teil, in der ganzen Variation nicht abgewichen. Das fast das ganze Stück über andauernde spiralige Rollen ist wie das Brausen des Blutes; man kann es im Liebenswürdigen belassen, aber auch zur Leidenschaftlichkeit mit dräuendem Unterton steigern. Die Motive sind nun charakteristisch ausgeformt und sofort wiederzuerkennen. Darin und in der deutlichen Gliederung der Abschnitte tut sich die Formkraft der Zahl 3 kund. Züge der Charakter-Variation schlagen herein und geben dem Wirbel der Bewegung ein Bestimmtes und Energisches bei.

Variatio 9.
a 1 Clav. Canone alla Terza.

Aus den Turbulenzen der 8. Variation tritt wie ein zarter Hauch Var. 9 hervor. Die Terz, das Herzensintervall, wird umspielt; die Schlußfigur der vorhergehenden Variation wird dabei in die höhere Oktave gesetzt und erweitert, das kleine g des Basses noch einmal im Absprung von der tieferen Oktave genommen,

Var. 8

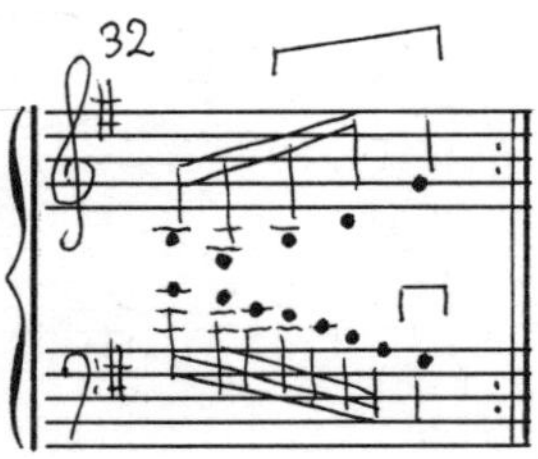

Var. 9

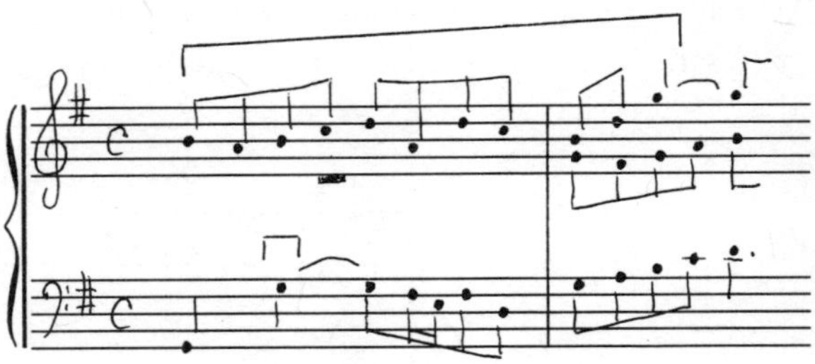

dann geht die Bewegung aller Stimmen nach oben, steigt, in Synkopen sich stützend, wieder abwärts, tastend, bis der Baß einen Sechzehntel-Weg in eine sanfte Tiefe findet, der gleich einem aufkommenden Luftzug anmutet. Auch im b-Teil ist es ein schwebendes, freundliches Verschlingen aller Stimmen, die, wie in den anderen Kanons, in ständiger Wandlung, jetzt aber ganze Melodiebögen wiederholend und umbildend, vorwärtsschreiten. Eine leichte Trübung zu Beginn des zweiten Teils löst sich, und wiederum findet der Baß in einen Sechzehntelgang hinein, der in gleichmäßig-ruhiger Bewegung zum Schluß führt.

Es ist eine morgenschöne, morgenzarte Stimmung vor Beginn des tätigen Tages. «Meditativ» nennt D. Varsano die Variation.

Variatio 10.
a 1 Clav. Fughetta.
(Charakter-Var.)

Mit Var. 10 geht es hinein in die Tat, wach und selbstbewußt! Die Quartsphäre ist betreten, der Bereich des Erkennens und Handelns. Eine Einzelstimme löst sich – zum ersten Mal! – heraus und trägt das Fughettenthema vor. Mit einem Mordent macht sie sogleich auf sich aufmerksam (im Druck vergessen, in Bachs Handexemplar nachgetragen). Sodann nimmt sich das Thema durch einen Triller Fahrt und formt in 4 Takten ein markantes Gesicht aus:

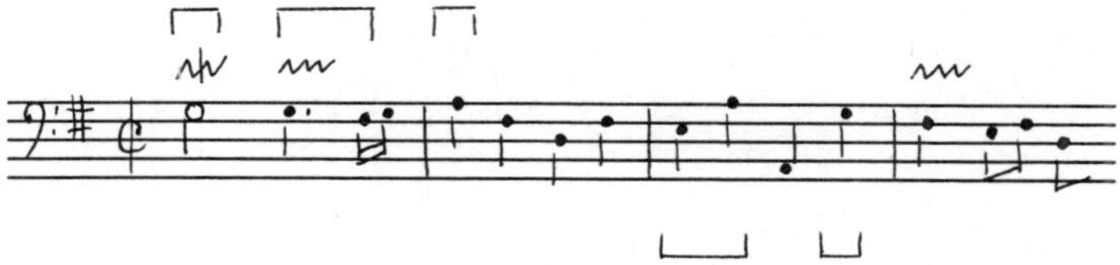

Die Tonfolge scheint wiederum aus dem Schluß der vorhergehenden Variation gebildet: Den Anfang kann man empfinden als ein Rückwärtslaufen vom Schlußton der 9. Variation; der 3. Takt ist andererseits fast notengetreu in gerader Richtung am Schluß von Var. 9 vorgezeichnet und erhält nun zwei Vortakte:

Var. 9

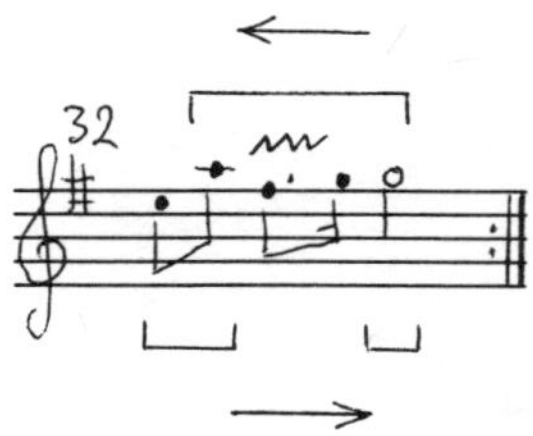

4 Stimmen hat die Fughetta, und jede bekommt 4 Takte, um sich einzuführen. Die 16 Takte des a-Teils sind damit ausgefüllt, sind Exposition. Der b-Teil bringt dann eine Durchführung mit nochmals 4 Themeneinsätzen in Blöcken von 4 Takten – konsequenter läßt sich die Vier nicht unterbringen in einer Quart-Variation!

Wie Bach diesen fugierten Formaufbau zuwege brachte, ohne vom Chaconne-Modell je entscheidend abzuweichen, ist verwunderlich, und ist auch viel bewundert worden. Die Änderungen am Thema, die er vornehmen muß (z.B. Tenor ab Takt 7 in der Quart- statt Quintbeantwortung, Sopran ab Takt 11 eine Quarte zu tief, usw.), bleiben ganz unbemerkt und greifen die Charakteristik nicht an. Es zeigt sich Bachs überlegene kompositorische Kunst eben auch darin, ein Thema aufzustellen, das kraftvoll konturiert ist und doch abgewandelt werden kann.

Kraft strömt der Alla-breve-Takt aus. Dieser ist, laut Mattheson, «voller Syncopationen, Ligaturen, (Rückungen und Bindungen)», und besteht «aus lauter an einander hängenden Fugen». «Welche Art / meines wenigen Erachtens / die allerschönste / und von grosser Krafft in Kirchen-Music ist.»[273] Wenn auch in kleinstem Rahmen, so sind doch diese Kennzeichen in der Fughetta Var. 10 alle vorhanden.

Triller und Staccati erzeugen den Eindruck brausender Kaskaden eines Wasserfalls. Fugiertes ist dabei immer ein Appell an das wache Bewußtsein. Jeder neue Themeneinsatz ist ein neuer Ruf, jeder bringt einen Kräftezuwachs, eine Weiterentwicklung. Selbst diese kleine Fughetta trägt die Merkmale, die Bachs Fugen vor denen aller anderen Komponisten auszeichnen: Sie führen einen Weg, der organisch und folgerichtig-notwendig immer weiter bis zum Ende führt. Im letzten Themeneinsatz von Var. 10 erfüllt sich der Gang. Mit ihm ist die Tat getan, ist ein Neues geboren.

Variatio 11.
a 2 Clav. (Virtuose Var.)

Voller Betriebsamkeit, im Sog hinterherkommend, hängt sich Var. 11 an, gleich einer Schar von Geistern, die dem Tatkräftigen folgt und in Besitz nimmt, was er erobert hat. Geschäftig eilen die zwei kanonisch – im Quartabstand – geführten Stimmen einander nach (die erste Diskantpassage, das abwärts Gerichtete des Schlusses von Var. 10 aufnehmend, ist sozusagen eine Vorwegnahme):

Var. 10 *Var. 11*

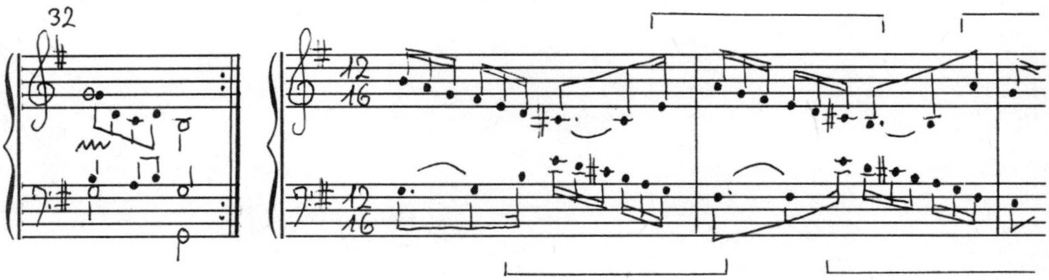

In Takt 4 schwärmen die Stimmen dann in Gegenbewegung aus, um im zweiten Bewegungselement (Takt 5–8) den Dreiklang zu durcheilen, wozu ein Trillermotiv kontrapunktiert:

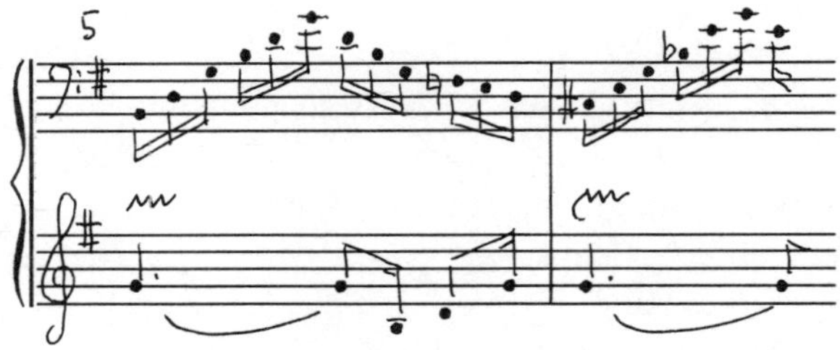

Gegenüber der Dreiklangsbrechung in Var. 1 greift die Bewegung jetzt um einen Ton weiter aus – der Raum ist größer geworden.

Wie Kirnberger schreibt, sollen im $^{12}/_{16}$-Takt die Sechzehntel «flüchtig und rund, ohne allen Druck, vorgetragen» werden.[274] Es kommt also auf ein flüssiges Spiel ohne Skandierung an. Das Laufen nach allen Seiten, die auftaktige Motivik, die langen Triller – wenn man sie als solche spielt –, alles macht die Variation zum Ausdruck unermüdlicher Tätigkeit. Mattheson sah im $^{12}/_{16}$-Takt eine «ungedultige Passion» ausgedrückt.[275] Zum einzigen Mal kommt es in einer virtuosen Variation zu verschiedenen Schlüssen im a- und b-Teil, zu einem «weiblichen» im ersten, weil die rastlose Bewegung nicht einhalten will, zu einem «männlichen» im zweiten, weil die Vierzahl am Ende ihre Entschiedenheit durchsetzt.

Der b-Teil führt die motivischen Gebärden in veränderter Weise: Immer häufiger laufen jetzt Bewegungen gegeneinander. Das geschieht nicht von ungefähr: Der Boden bereitet sich vor für den Quart-Kanon, der sich in der Umkehrung entwickeln wird.

Variatio 12.
Canone alla Quarta.

Dieser wunderbar heilende Quart-Kanon erklingt wie ein Emporrichten. Er setzt dem eifrigen Treiben der vorigen Variation zunächst die unbeirrbar dreimal den Ton wiederholenden Viertel des Basses entgegen. Damit ist angehalten zu einem ruhigen Portato, zum heiteren, gelassenen Schreiten. In der zuerst einsetzenden oberen Kanonstimme wird die Oktave, in der Var. 11, acht Töne höher, ausgeklungen war, zunächst mordentartig befestigt, dann strebt die Bewegung, Quarträume umschreibend, ähnlich klar nach oben wie zu Beginn der 1. Variation, greift aber jetzt um einen Ton weiter aus als dort und geht über den Oktavraum hinaus.

Var. 11 *Var. 12*

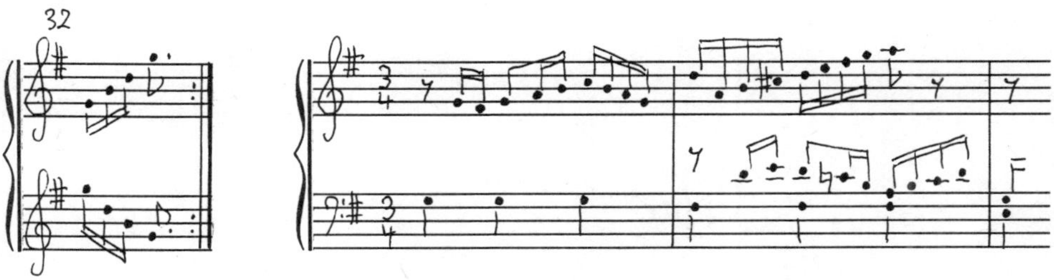

Was aufwärts gerichtet war, kehrt die antwortende zweite Kanonstimme nach unten und schafft das Gegenbild. Weite Räume werden dabei durchmessen in kurzer Zeit; jeder Kanon-Gebärde folgt der Ausgleich durch die Gegenbewegung. Ein Balsamisch-Wohltuendes geht von allen Kanons der Goldberg-Variationen aus, aber besonders von diesem Quart-Kanon. Er spiegelt Tatkraft in sicherem Zügeln, Denken in überlegenem Abwägen. Wenn der Baß ab Takt 8 das Gleichmaß seiner Viertel verläßt zugunsten einer flüssigeren Bewegung in Achteln und Sechzehnteln, ist der sichere Grundschritt längst eingeprägt, die Balance längst gewonnen.

In schnellem Tempo genommen wird die Variation zum rhythmischen Stampfen. Glenn Gould[276] hat seine Freude daran. Karl Richter erkennt die Gefahr und zügelt sofort.[277]

Wenn es gelingt, den Kanon ruhig bewegt, kantabel ohne Sentiment vorzutragen, kann man eine reine, geläuterte Luft atmen, ein heilig-erwachtes Schreiten in ihm erleben.

Variatio 13.
a 2 Clav. (Charakter-Var.)

Wollte man jemand den Unterschied zwischen Quart und Quint zeigen, könnte man ihm Var. 12 und 13 vorspielen. Beide wird man in ähnlichem Tempo nehmen; aber während der Quart-Kanon ein sicheres Abschreiten des Raumes ist, gleitet man in Var. 13 dahin in einer nach allen Seiten nachgebenden Weite. Man ist nicht mehr Herr und Lenker, sondern hat sich nur ahnend selbst im Bewegungsablauf, der erscheint, als sei er vom inneren Gefüge des Wassers, stets bereit, dem kleinsten Gefälle nachzufolgen, den kleinsten Druck weiterzuleiten.

Wenn sich auch Melodie- und Begleitstimmen deutlich trennen – man soll sie Bachs Vorschrift nach auf zwei Manualen spielen –, so kann man doch nicht von einer Melodie im üblichen Sinne sprechen; es ist ein Umspielen von Tönen, dann ein Weitergleiten zur nächsten Note. Die Ecken und Kanten der betonten Taktzeiten lösen eine 32tel-Figur aus, die den rhythmischen Impuls sofort in eine Bewegung umsetzt. Auch in den Begleitstimmen wird die 1 des Taktes nicht zum Ruhepunkt; einen Teil ihrer Kraft leitet die synkopierende Mittelstimme auf die zweite Zählzeit ab.

Var. 12

Var. 13

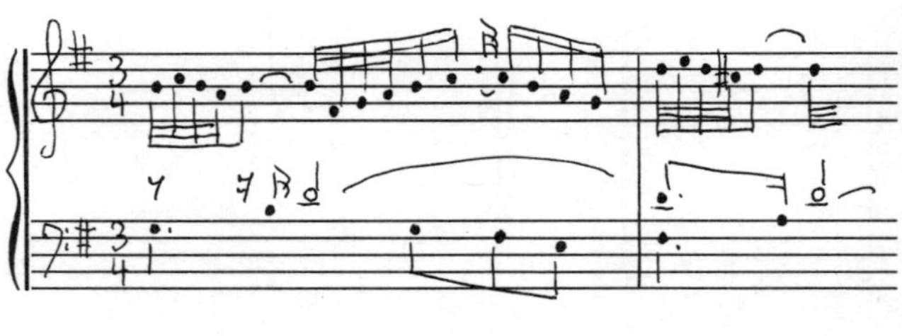

Es scheint, daß nur das so deutlich am Schluß von Var. 12 übrigbleibende kleine g des Basses die Brücke von der letzten Quart- zur ersten Quint-Variation schlägt. Auf ihm balanciert jetzt die hinzutretende Oberstimme. Und so klingt gleich zu Beginn unmißverständlich auf, welch labiler Waagepunkt mit dem Quint-Bereich eingenommen ist. Der ausgeschriebene Doppelschlag, das Charakteristikum von Var. 13, bildet die Beziehung der Quint zur Außenwelt ab: Er öffnet den Ton nach oben und unten in seine Umgebung hinein.

Als «beseelte, weit ausschwingende Geigenmelodie» ist die Variation gesehen worden (H. Keller), als «Flötenarie von fast atemberaubender ruhiger, reiner Heiterkeit» (R. Kirkpatrick), auch als italienisch (D. Varsano) oder lyrisch (K. Schumann). Daß sie im Gesamtduktus der Aria am nächsten kommt, wurde schon erwähnt.

Nun hat die Quinte außer dem Hinausströmen ja auch noch einen Rest des In-sich-Zurückkehrens. Er findet sich in dem zum ersten Mal am Schluß des a-Teils auftretenden «Seufzer-Motiv», das eine wehmütige Alteration mitbringt. Dieses Seufzermotiv ist von den ersten Takten an vorbereitet in den immer wieder eingeschobenen Vorschlägen;

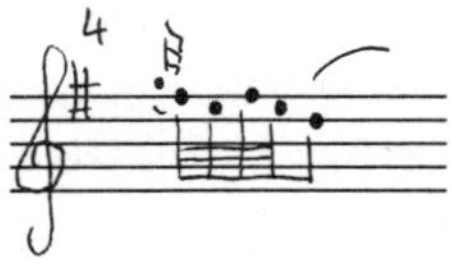

es nimmt im b-Teil zunehmend breiteren Raum ein und macht auch dort wieder den Beschluß:

Damit ist eine Vorankündigung gegeben auf den Quint-Kanon mit seiner Seufzermotivik und seinem Moll. Es ist ein erster zarter Hinweis, daß in der Ausweitungstendenz der Quint Komplikationen liegen. Sie schlagen sich in einem Hang zur Verselbständigung bei den Variationen des Quint-Dreigestirns nieder, während bisher ein einheitlicher Zug durch die Variationen einer Gruppe gegangen war. Wie schon einmal zitiert: «Schlagen Sie die Skala bis zur Quarte an, Prim, Sekund, Terz, Quarte, es ist ein Weiterschreiten. Bei der Quinte bekommen Sie das Gefühl: da wird's anders.»

Variatio 14.
a 2 Clav. (Virtuose Var.)

Aus der Tiefe steigt es nun gleich dem Kräftestrom eines Wasserstrahls auf. Die Ecktöne des vorangehenden Schlußtaktes, in den Händen vertauscht, als Absprung benützend, strebt es empor und empor, links und rechts von Kichern und Plätschern und Glucksen begleitet,

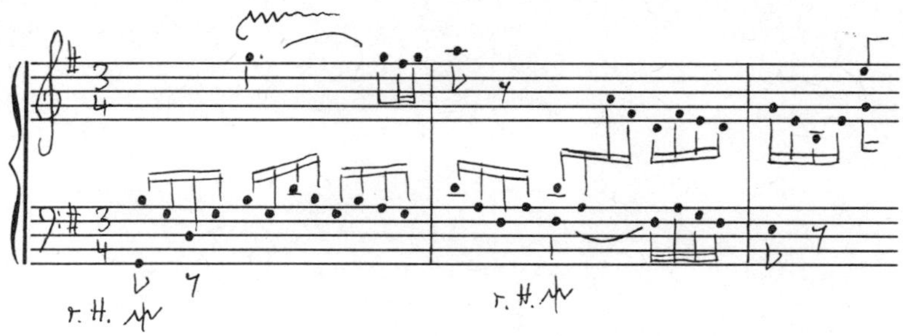

bis es zerstiebt in glitzernde Tropfen: Die zweiten 8 Takte füllt, in verschiedengeformten Motiven, das zweite Bewegungselement mit 32-steln. Da perlen, unter den Händen verteilt, Mordente herunter, werden noch einmal aufgefangen von sprudelnden Passagen, die den Quintraum nehmen,

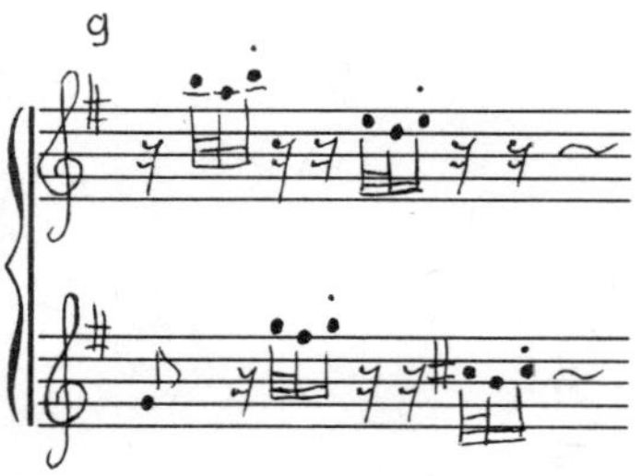

bis alles endgültig in beidhändigen Mordenten zersprüht.

Es ist ein Spiel zeitentrückter Lebendigkeit – launig nennt es Kirkpatrick. Der b-Teil vollzieht den Aufbau des a-Teils symmetrisch nach, nun in Gegenbewegung – in der Musik kann der Strahl eben auch von oben nach unten steigen, die Tropfen nach oben fallen –, so daß Var. 14 unter den virtuosen Variationen dem Aufbau nach die einfachste und übersichtlichste ist.

Der lange beibehaltende Zug in einer Richtung durch die ersten vier Takte hindurch weist bereits auf die späteren elementarischen Variationen hin. Er wird nun in jeder an irgendeiner Stelle zu finden sein. In dem Zerstäuben der 32-stel, die auflösend nachfolgen, offenbart sich – wenn auch in anderer Weise als in der vorhergehenden Variation –, wie die Quinte an eine Grenze herantritt.

Variatio 15.
a 1 Clav. Canone alla Quinta.
Andante.

Nach dem Versprühen von Var. 14 sucht der Quint-Kanon die Kräfte nach innen zu sammeln. Aber die Gegenbewegung, die die Kanonstimmen einnehmen, läuft diesmal auf ein Divergieren, ein Auseinanderstreben hinaus. Von den Schlußtönen der 14. Variation, der Oktave g–g' ausgehend, führt sich, zunächst nach innen gerichtet, ein Seufzermotiv ein; es kehrt an Knotenpunkten wieder und ist von Bach nicht immer mit Bindebögen versehen (auch nicht im Handexemplar):

Alsbald zeigt sich, was als zweites charakteristisch ist für den Quint-Kanon: Der Rhythmus wie der melodische Gang der Einzelstimme sind zerklüftet. Weite, komplizierte Sprünge werden genommen: verminderte, kleine und große Septim (Takt 12, 30/31, 13), verminderte Oktave (Takt 3), kleine und große None (Takt 17, 27); zweimal kommt es zur verminderten Quart (Takt 15, 18). Zu Beginn des b-Teils setzen die Kanonstimmen mit den äußeren Wechseltönen der Quint ein, in der verminderten Septim.

Eng verflicht sich die Baßstimme mit den Kanonstimmen, gleich einem Sinnbild dafür, daß der Mensch in der Fünfzahl Mitverantwortung trägt. Nirgend sonst scheinen die drei Stimmen so eines Geistes, nirgend ist der Baß so unentbehrlich zur harmonischen Klärung wie hier, wo herbe Tönungen das Ohr frappieren. Und doch ist nichts Rauhes in diesem Kanon; allerorten ragen einzelne singende Figuren heraus. Immer mehr erscheinen im b-Teil tröstende Klänge, die wie aus uralten Zeiten tönen, Urkräfte verströmend. Oder sind es Zukunftskräfte? Das Rätsel dieser rätselhaftesten unter den Goldbergschen Variationen, die sich gleichwohl so natürlich-organisch einreiht unter ihre Nachbarn, hat viele gelockt. Sanft und doch leidenschaftlich klagend nennt sie H. Keller. Von einem «tragisch eingedunkelten» Kanon spricht R. Kirkpatrick. Erich Schwebsch geht noch weiter und sieht ein «Passionsbild», das in seiner Seufzermotivik sich dem Choralvorspiel «O Lamm Gottes unschuldig» BWV 618 verwandt zeige.[273]

Im Grunde differieren aber hier die Auffassungen weniger als in so mancher scheinbar leicht durchschaubaren Dur-Variation. Ein verborgenes Walten ist zu spüren, aber es ist nicht genau faßbar – vielleicht deswegen nicht faßbar, weil wir «Gott» in der Quinte verloren haben und erst wieder finden müssen.

Auf die Quinte weist Bach noch einmal am Schluß des Kanons besonders hin: Zwei Stimmen trennen sich, nachdem die dritte bereits ausgeschieden ist, zu einem Abstand, wie er bei Bach im zweistimmigen Satz beispiellos ist: zur Quinte über der dritten Oktave.

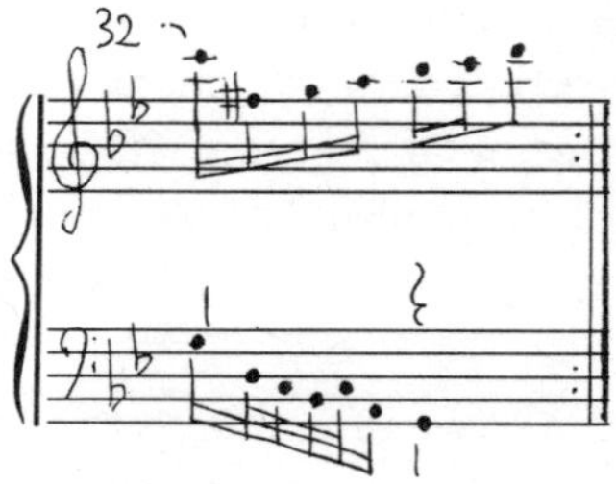

Und in dieser extremen Entfernung endigt Bach die erste Hälfte der Variationen und entläßt sein Publikum in die «Pause».

«Etwas unbefriedigend» schließe der Quint-Kanon die ersten 15 Variationen, meint H. Keller, und sicher zu Recht; aber: Das ist gerade, was notwendig ist! Er hüllt nicht in angenehme, weiche Klänge, nach denen sich der Hörer befriedigt anderen Gedanken zuwendet. Die Spannung des weiten Stimmabstandes ist voll ungeborenen Inhalts. In ihm ahnt man Kräfte und Möglichkeiten, ja man glaubt sie schon zu greifen. Wie ein guter Dramatiker hält Bach sein Publikum über den Einschnitt hinweg bei der Sache, indem er es rätseln läßt, wie das Kommende, inzwischen sich Zusammenziehende aussehen mag. So ist der Quint-Kanon auch ein notwendiges herbes Gesetz, das zum Besten des Hörers verhängt ist; er bereitet in unvergleichlicher Weise die strahlende Eröffnung des zweiten Teils vor.

In diesem werden sich nun allerdings die Variationen individueller, die Motive schärfer charakterisiert erweisen als in der ersten Hälfte. So gehen die Auffassungen der einzelnen Variationen hier immer weniger auseinander. Gleichzeitig werden aber auch die Phrasierungsbögen länger, fordern einen größeren Atem, und der Verlauf insgesamt wird problematischer. Jetzt schieben sich zwei Moll-Variationen mitten in die Dur-Sätze hinein. Dreierbewegungen – Sechzehntel-Triolen oder Takte mit 3 Achtel-Gruppen – nehmen zu und wirken dem Irdisch-Festen entgegen, während, auf der anderen Seite, in den virtuosen Variationen fortschreitend Zusatzstimmen den zweistimmigen Satz auffüllen. So gehen Festlegung und Auflösung Hand in Hand – Naturgesetze erklingen musikalisch.

Variatio 16.
a 1 Clav. Ouverture.
(Charakter-Var.)

Mit der Ouvertüre nach altfranzösischer Art Var. 16 wird die zweite Hälfte prunkvoll eröffnet – eine glänzende Ordensverleihung, ein Festakt zur Einführung in ein neues Amt, dem alsbald rege Tätigkeit folgt. Der größten Ausweitung am Ende der 15. Variation antwortet nach dem Einschnitt in der Mitte des Werkes die größte Fülle; ein vollgriffiger Akkord der linken Hand, dann ein blitzender Auftakt zu einem Satz in kanonisch angelegter Zweistimmigkeit, der immer wieder durch Füllstimmen angereichert wird. «Die Ouvertüren, sowol im ersten, als andern Theile, haben ihre grösseste Schönheit besagter Nachahmung zu dancken, da es immer eine Stimme der andern gleich zu machen sucht» (Mattheson).[279]

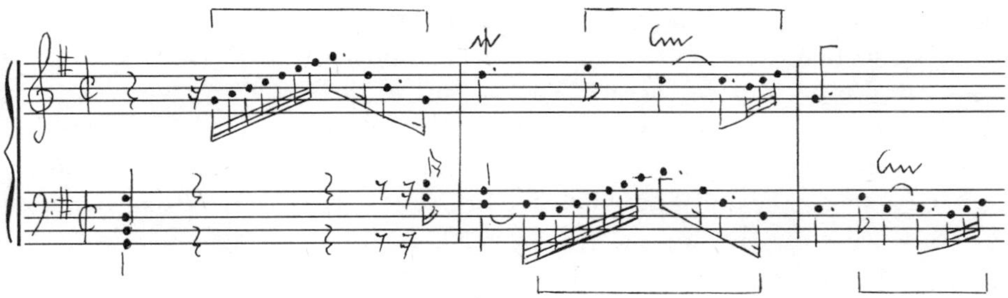

Aber die Imitation wird sehr locker gehalten, sie beginnt im Abstand der Undezim, läuft bald in andere Intervalle über, schiebt sich näher zusammen, nimmt auch wohl die Gegenrichtung.

Thematisch zeigt sich nun, was in der Schmerzlichkeit des Quint-Kanons errungen ist: die Freiheit zu stolzen Sprüngen, die jetzt harmonisch sich einfügen und z. T. in Tiraden (Läufen) genommen werden. So ist, weil es die Goldberg-Variationen sind, ein koboldhaftes Element dabei, das den ganzen Glanz mit einem Zwinkern betrachtet und seinen Scherz damit treibt. Die einzelnen Partien können leicht zerfallen; Karl Richter hat sie im Konzert unter einen sprechenden großen Bogen genommen und diesem Teil dadurch eine kantable, leuchtende Würde gegeben.

Der b-Teil geht dann in fröhlich-beflissene Regsamkeit über: Ein kleines Fugato-Thema löst sich heraus.

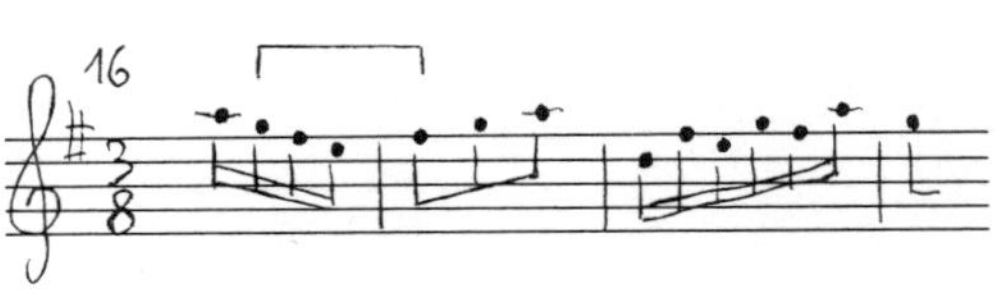

Es wird sofort in Engführung aufgegriffen und bis zur Vierstimmigkeit geführt. Man mag den Kopf schon angedeutet finden in manchen 32-steln des Alla-breve-Teils, z. B. in Takt 14 im Baß,

in Takt 15 in Doppelschlag und «doppelt-cadence»  im Diskant. Die Vierstimmigkeit tritt später klanglich nicht mehr in Erscheinung, außer im Schlußakkord; die einzige Durchführung nach der Exposition, Takt 31–38, bringt nur drei Themeneinsätze.[280]

In freier Gelöstheit, wie der Alla-breve-Teil, entwickelt sich das Fugato, wenn auch ins kleine gewendet. «Höre ich den ersten Theil einer guten Ouvertür, so empfinde ich eine sonderbare Erhebung des Gemüths; bey dem zweiten hergegen breiten sich die Geister mit aller Lust aus; und wenn darauf ein ernsthaffter Schluß erfolget, sammlen und ziehen sie sich wieder in ihren gewöhnlichen ruhigen Sitz.»[281] Dieser dritte, zum langsamen Tempo zurückkehrende Teil scheint in den Goldberg-Variationen zu fehlen. Oder nicht? Die Cembalistin Ursula Freiwald machte auf etwas aufmerksam, was man dafür halten könnte: In einer Einführung in die Goldberg-Variationen bezeichnete sie den Schlußakkord der 2. Klammer des b-Teils, wo Bach wieder den Alla-breve-Takt vorschreibt, als den dritten Ouvertürenteil. Es ist ja in der Tat eigenartig, daß Bach hier noch einmal zur alten Taktart zurückkehrt. Ursula Freiwald hat konsequent den Schlußakkord wieder im vollen Werk gespielt, das sie für den Anfangsteil gewählt hatte. Die Wirkung war natürlich nicht überzeugend: Ein Läufer, der, indem er ins Ziel gelangt, bereits statuarisch auf einem Podest steht. Ein einzelner Akkord kann letztlich doch nicht einen ganzen Teil eines Musikstücks bedeuten. Nun wurde durchaus nicht immer ein langsamer Abschnitt an den fugierten angehängt: «Die meisten Frantzösischen Ouverturen schliessen nach dem Allegro, oder anderen Theile der Ouvertüre, wiederum mit einem kurtzen Lentement, oder ernsthafften Satze; allein es scheinet / daß diese Façon nicht viel Adhaerenten finden will.»[282]

In beiden Teilen, dem prunkvollen ersten wie dem fugierten zweiten, bestätigt aber die Ouverture die Worte R. Steiners: «Und bei Sexte und Septime bekommen Sie das deutliche Gefühl: da ist zugleich eine Ausbreitung vorhanden.»[283]

Variatio 17.
a 2 Clav. (Virtuose Var.)

Genau genommen ist das Alla breve der Ouvertüre eine Vorschau, das Fugato ein Bereitstellen, ein erstes Erproben der neuen Kräfte. Das eigentliche Ausfüllen des neuen Kreises findet im Bewegungsspiel von Var. 18 statt. Ein flink-gelenkiger Strom von Auf- und Abwogendem geht durch das ganze Stück und kräftigt sich im Rückgreifen der «Schüttel»-Terzen, die als Teil des Fugato-Themas in der Ouvertüre schon Bedeutung erlangt hatten. Die kontrapunktierende zweite Stimme wirft sich stolz in Terzen hoch, hält auf der Sexte an (vom Ausgangston gezählt), nimmt aber insgesamt die Gegenrichtung nach abwärts:

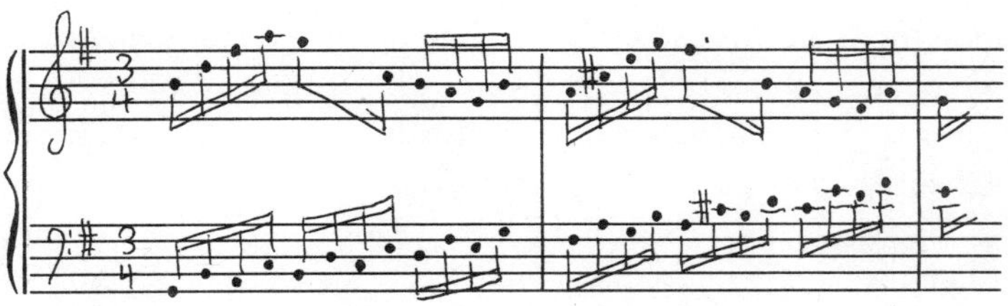

Die beiden Stimmen vereinigen sich im 4. Takt im ausgeschriebenen Doppelmordent zu einem kurzen Verweilen und Festrütteln; dann wirken sie einheitlich-gleichgerichtet weiter in einer übereinandergeschichteten Bewegung:

Aus diesem zweiten Spielelement, das allerhand Abwandlungen erfährt, lösen sich manchmal unvermutet kleine Motive heraus, die meist zur Sexte hinaufschlagen. Durch den stetigen Strom der gebrochenen Terzen und Sexten behält die Variation trotzdem ein einheitlich Stürmendes. Es durchzieht sie eine unermüdliche Energie. Mit Hilfe des 16-Fußes kann man ihr dämonische Untertöne beigeben. Und H. Pfrogner hat die kleine Sexte, die hier im Wechsel mit der großen erklingt, als Intervall für Sturmartiges aufgefunden.[284] So ist es möglich, andeutungsweise den Gefahrenpunkt anklingen zu lassen, der, wie im vorigen Kapitel geschildert, im Ausschreiten der Sechszahl verborgen liegt.

Im allgemeinen wird die Variation allerdings ganz anders gesehen. K. Schumann nennt sie kapriziös, H. Keller faßt sie als «reizvolles Spiel» auf, Kirkpatrick gar als «eine der zartesten arabeskenhaften Variationen»; doch nimmt Kirkpatrick das Tempo durchaus nicht so vorsichtig, wie man es nach dieser Charakterisierung erwarten könnte: Er gibt die schnellste Metronomzahl an, die er für eine virtuose Variation wählt, die 32-stel-Notenwerte hat: ♩ = 108. Die Sexte verströmt sich eben.

Variatio 18.
a 1 Clav. Canone alla Sesta.

Im Sext-Kanon erklingt die freieste, offenste aller Variationen, die in launiger, unbesieglicher Grandezza ihre Herzenskräfte ausstrahlt, nicht ohne ein koboldisches Blitzen mitzuführen – alles in der «großen Kraft», die der Alla-breve-Takt in sich trägt. In manchem zeigt sich eine Verwandtschaft mit dem Sekund-Kanon: Wie dieser erscheint Var. 18 als «Erreichnis», als Zusammenfassung der zwei vorangegangenen Variationen. Denn sie hat jene freudige Sicherheit, wie sie gewonnen wird, wenn ein Problem bewältigt, eine Aufgabe gemeistert ist. Selbst der harmonische Knotenpunkt des beginnenden b-Teils wird ohne wesentliche Trübung überwunden; das Kanonische wird zur unauffälligen Selbstverständlichkeit. Die Kanonstimmen, kurz nacheinander einsetzend, lassen sich das Wort, sie dialogisieren wie im Sekund-Kanon. Die Sexten sind längst aus der vorigen Variation bekannt, kommen jetzt aber in selbstsicheren halben Noten daher:

Var. 17

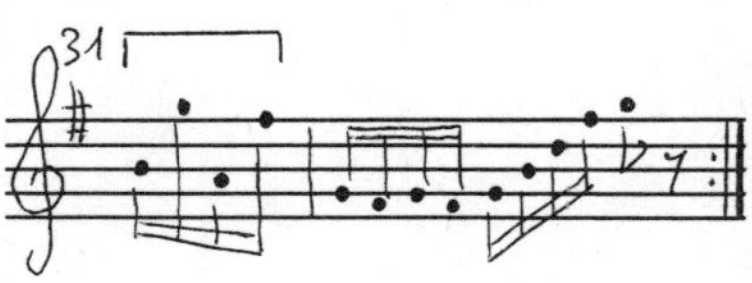

Var. 18

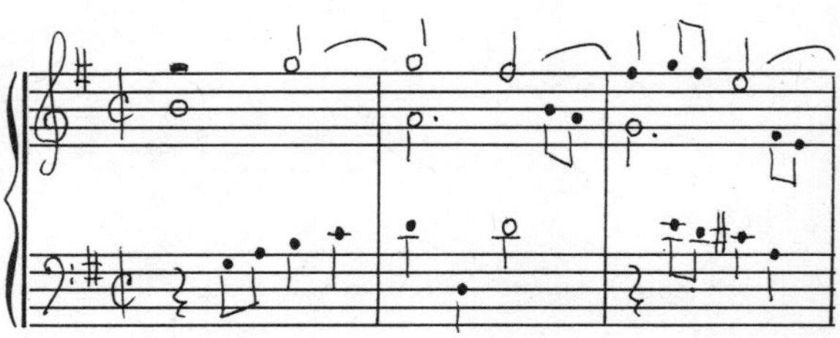

Dem Baß gehört die ganze Aufmerksamkeit, er hat rhythmisch und melodisch die Führung und nimmt gewissermaßen die Kanonstimmen als vergnügt plaudernde Begleiterinnen auf den Rücken. Der Aufbau erreicht die größte Klarheit und spielerische Überlegenheit: deutliche Abschnitte, 4-taktige Gliederung, wobei der 8-taktige Nachsatz des a-Teils notengetreu (bis auf eine kleine Abweichung im Eingang) im b-Teil wiederkehrt. Zu solch wörtlicher Wiederaufnahme bringt es keine Charakter-Variation und keine virtuose Variation.

«Überraschend ungezwungen» sei dieser Kanon, meint H. Keller, aber als Kanon schwer zu hören. Darum haben sich wohl jene «Bearbeiter» nicht gekümmert, die dieser Variation, nach Radioklängen zu schließen, zu der zweifelhaften Ehre verholfen haben, «verjazzt» zu werden.

Einige andere Charakterisierungen scheinen von Interesse: Varsano denkt an einen robusten Brueghel-Tanz – man ist versucht, wieder den vergleichsweise stumpfen Klang des modernen Flügels für eine so derbe Auffassung verantwortlich zu machen. Kirkpatrick, als Gegenpol, spricht von friedvoll. Auf den Schallplattenaufnahmen trägt W. Landowska den Kanon am strahlendsten vor. Wenn die Erinnerung nicht trügt, hat Karl Richter in Schleißheim 1980 die Variation mit dem vollen Werk des Neupertschen Bach-Modells gespielt, in dem der Kanon eine kraftvolle Fülle erreicht.

Variatio 19.
a 1 Clav. (Charakter-Var.)

Im Sept-Bereich legt sich ein leiser Schleier über den Glanz. Es geht nicht mehr mit gleicher Siegessicherheit voran.

Var. 19 behält durchaus eine anmutige Heiterkeit, eine herzliche Beschwingtheit, aber gegenüber dem Sext-Bereich erscheint sie zart und nachsinnend. Der formale Aufbau findet sich ähnlich in manch anderen dreistimmigen Sätzen Bachs: Die Themen werden abschnittweise unter den Stimmen getauscht (hierin die Wechselhaftigkeit des Sept-Bereiches dokumentierend),

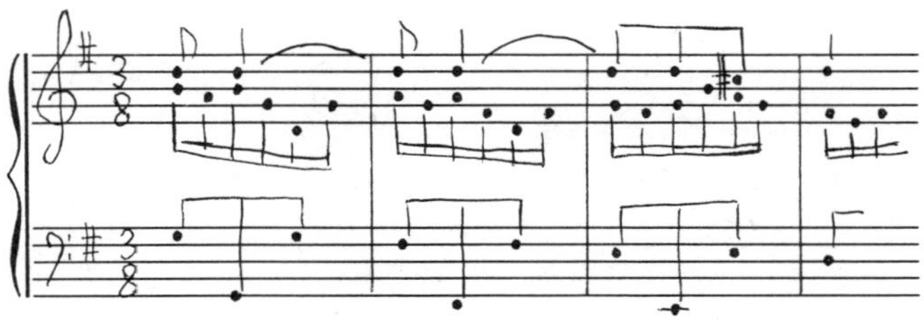

doch nicht gleichermaßen. Das Sechzehntel-Thema der Mittelstimme erweist sich als das führende, geht durch alle Stimmen und ist stets gegenwärtig. Es bringt die Sexte in der Abwärtsbewegung und nun nicht mehr im freien Sprung, sondern mit einer «Sprosse» dazwischen, sichert aber zuvor noch den Einsatzton durch eine Mordentbewegung. Die Sechzehntel formen auch noch die weibliche Endung im letzten Takt, die keinen Schluß setzt, sondern ausklingend sich verläuft.

Der Diskant hält sich in einer Liegestimme fest, die synkopisch einen Ton wiederholt. Damit erfährt das synkopische Nachschlagen des Kanons in Var. 18 eine

Fortsetzung und Abwandlung: Jetzt zeigt sich die Synkope in ihrem schwankenden Gefüge. Diese Liegestimme kann auch in den Alt wandern, während die festigenden Oktavsprünge, das dritte motivische Element, in ihrer Grundgestalt dem Baß vorbehalten bleiben.

Die Variation ist weniger ein Fortschreiten als ein Gespräch, in dem sich die Stimmen, nicht ohne heiteres Schmunzeln, von verschiedenen Orten her das Sechzehntel-Thema zurufen: ein Durchgehen liebgewordener Erinnerungen. Auch etwas Schwebend-Behäbiges kann man in dieser Variation sehen, und man mag verstehen, daß H. Keller sich bei ihrer «ruhigen, besinnlichen Grazie» stilfremd an einen Ländler gemahnt fühlt.

Enge gibt es aber nicht in dieser Variation, nur ein leicht Unentschiedenes. Wenn man vergleicht mit der tänzerischen Variation 7 (al tempo di Giga), die in ihrem $^{6}/_{8}$-Takt eine gewisse Verwandtschaft zu Var. 19 zeigt, so wird man bemerken, wie die Terz-Variation bei aller jugendfrischen Bewegtheit in sich gefesselt bleibt, während die Sept-Variation frei ausschwingt, ja tatsächlich «ohne Haut» dasteht, wie es für die Sept typisch ist.

In der weiblichen Endung hält sich auch der Schluß offen:

Variatio 20.
a 2 Clav. (Virtuose Var.)

Entschlossener als Var. 19 macht sich Var. 20 ans Werk. Aber ihre Tätigkeit besteht nun in einem fortwährenden Divergieren und Auflösen: Geradezu jedes Motiv führt eine Gegenbewegung mit sich oder ruft eine hervor. Die festere, gerade Duolenbewegung wird im Verlauf der Variation verdrängt von der luftigen, leichteren Triolenbewegung. Ausgelassenheit schreibt K. Schumann der Variation zu, und Karl Richter hat sie im Konzert auch so gespielt.

Die ersten acht Takte sind ein unverdrossenes, emsiges Überkreuzen im gebrochenen Dreiklang, mit dem Var. 19 geendet hatte.

Das Aufwärtsgerichtete herrscht vor durch die Achtel gegenüber den nachschlagenden Sechzehnteln (oder wollte Bach damit nur das rhythmische Gefüge verdeutlichen?) und erhält in den Sechzehntel-Auftakten einen mutwillig sich geltend machenden Anstoß.

In Takt 9 löst sich dann, als zweites Spielelement, eine Triolenbewegung von aneinandergesetzten Mordenten los, die wie ein Auffliegen, ein Verlassen des festen Bodens ist. Damit ändert die Variation überraschend ihre Richtung. In Karl Richters Spiel kam das deutlich zum Ausdruck, deutlicher als in irgendeiner Schallplattenaufnahme:

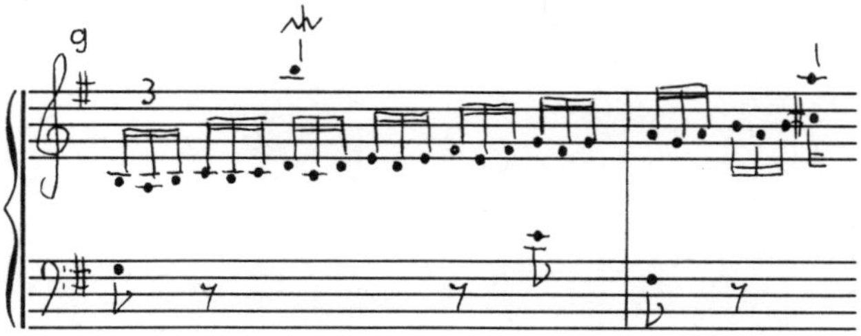

Die zweite Stimme taucht einmal darüber auf, ertönt alsbald unten: auch sie befreit von aller Schwere, entbunden zu beliebigen Sprüngen. Das Überschlagen ähnelt dem in den ersten Takten von Var. 5 in der Sekund-Gruppe, geht aber jetzt in die höhere Oktave hinauf.

Da die Triolenbewegung schon das Feld gewonnen hat, verdrängt sie im b-Teil nach zwei Takten bereits die Duolen und ballt sich in chromatischem Gang. Gegen Ende erscheint mitten im Gewoge ein neues, seltsames Motiv, ein mehrmaliges Pochen auf einem Ton, durch Staccato-Punkte herausgehoben:

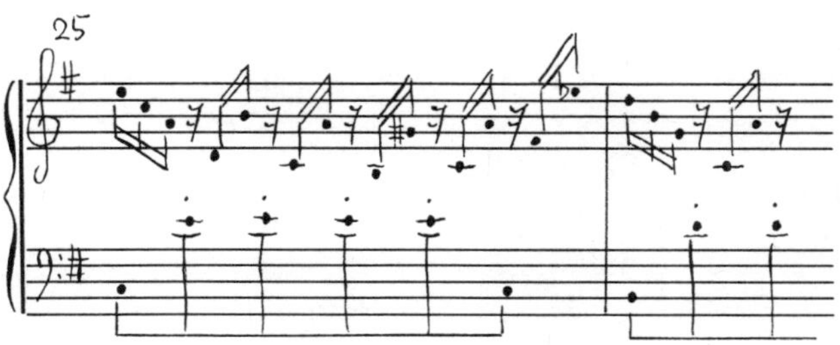

Karl Richter hat auf dieses Motiv aufhorchen lassen, indem er es aus dem ihm eigenen durchlebten rhythmischen Ebenmaß hervorleuchten machte. Es erklang wie ein letztes Hindeuten, ein letztes Festhalten, bevor die Stimmen, wie am Schluß des a-Teils, sich metrisch verschieben und verwirren und schließlich, über Kreuz und nacheinander, weit in Gegenrichtung auseinanderlaufen.

So zeigt sich hier in vielerlei Gestalt die Auflösungstendenz der Septime, die in den beiden anderen Sept-Variationen in den weiblichen Endungen sich niederschlägt.

Variatio 21.
Canone alla Settima.

Wieder ist, wie in Var. 14, etwas entsprungen, und wieder setzt, die Kräfte festhaltend, Moll ein; ein düster-schmerzliches Wogen zunächst, das sich im Verlauf immer mehr zum Tröstlichen lichtet.

Der Anfang bringt sogleich die zwei bestimmenden Bewegungen: die Chromatik, die der Baß anschlägt (abwärts, in Gegenrichtung zum chromatischen Hochschrauben in Var. 20, Takt 21–23), und das wellenartige Hochrollen in den Kanonstimmen, das bald auch den Baß erfaßt und in Umwandlungen die ganze Variation strukturiert.

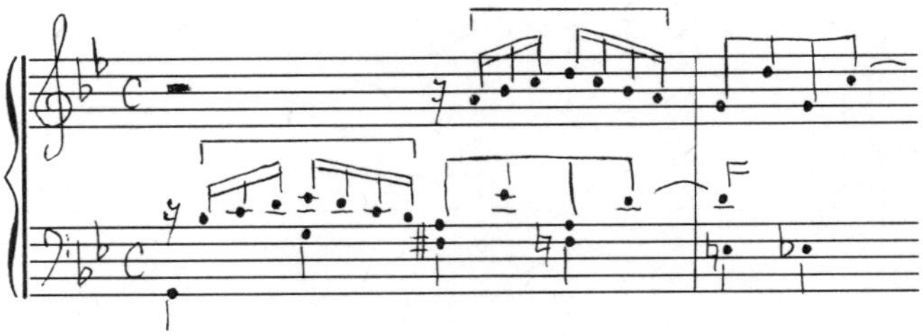

Ein kleines Motiv gegen Ende von Var. 20 kann als Vorform dieser Wellenbewegung angesehen werden:

Keine Häufung herber Intervalle wie im ersten Moll-Kanon bringt diese zweite Moll-Variation. Die Nachahmung hat zwar den weiten Abstand der Septime, aber die Stimmen gleiten vorwiegend in Sekundschritten dahin, die in den großen Bogen des $^4/_4$-Taktes genommen sind.

Der a-Teil steigt aus den dumpfen unteren Klangregionen in die lichteren nach oben; befreit kann der b-Teil dann wieder in die Tiefe zurückkehren. Dem im Baß noch einmal gegen Schluß aufklingenden wogenden Motiv setzen sich sänftigende Bewegungen nach abwärts entgegen, und der Kanon klingt in der liebevoll umfassenden Gebärde einer 32-stel-Figur aus:

W. Landowska meint, alle Moll-Variationen der Aria hätten «die schmerzliche Schönheit einer Notenseite aus der Matthäus-Passion».[285] Den Septimen-Kanon scheint sie besonders geliebt zu haben. Sie schließt an ihn eine Betrachtung an über die Kunst Bachs, den scheinbar so strengen Kontrapunkt mit Gefühlsausdruck zu durchdringen. Andere hätten genauso vollkommene Fugen und Kanons komponiert, aber, so fährt sie in ihrer expressiven Ausdrucksweise fort, «es ist er, der uns das Herz aus der Brust reißt, es fest in seinen Händen hält, es in tödliche Ängste versetzt und es zugleich mit so viel Liebe und wacher Sorgsamkeit besänftigt.»[286]

Variatio 22.
a 1 Clav. alla breve
(Charakter-Var.)

Der Übergang zu Var. 22 ergab lange Zeit eine Schwierigkeit beim Studium am Instrument. Er wollte sich der Empfindung nicht recht erschließen. Nichts stellte sich ein, was den Septimen-Kanon mit der ersten Oktav-Variation verbinden konnte. Es war nicht mehr ein Weiterschreiten wie bisher von Variation zu Variation. Die weibliche Endung brachte keinen Schluß, brachte aber auch nichts, was auf Var. 22 hinführte, wenn man auch das synkopierende Nachschlagen der Mittelstimme im letzten Takt (siehe das vorige Notenbeispiel) als Vorschau auf die Synkopen des Alla breve empfinden konnte. Hier riß der Strom rätselhaft ab.

Erst eine Bemerkung Rudolf Steiners gab den Schlüssel: «Jetzt kommen wir, wenn wir von c, cis ausgehen, wenn wir hier zu der Septime kommen, in eine Region hinauf, wo wir eigentlich stehen bleiben müssen. Das Erlebnis stockt, und wir haben ein ganz neues Element notwendig.» «Während die Septime noch in bezug auf die Prim empfunden wird, so tritt dann ein ganz anderes Erlebnis ein, sobald die Oktave herankommt.»[287]

Darin lag die Erklärung. Der Übergang muß anders betrachtet werden als die bisherigen Anschlüsse. Nicht ein Weiterschreiten findet statt, sondern ein Auswechseln. Der Septimen-Kanon erlischt, und als ein Neues, Umgestaltetes leuchtet Var. 22 auf – ein Ergebnis des Vorherigen, aber in verwandelter Form.

Dabei zeigt das Alla breve, wie mehrmals erwähnt, große Ähnlichkeiten mit dem Sext-Kanon Var. 18. Beide beginnen mit einer Sexte, haben den $^{2}/_{2}$-Takt mit seiner «großen Kraft» und mit den zugehörigen «Syncopationen, Ligaturen» etc.

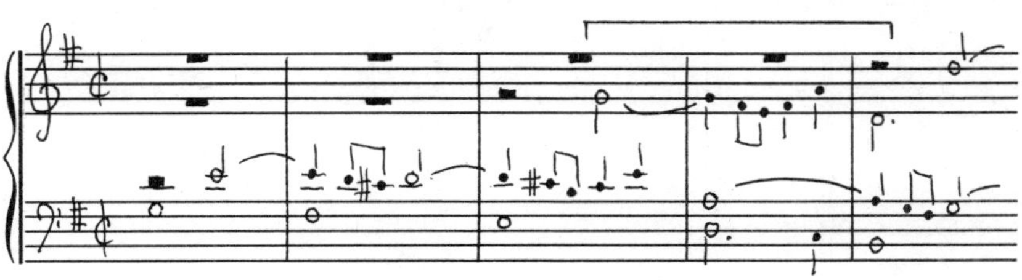

Während aber der Kanon Var. 18 übermütig vibrierte und in leuchtenden Farben blitzte, hat Var. 22 einen ruhigen Glanz: Überlegenheit und Objektivität sind gewonnen. In freier Verfügung werden die Stimmen als mitwirkende eingesetzt, nicht in der «Nötigung», dem Weckruf des Quint-Quart-Abstandes wie in der Fuge, sondern beliebig wechselnd in Terzen, Quinten, auch in Septimen. Meist wird dabei die verkürzte Form des Themas gewählt, wie sie zuerst im Alt auftritt. Aus diesem Thema baut sich die gesamte Variation auf, nur der Baß gibt eigenes hinzu.[288] Es ist also, will man in eine Werkgattung einordnen, hier am angemessensten, von einem «alten Ricercare» zu sprechen.[289]

Gegenüber Var. 18 ist festzustellen, daß statt des 3-stimmigen Satzes jetzt ein 4-stimmiger vorliegt, der mehr Fülle und Festigkeit hat. Die Achtel, die im Sext-Kanon «Schleifer» gebildet hatten, nehmen nunmehr Mordent-Charakter an. So geben sie der Alla-breve-Variation jene Sicherheit, wie sie dem Oktavbereich zugehört. «Geläuterte Heiterkeit» schreibt Kirkpatrick, ganz das gleiche empfindend, Var. 22 zu.

Variatio 23.
a 2 Clav. (Virtuose Var.)

Zwanglos und selbstgewiß, wie das Alla breve, aber hurtig und agil folgt Var. 23 hinterher. Sie scheint die witzigste, koboldhafteste unter den koboldhaften virtuosen Variationen. Die zwei Stimmen laufen sich nach, ändern plötzlich, als hätten sie nie ein Ziel gehabt, die Richtung, tauchen unvermutet woanders auf, jagen schnell dahin und kehren ohne Übergang zum alten Tempo zurück – zwei Schabernackwesen, die sich noch dazu beliebig verdoppeln können. «In Var. 23 haschen und fliehen sich die beiden Hände in übermütiger Weise», schreibt H. Keller.

Gerade Richtungen hinauf und hinunter herrschen vor, besonders im ersten Spielelement, kanonisch geführten Tonleitergängen, die als Ansatz den Mordenten von Var. 22 verwenden, nach oben versetzt:

Var. 22 *Var. 23*

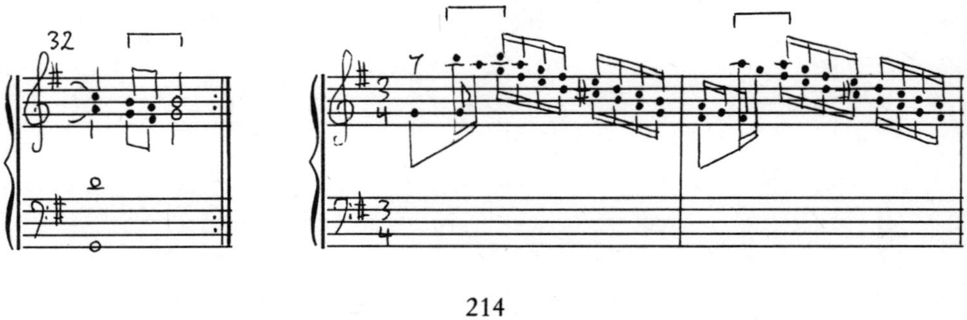

Die Gegenbewegungen im zweiten Spielelement nehmen ihre Wege gleichfalls sehr direkt:

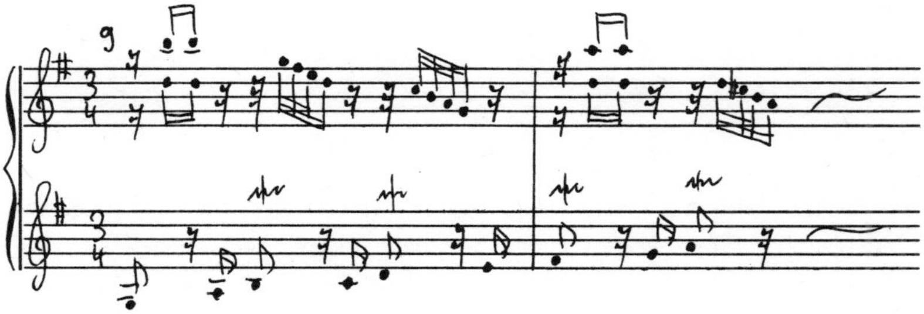

So erhält die Variation bei aller Wechselhaftigkeit und Veränderlichkeit doch viel Klarheit. Es ist die lockerste, luftigste aller Variationen, deren Klangstruktur sich in kurze Passagen auflöst, in immer neue spieltechnische Erfindungen. Figuren wie in Takt 27ff.

«waren in der Klavierliteratur bis dahin unerhört und blieben bis zu Liszt eine Seltenheit».[290] Wenn W. Landowska im ersten Spielelement eine Verwandtschaft mit «La Joyeuse» von Rameau sieht, im zweiten mit der 15. Variation von Pogliettis «Il Rossignolo»,[291] so deutet sie doch mehr auf Ähnlichkeiten im Notenbild, als daß die Aussage der genannten Stücke dem schalkhaft blitzenden Spiel von Bachs Variation nahekäme.

Variatio 24.
a 1 Clav. Canone all'Ottava.

Vom nach innen zusammenlaufenden Schluß der 23. Variation schwingt nun der Oktav-Kanon in groß ausladendem Bogen in die Weite. Wie dort gegen Ende aus umspielenden Terzen eine aufsteigende Skala herausgewachsen war (siehe das vorige Notenbeispiel, Takt 29), so löst sich jetzt aus dem Mordent der Bogen nach oben und gewinnt noch einmal einen Ton in der Höhe – das h″ – dazu gegenüber dem ähnlich verlaufenden Anfang des Quart-Kanons.

Der lange Atem, der vier, im Grunde acht $^9/_8$-Takte umspannt, ist – wieder sei eine persönliche Bemerkung erlaubt – erst in Karl Richters Interpretation im Konzert ganz deutlich geworden. Man läßt ihn gerne unbeachtet, weil eine so großräumige Phrasierung Kräfte erfordert, und weil der Einsatz der zweiten Kanonstimme, die aus der tieferen Oktave nachfolgt, die Aufmerksamkeit abzieht, solange man nicht alle drei Stimmen parallel zu gestalten vermag. Bei einem relativ flüssigen Tempo wurde die Weiträumigkeit in Richters Spiel mühelos hörbar, und es bewies sich hier wiederum seine Fähigkeit, jede Stimme wie auf einer Himmelsbahn erklingen zu lassen, dem Weg eines Planeten gleich, der seinen Platz voll ausfüllen muß; würde er locker lassen auf seiner Sphäre oder seinen Gang abkürzen wollen, bräche das ganze Gefüge zusammen. So gespielt entfaltet der Kanon allen ihm eigenen wohltätigen Goldglanz und wirkt keineswegs «lang und kompliziert», wie Varsano meint. Wo die Zeit ausgefüllt ist, wo sie sich erfüllt, spielt sie keine Rolle.

Doch hat man offensichtlich schon zu Bachs Zeiten mit dem $^9/_8$-Takt Schwierigkeiten gehabt. «$^9/_8$. Wird noch biß dato vor die schwereste Mensur gehalten … Allein / wo ja was schweres daran / so steckt es wol in der Conposition mehr als in der Execution. Derowegen sich denn auch noch wenige die Finger daran verbrandt haben / zumahlen da auch dieser Tact, die deutsche Warheit zu sagen / fast der ungeschickteste unter allen ist / etwas gefälliges heraus zu bringen / und zu lauter bizarrien gebraucht wird / einen habilen Maitre aber dennoch keines Weges bindet.»[292]

Der «habile Maitre» Bach hat auf den neun Achteln die ruhig-bewegte Schönheit des Oktav-Kanons entfaltet. K. Schumann bezeichnet ihn als «gelassen».

Im Aufbau hat er jene schon genannte Eigenart, daß die Stimmen in der Mitte beider Hälften zu einem Knotenpunkt zusammenlaufen und die Führung wechseln, daß also aus zwei Kanons – einem im a-, einem im b-Teil – vier werden. Viertel-, Halb- und Ganzschluß sind gebildet von einer jedes Mal wiederkehrenden Sechzehntelfigur:

Karl Richter hat ihr liebevolle Sorgfalt angedeihen lassen und sie mit der ganzen ihm zu Gebote stehenden Delikatesse herausgearbeiet. Diese Figur erweist sich in der Tat als bedeutsam. Sie zieht den Schluß verzichtend nach innen, wo er in der Diskantterz stehen bleibt. Die Abschiedsstimmung von Var. 25 ist damit in idealer Weise vorbereitet.

Variatio 25.
a 2 Clav. adagio.
(Charakter-Var.)

Die None überschreitet die Oktave; sie verläßt, was bisher Fundament war. Und in der ersten Nonen-Variation fällt das in die Tiefe verankernde große G, auf dem der Baß in Var. 24 geendet hatte, weg. Nur die Terz der Kanonstimmen bleibt und zieht sich nach Moll zusammen, zu jenem g-Moll, das, nach Mattheson, «fast der *allerschöneste* Tohn» ist, weil er, neben anderem, eine *«ziemliche Ernsthafftigkeit... Anmuth* und *Gefälligkeit* mit sich führet» und zu *«sehnenden»* wie *«mäßigen Klagen...* bequem und überaus flexible ist.»[293] Und es beginnt jene Variation, die «vielen als die Krone des ganzen Werks» gilt[294] – ein in großem Bogen geführter schwebender, schmerzlicher Verzicht. Zwei Begleitstimmen tragen eine Melodie.

Sie umkreist doppelschlagartig den Quintton – C. Ph. E. Bach gibt ein ganz ähnliches Notenbeispiel dafür, wie der Doppelschlag «zuweilen seinen Schimmer ablegt, und bey langsamen Stücken voller Affeckt mit Fleiß matt gemacht wird»[295] –, dann schwingt die Bewegung weit nach außen und findet sich dort. Die immer wiederkehrenden Sext- und Oktavsprünge werden nicht direkt genommen, sondern im Hineingleiten, wie Bach durch die Vorschläge in seinem Handexemplar hat erkennen lassen. Dann läuft die Bewegung zurück; und im Wechsel zwischen Umschließen und Sich-Öffnen in weite Fernen hinaus pulsiert die ganze Variation.

Ohne Schwere, ohne festen Halt bewegt sich der Baß, eng mit dem Tenor sich verbindend. Jeder chromatische Ton, mag er zunächst als Leitton aufgefaßt werden und Festigkeit versprechen, erweist sich als Durchgang zum nächsten chromatischen Ton; jede 1 der Begleitstimmen fließt im Vorhalt aus und wird damit ihres Gewichtes entledigt. Und doch bleibt durch den Moll-Charakter, durch die Chromatik alles nach innen gebunden, bleibt bewahrt vor der Gefahr, im unendlichen Raum sich ganz zu verlieren.

Es ist eine jener Kompositionen Bachs, wo eine Melodiestimme zum sprechenden, singenden Individuum wird, ein Ich in der Weite und Einsamkeit des Schmerzes, ohne den es keine Läuterung zu höheren Stufen gibt.

Variatio 26.
a 2 Clav. (Virtuose Var.)

Nun aber bricht der Zug zum Schluß hin auf. In der Wehmut der 25. Variation ist die Trennung innerlich bewältigt, jetzt flammt, als käme eine Kraft vom Zielpunkt der 30. Variation her zuhilfe, aus der Tiefe eine Triolenbewegung hoch, den absteigenden Schluß von Var. 25 nach oben richtend; der längste Gang in Aufwärtsbewegung, den die Variationen bringen,

Var. 25 *Var. 26*

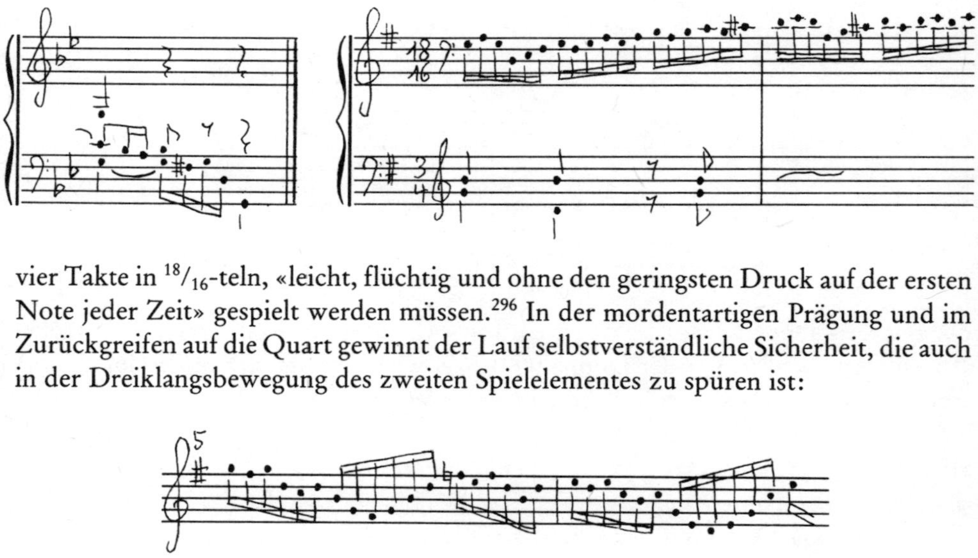

vier Takte in $^{18}/_{16}$-teln, «leicht, flüchtig und ohne den geringsten Druck auf der ersten Note jeder Zeit» gespielt werden müssen.[296] In der mordentartigen Prägung und im Zurückgreifen auf die Quart gewinnt der Lauf selbstverständliche Sicherheit, die auch in der Dreiklangsbewegung des zweiten Spielelementes zu spüren ist:

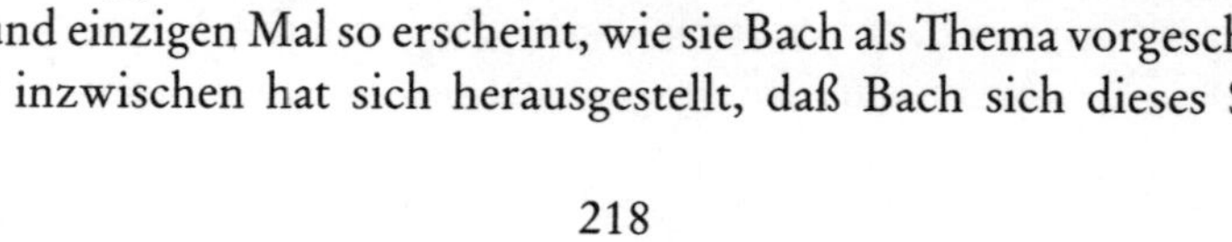

Das sarabandenartige Thema der zu beiden Elementen erklingenden anderen Stimme, einer Doppelstimme, sah H. Keller an als «die vereinfachte Melodie, die hier zum ersten und einzigen Mal so erscheint, wie sie Bach als Thema vorgeschwebt haben mag». Aber inzwischen hat sich herausgestellt, daß Bach sich dieses Sarabanden-

Motiv gar nicht so einfach gedacht hat. Er nimmt es nicht, wie man glauben könnte, als sicheren rhythmischen Halt im fluktuierenden Funkeln der Sechzehntel; in seinem Handexemplar hat er fast jede zweite Zählzeit mit einem Vorhalt oder einer Verzierung versehen, und somit auch in die stolze Festlichkeit dieses Rhythmus eine auflösende Tendenz hineingebracht:

Gleichwohl behält das Sarabanden-Motiv die ganze Variation über die Aufmerksamkeit bei sich; stets gegenwärtig, und damit als vereinheitlichendes Element wirkend, erscheint es wie ein Erinnerungsbild im flammenden Flackern der Sechzehntel.

Am Schluß erst erfaßt die Laufbewegung, inzwischen abwärts gerichtet, beide Stimmen; übrig bleibt dann eine nach unten abfließende Figur, wie in allen drei Nonen-Variationen, und in den letzten Tönen auf die Note gleich mit der vorhergehenden Var. 25.

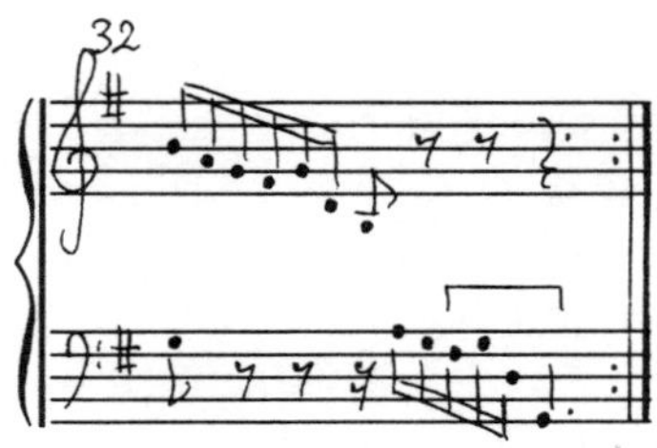

Variatio 27.
a 2 Clav. Canone alla Nona.

Wieder wendet die nachfolgende Variation die abwärts auslaufende Bewegung nach oben, wieder läßt sie die tiefere Oktave im Einsatzton zurück. Im Aufstreben von Var. 26 ist die Loslösung bereits vollzogen; frei, ohne stützenden Baß bewegen sich nun die Kanonstimmen in Var. 27, rückschauend, Abschied nehmend wie die beiden anderen Nonen-Variationen, aber nun in voller Bejahung.

Der Weg geht sogleich hinaus in die große Sexte, den Bereich der mutartigen Herzens-Opferkräfte, hält aber hier ein, um noch einen letzten Halt zu haben.

Die Bewegung, die sich anfangs zügelt und die Stimmen übersichtlich auseinanderhält, läuft später durch und kreist dann bis zur Septime hinaus;

gelegentliche Oktavsprünge bringen Selbstbewußtsein. Die None, im Abstand der Kanonstimmen stets gegenwärtig, dehnt gleichwohl die Kräfte auseinander; die Stimmen trennen sich – ein Novum in den Kanons – auf zwei Manuale.

Eleganz mischt sich mit Behäbigkeit, Tanzartiges mit Schalkhaftem – eine ganz eigene, das Herz erfrischende Mischung. Die Umkehrung der Bewegung nach unten im b-Teil, wie in jeder Nonen-Variation, bedeutet nicht eine Rückkehr zu irdischer Schwere, es ist eine Erinnerung daran, daß Aufstieg nicht ohne das Zurücklassen von Absteigendem möglich ist.

Busoni hat, in Nachromantiker-Ungeduld vorwärtsdrängend, den Nonen-Kanon streichen wollen.[297] Aber wie segensreich wirkt es, daß er noch einmal die Kräfte der Rückschau zusammenfaßt und damit wohlvorbereitet entläßt in den Dezimen-Bereich, der aller Bindungen sich entledigt zeigt.

Die weibliche Endung kann diesmal als Überleitung zur nächsten Variation genommen werden, und als Anzeichen dafür, daß hinfort alle Variationen rasch aufeinander aufschließen. So wird es von den meisten Interpreten gespielt. Schon drängt der Strom dem Ziele zu.

Variatio 28.
a 2 Clav.

Var. 28, im Absprung vom Schluß der 27. Variation erreicht, bringt als erste Dezimen-Variation die Loslösung und lebt sich, bereits aller Fesseln enthoben, im schwerelosen Flattern und Schweben dar. Die Dezime, die nicht mehr als Kanonintervall auftritt, erklingt in den Sprüngen der Baßstimme, von Oktav-Klarheit begleitet:

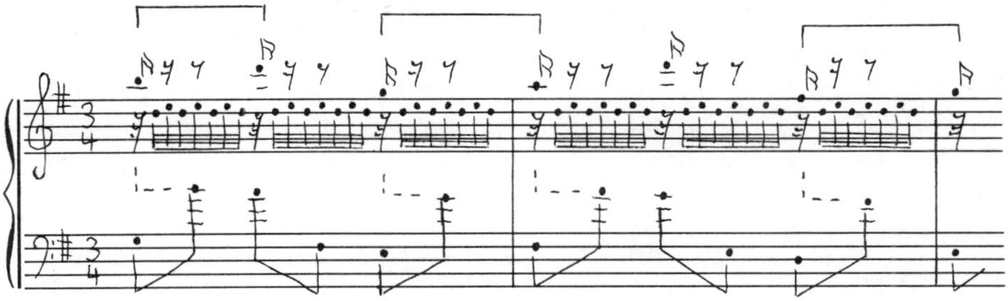

In den Spitzentönen klingt der Diskant-Schluß von Var. 27 an:

Var. 27

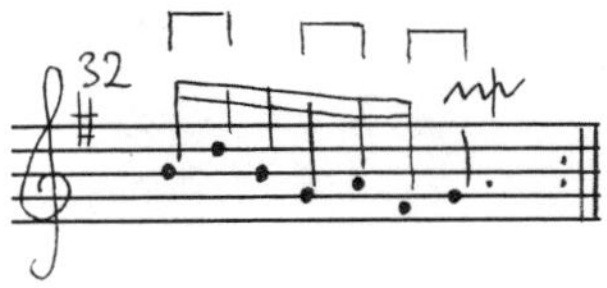

Dazu aber kichern und wispern spitzbübisch Triller und Doppeltriller. In Trillern hat auch Beethoven den «Abschied»[298] im Variationssatz der Klaviersonate op. 111 vollzogen. Bach soll Doppeltriller selbst noch im Pedal, mit den Füßen, ausgeführt haben.[299]

Die Befreiung der Dezimen-Gruppe von manchem, was bisher bindend war, gibt sich kund in einigen Eigentümlichkeiten, die Var. 28 und 29 gemeinsam sind: Beide Variationen zeigen sich vorwiegend virtuos geprägt und folgen dem Aufbauprinzip der virtuosen Variationen in zwei Spielelementen. Es fehlt aber der dort übliche horizontale Fluß; Skalengänge erlangen nur noch als Überleitung, als verbindende Passagen Bedeutung. Jetzt ist die mehr vertikale Richtung von Dreiklangsbrechungen bestimmend, jedoch mit Durchgangs- und Wechseltönen durchsetzt und flüssig gemacht. Eine bedeutsame Umkehrung findet statt: Wenn mordentartige Bildungen auftreten, wie im zweiten Spielelement von Var. 28,

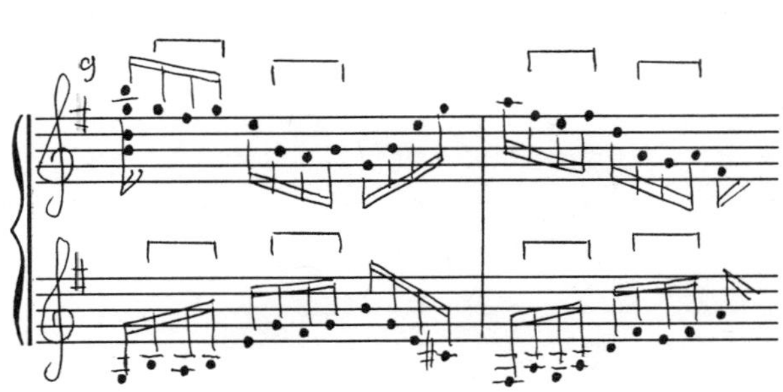

so fällt die Betonung jetzt nicht auf die Hauptnote, sondern auf die Wechselnote. Man kann darin einen Zug zur Selbstlosigkeit sehen; denn der Hauptton sind natürlich wir selbst, und er tritt zurück. Aber es ist auch ein Aufheben des Festen, das in der Hauptnote liegt.

Der a-Teil ist sehr klar in seiner Gliederung. Im b-Teil geraten die Spielelemente in Verwirrung. Wie ein nochmaliges Kompendium aller Möglichkeiten geht es einmal gegeneinander, einmal miteinander, wird plötzlich die Richtung und die Rhythmik geändert, vermehren sich die Stimmen bis zur Vierzahl oder werden reduziert. Zu humoristischer Wirkung dient jetzt sogar die Chromatik.

Hinter allem aber wartet schon das bekräftigende Wort, das zusammenfassend den Schluß herbeiführen wird.

Variatio 29.
a 1 ô vero 2 Clav.

Dieses bekräftigende Wort ist Var. 29 – ein Bestätigen alles Bisherigen, ein Herauslösen wie das Amen, das abschließt und zugleich freigibt – in übermütiger Kraft, in hochgemuter elementarer Spielfreude.

Das erste Bewegungselement festigt durch die Klarheit der Oktaven und die Volltönigkeit der Dreiklänge, die aber zu rascher Beweglichkeit sich fähig zeigen:

Var. 28

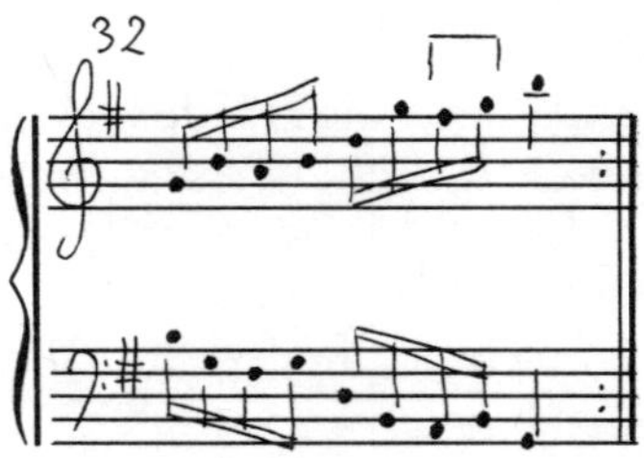

Var. 29

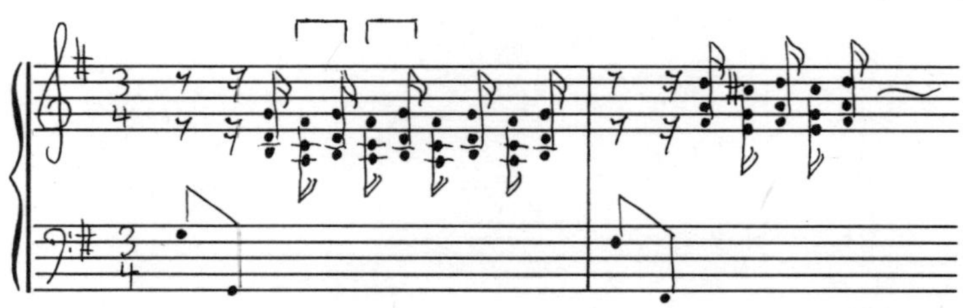

Wie in Var. 28 liegt das Hauptgewicht auf den Nebentönen. Der nach oben drängende Leitton hat damit ein eigenes Motiv bekommen. H. Keller nennt es Akkordtriller;[300]

aber es fragt sich, ob dies berechtigt ist, da ein eigentliches Triller-Tempo natürlich nicht erreicht werden kann und sinnlos wäre. Auch sind die «Nachschläge» nicht die sonst üblichen gleitenden, sondern akkordisch-sprunghaft. Es ist ein in seiner Erfindung einmaliger Satz, eine Spielfigur-Entdeckung; ähnliche Aufgaben sind, wie mehrfach angemerkt worden ist, erst im 19. Jahrhundert wieder gestellt worden.[301] Auf zwei Klaviaturen läßt sich der Akkordwechsel wesentlich leichter ausführen als auf einem Manual, doch verliert der Satz dann an Kraft, weil nicht alle Griffe in voller Registrierung genommen werden können. Bachs Anmerkung «a 1 ô vero 2 Clav.» trägt beiden Möglichkeiten Rechnung.

Aus dem steilen Türmen der Oktaven und Dreiklänge löst sich eine Triolenbewegung, die sich vereinfacht und schließlich in den Balanceakt eines einstimmigen Laufes hineingeht, der erst am Schluß akkordisch aufgefangen wird.

Die Terzen sind hier das bestimmende Intervall. So paart sich in dieser Variation die Oktav-Sicherheit des ersten Spielelementes mit dem Gefühlscharakter des zweiten; zusammen ergibt sich die Dezime mit ihrer Überlegenheit aus Herzenskräften. Aber auch die «annullierende», neutralisierende Eigenart der Dezime wird deutlich: Das Akkordisch-Schwere wird im Leitton aufwärts gedrängt ins Leichtere, der vorwiegend absteigende Triolenlauf, der unter die Hände verteilt ist, wird unermüdlich nach oben geworfen. Das Widerstrebende tut sich zusammen und hebt sich gegenseitig auf. Gegen Schluß konzentriert noch einmal ein Motiv aus Halbtonschritten die Kräfte, bevor die Bewegung nach oben entschwindet.

Das Virtuos-Elementarische, das besondere Charakteristikum der Goldberg-Variationen, ist auf die Spitze getrieben, hat sich erfüllt. Was kann jetzt noch kommen?

Variatio 30.
a 1 Clav. Quodlibet.

Ein «Kehraus»,[302] ein Sprüchlein wie am Schluß vieler Märchen, das aus der hohen Erlebniswelt auf den irdischen Boden zurückholt durch die Kraft des Humors, des überraschend Andersartigen. Diese Dynamik war Bach wohl vertraut von den Bachischen Familientagen. Dort wurde zuerst ein Choral gesungen. «Von diesem andächtigen Anfang gingen sie zu Scherzen über, die häufig sehr gegen denselben

Aus einer mündlichen Nachricht des berühmten Organisten
Johann Christian Kittel, eines Schülers Joh. Seb. Bachs

In dem letzten Quodlibet sind zwey ehemalige Volksgesänge: Ich bin so lange nicht bey dir gewesen, Ruck her, Ruck her, und Kraut und Rüben haben mich vertrieben, die Melodien in einer künstlichen harmonischen Verbindung gebracht. Das Thema der ersten fängt im ersten Takt in der Oberstimme an und wird im zweyten vom Discant nachgeahmt; und zwar in der Octave. Das Thema der zweyten fängt im 2ten Takt im Alt an und wird im 3ten vom Discant in der Quinte nachgeahmt.

Ich bin so lang nicht bey dir gwest
Ruck her — — —
Mit einem tumpfen Flederwisch
drüber her, drüber her drüber her.

Kraut u. Rüben haben mich vertrieben
hätt meine Mutter Fleisch gekocht
Wär ich länger g'blieben. (bleiben.

---

abstachen. Sie sangen nehmlich nun Volkslieder, theils von possierlichem, theils auch von schlüpfrigem Inhalt zugleich mit einander aus dem Stegreif so, daß zwar die verschiedenen extemporirten Stimmen eine Art von Harmonie ausmachten, die Texte aber in jeder Stimme andern Inhalts waren. Sie nannten diese Art von extemporirter Zusammenstimmung Quodlibet, und konnten nicht nur selbst recht von ganzem Herzen dabey lachen, sondern erregten auch ein eben so herzliches und unwiderstehliches Lachen bey jedem, der sie hörte.»[303]

Im Quodlibet der Goldberg-Variationen spielt eine gehörige Portion überlegener Selbstironie mit, die vor dem Höchsten, dem eigenen Werk, nicht haltmacht. Die Texte der zitierten Volkslieder sind in einem Exemplar des Originaldruckes überliefert, das als Dublette aus der Sammlung Pölchau von der Preußischen Staatsbibliothek Berlin verkauft wurde und sich jetzt in der British Liberary in London befindet.[304] Von einer Hand geschrieben, die bisher nicht identifiziert wurde, «wohl aus dem frühen 19. Jahrhundert»,[304] steht dort:

Aus einer mündlichen Nachricht des berühmten Organisten Johann Christian Kittel, einem Schüler Joh. Seb. Bachs.

In dem letzten Quodlibet sind von zweyen ehemaligen Volksgesängen: Ich bin so lange nicht bey dir gewesen, Rück her, rück her etc und Kraut und Rüben haben mich vertrieben etc die Melodien in eine kunstreiche harmonische Verbindung gebracht. Das Thema der erstern fängt im ersten Tact in der Tenorstimme an und wird im zweyten vom Diskant nachgeahmt, und zwar in der Octave. Das Thema der zweyten hebt im 2ten Takt im Alt an und wird im 3ten vom Diskant in der Quinte nachgeahmt.[305]

Der Kustos der Berliner Sammlung, Wilhelm Dehn, hat dazu (wahrscheinlich nach 1841)[306] den weiteren Text der Lieder notiert:

Ich bin so lang nicht bey dir g'west
Ruck her "–"–"
Mit einem tumpfen Flederwisch
drüb'r her, drüb'r her drüb'r her.

Kraut u. Rüben haben mich vertrieben
Hätt' meine Mutter Fleisch gekocht
Wär' ich länger g'blieben./blieben.

Die humorige Aussage dieser Liedzitate hier, am Ende der Variationen, kurz bevor die Aria wieder erklingt, liegt auf der Hand. O. Baensch hat 1934 als «Kraut und

◁ *Zusatz zum Exemplar des Originaldrucks aus der Sammlung Pölchau: Mitteilung über die von Bach im Quodlibet verwendeten Lieder.*

Rüben» die Variationen gedeutet, die die Aria vertrieben haben, während diese im «Ich bin so lang nicht bey dir g'west» ihr Kommen ankündigt.[307]

Viel Forscherfleiß ist darauf verwendet worden, die Lieder im Volksliedgut und in der Musikliteratur nachzuweisen, und das ist auch gelungen;[308] allerdings waren Melodie und Text wie bei allen wandernden Volksliedern Veränderungen unterworfen und werden immer wieder etwas anders angegeben. Von «Kraut und Rüben» hat Bach vornehmlich den Vordersatz herangezogen, für die Schlüsse des a- und b-Teils aber auch den Nachsatz:[309]

P. Nettl hat einen Zusammenhang gesehen mit der Bergamaska, einer weitverbreiteten Tanzmelodie in Ostinato-Technik, und mit der süddeutschen Form «Kraut und Rüben fressen meine Buben» in V. Rathgebers Augsburger Tafelkonfect von 1733.[310] In Buxtehudes Partita «La Capricciosa» erscheint der Themenkopf sehr auffällig, wird aber anders weitergeführt als bei Bach.[311]

Vom zu Beginn des Quodlibets erklingenden «Ich bin so lang nicht bey dir g'west» hat Bach offenbar nur die erste Zeile verwendet:

Meist folgt danach eine Pause. Die Weiterführung ist jedesmal verschieden, also nicht eindeutig. Dieses Lied aufzufinden hat sich als wesentlich schwieriger erwiesen. Spitta kannte ein Lied gleichen Anfangs mit dem Text «Es ist nicht lang, daß g'regnet hat»,[312] Erk-Böhme bringen im Deutschen Liederhort II einen in ähnlichen Noten beginnenden Salzsiedertanz aus Schwäbisch Hall «Mei Mutter kocht mir Zwiebel und Fisch, Rutsch her, rutsch her, rutsch her».[313] Daß aber tatsächlich auch der von Kittel genannte Text existierte, beweist eine Stelle in Christian Reuters Roman von 1696 «Schelmuffskys Reisebeschreibungen Anderer Theil»:[314] «...und sobald sie mich sahen von dem Rath-Hause herunter geritten kommen, so fiengen die mit den

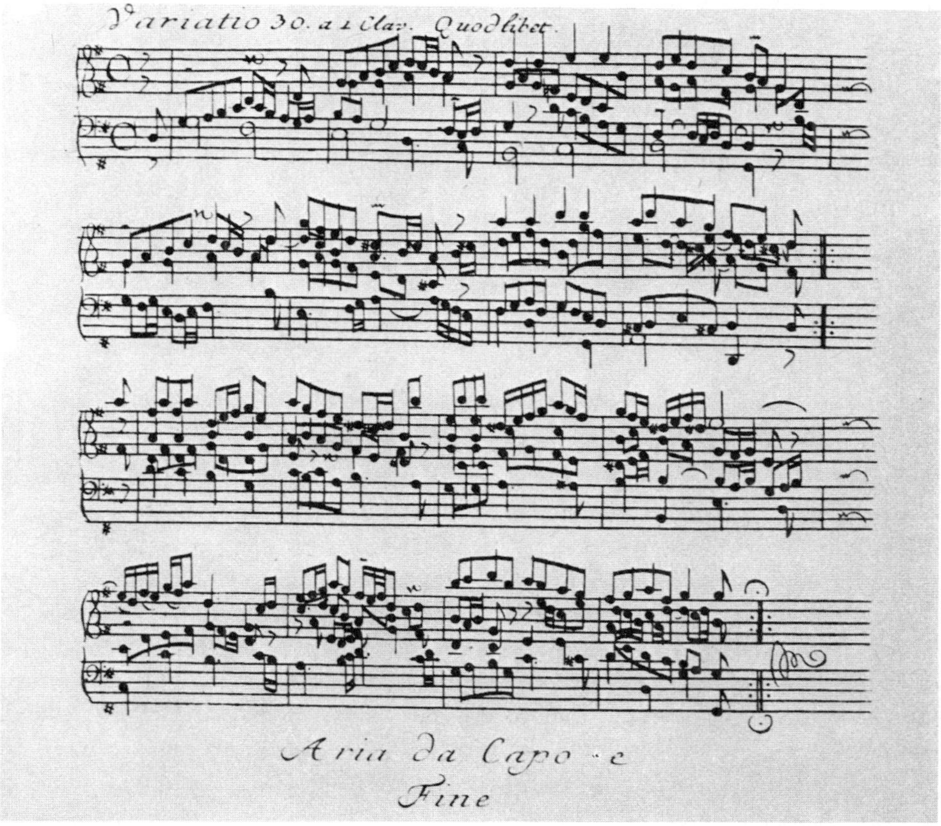

Variatio 30, Quodlibet, aus dem Originaldruck.

Trommeten (lies: Trommeln) gleich an, eine Sarabande zu schlagen, die Schalmey-Pfeiffer aber pfiffen den Todten-Tantz drein, und die zwey mit den Lauten spielten das Lied darzu: Ich bin so lange nicht bey dir gewesen, und der mit der Zitter klimperte den Altenburgischen Bauren-Tantz hinten nach. Nun kan ichs der Tebel hohl mer nicht sagen, wie die Music so vortreflich zusammen klang, und mein Pferdt machte immer ein Hophegen nach einander darzu».

Diejenigen, die die von Bach zitierten Lieder kannten – und vielleicht gehörte Graf Keyserlingk zu ihnen, oder er wurde rechtzeitig mit ihnen bekannt gemacht – mögen bei dieser 30. Variation «herzlich und unwiderstehlich gelacht» haben. Was aber bleibt uns Heutigen, denen die Texte nicht mehr geläufig sind?

Es bleibt das Volkstonartige, das Direkte und doch kunstvoll Gefügte als ein Kraftquell, als Ausgleich zum erlebten Höhenflug. Es bleibt das Auftaktische, das zum einzigen Mal am Beginn einer Variation steht und sie, trotz des trochäischen Gegensatzes von «Kraut und Rüben», ganz durchstrukturiert. Dieser Auftakt des

«Ich bin so lang nicht bey dir g'west» ist vorbereitet in der Betonung des Leittones in den Akkordwechseln von Var. 29. Und er führt nun hin zum lyrisch-persönlichen Empfinden, zum Tätigwerden, führt zurück in die Werkwelt; er läßt das Quodlibet glanzvoll-konzertant in Shakespearescher Kraft unmittelbar von Herzen zu Herzen sprechen. Dort, wo keine Steigerung mehr denkbar schien, hat Bach noch einmal eine Steigerung gefunden, die sich, trotz ihrer Andersartigkeit, in der organischsten Weise, als ein genuin Dazugehörendes, anfügt. Ein Einfall, ein festlicher Höhepunkt und krönender Abschluß.

Aria da Capo e Fine

Damit entschwindet die innere Erlebniswelt, und wir nehmen wieder die äußere «Schale» wahr: Die Aria in ihrem unveränderten, innig-ruhigen Geheimnis. Aber das gleiche klingt nun anders, beinhaltet mehr. Die Heerscharen der Elemente sind wieder in die Unsichtbarkeit, in die Unhörbarkeit zurückgetreten. Doch für das Nicht-Erklingende, im verborgenen Inneren Lebende sind jetzt die Ohren, die Ohren des Herzens geöffnet. Was das weihevolle Schreiten der Aria birgt gleich einem Mutterschoß, das klingt nun mit: vertrauter, näher ist ihr weiter Atem, ihr rätselumwobenes Raunen, das, Abschied nehmend, sich immer mehr entfernt und zurückzieht. Ähnlich dem da capo der dreiteiligen Form ist diese Aria-Wiederaufnahme, und so ist es von guter Wirkung, wenn man hier, zum ersten und einzigen Mal, die Wiederholungen wegläßt, wie es z. B. Karl Richter in seiner zweiten Einspielung und auch im Konzert tat.

Neugeprägt, neugeordnet, neugekräftigt bleiben wir zurück.

XIII
Parallelen im Gesamtaufbau der Variationen

Auf Parallelen in der Aufeinanderfolge der Variationen, auf die sich bei der Betrachtung der einzelnen Sätze schon Hinweise ergaben, soll noch einmal die Aufmerksamkeit gerichtet werden. Eine Deutung ist dabei nicht angestrebt; die Skizzierung der Verwandtschaften soll genügen:

Var. 4 und 16 (Charakter-Var.) bauen Dreiklänge auf, suchen aber in kleinen Motiven Beweglichkeit (den $^3/_8$-Takt hat der b-Teil von Var. 16 mit Var. 4 gemeinsam).

Var. 5 und 17 (virtuose Var.) bringen das Losstürmen einer Bewegung, die in der vorigen Variation vorbereitet ist.

Var. 6 und 18 (Kanons) fassen in klarer Übersichtlichkeit zusammen; in den Kanonstimmen erklingt im Wechsel nacheinander ein Ton oder eine motivische Figur.

Var. 7 und 19 (Charakter-Var.) haben tänzerischen Charakter im Dreier-Rhythmus ($^6/_8$ bzw. $^3/_8$).[315]

Var. 8 und 20 (virtuose Var.) stellen sich neben den Schluß der vorhergehenden Variation; Baß und Diskant beginnen im Gegeneinander in Dreiklangsbrechungen.

Var. 9 und 21 (Kanons) entwickeln sich im Pulsieren, Var. 9 zart, Var. 21 leidenschaftlicher.

Var. 10 und 22 (Charakter-Var.) sind fugiert im Alla-breve-Takt; die folgenden

Var. 11 und 23 (virtuose Var.) laufen ihnen nach in kanonisch geführten Skalen.

Var. 12 und 24 (Kanons) bringen zielgerichtete, aber ruhig-weitschwingende melodische Linien.

Var. 13 und 25 (Charakter-Var.) haben eine ausgezierte Melodiestimme im $^3/_4$-Takt mit zwei Begleitstimmen.

Var. 14 und 26 (virtuose Var.) steigen, nachfolgend, im langen Zug aus der Tiefe auf.

Var. 15 und 27 (Kanons) erweisen sich als Grenzsituationen, Var. 15 in der Ungewöhnlichkeit ihrer Intervallsprünge, Var. 27 im Wegfall der fundierenden Baßstimme.

Var. 28 und 29 kann man, wie im XI. Kapitel ausgeführt, als Antithese zu *Var. 1 und 2*, in umgekehrter Reihenfolge, betrachten.

Die Gegenüberstellungen laufen synchron mit Verwandtschaften innerhalb der Intervalle: Sekund und Sext streben beide aus einem vorher Geschlossenen heraus – so wie die Zweizahl aus der umfassenden Einheit hinausgeht, die Sechszahl aus der Körperbildung. Die Terz hat ihre Eigentümlichkeit in den zwei Gesichtern des Dur und Moll, und ebenso sind das große und das kleine Intervall bei der Septime entscheidend, weil sie nach verschiedenen Seiten auflösen. Der Quart als dem Intervall des Sich-Selbst-Wahrnehmens setzt sich die Oktave an die Seite als der Ort, wo sich das Selbst auf höherer Stufe wiederfindet. Quinte und None bezeichnen eine Schwelle: In der Quinte treffen Innenraum und Außenraum aufeinander, in der None das auf einer höheren Stufe gefundene Selbst und die Selbstlosigkeit.

Es ergibt sich folgende Anordnung, die als Übersicht die Beschäftigung mit dem Strukturellen der Goldberg-Variationen abschließen soll:

Aria			
Prim	*1, 2, 3*		
Sekund	*4, 5, 6*	*16, 17, 18*	*Sext*
Terz	*7, 8, 9*	*19, 20, 21*	*Septim*
Quart	*10, 11, 12*	*22, 23, 24*	*Oktav*
Quint	*13, 14, 15*	*25, 26, 27*	*None*
		28, 29, 30	*Dezim*
			Aria

In dieser Aufstellung scheint mancher Stoff zum Nachsinnen enthalten.[316]

Probleme der Interpretation

XIV
Zur Geschichte und zu Fragen der Interpretation der Goldberg-Variationen

Nachdem Goldberg Keyserlingks Haus verlassen hatte, wird die Aria mit ihren Veränderungen dort wohl nicht mehr erklungen sein. Gut zehn Jahre später, bei Keyserlingks Besuch in Königsberg, von dem Reichardt erzählt, befand sich in seinem Gefolge als Clavierspielerin eine «junge Dame»; sie spielte «mit vieler Seele und Feinheit den Flügel und trug die damals in Deutschland sehr beliebten, in Königsberg aber noch wenig bekannten Sonaten mit Violinbegleitung und angenehmen Clavierconcerte von Wagenseil, Schobert, Küffner, Filz und anderen Meistern mit großer Sicherheit vor.»[1] Die «Violinsolo's» des Geigers Veichtner, der mit Keyserlingk reiste, zu akkompagnieren, fehlte ihr aber anscheinend die musikalische Gewandtheit. Die Goldberg-Variationen wird sie wohl nicht haben spielen können.

Vom Originaldruck sind heute noch 18 Exemplare – über die Welt verstreut – zugänglich.[2] Eines davon stammt aus Goethes Besitz und gehörte zu den Noten, die Goethe als «Material für seine Hauskonzerte zur Verfügung stellte».[3] Es ist also möglich, daß Goethe es einem Besucher, etwa dem jungen Mendelssohn, vorgelegt hat, und daß die Goldberg-Variationen, wenn auch wohl nur in Auszügen, in Goethes Haus erklungen sind.

Doch mußten, da der einmanualige Hammerflügel sich durchzusetzen begann, mit den Stimmüberkreuzungen und -übereinanderschichtungen Schwierigkeiten entstehen für die Interpretation der Goldberg-Variationen. Wo das Wohltemperierte Klavier für lange Zeit, ja das Leben hindurch als Wegbegleiter erscheint wie in den Biographien Beethovens und Chopins, wo es häufig vorgenommen wurde und Anstoß vielgestaltiger Musikbetrachtungen war wie im Hause Wahnfried,[4] können die Goldberg-Variationen nicht mithalten. Brahms hat sie allerdings öffentlich gespielt,[5] Liszt führte sie in seinem Konzertrepertoire; doch «wollte man von ihm die Tellouvertüre und die Fantasien über französische und italienische Opern lieber hören als die Sonaten von Beethoven, Weber und Schumann oder gar die Goldberg-Variationen und die Orgel- und Klavierfugen von Bach».[6] Eine humoristische Schilderung, wie man in der Romantik ein lästiges Auditorium, das in Musik schwelgen wollte, mit den Goldberg-Variationen aus dem Zimmer expedieren konnte, gibt E. T. A. Hoffmann in «Johannes Kreislers, des Kapellmeisters, musikalische Leiden».[7]

So lebten die Goldberg-Variationen als stille Liebe vereinzelter «Kenner und Liebhaber». Der Komponist Rheinberger suchte der Gegebenheit, daß sie mehr «theoretisch gewürdigt als gespielt» wurden, 1883 durch eine «pietätvolle» Bearbeitung für zwei Klaviere abzuhelfen.[8] Dabei mußten sich die Variationen allerhand Zusätze von frei erfundenen Stimmen gefallen lassen; das Unternehmen fand immerhin die Würdigung Max Regers. Ferruccio Busoni (1866–1924) brachte in seiner Ausgabe neben dem mit Phrasierungen versehenen Originaltext seine Bearbeitung für Klavier zu zwei Händen,[9] in der manche Variation im Notentext nach Busonis Geschmack verändert ist, die Aria nach der verkürzten Var. 29 eine Oktave tiefer gesetzt und ihrer Verzierungen beraubt ist. Der ganze Schluß wirkt wie eine Paraphrase auf Bachs Komposition. Daneben macht Busoni Vorschläge für Streichungen und eine neue Gliederung.

Rheinbergers und Busonis Bearbeitungen werden heute nicht mehr gespielt. Aber gelegentlich hört man (z. B. auf der Einspielung von Gevers[10]) Oktavversetzungen, wie sie Busoni zur leichteren Bewältigung der Stimmüberkreuzungen empfohlen hat; und Wilhelm Kempff läßt bei der Aria, wie es Busoni für den Schluß vorsieht, die Verzierungen weg und spielt, was die Barockzeit einen «simplen Gesang» nannte:[11]

Die «Manieren» bringen ja auf dem Klavier technische Komplikationen. C. Ph. E. Bach hatte eine «unübersteigliche Schwierigkeit» gesehen, das Schnellen des Pralltrillers auf dem Hammerflügel im piano auszuführen.[12] Dafür ist auch auf der verbesserten Mechanik des heutigen Flügels eine diffizile Anschlagskunst notwendig. Alle Verzierungen wegzulassen, ist freilich auch keine rechte Lösung und nimmt der Aria ihren Charme. So hat der Pianist Hürden zu nehmen, die die Interpretation der Goldberg-Variationen zu einer pianistischen Spitzenleistung werden lassen.

Es sind aber die erhöhten technischen Anforderungen nicht das einzige, was den modernen Flügel zum Problem macht in bezug auf die Interpretation der Goldberg-Variationen und Bachscher Musik überhaupt. Darüber ist viel diskutiert worden, und alles Wesentliche ist ausgesprochen. Aber die Tatsache, daß das Klavier das meistgespielte Instrument unserer Zeit ist, überdeckt immer wieder die Argumente, die gegen es als Instrument für Bachs Musik sprechen.[13] Und wer wollte, wenn er die heilsamen Kräfte der Bachschen Musik erkannt hat, wenn er als Lehrer erlebt hat, mit welch tief innerer Zufriedenheit der jugendliche Schüler, auch der weniger begabte, seinen Bach auf dem Klavier studiert, die Pianisten von dieser Quelle fernhalten und ihnen bedeuten, es gäbe für sie, wie für die Klarinettisten, eben keinen Bach? Und soll man wirklich die Klavierwerke Bachs aus den großen Sälen ganz verbannen, weil das Cembalo durch sie nicht durchdringt?

Dennoch ist der moderne Flügel als Instrument für polyphone Musik problematisch. Sein Ton ist auf Lautstärke und auf Verschmelzen gebaut und wird erst interessant in den Möglichkeiten der dynamischen Abstufung, die so reich gegeben sind. Will man Akkordisches konturieren und nicht im Dumpf-Verschwimmenden belassen, muß man einzelne Stimmen gegenüber den anderen hervorheben, also Gewichte verteilen. Das, was Scheibe an Bachs Musik und Spiel aufgefallen war, daß «alle Stimmen mit einander, und mit gleicher Schwierigkeit arbeiten», und man «keine Hauptstimme» darunter «erkennet»,[14] ist wider die Natur des modernen Flügels. Albert Schweitzer hat 1908 geschrieben: «Je dumpfer der Klang eines Instruments ist, desto weniger eignet es sich zum polyphonen Spiel, wo jede Stimme sich klar neben der anderen abzeichnen muß, damit sie dem Hörer in ihrem ganzen Verlauf ohne jegliche Anstrengung erfaßbar ist. Wie wenig unser Klavier bei Stücken mit lauter obligaten Stimmen, wie es die Bachschen sind, befriedigt, ermißt man erst, wenn man Präludien und Fugen auf einem guten Klavichord oder auf einem Klavizimbel gehört hat. Das Klavichord ist ein Streichquartett en miniature; jedes Detail tritt auf ihm plastisch hervor. Beim Cembalo setzt sich die Linie der Stimme von selbst durch, weil jeder Ton, da er gerissen wird, viel schärfer anschlägt als auf unserm Klavier.»[15]

Bach und alle polyphone Musik rechnet auf die Wärme und Konturiertheit der Einzelstimme. Und so ist die immer wiederholte Theorie falsch, Bach hätte, bei seinem Interesse am Instrumentenbau, den modernen Flügel gewiß akzeptiert. Die Bachzeit liebte charakteristische, obertonreiche Klangfarben, wie an den Silbermann-Orgeln abzulesen ist, deren Register uns heute z.T. scharf und aufdringlich erscheinen. Aber gerade an diesen Orgeln, so hat Karl Richter gemeint, könne man die Interpretation Bachscher Musik lernen: Es «haben diese Instrumente uns allen eine Lektion erteilt. Sie haben uns gelehrt, wie das Bachsche Werk klassisch darzustellen ist.»[16]

Der Hammerflügel, dessen Entstehen Bach mitverfolgt hat, war obertonreicher als das moderne Klavier. Er stand dem Cembalo und Klavichord näher als unserem heutigen Flügel, klang «zirpend» und hatte noch nicht den «einhüllenden Schwall» späterer Instrumente.[17] W. Dirks hat wahrscheinlich gar nicht so daneben getroffen mit einer Antwort, die er scherzhaft Bach in den Mund legte auf die Frage nach seiner Meinung über den modernen Flügel (Frankfurter Zeitung 1940):[18] «Die neuen Klaviere klingen mir nicht recht wohl in den Ohren, sie spielen gar dumpf und unziemlich laut. Aber für die neuen Manieren, denen meine Söhne mehr anhangen als mir lieb ist, sind sie vortrefflich. Ich will dem Herrn Goldberg schreiben, er soll die Aria mit denen Veränderungen, die ich für ihn verfertigt habe, doch lieber auf dem Clavizymbel spielen. Aber vielleicht mache ich nächstens auch einmal etwas denen Liebhabern des neumodischen Claviers zur Gemüths-Ergetzung.»

Um den – für sich genommen – wenig farbigen Klang des Einzeltones interessant zu halten, ist der Pianist gewöhnt, bestimmte Mittel anzuwenden, die aber keine Mittel der Bachzeit waren: Er wechselt zwischen einem Anschwellen zum forte, das nach außen geht, und einem Abdämpfen im piano, das nach innen zurücknimmt. Bachs Musik ist dagegen ein stetiges Sich-Verströmen. Wenn man auf dem Cembalo ein leises Register wählt, so ist das nicht das gleiche wie ein piano auf dem Klavier. Man kann das Gefühl doch ganz öffnen, ja man muß ganz ausspielen, auch wenn das Instrument nur leise Töne bringt. Die Musik klingt von einem anderen Orte her in den verschiedenen Registrierungen, aber sie tönt immer nach außen. Das hat Karl Richter ähnlich für die Orgel konstatiert: «Über die sogenannte Dorische Toccata schreibt er – Bach – ‹Rückpositiv› und ‹Oberwerk›. Damit gibt er klar zu erkennen, daß er keine dynamischen, sondern nur Charakterunterschiede haben will. Für das Rückpositiv ist der kammermusikalische, für das Oberwerk der volle Klang charakteristisch.»[19] Auch auf dem Cembalo ist es so: Man spielt Charakterunterschiede, keine dynamischen – ähnlich wie im Concerto grosso das Concertino und das Tutti verschiedene Klangqualitäten bringen, und doch jede Gruppe voll sich darlebt.

Der moderne Flügel verleitet dazu, alles, was man ausdrücken will, in den Ton zu legen, es gewissermaßen zu materialisieren. Das ist bei dem vergleichsweise starren Cembaloklang gar nicht möglich. Der Cembalist muß den Ton als Chiffre benützen, als irdisches Hilfsmittel für die Phrase, die er rein geistig, in der Vorstellungskraft spannen muß. Auch der Hörer muß aus den Anhaltspunkten, die ihm Ton, Rhythmik und Agogik geben, die Phrase nachvollziehend in sich aufbauen; er muß mehr Mitarbeit leisten. «Wenn ich ans Klavier komme und eine langsame Fuge von Bach spiele, bin ich zuerst sehr glücklich. Erstens halten alle Töne, die am Cembalo nicht gehalten haben. Das klingt chormäßig. Man kann den Bogen musikalisch sehr viel leichter weiterführen, – aber zu leicht. Und das ist gerade, was ich meine: Es geht eine Zeitlang, und dann gibt man dem Klavier nach, wird man allmählich verführt und bedient sich Mittel, die nicht mehr die von Bach sind. Nehmen wir eine langsame Phrase aus langen Tönen. Diese Töne klingen auf dem Cembalo nicht durch; manchmal sind sie sehr wichtig. Also gerade da, wo sie in der harmonischen Fortschreitung am wichtigsten sind, sind sie nicht mehr da. Man muß also mit seiner Phantasie von einem nicht ausgehaltenen Ton zum anderen eine Brücke bauen, um den Zusammenhang herzustellen, das heißt, man muß mit den anderen Stimmen das ausdrücken, was man nicht hört. Genau wie ein intelligenter Geiger bei den Solosonaten den nichtklingenden Baß mitfühlen machen muß, um den musikalischen Satz überhaupt verständlich zu machen ... Denn es gibt sehr viel in der Musik, sehr viel musikalische Bedeutung, die nur angedeutet ist. Genau wie in der Dichtung. Man braucht nicht alles in Prosa zu übersetzen. Dann ist es ganz was anderes. Man läuft Gefahr, auf dem Klavier Bach in Prosa zu übersetzen, gerade weil diese Anstrengung, diese geistige Kraft, die eine Phrase spannt, nicht mehr vorhanden ist.» (R. Kirkpatrick[20])

Der Pianist kommt in Versuchung, die vielfältigen Möglichkeiten seines Instruments vor die Komposition zu schieben, und die Komposition als Anlaß zu nehmen für das Jonglieren mit Klangnuancen. Die Interpretation der Musik Bachs wird zur Frage: Wie schafft man es tonlich? Das ist auch bei den pianistisch gewiß hervorragenden Aufnahmen der Goldberg-Variationen von A. Weissenberg und D. Varsano der Fall.[21] Zwei Beispiele daraus seien angeführt, wie die beiden Pianisten sich verlocken lassen, von den Möglichkeiten des Klaviers auszugehen statt von der Aussage der Komposition:[22]

Mehrmals steigert Weissenberg bei seiner ersten Aufnahme in einer Variation vom piano zu Beginn ins forte am Schluß – ein pianistisch erprobtes Mittel; so auch in der Fughetta Var. 10. Nun ist das Fughettenthema, wie schon geschildert, auftaktisch – der ganze erste Takt ist eigentlich Auftakt – und aktiv. So, wie Weissenberg es ansetzt, im p, hat es keine Intensität, keine Frische, bleibt es bloße Tonfolge. Denn: «Piano zu musizieren und dennoch die Spannung zu halten ist schwer.» (H. Prey[23]) Kraft gewinnt das Thema erst bei zunehmender Lautstärke. Die Steigerung gelingt vorbildlich, aber die Variation als Ganzes hat ihren rasch zupackenden Charakter aufopfern müssen.

Varsano benützt die dynamischen Möglichkeiten des Flügels noch zu anderem: Er spielt in den kanonischen Variationen jedesmal eine Kanonstimme im f, eine im p, und kehrt das Verhältnis bei der Wiederholung um. Eine verlockende Idee, aber eben nur eine Idee! Denn was ist das Ergebnis? Eine Kanonstimme zieht einsam ihres Weges, nur von einem Schatten begleitet. Dafür ist sie nicht komponiert; an vielen Stellen fehlt der Melodieführung die volle Aussagekraft, manchmal unterbrechen unmotiviert Pausen den Verlauf. Kanons sind eben, wenn es sich nicht gerade um das «Echolied» von Orlando di Lasso handelt, keine Echokompositionen. Die Stimmen wirken gleichwertig zusammen und offenbaren sich erst ganz im Miteinander. Der Kanon lebt von der Spannung, welche Gebilde sich ergeben, welche Deutungen die eine Stimme durch die andere erfährt, wie in den Pausen der einen Stimme die andere einspringt und weiterführt. Der Kanon ist ein soziales Musizieren.

Die Stimmen zu trennen – das Ziel Varsanos –, ist eine Frage der inneren Kraft, der musikalischen Überschau. Es ist deutlich auszumachen, wer von den Interpreten diese gestaltende Überschau hat, selbst auf der Schallplatte. In vorbildlicher Weise führt R. Kirkpatrick auf dem Cembalo das Trennen der Stimmen vor. Noch im Takt 21/22/23 des Quint-Kanons Var. 15, wo die Stimmen sich kompliziert verschlingen und über gleiche Töne zusammen- und wieder auseinandergehen, gelingt es ihm, die Fäden klar zu führen:

Das erreicht er, indem er für jede Stimme einzeln verfolgt, was «einem gewisse Ziele zustrebt, das, was gespannt ist, das, was entspannt, das, was eine starke Bewegung bedeutet, das, was eine ruhige Bewegung bedeutet.»[24]

Varsanos Gestaltungsenergie dagegen fließt hinein, f und p in einer Hand zu spielen. Dabei verliert er die Kanons.

Nun muß zugegeben werden, daß nicht bei allen Cembalisten jene geistige Kraft, die «eine Phrase spannt», zum Tragen kommt. Manche verlassen sich auf die Durchsichtigkeit des Cembaloklanges, auf die Apartheit ihres Instruments und auf ihre technische Geläufigkeit. Manchmal soll ein großzügig verwendetes Rubato Gefühl in die Interpretation bringen. Und wenn W. Kempff für das Klavier die Verzierungen wegläßt, so setzen einige Cembalisten von sich aus freigebig welche hinzu, meist mechanisch prasselnde Triller. Dabei sind die «Manieren» bei Bach keine Verzierungen, sondern Ausdrucksmittel. «Sie hängen die Noten zusammen; sie beleben sie; sie geben ihnen, wenn es nöthig ist, einen besonderen Nachdruck und Gewicht; sie machen sie gefällig und erwecken folglich eine besondere Aufmercksamkeit; sie helffen ihren Inhalt erklären.» (C. Ph. E. Bach[25]) In der Tat kann eine zugesetzte Manier oft der Schlüssel sein, wie Bach eine Phrase gemeint hat. Und in den allermeisten Fällen hat Bach die Verzierungen, die er will, schon hingeschrieben. Das geht klar daraus hervor, daß Scheibe, der Bachs Spiel gut kannte, ihm vorgeworfen hat, er schreibe alle Verzierungen aus. Birnbaum hat das in seiner Verteidigungsschrift bestätigt und verfochten: Es sei «ein jeder componist, und also auch der Herr Hof-Compositeur befugt, durch vorschreibung einer richtigen und seiner absicht gemäßen methode, die irrenden auf den rechten weg zu weisen, und dabey auf die erhaltung seiner eigenen ehre zu sorgen.»[26]

Wer das Recht des Komponisten auf sein geistiges Eigentum achtet, wird also bei Bach mit Verzierungszusätzen sehr vorsichtig sein. Quantz schreibt in seinem «Versuch»: «Schöne singende Gedanken aber, deren man nicht leicht überdrüßig werden kann, ingleichen brillante Passagien, welche an sich selbst eine hinreichende gefällige Melodie haben, darf man nicht verändern: sondern nur solche Gedanken, die eben keinen großen Eindruck machen.»[27] Es gibt keinen Takt von Bach, der nicht «hinreichend gefällig» wäre. Und liest man die detaillierten Angaben C. Ph. E. Bachs in seinem «Versuch», wann und wo welche Verzierungen angebracht werden können oder nicht, so wird man wohl ohnehin bald die Lust verlieren, selbst so leichthin auszuzieren. Jedes Mal wird man sich fragen müssen, ob eine Berechtigung und Notwendigkeit vorliegt.

Dafür, daß Bachs Zusätze stets genau aus dem Sinn des musikalischen Satzes genommen sind, seien zwei Beispiele aus den Goldberg-Variationen gegeben:

Im Quint-Kanon Var. 15, der in der Gegenbewegung läuft, finden sich in Takt 7/8 zwei Ornamente.

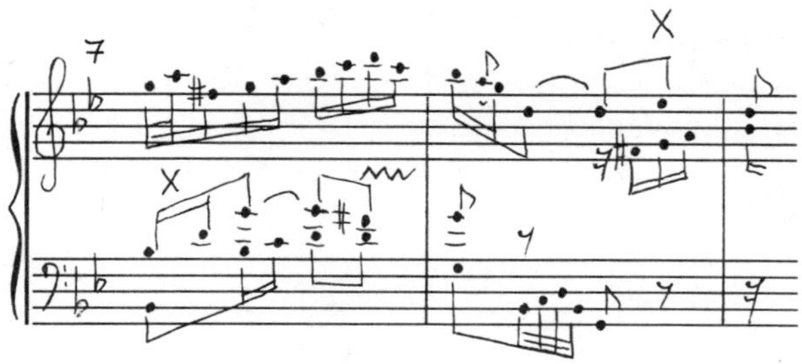

Sie sind jeweils nur einer Kanonstimme gegeben. Es ist vorgeschlagen worden, sie in der zweiten Kanonstimme zu ergänzen,[28] und es wird auch zum Teil so gespielt. Doch ist zu überprüfen, welchen Absichten diese Zusätze dienen, und ob es wirklich sinnvoll ist, sie an der entsprechenden Stelle in der anderen Stimme einzufügen:

Die Durchgangsnote a′ im Diskant, 8. Takt, führt nach der Akkumulation der drei Stimmen in der Höhe in die raschere Bewegung hinein, die im Baß entspannend in die Tiefe rollt. Der Vorhalt bereitet also die 32-stel des Basses vor und wirkt verbindend. Bringt man ihn nun seitengleich in der Mittelstimme im 7. Takt (×im vorigen Notenbeispiel) an, so ergibt sich ein Tritonus zur Oberstimme,

der nur ersatzweise vom Baß aufgelöst wird, diesen aber nach unten schiebt in einem Augenblick, wo er nach oben strebt. Die Passage wird widersprüchlich, der Durchgang lastet und hindert statt, wie in der anderen Kanonstimme, zu verflüssigen.

Die zweite Verzierung, der Pralltriller auf dem fis′der Mittelstimme zu Ende des 7. Taktes, hebt den Leitton heraus und intensiviert den Höhepunkt, bevor die Bewegung nach unten entspannt. Das im 8. Takt an der entsprechenden Stelle im Diskant erklingende es″ (×) hat nicht die gleiche Funktion; es ist nicht mehr Leitton, sondern nur Ausklang der Phrase, und muß zurücktreten hinter der neu ansetzenden Mittelstimme. Ihm durch einen Mordent eine Betonung zu geben, ist wider den Sinn und den runden Fluß der Passage.

Bachs Kompositionen sind nicht erdacht, sie sind geschaut. Begreift man den Kanon als lebendiges musikalisches Geschehen, so kann eben eine Tonfolge einmal gespannten Charakter haben, in der Nachahmung aber ins Entspannte zurücktreten. Die

Manieren als ein Mittel dynamischen Ausdrucks in einer Zeit, für die Dynamik nicht vornehmlich Lautstärke war, sind eingesetzt, diese Wirkung herauszuarbeiten.

Ein anderes Beispiel dafür, daß Bachs Verzierungszusätze einem Plan folgen:

Var. 10, Fughetta

Der Mordent beim 1. Themeneinsatz ist offenbar vom Stecher ausgelassen; Bach hat ihn in seinem Handexemplar nachgetragen, ebenso die versäumten Mordente auf dem 2. und 7. Themeneinsatz. Nicht eingefügt hat er sie im 4., 6. und 9. Themeneinsatz. Und es erweist sich, daß das immer dort ist, wo der Einsatz auf der Quinte zwischen anderen Stimmen erfolgt:

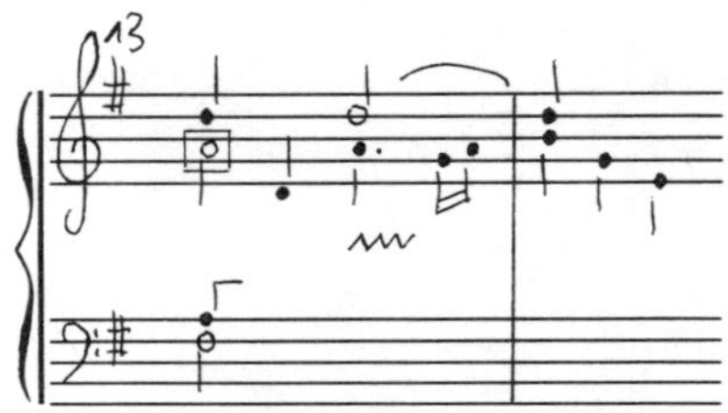

Es ist also zu vermuten, daß hier keine Vergeßlichkeit, sondern Absicht vorliegt. Manche Pianisten wie manche Cembalisten spielen auch diese Themeneinsätze mit Mordent.

Geht es um die Frage: Klavier oder Cembalo?, so muß also auch festgestellt werden: Das Cembalo allein ist noch kein Garant für eine adäquate Wiedergabe der Goldberg-Variationen. Natürlich ist es das geeignetere, ja das einzig wirklich geeignete Instrument. Aber über der Instrumentenfrage – das ist tröstlich – steht der menschliche Geist mit seiner Gestaltungskraft. «Denn wichtiger noch als die Klangwerkzeuge sind die inwendigen Kräfte des Musizierens. Sind diese vom Willen Bachs erfüllt, vermögen sie die tragende Generalbaßgewalt und die affektvollen melodischen Ausdrucksspannungen seiner Musik wieder aufleben zu lassen, so kann auch mit heutigen Stimmen und Instrumenten bachisch musiziert werden. Ohne diese lebenweckenden Kräfte aber geben weder die alten Instrumente noch alle Bemühungen um stilgemäße Wiedergabe den rechten Klang.» (R. Steglich[29]) Oder, modern formuliert: «... es gibt in der Musik so viel, was weit wichtiger ist als das Instrument... Ich möchte viel lieber Bach schön und musikalisch auf dem Klavier hören als schlecht und unmusikalisch auf dem Cembalo.» (R. Kirkpatrick[30]) Allerdings, fügt Kirkpatrick hinzu, man müsse sich im klaren sein, daß es sich um eine Übersetzung handelt. Und damit spricht er aus, daß manche Feinheiten, manche intime Qualitäten, die in der Originalsprache enthalten sind, in der Übersetzung nicht herauskommen können. Für das elementarische Flirren und Glitzern, das den Goldberg-Variationen in dieser Studie zugeschrieben worden ist, fehlen dem modernen Flügel die Mittel. Sie wirken darauf wie auf die Erde heruntergefallen, statt daß sie Erdenschwere auflösen; die Stimmüberkreuzungen, mögen sie technisch zu bewältigen sein (wie die Aufnahmen von Gould, Weissenberg und Varsano belegen), ohne das Changieren der an verschiedenen Orten auftauchenden Klangfarben der Register, bringen nicht die Befreiung von der Bindung an das räumliche Oben und Unten – auch wenn für einzelne Variationen durchaus überzeugende Lösungen vorliegen, wie z. B. für Var. 8 in Weissenbergs erster Einspielung.

Ob sich aber das Cembalo gegen die Übermacht des rivalisierenden Klaviers durchsetzen kann, wird letztlich von den Persönlichkeiten entschieden, die das Instrument vertreten. Das zeigt sich in der Gegenwart, und es hat sich zu Beginn des Jahrhunderts gezeigt, als das Cembalo seine Renaissance antrat. Auf dem Bachfest 1911 ließ man in einem Konzert Bachs Capriccio und die Chromatische Fantasie von der Cembalistin Wanda Landowska und dem Pianisten Georg Schumann nacheinander vortragen und dann das Pbulikum entscheiden, «wobei das Cembalo einen glänzenden Erfolg errang – ein Erfolg, der von den Cembalogegnern aber bald mit dem Argument angefochten wurde, daß hier nicht das Instrument, sondern die überragende Künstlerpersönlichkeit der Cembalistin über einen Durchschnittspianisten triumphiert habe.»[31]

Die faszinierende Persönlichkeit Wanda Landowskas war es, die dem Cembalo neuen Glanz verlieh und ihm den Weg in die Konzertsäle öffnete. Die gebürtige Polin hatte sich in jugendlichem Alter frühen Ruhm erworben, doch nicht als Cembalistin – sie wurde vielmehr als «geborene Pianistin» gefeiert. Arthur Nikisch nannte die 14jährige nach dem Vortrag eines Praeludiums und einer Fuge aus dem Wohltemperierten Klavier eine «Bacchantin», die sich dem «heiligen Vater Bach», nicht dem Bacchuskult opfere.[32] Nach Paris ausgewandert, wurde sie zur Vorkämpferin für die Interpretation alter Musik. 1903 spielte sie zum ersten Mal öffentlich ein Cembalo.[33] Aber erst 1933 hat W. Landowska, nach einer Beschäftigung mit dem Werk «seit 45 Jahren», die Goldberg-Variationen zum ersten Mal als Ganzes gespielt im Konzertsaal ihrer Schule in Saint-Leu-La-Forêt bei Paris.[34] Im selben Jahr veröffentlichte sie zusammen mit ihrem Mann einen Aufsatz über das Werk in der in Paris erscheinenden Revue musicale. Bilderreich dekorativ wird die Entstehungsgeschichte, werden Fragen der Inspirationsquellen Bachs umrankt, und Bach erscheint da als Naturromantiker, dort mit französischer Allongeperücke. Daneben finden sich musikwissenschaftliche Angaben darüber, in welcher Art das Baß-Modell abgewandelt wird (wohl die ersten, die gemacht worden sind, und die dann andere, etwa Kirkpatrick, aufgegriffen haben), sowie über ähnliche Stimmungsgehalte und ähnliche Motivik bei Bach und anderen Komponisten. Vieles davon kann man in Beschreibungen der

Zweimanualiges Cembalo. Dreichörig. 8' 8' 4', ohne Lautenzug, mit Manualkoppel, F_1 bis c^3, Berlin, Schloß Charlottenburg.
Als Erbauer wird der Berliner Instrumentenbauer Michael Mietke vermutet (Dr. D. Krickeberg), von dem Bach 1719 ein Instrument für den Köthener Hof besorgte.

Goldberg-Variationen wiederfinden. D. Varsano bestreitet damit einen Teil seiner «Unterhaltung» im Begleittext seiner Einspielung. Im XII. Kapitel wurden die Bezüge, die W. Landowska bei den einzelnen Variationen sieht, genannt.

Ebenfalls 1933 noch hat W. Landowska das Werk auf Schallplatte eingespielt, um es «in die Welt hinauszutragen».[35] 1945, mit etwa 68 Jahren (ihr Geburtsjahr wird verschieden angegeben) interpretierte sie es erneut für die Schallplatte, noch energischer, noch durchgeformter.[36] Man mag eine andere Auffassung der Goldberg-Variationen haben, als sie von ihr vertreten wird; manches scheint mehr der Bachischen Komposition zugesetzt als aus ihr herausgeholt. Es stören manche Eigenwilligkeiten, die so weit gehen, daß W. Landowska an den Schluß einiger Variationen noch einmal die acht Anfangstakte anhängt. Es stört auch der hohle Klang des Pleyel-Instruments, das noch aus einer Zeit stammt, da das Cembalo gegen den Flügel ankämpfen mußte. Aber was W. Landowska spielt, das ist durchglüht von Gestaltungswillen, ist in jeder Phase und in jedem Ton beherrscht und gemeistert. Alles, was sie ausdrücken will, setzt sie in klingende sibyllinische Verkündigungen um, und was angeschlagen ist, wird mit innerer Konsequenz weitergeführt. Man glaubt, einmal eine Priesterin, einmal eine Zigeunerin zu hören – und so scheint W. Landowska auch, nach Berichten von verschiedenen Seiten,[37] persönlich gewirkt zu haben: fulminant und beherrscht. In der Meisterschaft über ihr Instrument hat sie eine Höhe erreicht, auf der sie u. E. bislang niemand eingeholt hat.

Die schwebende, heilsame Heiterkeit, die das besondere Fluidum der Goldberg-Variationen ausmacht, kommt in ihren Einspielungen allerdings wenig zum Ausdruck. Eine Erklärung dafür gibt vielleicht der Schluß ihres Artikels in der Revue musicale: Nach allen hohen Lobsprüchen auf die Goldberg-Variationen stellt W. Landowska die kompositorisch karge Variationenreihe «Folies françaises» von Couperin dem Bachschen Werk gleichwertig an die Seite: «Bachs absolute Musik – Couperins galante Musik begegnen und verflechten sich auf gleicher Höhe, erhaben über unser Vorurteil der höheren und niederen Kunst.»[38] Bachs Heiterkeit ist erst jenseits des Bereichs der Galanterie zu finden. Oder muß man einbeziehen, daß auf der Schallplatte etwas fehlt, was im Konzertsaal sich einstellte?

Vorbildlich erscheint dagegen bei W. Landowska die Interpretation des Wohltemperierten Klaviers I und II, in der die große kosmische Feierlichkeit der Komposition zum Tragen kommt, über alle aufnahmetechnischen und instrumentalen Schwächen hinweg.[39]

W. Landowska liebte besonders das tiefe 16-Fuß-Register des Cembalo. Danach orientierte sich der Instrumentenbau. Der sogenannte Bachflügel der Berliner Sammlung mit zwei 8-Fuß-Registern, 4- und 16-Fuß, galt lange Zeit als Vorbild für die Konzertinstrumente, die man im modernen Gewand, mit moderner Mechanik, mit Stahlrahmen, hoher Saitenspannung und in Rastenbauweise baute. Dann förderten eingehendere Untersuchungen zutage, daß Instrumente mit 16-Fuß zur Barockzeit eine Seltenheit dargestellt haben. Die vorherrschend gebauten Dispositionen waren in

Italien das einmanualige Cembalo mit zwei 8-Füßen, in den Niederlanden und Frankreich das zweimanualige Instrument mit einem 8-Fuß auf dem oberen und 8- und 4-Fuß auf dem unteren Manual. In England baute man zu den drei Besaitungen (8' 8' 4') vier Springerreihen und achtete auf einen differenzierten Klangcharakter der 8-Füße. In Deutschland bevorzugte man die niederländische Disposition (also 8' 8' 4') mit Schiebekoppel und Lautenzug für den oberen 8-Fuß. Der Tonumfang war in Deutschland bei großen Instrumenten wahrscheinlich G_1–c^3, höchstens f^3; also das, was in den Goldberg-Variationen gefordert ist: G–d^3. Instrumente mit 16-Fuß baute Hass in Hamburg, andere Cembalobauer nur vereinzelt.[40]

Diese Erkenntnisse brachten eine Strömung in Gang, die bald nur noch Kopien historischer Instrumente gelten ließ. Verfemt war, wer es noch wagte, Cembali mit 16-Fuß oder überhaupt Neukonstruktionen zu spielen. Inzwischen beginnt sich das Feld wieder etwas aufzuweichen, zumal auch manche Fragen zu den Kopien laut geworden sind und neuere Forschungen das Bild mehr differenzieren.

Zu denjenigen, die dem lange Zeit führenden Modell «Bach» der Fa. Neupert mit 16-Fuß, in Rastenbauweise, aber mit Holzrahmen, gegen alle Zeittendenzen die Treue gehalten haben, gehörte Karl Richter. Auch er hat die passionsartige, tiefe Leuchtkraft des 16-Fußes geliebt und viel verwendet. Lag er damit so weit ab von Bachs Intentionen?

Daß Bach Instrumente mit 16-Fuß gekannt und benützt hat, scheint aus einer Bemerkung C. Ph. Emanuels über die Ausführung von Chorälen unter Bachs Leitung hervorzugehen;[41] und im Cembalopedal, von dem Bach eines seinem jüngsten Sohn vermachte, war der 16-Fuß vertreten.[42] Es gibt aber noch ein Zeugnis dafür, daß Bach die Erweiterung des Klangspektrums durch die dunklere Farbe schätzte: das Lautenklavier, das er sich zweimal, zuerst in Köthen[43] und dann in Leipzig, bauen ließ. Bach hat also damit bestimmte Klangvorstellungen verfolgt. Agricola beschreibt es:[44] «Der Verfaßer dieser Anmerkungen erinnert sich, ungefähr im Jahre 1740, in Leipzig ein von dem Hrn. Johann Sebastian Bach angegebenes, und vom Hrn. Zacharias Hildebrand ausgearbeitetes Lautenclavicymbel gesehen und gehöret zu haben, welches zwar eine kürzere Mensur als die ordentlichen Clavicymbel hatte, in allem übrigen aber wie ein ander Clavicymbel beschaffen war. Es hatte zwey Chore Darmseyten, und ein sogenanntes Octävchen von meßingenen Seyten. Es ist wahr, in seiner eigentlichen Einrichtung klang es, (wenn nämlich nur ein Zug gezogen war,) mehr der Theorbe, als der Laute ähnlich. Aber, wenn der bey den Clavicymbeln sogenannte ... Lautenzug, (der eben so wie auf den Clavicymbeln war,) mit dem Cornetzuge gezogen wurde, so konnte man auch bey nahe Lautenisten von Profeßion damit betrügen.» Steglich schreibt dazu: «Die Darmsaiten sicherten eine wärmere Sanglichkeit als die der Metallsaiten des gewöhnlichen Cembalos, und die Messingoktävchen gaben die lebendige Frische des höheren metallischen Oktavklangs dazu.»[45]

Die Theorbe spielte «vor allem in der Generalbaßpraxis, insbesondere in dessen Frühzeit, eine ungemein wichtige Rolle, da ihr volltönender Klang, womöglich mit anderen Baßinstrumenten kombiniert, wirklich ‹des Basses Grundgewalt› verkörperte».[46] Mattheson schreibt, es befänden sich auf der Theorbe «8. grosse Sayten im Basse, die zweymal so lang und dicke sind / als der Lauten ihre 6. wodurch der Klang so geschmeidig und summend wird / daß viele die Theorbe dem Clavir vorziehen wollen» – zumal sie sich auch leichter transportieren ließ.[47]

Wenn das Lautenklavier theorbenähnlich klang, so lag es in der Richtung eines 16-Fuß-Instruments. Diese Klangfarbe wollte also Bach, neben den üblichen, zumindest auch haben. Bei Keyserlingk hatte er wahrscheinlich mit der verbreiteten Disposition von 8'+8'+4' zu rechnen, und setzte sie wohl auch für die Goldberg-Variationen voraus. Aber puristisch war Bach nie. «Oft erschracken die Organisten, wenn er auf ihren Orgeln spielen wollte, u. nach seiner Art die Register anzog, indem sie glaubten es könnte unmöglich so, wie er wollte, gut klingen, hörten hernach aber einen Effect, worüber sie erstaunten.»[48] Bei Karl Richter konnte man auch erleben, wie altgediente Organisten seiner Registrierung kopfschüttelnd Anerkennung zollten.

Wer nicht päpstlicher sein will als der Papst, wird die reicheren Registrierungsmöglichkeiten und die größere «Grundgewalt» eines Instrumentes mit 16-Fuß auch für die Goldberg-Variationen gelten lassen. Es ist nicht abzustreiten, daß der 16-Fuß den Klang etwas verschleiert – natürlich nie so stark wie das Klavier –, und daß die alten Instrumente in geschlossener Bauweise meist frischer und heiterer, auch individueller klingen als die modernen in Rastenbauweise. Das wird man als Interpret von innen her auszugleichen haben. Wer mit dem historischen farbigen Gefühl für die verschiedenartigen Affekte des Allegro, Adagio, des Menuetts, der einzelnen Taktarten etc. zu spielen vermag, wie es aus den alten Schriften, z.B. des so oft zitierten Mattheson, spricht, wird in den historischen Instrumenten den besten Mittler haben; ein modern-willensbetontes Spiel wird mit den Instrumenten moderner Bauweise besser zurecht kommen.

Eine spezielle Frage ergibt sich beim Registrieren der virtuosen Variationen. Es kann verlockend erscheinen, bei Stimmüberkreuzungen die beiden Stimmen noch deutlicher gegeneinander abzusetzen durch Hinzunahme des 4-Fußes zur einen, des 16-Fußes zur anderen. Doch gerade dagegen kann man Einwände machen: Der 16-Fuß oktaviert nach unten (während der nach oben oktavierende 4-Fuß nur als Klangfarbe wirkt); so wandelt sich z.B. das Innenintervall der Terz zum Außenintervall der Dezime;

oder, bei Überkreuzungen, die Terz zur Sext:

Es ist das gleiche Problem, das H. Prey in seinem Buch «Premierenfieber» anführt:[49] Singt ein Bariton eine Alt-Kastratenpartie, so ergeben sich andere Intervallabstände als vom Komponisten vorgestellt, und damit andere Wirkungen. Bei der Orgel ist man seit langem – seit Bachs Zeiten, wie Mattheson belegt – gewohnt, über diese Problematik hinwegzugehen. Und so gibt es auch hier kein starres Rezept; die Entscheidung bleibt dem Einzelnen und dem Einzelfall.

Im gleichen Jahr 1933, in dem W. Landowska die Goldberg-Variationen zum ersten Mal öffentlich spielte, hat ihr Schüler Ralph Kirkpatrick in Berlin als 22jähriger mit ihnen debütiert – «mit großem Erfolg».[50] 1938 hat er im New Yorker Verlag Schirmer die Herausgabe der Goldberg-Variationen besorgt mit Hinweisen, die von seiner wissenschaftlichen Gründlichkeit und seiner intensiven Bemühung zeugen, Fragen der Interpretation und des Cembalospiels allgemein zu durchdringen.[51] Sehr Aufschlußreiches steht über diesen Komplex auch in dem ersten seiner zwei schönen und anregenden Bücher über Scarlatti.[52] Kirkpatrick war vor allem ein glänzender Scarlatti-Interpret. Er spielte dessen Sonaten mit unübertrefflicher Farbigkeit, Formvollendung und Brillanz. Aber auch seine Interpretation der Goldberg-Variationen ist zu Berühmtheit gelangt. In seiner Einspielung bei DG[53] befreit sich die Musik nicht ganz von irdischer Fesselung; es mischt sich – so das New Grove Dictionnary über Kirkpatricks Spiel – in die «natürliche Expressivität» eine «gewisse Trockenheit» (a certain dryness). Aber es ist eine klare, in den cembalistischen Mitteln sehr bewußte und beherrschte Interpretation mit deutlicher Charakterisierung der einzelnen Variationen, wie sie auf der Plattenhülle in Worten gegeben ist.[54] So ist sie vielleicht insgesamt die lehrreichste unter den gegenwärtig verfügbaren Einspielungen.

Ebenso scheint die Interpretation der Goldberg-Variationen durch Günther Ramin Eindruck gemacht zu haben. J. Müller-Blattau stattet in seinem Artikel über die Goldberg-Variationen im Archiv für Musikwissenschaft der Einspielung Ramins seinen Dank ab. Leider ist die Schallplatte heute nicht erhältlich.[55] Ramin hatte sich die Goldberg-Variationen in vier Tagen angeeignet – er spielte stets von Noten. «Allerdings hat ihn das Studium dieses Wunderwerkes dann sein Leben lang begleitet, da er vor jeder Aufführung wieder daran feilte.»[56]

1955 spielte der 23jährige, in Toronto geborene, im Oktober 1982 verstorbene Glenn Gould die Goldberg-Variationen auf dem Flügel ein.[57] Diese Schallplatte hat Maßstäbe gesetzt für die Wiedergabe der Goldberg-Variationen auf dem modernen Klavier durch ihre eminente virtuose Bravour und den überragenden Klangsinn Goulds. Während W. Landowskas Cembalospiel von der Auseinandersetzung mit dem modernen Klavier kommt, sucht Gould cembaloartige Wirkungen zu erreichen durch Staccati, Leggierospiel etc. Dies galt lange Zeit als Ideal bei Bach, während die heutige Pianisten-Elite Bach lieber ganz auf ihr Instrument übersetzt – sicherlich nicht ohne Berechtigung. Bewunderungswürdig ist bei Gould nicht nur das pianistische Können und die Brillanz, erstaunlich ist, wie hier eine Auffassung gemeistert wird, die eigentlich ein Außer-Rand-und-Band-Sein darstellt. Es spielen entfesselte – oder vielmehr besessene – Gliedmaßen. Ein surrealistisches Wahnsinnsballett rollt ab, bis in Var. 25, von Geisterhand geschlagen, alles zusammenfällt zu einer Totenlandschaft aus Asche und Knochen. Mit Var. 26 ersteht neu die Walpurgisnacht der auf den Tasten tanzenden Dämonen. – Von einem Dämon in Gould spricht J. Kaiser anläßlich anderer Interpretationen Goulds.[58] Diesem Dämon müssen auch die Goldberg-Variationen dienen – auf höchster pianistischer Ebene.[59]

1954, ein Jahr vorher, hatte der 27jährige Karl Richter bei der Bachwoche in Ansbach Aufsehen erregt durch seine Interpretation der Goldberg-Variationen auf dem Cembalo. Im Rückblick auf Richters Wirken heißt es im Almanach der Ansbacher Bachwoche 1981: «Dann aber blitzte bei den Goldberg-Variationen im Prunksaal erstmals das Genie Richters auf, obwohl bei vielen noch nicht mit Bewußtheit erkannt wurde, daß eine stilistisch neue Welt hereingebrochen war, die mit dem Begriff «Leipziger Schule» allein nicht mehr beschrieben werden konnte.»[60] Und H. J. Abs sagte in Gedenkworten bei der Feier für den Verstorbenen am 20. 2. 1981:[61] «Faszinierend Dein Cembalospiel, und ich kann nicht umhin, die Goldberg-Variationen im Prunksaal von Ansbach zu erwähnen, für viele eine Erleuchtung, für andere ein Scandalum.»

Ein paar Streiflichter darauf, wie Richters Spiel ganz neue Einsichten vermitteln konnte, sind bei der Beschreibung der einzelnen Variationen gegeben worden. Die beiden Schallplatteneinspielungen der Goldberg-Variationen[62] lassen leider, wie alle Solo-Cembaloaufnahmen Richters, nur teilweise die raumausfüllende, tragende Kraft seines Spiels im Konzertsaal ahnen: In der Einspielung der g-Moll-Toccata BWV 915 erlebt man, wie Richter die Fuge in einer Spannungshöhe beginnt, die keine Möglichkeit für große Steigerungen offen zu lassen scheint, und dann gleichwohl weiter und weiter steigert bis zum Schluß; in der Fuge zur Chromatischen Fantasie ist zu hören, wie das Thema als ein lebendiges Wesen sich heraushebt aus dem fortschreitenden Strom.[63] Besser sind aber die Eigenarten des Richterschen Cembalospiels festgehalten auf den Einspielungen der Flöten- und Violinsonaten (mit Nicolet und Schneiderhan[64]), und auch die erste Aufnahme des 5. Brandenburgischen Konzerts, mit Richter als Solist und Dirigent, dokumentiert die impulsierende Präsenz seines Spiels.[65] Annähernd ein Bild des Konzerteindrucks geben seine Orgel-Einspielungen – der Bach-Werke wie die der Händelschen Orgelkonzerte,[66] in denen der Klangsinn Richters gut hervortritt; welche Dimensionen ihm hier offenstanden, zeigt die Aufnahme von Liszts Präludium und Fuge über B-A-C-H, in der Richter ganz in den atemberaubend expansiven, dämonischen Klangräumen Liszts steht und damit dem Werk «erst wieder die gebührende Beachtung» verschafft hat.[67] Die Orgel war letztlich sein Instrument «von Kindesbeinen an».[68]

Vor allem aber lag in Richter eine Urbegabung vor, die ausgesprochene Mission für Bach – und so ist er viele Jahre der maßgebende Bach-Interpret gewesen, die «Instanz».[69] «Der Hörer hat bei ihm immer das Gefühl selbstverständlicher Sicherheit, einer förmlichen Garantie, authentisch in das Zentrum des Werkes geführt zu werden», schrieb W. Abendroth 1960.[70] Bei seinen Orgel- und Cembaloabenden war es oft, als sei man bei einem Arbeitsprozeß dabei – so, als komponiere hier jemand Bachische Stücke; der da aber improvisierte, schien ein Familienmitglied der Bache zu sein, im Innersten vertraut mit Bachs Welt. Es war eine tiefe Schicksalsverbundenheit mit dem Geiste Bachs, eine Geistverwandtschaft zwischen Interpret und Komponist, wie sie heute selten ist.

Richters Musizieren war stark bestimmt vom Rhythmischen. «Seine Interpretation ist gekennzeichnet durch Kraft und rhythmische Prägnanz.»[71] Auch an Bachs Musizieren ist den Zeitgenossen eine stark rhythmische Komponente aufgefallen, denn Rektor Gesner bewundert, «wie er den Tact in allen Gliedern fühlt», und Hiller bemerkt, daß Bach im Zeitmaße «überaus sicher» gewesen sei.[72]

An Übergängen, an den Nahtstellen, nahm Richter den rhythmischen Impuls an den Zügel, um den Aufbau deutlich zu gliedern und eine neue klangliche Welt sich öffnen zu lassen. Das geschah immer in straffem Führen, im Bändigen der rhythmischen Gewalten. Im Gleichmaß fortlaufende Bewegungen, wie z. B. die Staccato-Sechzehntel des Basses im 3. Satz der Violinsonate A-Dur BWV 1015, wußte Richter in unvergleichlicher Frische und gespannter Anmut zu halten. Ein Herzensrhythmus pulsierte. «Ich kann den Takt nicht vom Metronom nehmen, sondern muß ihn meinem Pulsschlag ablauschen, der mit dem Zentrum des Menschen, dem Herzen, verbunden ist.» (K. Richter[73])

Auf dem rhythmischen Impuls entwickelte sich dann Richters Klangphantasie, spielte sein plastischer Sinn für Expressivität, der modern-bewußt, nie zerfließend, Stimmungen erstehen ließ: die pochende Schmerzgewalt des Eingangschores der Matthäus-Passion, der Dämmung der Abendstunde, die Innigkeit der Weihnachtsstimmung. Wie Goethe von seinem «gegenständlichen Denken»[74] und Dichten spricht, so ist es wohl erlaubt, Richters Kunst ein *gegenständliches Musizieren* zu nennen. Wesenhaft lebte die Weihestimmung der Passionen, der Hohen Messe in ihm. Tief führte er seine Hörer hinein – in dieser Gegenständlichkeit – in die Tempelbezirke des Largo e dolce der Flötensonate h-Moll BWV 1030, des Adagio ma non tanto der Violinsonate E-Dur BWV 1016 oder der großen Orgelfuge e-Moll BWV 548. Dort war er beheimatet. Auch die Choräle, von vielen nur rein klanglich musiziert, wurden bei Richter zur geradezu greifbaren Sprache – wie Forkel schreibt, daß unter Bachs Hand jedes Stück «gleichsam wie eine Rede sprach».[75]

Man mußte sich mitverändern und immer wieder umstellen. So war man am Schluß des Konzerts jünger und lebensvoller geworden – wie es keineswegs bei jedem Konzert als Folgeerscheinung auftritt. In Erinnerung ist eine Aufführung der Johannes-Passion, nach der die Zuhörer noch lange hinterher in Gruppen in der Nähe der Kirche verblieben und sich aus dem gemeinsamen Geist, der alle umfaßt hatte, nicht lösen wollten. Wenn Nachrufe sich oft bewundernd an erlebten Glanz und Ruhm erinnern, so war bei Richter der Tenor auffallend häufig der einer tiefmenschlichen *Dankbarkeit.*

Richter zeigte kein Bedürfnis, seine Gedanken über Bach und über Interpretationsfragen auszusprechen, auch später nicht, als sein Stil auf Widerstände traf und mancher Bach-Interpret mehr mit Worten als durch sein Musizieren überzeugte. Wieder glich er hierin Bach: «Unser seel. Bach ließ sich zwar nicht in tiefe theoretische Betrachtungen der Musik ein, war aber desto stärcker in der Ausübung.»[76] Man mußte Richter fragen und zu fragen wissen; dann aber kamen Sätze, die interpretatorische Leitsätze darstellen, wenn sie auch zunächst rätselhaft erscheinen: «Das Tempo muß sitzen im Herzen und im Geist»; «Den Atem zu haben, um die Fläche zu füllen, dazu braucht es Zeit.»[77]

Es war Richter nicht gegeben, auf stupende Routine auszuweichen, die bei so manchen Interpreten, zusammen mit einem gewissen Persönlichkeitskult, den sie um sich zu verbreiten verstehen, über halben inneren Einsatz hinwegträgt. «Man hat auch mit jedem Werk, was man spielt oder dirigiert, täglich neue Ideen. Schlimm ist es, wenn die Ideen einem nicht mehr kommen, wenn man nicht mehr inspiriert ist; denn das ist das Schlimme, wenn man ein Werk mit Routine, mit schnöder Routine spielt, weil es gespielt werden muß, und keine Einfälle, keine Eingebungen mehr dazu hat.»[78]

In welche Richtung sein Wollen in den letzten Lebenstagen noch zielte, zeigt ein Ausspruch, den er seinem Freund Nicolet gegenüber getan hat: Er müsse die Zeit, die ihm zum Leben bleibe, lernen und Musik *par coeur* memorieren – durch's Herz – und nicht «auswendig».[79] Das ist wie ein Vermächtnis. Mit Richters Tod hat Bach einen Sachwalter seiner innersten Belange verloren. Nun harren die Goldberg-Variationen – wie der gesamte Bach – wieder des Cembalisten, der sie im Konzert so vorzutragen weiß, daß sie zum Ereignis werden. Möge er sie «durch's Herz» vortragen, wie Karl Richter es als Ziel abgesteckt hat, und mit jenem Humor, in dem sich ihr inneres Wesen offenbart.

Anhang

Zur Veränderung des Themenbasses und seiner Harmonisierung

Die folgende Zusammenfassung von R. Kirkpatrick, dem Notentext der Goldberg-Variationen in der Edition Schirmer beigegeben, zeigt an, in welcher Richtung die Veränderungen zu erwarten sind (Schirmer 37149, S. VIIf., Übers. G. Uber):

«Am Fundamentbaß lassen sich verschiedene Veränderungen feststellen. Beispielsweise werden Sextakkorde ausgetauscht mit ihren Grundformen und umgekehrt. Es kommt sogar vor, daß ein Quartsextakkord einen Sextakkord ersetzt. Der Baßton, die Sext oder sogar die Quint werden gelegentlich erhöht oder erniedrigt. An einigen Stellen stehen Quint und Sext im Wechsel, oder die Wahl bleibt doppeldeutig unentschieden, wobei die Terz in vielen Fällen allein gegen den Baß gesetzt wird, um eben die Möglichkeit zweifacher Deutung ganz offen zu lassen. Häufig wird einem thematischen Akkord eine untergeordnete Position gegeben, aber die Hauptzüge des Verlaufes werden gewahrt durch eine Art harmonischer Umschreibung; oder es wird eine Harmonie nicht einmal und eindeutig hingestellt, sondern zwei- oder dreimal angedeutet. Dies geschieht oft in Passagen, wo bestimmte Baßschritte nicht in den Takten stehen, zu denen sie gehören (besonders in den Kanons); sie sind dann entweder vorweggenommen oder hinausgeschoben und am Ende der Phrase zusammengeballt. Doch verwendet Bach alle diese Kunstgriffe so, daß die Hauptumrisse immer erkennbar bleiben.»

Der Versuch, die Veränderungen in einer Tabelle festzuhalten, wird also in mehrerlei Hinsicht anfechtbar bleiben müssen. Doch ist die folgende tabellarische Übersicht nur dazu gedacht, eigene Ergebnisse damit zu vergleichen.

Erläuterung zur Tabelle auf den folgenden Seiten:
Die Generalbaßziffern zeigen an, in welcher Harmonisierung die Modelltöne in der Aria erscheinen. Von den zwei thematischen Tönen in Takt 10, 19, 22 und 23 benützt Bach in mehreren Variationen nur einen. Der weniger häufige Ton ist in Klammern gesetzt. Nur wenn beide fehlen, ist der thematische Ton bzw. die thematische Harmonie als fehlend verzeichnet.

In den Charakter-Variationen und Kanons ist durchgehend der Baß als thematische Stimme aufgefaßt, bei Überkreuzungen in den virtuosen Variationen nach Bedarf die eine oder die andere Stimme.

× der angegebene *Ton* erscheint im entsprechenden Takt oder Halbtakt nicht in der thematischen Stimme.

○ die bezeichnete *Harmonie* kann nicht aus den Tönen des Taktes oder Halbtaktes in irgend einer Weise zusammengestellt werden.

◇ die bezeichnete Harmonie fehlt im angegebenen Abschnitt, ist aber im Takt oder Halbtakt vorher oder nachher zu finden. Auch der Modellton kann dabei verfrüht oder verspätet auftreten.

□ die Harmonie ist chromatisch verändert; das betrifft evtl. auch den Modellton.

Takt	1	2	3	4	5	6	7	8	9	10	11	12	13	14	15	16

Aria

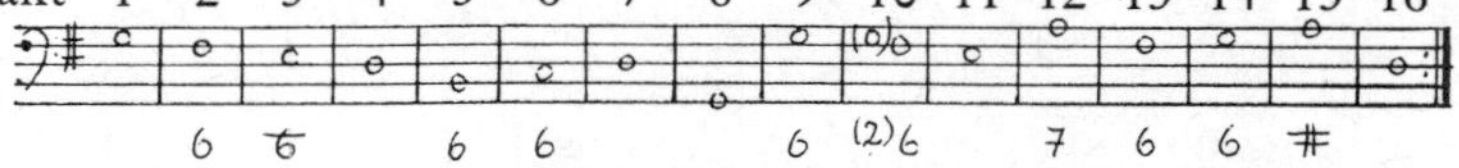

Var.	1	2	3	4	5	6	7	8	9	10	11	12	13	14	15	16
1																
2			□													
3																
4			□													
5																
6			○	×									×	□		
7									×	×	×					
8																
9			⊗		◈	◈				⊗		◈	×			
10																
11						□								□		
12																
13																
14						○								☒		
15					×	×					☒	×		☒		
16										□						
17																
18		×								×		×	◈	◇		
19																
20																
21			□		×				□	×	☒					
22												×				
23																
24						×										
25										×	×					
26									○							
27			□	×			◈	×				◇	◇	◇		
28													×			
29						○										
30			□													

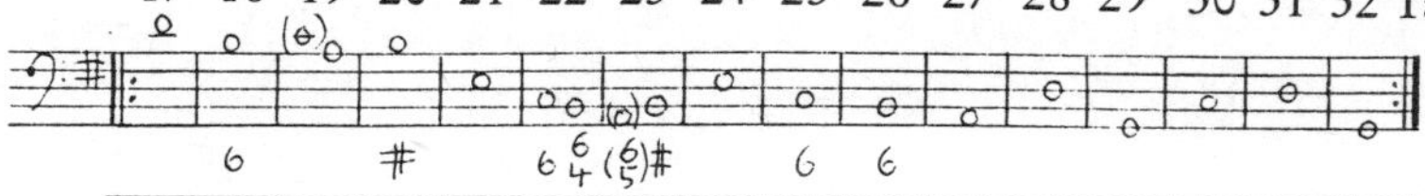

Aria

Var.	17	18	19	20	21	22	23	24	25	26	27	28	29	30	31	32 Takt
1 Var.																
2						×										
3										◈				◇		
4						×										
5																
6		×			×	⊗				×		×	⊠	□		
7											⊠					
8										□						
9			⊠							◈	×			◈		
10									□							
11																
12										□						
13																
14						○										
15					×				□	◈						
16																
17							×									
18									×	×		×	◈			
19						×										
20																
21						⊠	×		□				□			
22					×	×						×	◈			
23																
24											×		◈	○		
25						□			□	□			×			
26			□													
27							×	×			×				×	
28					×											
29																
30						×										

Die 102 in die Untersuchung einbezogenen G-Dur-Nummern aus Kantaten, Motetten, Passionen Bachs:

BWV
7,2
11,10
15,7
19,3
30,3/30a,3
31,6
32,3
36,7/36a,7
41,2
42,3
43,3
61,5,6
62,2
63,5
64,7
69,3
70,8
74,5
75,3,7,14
76,3
79,1,3
80,7
81,3
84,3
91,1
95,1
99,1
100,1 = 99,1
100,4

BWV
100,6 = 75,14
104,1
111,4
112,1
115,1
117,1,9
119,3
120,4/120a,2a,3
125,4
128,1
129,4
130,5
137,2
141,1,2: Kantate unvollständig, Echtheit angezweifelt
147,6,10
148,4
149,6
151,1
152,4
153,8
158,2
165,1,5
167,1,5
173,4/173a,4
174,4
175,1

BWV
178,3
179,1
182,2,7,8
184,2,6
192,1 = 79,3
192,3
193,5
195,3
197,6,8/197a,1
201,3
202,1,9
205,13
206,9
207,9/207a,7
211,8,10
212,10,16
215,3
216,7
227,6
244,14,19,51
248,7,19,21,23
249,7/249a,7/249b,5

«Schlummert ein, ihr matten Augen» aus Anna Magdalenas Notenbüchlein 1725

Die 61 in die Untersuchung einbezogenen g-Moll-Nummern:

BWV	BWV	BWV
2,5	48,1,6	122,1
5,1	55,1	131,1,2,5
6,5	56,1	134a,6
10,1	57,1	143,6
12,6	73,1	146,2
13,5	78,1,4	164,1,5
14,1,4	85,2	166,2
21,9	87,3	177,1
22,1	93,6	186,1,8
24,3	97,2	187,1,4
27,5	101,2	194,8
39,1	102,1,5	204,2
44,1,2	105,1	229,1
46,5	114,1,4	244,29,61,74
47,1	119,5	245,1,3,36,48

Bibliographie

Einige wichtige Ausgaben des Notentextes

Bärenreiter 1977, Neue Ausgabe sämtlicher Werke, Serie V, Bd. 2, BA 5048 (Wolff) (Mit den Zusätzen aus Bachs Handexemplar. Var. 17, Takt 29: Die erste Note im Baß, g, ist vom Herausgeber gesetzt; im Originaldruck steht h.)

Henle Urtextausgaben 1962, 129 (Steglich) (Var. 16, Takt 17: Der Doppelschlag scheint nicht von Bach zu sein)

Schirmer 1938, 37149 (Kirkpatrick, mit eigenen Verzierungszusätzen)

Breitkopf 1915/1943, 4315, Bearbeitung von Busoni

Kistner & Siegel 1915, 10724, Bearbeitung für zwei Klaviere von Rheinberger, revidiert von Max Reger

Literatur

zu den Goldberg-Variationen allgemein

Kritischer Bericht zur Neuen Ausgabe sämtlicher Werke Joh. Seb. Bachs, NBA V/2, Bärenreiter 1981 (Wolff).

Wanda Landowska, Sur les «Variations Goldberg» (Aria mit 30 Veraenderungen) de J.-S. Bach. La Revue musicale, Paris, Mai 1933, Nr. 136, S. 321–333.

Andreas Traub, Johann Sebastian Bach, Goldberg-Variationen. Meisterwerke der Musik, Wilhelm Fink Verlag 1983.

Josef Müller-Blattau, Bachs Goldberg-Variationen. AfMw 1959, Nr. 16, S. 207–219.

Werner Breig, Bachs Goldberg-Variationen als zyklisches Werk. AfMw 1975, Heft 4, S. 243–265.

Owen Jander, Rhythmic Symmetry in the Goldberg-Variations. Musical Quarterly 1966, S. 204–208.

Hermann Keller, Die Klavierwerke Bachs. Peters 1950, S. 213–219.

Walter Georgii, Klaviermusik. Zürich 1950, S. 134–138.

Christoph Wolff, Ordnungsprinzipien in den Originaldrucken Bachscher Werke. In: Bach-Interpretationen. Hrsg. v. Martin Geck, Göttingen 1969, S. 152–154.

Richard Gress, Die Entwicklung der Klaviervariation von Andrea Gabrieli bis zu Johann Sebastian Bach. Diss. Tübingen 1929, S. 126–130.

Otto Baensch, Nochmals das Quodlibet der Goldberg-Variationen. ZfM März 1934, S. 322f.

Josef Müller-Blattau, Hohe Schule der Musik. Potsdam 1935, 1. Bd., S. 204f.
Erich Schwebsch, Bach und die Kunst der Fuge. Bärenreiter 1955, S. 55f.
Hermann Erpf, Form und Struktur in der Musik. Schott 1967, S. 81f.
Eta Harich-Schneider, Die Goldberg-Variationen. Takada 1964.

zur Bach-Biographie (Auswahl), in Klammern die darin enthaltenen Abschnitte über die Goldberg-Variationen

Bach-Dokumente Bd. 1–4 zur Neuen Ausgabe sämtlicher Werke. Bärenreiter (Goldberg-Variationen siehe die jeweiligen Register).
Philipp Spitta, Johann Sebastian Bach. Bd. I u. II, Nachdruck Breitkopf & Härtel 1979 (Bd. II, S. 648–656, 726f., 840f.).
J. N. Forkel, Über Johann Sebastian Bachs Leben, Kunst und Kunstwerke. Nachdruck Bärenreiter 1968 (S. 89f.).
Rudolf Steglich, Johann Sebstian Bach. Nachdruck Laaber 1980 (S. 147f.).
Albert Schweitzer, J. S. Bach. Breitkopf & Härtel 1922, (S. 298ff.).
Karl Geiringer, J. S. Bach. München 1971 (S. 295–298).
C. H. Bitter, Johann Sebastian Bach. Berlin 1881 (3. Bd., S. 157ff.).
Hermann Keller, Johann Sebastian Bach. Stuttgart 1947, (S. 35 u. 81f.).
Luc-André Marcel, J. S. Bach in Selbstzeugnissen und Bilddokumenten. Rowohlt 1963 (S. 138f.).
Charles S. Terry, Johann Sebastian Bach. Evangelische Verlagsanstalt Berlin o. J. (S. 211).
Arnold Schering, Johann Sebastian Bach und das Musikleben Leipzigs im 18. Jahrhundert. In: Musikgeschichte Leipzigs 1723–1800. Nachdruck beim Zentralantiquariat der DDR, Leipzig 1974 (S. 298f.).
Karl Pottgießer, Die Briefentwürfe des Johann Elias Bach. In: Die Musik, Jahrgang 1912/13, Heft 7 (Besuch bei Keyserlingk, S. 17).

zu Einzelbereichen der Goldberg-Variationen

Georg Kinsky, Die Originalausgaben der Werke Johann Sebastian Bachs. Wien 1937, S. 48–54, Anm. S. 106–111.
Walter Emery, Information wanted / The Goldberg Engraver / Schmid and the Goldberg. Musical Times 1963/64, abgedruckt im KB der NBA V/2, Bärenreiter 1981, S. 137–144.
Christoph Wolff, Bachs Handexemplar der Goldberg-Variationen – eine neue Quelle. Bericht über die Wissenschaftliche Konferenz zum III. Internationalen Bach-Fest der DDR 1975. Leipzig 1977, S. 79–89.

Reinhard Oppel, Das Thema der Violinchaconne und seine Verwandten. BJ 1918, S. 97–116.

Hans Ludwig Schilling, Das grundlegende Kompositionsprinzip von Wiederholung und Kontrast – dargestellt an Johann Sebstian Bachs «Aria» aus dem Notenbüchlein für Anna Magdalena Bach von 1725. Schweizerische Musikzeitung 1959, Nr. 11, S. 373–384.

Arnold Schering, Johann Sebastian Bachs Notenbüchlein für Anna Magdalena Bach (1725). München 1735/45, S. V, Anm. zu S. 77, Aria.

Hans Hering, Spielerische Elemente in Bachs Klaviermusik. b) Spielvariationen in Klavierübung Teil IV. BJ 1974, S. 59–69.

Rudolf Steglich, Warum eine Ouvertüre inmitten der Goldberg-Variationen? Musica 1961, Nr. 15, S. 627–629.

Eta Harich-Schneider, Die Kunst des Cembalospiels. Kapitel Registration und Dynamik. Bärenreiter 1970, S. 175.

zum Quodlibet

Hans-Joachim Schulze, Melodiezitate und Mehrtextigkeit in der Bauernkantate und in den Goldbergvariationen. BJ 1976, S. 58–72.

Paul Nettl, Die Bergamasca. ZfMw V 1922/23, S. 291ff.

Paul Nettl, Volks- und volkstümliche Musik bei Bach. Beihefte zu den Denkmälern der Tonkunst in Österreich Bd. 25, 1962, S. 391ff.

E. F. Koßmann, «Ich bin so lang nicht bei dir gwest». ZfMw Feb. 1926, Heft 5, S. 295f.

Otto Baensch, Nochmals das Quodlibet. ZfM März 1934, Heft 3, S. 322f.

Fritz Müller, «Kraut und Rüben». ZfM, Feb. 1934, S. 129ff.

Hans Stephan, Nachtrag zum Bachschen Quodlibet. ZfM, März 1934, S. 321f.

zu Hermann Carl v. Keyserlingk

H. A. Frhr. v. Keyserlingk, Stammtafeln, Nachrichten und Urkunden von dem Geschlechte derer von Keyserlingk. Berlin 1853, S. 47–56.

Otto Frhr. v. Taube, Das Buch der Keyserlinge. Fischer Verlag 1937, S. 27–35.

H. M. Schletterer, Johann Friedrich Reichardt. Nachdruck Dr. M. Sändig, Wallruf 1972, S. 61ff.

Joh. Friedrich Reichardt, Selbstbiographie in Fortsetzungen in der Berlinischen Musikalischen Zeitung 1805, Nr. 82, S. 324f.

Heinrich Miesner, Graf Keyserlingk und Minister v. Happe, zwei Gönner der Familie Bach, BJ 1934. S. 101–115.

Friedrich Konrad Gadebusch, Livländische Bibliothek, Zweyter Theil, Riga 1777, S. 108–111.
Paul van Reijen, Die Familie Bach und Graf Keyserlingk. Neue ZfM 1966, S. 389–392.

zu Johann Gottlieb Goldberg

Ernst Dadder, Johann Gottlieb Goldberg. BJ 1923, S. 57–71.
Joh. Fr. Reichardt, Selbstbiographie in Fortsetzungen in der Berlinischen Musikalischen Zeitung 1805, S. 551–553 (H. M. Schletterer, Joh. Fr. Reichardt, S. 69–72).
Alfred Dürr, Johann Gottlieb Goldberg und die Triosonate BWV 1037. BJ 1953, S. 51–80.
Alfred Dürr, Vorwort zum Abdruck der Kantaten Goldbergs. In: Das Erbe deutscher Musik, Bd. 35, Bärenreiter 1957.

zur Tonartencharakteristik

Johann Mattheson, Das Neu-Eröffnete Orchestre. Hamburg 1713, P. III, Cap. II.
Hermann Beckh, Die Sprache der Tonart. Stuttgart 1977.
Anny v. Lange, Mensch, Musik und Kosmos. Freiburg 1956.
Heiner Ruland, Ein Weg zur Erweiterung des Tonerlebens. Basel 1981, S. 54ff.
Josef Müller-Blattau, Hohe Schule der Musik. Bd. 1, Potsdam 1935, S. 206ff. (Vom Charakter der Tonarten).

zu den Intervallcharakteren

Rudolf Steiner, Das Wesen des Musikalischen und das Tonerlebnis im Menschen. Dornach/Schweiz 1975, GA 283.
Rudolf Steiner, Eurythmie als sichtbarer Gesang. Dornach/Schweiz 1956, GA 278.
Hermann Pfrogner, Lebendige Tonwelt. München 1976 (bes. die Kapitel «Von der Diatonik zur Enharmonik» und «Musica humana»).

zu den Zahlencharakteren

Ernst Bindel, Die geistigen Grundlagen der Zahlen. Stuttgart 1980.

Bei den Bänden der Rudolf Steiner-Gesamtausgabe wurden folgende Auflagen verwendet:

Bibliographie-Nummer

14: 1962	175: 1982
21: 1960	184: 1968
23: 1961	194: 1962
26: 1962	223/229: 1966
40: 1969	224: 1966
93a: 1972	227: 1982
96: 1974	230: 1970
104: 1962	243: 1969
107: 1973	278: 1956
108: 1970	282: 1969
113: 1960	283: 1975
118: 1965	284/285: 1977
125: 1973	300/3: 1975
128: 1971	301: 1977
139: 1960	303: 1978
150: 1973	

Notenausgaben von Kompositionen, in denen thematische Bezüge zu den Goldberg-Variationen gesehen wurden

G. F. Händel, zwei Chaconnen in G-Dur: G. F. Händel, Klavierwerke Bd. II, Peters 4982.

Henry Purcell, A Ground: Purcell-Album, Editio Musica Budapest Z. 7553.

Joh. Christoph Bach, Sarabande Duodecies variat. (Sarabanda variata): Le più belle pagine dei clavicembalisti della famiglia Bach, Ricordi E. R. 2574.

François Couperin, Gavotte; La Bourbonnoise, Gavotte; La Gabrièle; La Zénobie: François Couperin, Pièces de Clevecin, Premier Livre, 1er Ordre, Second Livre, 10me und 11me Ordre, Augener Edition.

Gottlieb Muffat, Ciacona G-Dur: Gottlieb Muffat, Componimenti Musicali per il Cembalo, Nachdruck bei Gregg International Publishers 1968.

J. C. F. Fischer, Chaconne über g-fis-e-d mit 30 Var. aus dem «Musikalischen Blumenbüschlein»: J. C. F. Fischer, Sämtliche Werke f. Klavier und Orgel, Breitkopf 5713001.

Dietrich Buxtehude, La Capricciosa: Dietrich Buxtehude, Klavervaerker, Wilhelm Hansen 3392.

Unbekannter Autor: Sarabande con Partite BWV 900: Bach-Ausgabe bei Peters 6383, nicht mehr erhältlich.

J. J. Froberger, «Auff die Mayerin», Sexta Partita: Johann Jakob Froberger, Sechs Suiten für Klavier, Bosworth 21827.

Jean-Philippe Rameau, La Joyeuse, Rondeau: J.-Ph. Rameau, Pièces de clavecin, Bärenreiter 3800.

Alessandro Poglietti, «Il rossignolo»: Einzelausgabe im Süddt. Musikverlag Heidelberg WM 2482 SM.

Franz Liszt, «Etudes d'exécution transcendante», Nr. 10: Schott 30341.

Salzsieder-Tanz und «Kraut und Rüben»: Erk-Böhme, Deutscher Liederhort II, Nr. 1045, 1046, 1047.

Girolamo Frescobaldi, Bergamasca aus «Fiori musicali»: Girolamo Frescobaldi, Ausgewählte Orgelwerke Bd. 1, Peters 11520.

Valentin Rathgeber, Quodlibet im «Augsburger Tafel-Confect»: Reichsdenkmäler dt. Musik, Abt. Oper und Sologesang, Bd. 2, Schott 1942.

Diskographie

Isolde Ahlgrimm, Cembalo	Philips 6747054
Christiane Capeller, Cembalo	Motette M 3008
Alan Curtis, Cembalo	EMI 151-30710/11
Frédéric Gevers, Klavier	DD 6088
John Gibbons, Cembalo	Con Ti 30/31
Glenn Gould, Klavier	Aufn. 1955: CBS 72261. Aufn. 1982: CBS D 37779
Christiane Jacottet, Cembalo	INT 180.846
Wilhelm Kempff, Klavier	DG 139 455
Igor Kipnis, Cembalo	EMI C 181-81673/4
Gerhard Kirchner, Cembalo	FSM 53 2 26
Ralph Kirkpatrick, Cembalo	DG 198 020 IMS
Wanda Landowska, Cembalo	Aufn. 1933: EMI C 051-43371. Aufn. 1945: RCA KR 11018/1-2
Gustav Leonhardt, Cembalo	Aufn. 1965: AW 641198. Aufn. 1978: HMD 1C 065-99 710
George Malcolm, Cembalo	SOL 261-2
Trevor Pinnock, Cembalo	DG 2533425
Günther Ramin, Cembalo	MMS 144 (z. Zt. nicht erhältlich)
Karl Richter, Cembalo	Aufn. 1956: Tel. 6.41337. Aufn. 1972: DG 27 057
Marga Scheurich, Cembalo	Int 185.801
Andreas Schiff, Klavier	Dec 6.35624 FA
Liisa Soinne, Klavier	DC Fin 315
Yuji Takahashi, Klavier	DENON (Japan) OX-7080-ND
Rosalyn Tureck, Cembalo	CBS 79 220
Daniel Varsano, Klavier	CBS 79 231
Blandine Verlet, Cembalo	Philips 6768074
Hans Vollenweider, Cembalo	ACC 140 075 MU 312
Alexis Weissenberg, Klavier	Aufn. 1971: EMI C 151-11 644/45 Aufn. 1982: EMI 1C 157-73 091/92 T

Verzeichnis der Abkürzungen

AfMw	Archiv für Musikwissenschaft
BJ	Bach-Jahrbuch
Bach-Dok.	Bach-Dokumente zur Neuen Ausgabe sämtlicher Werke J. S. Bachs, Bärenreiter Verlag
Forkel	Über Johann Sebastian Bachs Leben, Kunst und Kunstwerke, Leipzig 1802 von J. N. Forkel
GA	Rudolf Steiner Gesamtausgabe, Rudolf Steiner Verlag Dornach/Schweiz
KB	Kritischer Bericht zur Neuen Ausgabe sämtlicher Werke J. S. Bachs bei Bärenreiter
MGG	Die Musik in Geschichte und Gegenwart, Bärenreiter Verlag
NBA	Johann Sebastian Bach, Neue Ausgabe sämtlicher Werke, Bärenreiter Verlag
Spitta I, II	Philipp Spitta, Johann Sebastian Bach, Band I, II. Nachdruck bei Breitkopf 1979
Spitta VA	Volksausgabe, Breitkopf & Härtel 1949
ZfM	Zeitschrift für Musik
ZfMw	Zeitschrift für Musikwissenschaft

Anmerkungen

Geschichtliches

1 GA 40, Wahrspruchworte. S. 218. (GA = Rudolf Steiner Gesamtausgabe, mit der Nummer des betreffenden Bandes. Rudolf Steiner Verlag, Dornach.)

2 Siehe die Diskographie im Anhang.

3 Schallplattentasche Electrola C 151–11 644/45

4 Ludwig Finscher im Begleittext zur Einspielung von Gustav Leonhardt, Telefunken 6.41198 AW

5 Schallplattentasche Duchesne DD 6088

6 Cosima Wagner, Die Tagebücher. 2, S. 264, München 1977. Siehe zu dem Problem auch den Aufsatz von Günther Ramin: Johann Sebastian Bach als Ende und Anfang, und seine Bedeutung für die geistige Entwicklung der Jugend. Schweizerische Musikzeitung 1954, S. 322ff.

7 Walter Georgii, Klaviermusik. Atlantisverlag, 1950, S. 134f.

8 Die Klavierwerke Bachs. Peters, 1950, S. 213

9 A.a.O., S. 135

10 W. Georgii, a.a.O., S. 307

11 In «Frühlingsfahrt» von Eichendorff, von Schumann als op. 45,2 vertont.

12 Siehe u.a. Chr. Wolffs Vorwort zu den Vierzehn Kanons in der Bärenreiter-Ausgabe 5153.

13 Contrapunctus XVII mit der Bezeichnung «a 2 Clav.» in der Originalausgabe ist eine Bearbeitung von Contrapunctus XVI zum praktischen Musizieren. Siehe E. Schwebsch, Bach und die Kunst der Fuge, Kassel 1955, S. 328.

14 J. A. Hiller, abgedruckt in Bach-Dokumente III, S. 402.

15 W. Georgii, a.a.O., S. 135

16 Vers 11770 und 11831

17 R. Steglich, Über die «kantable Art» der Musik Johann Sebstian Bachs. Verlag Hugh & Co. (1957), S. 14

18 «Cherubinischer Wandersmann». Hrsg. v. W. Bölsche, Diederichs, 1914, Fünftes Buch, Nr. 278

19 Bach-Dok. I, Nr. 32, 33, 34, 35, 39, 40, 41; Bach-Dok. II, Nr. 382, 383, 401, 403, 406, 412

20 Bach-Dok. II, Nr. 340, 371

21 J. F. Köhler, Bach-Dok. III, S. 314

22 Bach-Dok. II, S. 286f.

23 Bach-Dok. II, Nr. 409, 410, 413, 417, 420, 441, 442, 446, 530, 533, 552

24 Spitta II, S. 754

25 Forkel, S. 18

26 Der vollkommene Capellmeister. Hamburg 1739, S. 21 der Vorrede

27 Bach-Dok. III, S. 87

28 Die Philosophen Wolff und Thomasius, zitiert nach R. Steglich, J. S. Bach. Athenaion, 1935, S. 48

29 Bach-Dok. III, S. 314

30 Arnold Schering überschätzt die Möglichkeiten, wenn er meint, es habe dem Unternehmen nur der richtige Kopf gefehlt (Musikgeschichte Leipzigs 1723–1800, Leipzig 1941, S. 207), wie er auch irrtümlich glaubt, die tiefsinnigen Verflechtungen in Bachs Musik kämen aus einem kombinierenden Kalkül. Er billigt damit Bach Verstandesleistungen zu, die wir heute, bei geschulterem Verstand, nicht entfernt erreichen. Es wird schon notwendig sein, Bachs kontrapunktische Kunst nicht aus dem Nachdenken, sondern aus der geheimnisvoll inspirierten Überschau über die musikalischen Gesetze zu erklären. Köpfe, die gut kombinieren können, hat es seither viele gegeben, aber keinen zweiten Bach!

31 Bach-Dok. III, S. 89

32 Bach-Dok. III, S. 288; s. a. Bach-Dok. II, Nr. 468

33 Bach-Dok. II, S. 20

34 S. Bach-Dok. III, S. 519, C. F. Cramer über Bach: «... ein sehr originaler, unbestechbarer, und selbstständiger Beurtheiler der Dinge und Menschen um sich her».

35 «Geschwinde, ihr wirbelnden Winde». BWV 201

36 Rezitativ Nr. 10 u. 12

37 Schering, a.a.O., Kapitel 10 u. 14

38 Bach-Dok. III, S. 289

39 J. J. Quantz, Versuch einer Anweisung die Flöte traversiere zu spielen. 1752, 3. Aufl. 1789, S. 327

40 Bach-Dok. II, Nr. 266, Bach-Dok. III, S. 402, 599

41 Bach-Dok. III, S. 442. Als Autor wird C. Ph. E. Bach vermutet.

42 Quantz, a.a.O., S. 325

43 W. Friedemann und C. Ph. E. Bach; in Forkel, S. 79

44 Tagebücher 2, S. 730

45 Werner Neumann, Das «Bachische Collegium Musicum»; in BJ 1960, S. 5–28

46 Bach-Dok. III, S. 314

47 1720–1774; ab 1751 Hofkomponist in Berlin, ab 1759 Leiter der kgl. Hofkapelle.

48 1721–1783; ab 1758 Hofmusikus der Prinzessin Anna Amalia, Schwester Friedrichs II.

49 Bach-Dok. III, S. 340

50 Bach-Dok. III, S. 195

51 Geb. 1705 in Schweinfurt, 1755 dort gestorben.

52 Karl Pottgießer, Die Briefentwürfe des Johann Elias Bach. In Die Musik, Jahrgang 1912/13, Heft 7, S. 8, 9; Bach-Dok. II, S. 325, 384

53 Z. B. Bach-Dok. III, Nr. 997, 7

54 Bach-Dok. II, S. 325, 371; Pottgießer S. 8, 10

55 Bach-Dok. II, S. 369f., 370, 373; Pottgießer S. 11, 15

56 Bach-Dok. III, S. 290

57 S. u. a. Bach-Dok. II, Nr. 509

58 Bach-Dok. –; Pottgießer S. 8

59 Pottgießer S. 4f.

60 Bach-Dok. II, S. 395

61 Bach-Dok. II, S. 404

62 Bach-Dok. II, S. 366; Pottgießer S. 15

63 Bach-Dok. III, S. 519

64 Bach-Dok. III, S. 519

65 Bach-Dok. II, S. 363; Pottgießer S. 7
66 Die Lebensdaten der Kinder Bachs:
Catharina Dorothea 1708–74, unverheiratet.
Gottfried Heinrich 1724–63, nach Bachs Tod vom «Liesgen» in Naumburg aufgenommen.
Elisabeth Juliane Friederica 1726–81, verh. mit Altnikol.
Joh. Christoph Friedrich 1732–95
Joh. Christian 1735–82
Johanna Carolina 1737–81
67 Bach-Dok. III, S. 519
68 Bach-Dok. II, S. 504
69 C. S. Terry, J. S. Bach. Evang. Verlagsanstalt Berlin, S. 148f. S. a. Bach-Dok. II, S. 497, «Andere nöthige Ausgaben: Der Magd 4 rthl.»
70 Bach-Dok. II, S. 373; Pottgießer S. 10f.
71 Bach-Dok. II, S. 392; Pottgießer S. 14
72 Bach-Dok. –; Pottgießer S. 12
73 gest. 1809
74 Bach-Dok. II, S. 397; Pottgießer –
75 Bach-Dok. II, S. 399; Pottgießer S. 17
76 Zuerst geäußert von Georg Kinsky: Die Originalausgaben der Werke Johann Sebastian Bachs, Wien 1937, S. 110, Anm. 150.
77 KB NBA V/2, S. 113
78 Detailliertere Angaben im KB der NBA V/2, S. 91
79 S.a. NBA V/2, Bärenreiter 5048, Abbildung S. IX
80 Siehe dazu KB NBA V/2, S. 94, auch Bach-Konferenz Leipzig 1975, VEB Deutscher Verlag für Musik Leipzig 1977, S. 79ff.
81 Plattenhülle Electrola 151-30710/11
82 Für den Theologiestudenten J. G. Fulde, 1747; s. Abbildung S. 27.
83 Bach-Dok. IV, Nr. 563
84 BWV 508; s. dazu KB NBA V/4, S. 51f. u. 93f.
85 Bach-Dok. III, Nr. 801, 803
86 Eine Zusammenstellung der Korrekturen und Zusätze im KB der NBA V/2, S. 95f.
87 Vorwort zu den Vierzehn Kanons, Bärenreiter 5153, S. 3
88 In: Bach-Konferenz Leipzig 1975, S. 80
89 KB NBA V/2, S. 108f; wie der dort zitierte Brief Forkels vom 7. 2. 1803 vermuten läßt, hat Forkel selbst seine Ansicht später geändert.
Es wurde bisher, da das Handexemplar Bachs nicht bekannt war, angenommen, daß Forkel mit dem «Verf.», der die Fehler in seinem Exemplar sorgfältig verbessert hat, sich selbst meint (zuerst von Georg Kinsky, Die Originalausgaben der Werke Bachs. Wien 1937, S. 54). Das ist nicht so. Forkel spricht in seiner Bach-Biographie von sich selbst immer in der Ich-Form, während er bei der Aufzählung von Bachs Werken diesen mehrmals den Verfasser nennt: S. 91 (2–), 92, 93, 100, 110, 112; z.B. bei der Kunst der Fuge S. 91: Sie kam erst «nach des Verfassers Tode» heraus.
90 Bach-Dok. II, S. 492
91 Bach-Dok. II, S. 502

92 Bach-Dok. I, S. 67
93 S. o. den Preis für die großen Cembali aus Bachs Hinterlassenschaft.
94 Nach M. Fürstenau, Zur Geschichte der Musik und des Theaters am Hofe zu Dresden II. Dresden 1862, S. 221, Anm., erhielt Wilhelm Friedemann in Dresden zu seinem Gehalt «3 Faß Bier oder ein Aequivalent von 5 Thlr».
95 KB NBA V/2, S. 112f.; Einspielung von G. Leonhardt, harmonia mundi, 065-99710. In ähnlicher Weise spricht die amerikanische Cembalistin Rosalyn Tureck von einer «Goldberg-Legende» (CBS 79220)
96 Das Wohltemperierte Klavier von J. S. Bach. Bärenreiter, 1965, S. 76
97 Johann Sebastian Bach's Leben, Wirken und Werke. Hilversum, S. 121
98 Johann Sebastian Bach. Berlin, S. 157
99 Spitta II, S. 841
100 Spitta VA, S. 368
101 The Musical Times, No. 1455, Vol. 105, May 1964, S. 350; abgedruckt in KB NBA V/2, S. 143f.
102 KB NBA V/2, S. 94
103 Es sei daran erinnert, daß zwischen dem Besuch Bachs bei Friedrich II. und dem Druck des Musikalischen Opfers nur zwei Monate liegen.
104 Forkel, S. 112
105 KB NBA V/2, S. 113
106 KB NBA V/2, S. 112
107 A.a.O., S. 54
108 Kinsky, a.a.O., S. 53
109 Kinsky, a.a.O., S. 32; Dok. IV, Nr. 353, 355
110 Geb. 1705, gest. 1749
111 Kinsky, a.a.O., S. 48f.
112 Bach-Dok. IV, Nr. 348
113 KB NBA V/2, S. 109
114 Neue Clavier-Ubung 1689, 2. Teil 1692 (vierzehn Partiten und eine Sonate). Johann Krieger, Organist in Zittau, nennt seine Sammlung von Praeludien und Ricercari 1698 «Anmuthige Clavier-Übung».
115 Denkmäler der Tonkunst in Österreich. Bd. 4, Vorrede S. 19
116 A. Schering, Die Leipziger Ratsmusik von 1650–1775. In: AfM 1921, S. 41f.; s. a. A. G. Huber, J. S. Bach als Meister der Gemüths-Ergötzung. Speer Verlag, Zürich 1948, S. 29
117 Die Klavierwerke Bachs. S. 215; s. a. H. Hering, Spielerische Elemente in Bachs Musik. BJ 1974, S. 59
118 Bach-Dok. III, S. 152
119 Bach-Dok. III, S. 268
120 Bach-Dok. III, S. 591
121 J. S. Bach IV, S. 246
122 KB NBA V/2, S. 112
123 Spitta II, S. 651
124 Sur les «Variations Goldberg» de J. S. Bach. In: Revue musicale, Mai 1933, S. 328
125 Musikgeschichte Leipzigs 1723–1800, S. 298; s. a. J. S. Bachs Notenbüchlein für AMB. Callwey, 1935, Vorwort zur 8. Auflage, S. V.: «Sowohl der Modulationsplan als auch die

überkünstliche Verschnörkelung der Melodie lassen stärksten Zweifel an Bachs Autorschaft aufkommen.»

126 KB NBA V/4, S. 94. Eine Aufstellung der Abweichungen gibt S. 95f. Dazu sei ergänzt (nach den Abbildungen von Originaldruck und Abschrift in NBA V/2, S. IX/X):
Takt 6, linke Hand: bei AMB nur zweistimmig geführt; versehentlich ein Verlängerungspunkt nach der ersten Note?
Takt 20, Baß: bei AMB Praller auf das vorletzte Achtel.
In Takt 30, Alt, erste Note, steht im Originaldruck ein Viertel und eine Achtelpause, nicht ein Achtel.

127 Die Klavierwerke Bachs, S. 214

128 KB NBA V/4, S. 93. Eine Zusammenstellung von Kompositionen, in denen das «soggetto» aufgefunden wurde, im VIII. Kapitel, Die Variationsform.

129 Bach-Dok. II, Nr. 499

130 S. Anm. 126

131 Alle Angaben über Keyserlingk und seine Familie stammen, soweit nicht extra vermerkt, aus: Stammtafeln, Nachrichten und Urkunden von dem Geschlechte derer von Keyserlingk, Berlin 1853, von H. A. J. Frhr. v. Keyserlingk, oder aus: Das Buch der Keyserlinge, Fischer Verlag, Berlin 1937, von Otto v. Taube.

132 H. Miesner, Graf v. Keyserlingk und Minister v. Happe. In BJ 1934, S. 103, Anm. 1. Laut einer Weisung des Preußischen Heroldsamtes sollte sich die Familie mit gk schreiben, doch halten es die Mitglieder, manchmal sogar die Brüder, durchaus verschieden. (Nach einer freundlichen Mitteilung Graf Alexander von Keyserlingks.)

133 Tag und Monat sind nicht bekannt.

134 P. Gaxotte, Friedrich der Große. Ullstein, 1981, S. 150, 166; F. Kugler, Geschichte Friedrichs des Großen. Lizenzausgabe bei Löwit, S. 112. – Auf der Plattenhülle zu G. Leonhardts Einspielung der Goldberg-Variationen (harmonia mundi 1C 065-99710) ist Diedrich abgebildet. So muß die irrige Meinung entstehen, für diesen locker gekleideten Herrn mit der Flasche in der Hand seien die Goldberg-Variationen geschrieben.

135 Alle wörtlichen Zitate über Wirken und Charakter Keyserlingks kommen, soweit nicht anders vermerkt, aus den «Stammtafeln».

136 Th. Schieder, Handbuch der Europ. Geschichte, 1968, S. 495

137 S. Terry, Johann Sebastian Bach. 7. Kapitel, Das «florisante» Leipzig

138 H. Vallotton, Maria Theresia. Nymphenburger, 1980, S. 255; Gadebusch, Livländische Bibliothek, S. 110 (Riga 1777)

139 Schering, Musikgeschichte Leipzigs 1723–1800. S. 315; s. a. Reichardt, weiter unten.

140 M. Fürstenau, Zur Geschichte der Musik und des Theaters am Hofe zu Dresden II. S. 205

141 E. Dadder, BJ 1923, Johann Gottlieb Goldberg. S. 61

142 Gadebusch, Livländische Bibliothek, S. 111

143 J. A. Hiller, Lebensbeschreibung berühmter Gelehrten und Tonkünstler. 1784, S. 45

144 Fürstenau II, a.a.O., S. 181

145 Hiller, a.a.O., S. 45

146 J. F. Reichardt, Selbstbiographie. Herausgeg. von H. M. Schletterer, Augsburg. 1865, S. 18 Anm.; In der Berlinischen Musicalischen Zeitung 1805, S. 553 Anm., wird er Beligradsky geschrieben.

147 J. G. Walther, Musikalisches Lexikon. 1732, Sylvius Leopold Weiß

148 Reichardt, a.a.O., S. 132
149 Gadebusch, a.a.O., S. 111
150 Rudolf Beyrich, Kursachsen und die Polnische Thronfolge 1733–1736. Leipzig 1913, S. 167f. und Anm. 3
151 Spitta II, S. 488
152 Ausgabe der Evang. Verlagsanstalt Berlin, S. 197f.
153 Zuerst geäußert von Terry, wie oben, S. 198
154 Im September; Bach-Dok. II, Nr. 294a; Bach-Dok. III, S. 314, 399
155 Fürstenau II, a.a.O., S. 181
156 Forkel, S. 84
157 Bach-Dok. III, S. 379. Nach Forkel, S. 83f. und Bach-Dok. III, S. 289 besaß Hasse Bachs Achtung und Freundschaft; Hasse hat Bach in Leipzig besucht.
158 In der Sache der Zuständigkeit des Thomas-Kantors für die Musik der Universitätskirche. Bach-Dok. I, Nr. 10, 11, 12; Bach-Dok. II, Nr. 192.
159 Bach-Dok. II, S. 279. Die Meldung gibt einen Kommentar zu Terrys Ansicht, Bach habe den Titel nicht erhalten können, bevor der Weißenfelsische erloschen war. Der Schreiber wußte offensichtlich ebensowenig von solcher Unvereinbarkeit wie Bach, denn er tituliert ihn als den «berühmten Hoch-Fürstl. Sachsen-Weißenfelß. Capell-Meister». Den Anhalt-Köthenschen Kapellmeistertitel hat Bach bis zu seinem Tod geführt (F. Smend, Bach in Köthen. S. 13 mit Anm. 10).
160 Bach-Dok. III, S. 241
161 Bach-Dok. IV, Nr. 485
162 Bach-Dok. III, S. 314
163 Forkel, S. 40
164 Bach-Dok. II, S. 279
165 Buch der Keyserlinge, S. 31
166 Bach-Dok. II, Nr. 280
167 Bach-Dok. I, Nr. 23
168 Bach-Dok. IV, Nr. 535
169 Spitta II, S. 715f. Siehe dazu Miesner, BJ 1934, S. 110, und Paul v. Reijen, Die Familie Bach und Graf Keyserlingk. In: Neue Zeitschrift für Musik, 1966, S. 391. Reichardt berichtet in seiner Selbstbiographie, daß es eine ganze Gruppe baltischer Studenten an der Leipziger Universität gab. A.a.O., S. 104.
170 Z. B. Georg Gebel, Klaviervirtuose und Vorgänger Goldbergs in der Brühlschen Kapelle. Über die Frage, wie weit Goldberg als Schüler Friedemann Bachs zu sehen ist, s. das nächste Kapitel.
171 Bach-Dok. III, S. 290
172 Reichardt, a.a.O., S. 58ff. Keyserlingks Violinist Veichtner übte mit Reichardt besonders die Violin-Capriccien von Benda.
173 Bach-Dok. III, S. 289
174 BJ 1934, S. 102. S. a. K. Geiringer, J. S. Bach. München 1971, S. 105
175 Miesner, a.a.O., S. 105. Daneben war Minister Franz Wilhelm v. Happe Pate.
176 Miesner, a.a.O., S. 112f.
177 Siehe dazu K. Geiringer, J. S. Bach. S. 110
178 Miesner, a.a.O., S. 102 Anm., 112f.

179 Heinrich Christian hatte keine eigenen Kinder. Doch übernahm er die Erziehung der Stiefsöhne. Von ihnen, also von Joh. Gebhard, stammen ab:
Graf Carl v. Keyserlingk, 1868–1928, Organisator des sog. «Koberwitzer Kurses» von R. Steiner.
Graf Hermann v. Keyserling, 1880–1946, Philosoph
noch lebend der Sohn Carls, Adalbert, und sein Vetter Alexander, dem wir den Hinweis auf das «Buch der Keyserlinge» und andere Informationen danken.

180 Im Landkreis Neuenburg, heute Jaunpils.

181 Selbstbiographie, a.a.O., S. 61ff. Die Schilderung ist von Hermann Güttler (Königsberger Musikkultur im 18. Jahrhundert, Bärenreiter Kassel – Königsberg 1925, S. 134f.) auf Keyserlingks Sohn bezogen worden. Der Irrtum wurde von Heinrich Miesner im BJ 1934 und P. v. Reijen a.a.O. weitertradiert. Er rührt wohl davon her, daß Güttler die Teilstücke von Reichardts Selbstbiographie zugrunde gelegt hat, die als Fortsetzungen in der Berlinischen Musikalischen Zeitung 1805 erschienen sind (die Schilderung Keyserlingks auf den Seiten 324f.). In der Selbstbiographie im Zusammenhang gelesen, ist kein Zweifel, daß es sich um Hermann Carl v. Keyserlingk handelt: Heinrich Christian war zu der Zeit etwa 37 Jahre alt, konnte also unmöglich als «Greis» bezeichnet werden; Reichardt spricht vom Ambassadeur Keyserlingk, Heinrich Christian aber war zunächst Hof-, Justiz- und Appellationsrat in Dresden, 1752 sächsischer Gesandter, dann ab 1753 protestantischer Reichshofrath und Kammerherr in Wien, ab 1762 (also zur Zeit der Schilderung Reichardts) Wirklicher Geheimer Staatsrath mit dem Range eines General-Lieutnants in russischen Diensten, nicht Gesandter.

182 R. Steglich, Über die «kantable Art» der Musik J. S. Bachs. Hug, Zürich 1957, S. 11

183 Buch der Keyserlinge, S. 34

184 Johann Gottlieb Goldberg. S. 57–71. Alle folgenden Angaben über Goldberg stammen, soweit nicht anders vermerkt, von dorther.

185 Nach Müller-Frauenreuth, Obersächsisches Wörterbuch. Reprint, Leipzig 1968

186 Berlinische Musikalische Zeitung 1805, S. 552

187 Nach Dadder, S. 65 Anm. 1, sind in Regensburg die Archive seit der Reichsauflösung nicht mehr vorhanden.

188 Johann Wilhelm Hertel, Bach-Dok. III, Nr. 888 mit Kommentar

189 Marpurg nennt Goldberg unter anderen Berliner Größen der Zeit, nach der Tänzerin Cochois und dem Flötisten Riedt.

190 Nach einer Bemerkung W. Friedemann Bachs. S. weiter unten.

191 MGG, Artikel Goldberg

192 Reichardt, Autobiographie, S. 72

193 Reichardt, Autobiographie, S. 70

194 Spitta II, S. 726

195 Zitiert nach M. Falck, Wilhelm Friedemann Bach. Nachdruck Olms 1977, S. 43f. Es muß sich um ein Vorspiel in den Jahren 1749–51, vielleicht bei den donnerstags in den Räumen der damaligen Kurprinzessin stattfindenden Konzerte, gehandelt haben (Dadder, S. 63, Anm. 1). Damit ist ein gewisser Beleg gegeben, daß Goldberg mit Keyserlingk nach Dresden zurückgekehrt ist. W. Friedemanns Formulierung ist allerdings in mancherlei Hinsicht verwunderlich: Er stellt Goldberg wie einen Schüler hin, während er doch zu dieser Zeit mindestens 22 Jahre alt und ein ausgereifter Künstler war, der in Berlin schon

Ruhm geerntet hatte (Dadder, S. 63); außerdem nennt Friedemann ihn wie einen für Maria Antonia Unbekannten, obgleich sie von Goldberg als am gleichen Ort in der Kapelle Brühls wirkend sehr wohl gewußt haben muß.

196 Spitta II, S. 726; u. a.

197 Wilhelm Friedemann Bach, S. 19f.

198 Bach-Dok. III, S. 402

199 Autobiographie, S. 69

200 Bach-Dok. III, Nr. 888, Kommentar

201 Bach-Dok. III, S. 289

202 La Revue musicale, S. 324

203 Autobiographie, S. 69 u. Berlinische Musikalische Zeitung, S. 351f. S. a. Bach-Dok. III, S. 282 Kommentar. Goldbergs Spiel wird hier dem Bachs und Händels an die Seite gesetzt.

204 Reichardt, Zusätze zu Gerbers Lexikon. In: Musikalische Monatsschrift, September 1792, S. 62

205 Die Klavierwerke Bachs. S. 214

206 Hertel; in Bach-Dok. III, Nr. 888

207 Berlinische Musikal. Zeitung, S. 552; auch Autobiographie, S. 70

208 Autobiographie, S. 69

209 Berlinische Musikal. Zeitung, S. 552, auch Autobiographie S. 70

210 wie Anm. 209. Nach Reichardt war die musikalisch begabte Schwester die jüngere. Er muß sich geirrt haben. Nach dem Taufregister, das Dadder eingesehen hat, ist die ältere jene spätere Majorin Petersen, die im Konzertleben Danzigs eine Rolle gespielt hat. Sie ist 1730 geboren, also 3 Jahre jünger als Goldberg, Florentina Concordia, 1732 geboren, 5 Jahre jünger.

211 Berl. Musik. Zeitung, S. 552; Autobiographie, S. 70

212 Gerber, Lexikon der Tonkünstler. 1812–14, Goldberg

213 Eine thematische Aufstellung von Goldbergs Werken findet sich im BJ 1953 im Aufsatz von Alfred Dürr: Johann Gottlieb Goldberg und die Triosonate BWV 1037. S. 51–80

214 S. 77

215 Spitta II, S. 727

216 Autobiographie, S. 69

217 S. 552, Anmerkung

218 Wohl aus der Sonate D-Dur, s. weiter unten.

219 Berl. Musik. Zeitung S. 552; auch Autobiographie, S. 70f.

220 S. Notenbeispiel S. 58/59

221 In: «Lehrmeister und Schüler Joh. Seb. Bachs». Bd. 2, Hug, Zürich 1935

222 In: «Erbe deutscher Musik». Bd. 35, Bärenreiter, Kassel 1957

223 Urtext bei Peters Nr. 4203a. Siehe A. Dürr, BJ 1953

224 Karl Geiringer, Die Musikerfamilie Bach. C. H. Beck, München 1977, S. 188

225 Dürr, BJ 1953, S. 72ff.

226 Dürr, BJ 1953, S. 74

227 Dürr, Vorwort zur Kantatenausgabe. In: «Erbe deutscher Musik»

228 Dadder S. 67

229 Reichardt, Zusätze zu Gerber. In: Musikalische Monatsschrift, S. 62

230 BJ 1953, a.a.O.

231 Die Ausgabe in «Le Trésor des Pianistes» ist fehlerhaft.
232 Quantz, Versuch einer Anweisung die Flöte traversiere zu spielen. S. 231
233 S. 66f.
234 Dürr, BJ 1953, S. 64 u. 67f.
235 Dadder, S. 67
236 Spitta II, S. 726
237 Wilhelm Friedemann Bach. Neuausgabe, Lindau 1956, S. 20
238 Dadder, S. 63, Anm. 3; Dürr, BJ 1953, S. 73
239 Eine bildhafte Schilderung dieses Phantasierens gibt Wanda Landowska in ihrem Aufsatz in der Revue musicale 1933, S. 323; Goldberg erscheint da allerdings mehr wie ein junger Franzose, denn als «altpreußischer» Querkopf.
240 Dürr, BJ 1953, S. 62
241 Dürr, Vorwort zu den Kantaten. In: Erbe deutscher Musik.
242 Bach-Dok. II, S. 413
243 J. C. Vogler und J. M. Schubart in Arnstadt und Weimar. Bach-Dok. II, Nr. 104, Bach-Dok. III, Nr. 803, Forkel, S. 76
244 Titelseiten von den Inventionen (BWV 772–801), vom Wohltemperierten Klavier I (BWV 846–869), ähnlich beim Orgelbüchlein (BWV 599–644).
245 Reichardt, Autobiographie, S. 99
246 Bach-Dok. III, Nr. 975
247 Forkel, S. 112
248 Die Notenbeispiele sind nicht in der originalen Verteilung auf Violin- und Baßschlüssel gegeben, sondern so, wie sie die gemeinte Bewegung am besten zum Ausdruck bringen. Das obere System gehört der rechten, das untere der linken Hand.
249 Von Busoni auf die Fuge bezogen, in seiner Ausgabe des Wohltemperierten Klaviers II bei Breitkopf & Härtel, Leipzig 1915, EB 4302, Vorwort.
250 Berlin 1753, S. 4; S. 5 u. 6, Anm.
251 Z.B. in: Luc-André Marcel, J. S. Bach. Rowohlt, Hamburg 1963, S. 138
252 Kluge, Etymologisches Wörterbuch der deutschen Sprache
253 Bach-Dok. III, S. 85
254 Nr. 2, Rezitativ Tenor; zitiert nach R. Wustmann, J. S. Bachs geistliche und weltliche Kantatentexte. Breitkopf, 1967, S. 366
255 «Ermuntre dich» in BWV 20, Nr. 8; BWV 176, Nr. 5; BWV 180, Nr. 2; BWV 195, Nr. 6
256 Etymologie-Duden 1963
257 Matthäuspassion, Rezitativ Baß Nr. 74
258 BWV 202, Nr. 1
259 Nekrolog, Bach-Dok. III, S. 85
260 Vers 1184f.
261 Vers 1181ff.
262 Z.B. «Wie rafft ich mich auf in der Nacht» von Platen, vertont von Brahms als op. 32,1.
263 Ende des ersten Aktes.
264 Kantate BWV 27, «Wer weiß, wie nahe mir mein Ende», Schlußchoral
265 Vers 4621–4634

Werkbetrachtung

1 Versuch einer Anweisung die Flöte traversiere zu spielen. S. 138f.

2 Interessante Ausführungen darüber findet man bei H. Beckh, Die Sprache der Tonart. Verlag Urachhaus, Stuttgart 1977, S. 38; oder bei H. Pfrogner, Lebendige Tonwelt. Verlag Langen Müller, 1976, S. 204f.

3 A.a.O., S. 233, § 20

4 A.a.O., S. 241, § 6

5 A.a.O., s. S. 139, § 7 oder S. 203, § 29

6 P III, Cap. II, § 2 u. 6

7 Friedrich Ernst, Der Flügel Johann Sebastian Bachs. Peters, 1955, S. 12f.

8 H. Beckh, a.a.O., vor allem in bezug auf Wagner. Untersuchungen über die Tonarten bei Wagner auch von F. Oberkogler, z. B. in «Parsifal», Verlag Freies Geistesleben, Stuttgart 1983.

9 Sie sind mit BWV-Nummern im Anhang aufgeführt.

10 Alle Kantatentexte werden zitiert nach R. Wustmann, J. S. Bachs geistliche und weltliche Kantatentexte.

11 Die B-Teile der ABA-Arien stehen zwar in anderen Tonarten, beleuchten aber den Charakter des A-Teils und werden deshalb mit angegeben.

12 Johann Sebastian Bach. S. 139 u. 66

13 Verlag Urachhaus, Stuttgart 1977, S. 192f.

14 Das Neu-Eröffnete Orchestre. P III, Cap. II, § 15

15 Mensch, Musik und Kosmos. Novalis Verlag, Freiburg 1956, Tafel 19

16 Eurythmie als sichtbarer Gesang. GA 278, Rudolf Steiner Verlag, Dornach 1956; Das Wesen des Musikalischen und das Tonerlebnis im Menschen. GA 283, R. Steiner Verlag, Dornach 1975

17 R. Steiner, nach E. Hagemann, Vom Wesen des Musikalischen. Verlag Die Kommenden, Freiburg i. Br. 1974, S. 31

18 R. Steiner, GA 278, S. 99

19 GA 278, S. 44

20 Faust I, Vers 571 u. 577

21 R. Steiner in GA 283, S. 142: «Die Dinge der Menschheitsentwickelung drücken sich eben im musikalischen Werden viel klarer aus als in irgendeinem anderen.»

22 GA 224, S. 194

23 GA 283, S. 124 u. 125

24 GA 278, S. 23

25 Das Neu-Eröffnete Orchestre, P. III, Cap. II, § 8, S. 237

26 H. Beckh deutet (in: «Die Sprache der Tonart») g-Moll von der Parallel-Tonart B-Dur aus. Er kommt zu Charakterisierungen wie «Aufgeben der Hoffnung», hoffnungslos (S. 223). A. v. Lange geht von C-Dur als zugeordneter Dur-Tonart aus und faßt g-Moll unter die Begriffe willensmäßig, aktiv, Tat (Mensch, Musik und Kosmos, S. 342). Nichts von dem bewahrheitet sich in den g-Moll-Texten Bachs; sie verharren, wie beschrieben, im inaktiven Betrachten, und sie vertrauen sich – wenn auch durch Schmerzen hindurch – der Zweieinigkeit mit Gott an, z. B. «Herr, wie du willt, so schicks mit mir / Im Leben und im Sterben!» (BWV 73,1) Da, bei aller Hochachtung vor der Leistung der genannten Autoren, Bach das größere Gewicht zukommt, so wird hier eine Korrektur notwendig

werden. Auch Josef Matthias Hauer betrachtet die Molltonarten immer als Varianten der gleichnamigen Durtonart, also in dem gleichen Sinne, der aus Bachs Textauffassung spricht (Vom Wesen des Musikalischen, Berlin 1966, S. 34–40).

27 Das Lebensgefüge der Musik. Philosophisch-Anthroposophischer Verlag, Dornach 1975, S. 374

28 GA 278, S. 44

29 Die Arie ist eine Parodie der Altarie Nr. 9 aus der Kantate BWV 213 «Herkules am Scheidewege» mit dem Text «Ich will dich nicht hören, ich mag dich nicht wissen». Sie steht dort ebenfalls in a-Moll, und Bach gibt damit ein kleines Kapitel Seelenkunde: Wer nicht hören will, schließt sein Inneres zu und weist den Andringenden als Hüter außerhalb der eigenen Tore ab.

30 Bach-Dok. III, S. 284

31 A.a.O., S. 66

32 GA 283, S. 129

33 Mensch, Musik und Kosmos. S. 304

34 Das Neu-Eröffnete Orchestre. P. III, Cap. II, § 15, S. 243

35 GA 283, S. 157f.

36 Siehe B. Paumgartner, Mozart. Atlantis Verlag, Zürich 1973, S. 16

37 Hier liegt eine der Problematiken, die bei der Übersetzung von Opern auftreten und die Aspekte geben in der neuerdings wieder aufgeflammten Diskussion, ob in der Originalsprache oder in der deutschen Übersetzung gesungen werden soll.

38 Mensch, Musik und Kosmos. S. 362

39 Das nachfolgende, nur kurz gestreifte Des-Dur bei «Du siehst, mein Sohn, zum Raum wird hier die Zeit» ist im Sinne einer None aufzufassen. Die Tonarten beschreiben ja in Wahrheit nicht einen Kreis, sondern einen Spirale, da das nächsthöhere c nicht am gleichen Ort ankommt wie das tiefere.

40 Bach-Dok. II, S. 20

41 Auf der Plattenhülle DG 2707057

42 Hermann Erpf, Form und Struktur in der Musik. Schott, 1967, S. 81

43 Goethes Gespräche III/I, Artemis, 1971, S. 335

44 Der vollkommene Capellmeister. S. 232, § 130

45 Bach-Dok. III, S. 84 (Nekrolog)

46 R. Steglich, J. S. Bach. S. 69ff.

47 Die Sarabande con partite BWV 990 stammt mit Sicherheit nicht von Bach (siehe dazu Hartwig Eichberg im BJ 1975, Unechtes unter Bachs Klavierwerken. S. 42–47). Nur als Kuriosum sei erwähnt, daß R. Oppel im BJ 1918, S. 112, gemeint hat, das schon beim oberflächlichen Betrachten des Notentextes platte und formelhafte Werk könne neben den Goldberg-Variationen «vollkommen in Ehren bestehen», und die Zusammengehörigkeit sei «ohne weiteres klar».

48 nach Edition Peters, Nr. 215

49 So wird Bachs Aria variata oftmals unter die Melodie-Variationen eingereiht. Kurt von Fischer hat im MGG, Artikel Variation, darauf hingewiesen, daß es nicht so ist, und die obigen Beispiele belegen es.

50 GA 283, S. 137f.

51 Vgl. R. Oppel, BJ 1918, Das Thema der Violinchaconne und seine Verwandten.

52 Der vollkommene Capellmeister. S. 233, § 134

53 R. Oppel, BJ 1918, S. 110. Interessanter ist z. B. das Passacaglia-artige Gebilde in Händels Concerto a due cori in F-Dur (Nr. 2), Allegro ma non troppo.

54 Spitta I, S. 124f.

55 Eine Übersicht über die Stellen, wo melodisch oder harmonisch Veränderungen getroffen sind, gibt die Tabelle im Anhang. Sie ist nur als Kontrolle gedacht; das spannende Erlebnis, selbst nachzuforschen, wo das thematisch Vorgegebene steckt, wo es vielleicht ganz fehlt, sollte sich niemand nehmen lassen. Fingerzeige, in welcher Richtung zu suchen ist, findet man in den zusammenfassenden Worten R. Kirkpatricks, die aus seiner Ausgabe der Goldberg-Variationen bei Schirmer übersetzt sind.

56 Notenzitat nach Editio Musica Budapest, Z. 7553, Purcell-Album.

57 Nach Peters 4982, G. F. Händel, Klavierwerke Bd. II.

58 Nach Peters 4982

59 Nach Ricordi E. R. 2574, Le più belle pagine dei clavicembalisti della famiglia Bach. – Spitta (I, S. 127) hat eine Ähnlichkeit gesehen zwischen Johann Christophs 4. Variation und der 3. Var. der Goldberg-Variationen. Sie macht sich u. E. aber mehr im Notenbild als im Klang bemerkbar.

60 KB V/4, S. 93 Anm.

61 Forkel, S. 36

62 Nach Augener Edition 8100A, Couperin, Pièces de Claveçin, Livre 1.

63 Zitiert nach Bach-Dok. III, S. 231.

64 La Revue musicale, S. 328

65 In ihrer Schallplattenaufnahme RCA KR 11018/1–2

66 Bachs Goldberg-Variationen. In: AfMw, S. 219

67 Hans Herings Auffassung, die zweite Gebärde 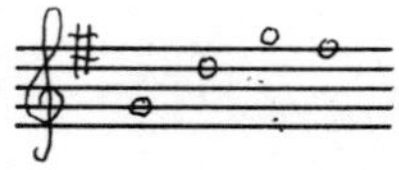 sei eine Umkehrung der Hauptnoten des Anfangs der Aria 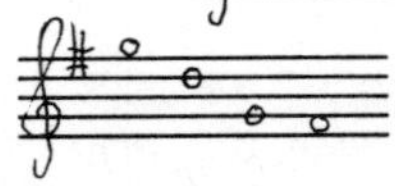 (BJ 1974, S. 67), ist nicht stichhaltig. Wenn Hering für das 1. Motiv der Aria g″–d″ als Stütztöne nimmt, so ist g′–d′ das Gerüst des zweiten Motivs; denn das fis ist dort nicht gewichtiger als im ersten.

68 Musikalisches Lexikon 1732, Passacaglio

69 Mattheson, Der vollkommene Capellmeister. S. 208, § 32

70 Mattheson, a.a.O., S. 233, § 135

71 Walther, a.a.O., Ciacona

72 W. Georgii, Klaviermusik; S. 19, gibt an, die Passacaglia sei am allein vorausgeschickten Baß kenntlich, während in der Chaconne das Thema gleich harmonisiert auftrete. Das ist nicht so; siehe MGG, Passacaglia, Spalte 876

73 Eine Chaconne über g–fis–e–d mit 30 Variationen von J. C. F. Fischer steht im sog. Andreas-Bach-Buch, also einer Sammlung von Stücken, die unter Bachs Anleitung angelegt war (s. Ernst v. Werra in der Vorrede zu J. C. F. Fischer, Sämtliche Werke für Klavier und Orgel, Breitkopf 1901). Sie zeigt französischen Einfluß, aber keinerlei Anklänge an die Goldberg-Variationen.

74 Das Neu-Eröffnete Orchestre, S. 185

75 Bei Kröner, Sachwörterbuch der Musik. 1962, in der Passacaglia. Buxtehude läßt es nur in der Chaconne zu (Spitta I, S. 277)
76 Zuerst wohl von W. Landowska, La Revue musicale, S. 328. Ein anderes Exempel für Stimmtausch könnte man z. B. in Variation 7, Takt 9, 10, 11 sehen.
77 Mattheson, Der vollkommene Capellmeister. S. 232, § 128
78 Frédéric Gevers ist aufgefallen, daß die Zahl der Thementakte – 32, – gleich der Zahl aller Teilstücke – Aria + 30 Variationen + Aria – ist (Begleittext zu der Einspielung von Gevers, Duchesne DD 6088). Das könnte verlocken, je einen Takt mit einer Aria oder einer Variation parallel zu setzen, bringt aber kein Ergebnis.
79 KB V/2, S. 110
80 Harmonices mundi; Weltharmonik. Oldenbourg 1967, S. 164f.
81 Spitta I, S. 698
82 Riemann, Musiklexikon 1929, Sarabande
83 Bach-Dok. III, S. 97
84 Mattheson, Der vollkommene Capellmeister. S. 208, § 32, und S. 230, § 118
85 Nach Edition Peters 4982
86 Mattheson, a.a.O., S. 230, § 119
87 Mattheson, a.a.O., S. 230, § 119
88 Punkt und Linie zur Fläche. Bern 1973, S. 37
89 GA 223/229, S. 53
90 R. Steglich, J. S. Bach. S. 148
91 DG 2707057
92 Preface VIII; zitiert auf DG 198020 (Archiv)
93 A.a.O., S. XXVIII; DG 198020
94 DG 198020
95 J. S. Bach. S. 148
96 Daniel Barenboim in: Musiker im Gespräch; von J. Meyer-Josten, Verlag Litolff, 1980, S. 11
97 GA 139, 6. Vortrag, S. 112f.
98 In diesem Sinne des Hinzutretens des Zeitbegriffes (der bei der Pflanze fehlt) von R. Steiner auf die geschichtliche Evolution der Völker angewendet. GA 139, 6. Vortrag.
99 Schirmer Edition der Goldberg-Variationen, S. XXVI
100 Die Klavierwerke Bachs, S. 215
101 Die Klavierwerke Bachs, S. 215
102 Die folgenden charakterisierenden Zitate sind entnommen:
Ke Die Klavierwerke Bachs v. H. Keller, S. 215/217
Ki R. Kirkpatrick, Begleittext DG 198020
V D. Varsano, Begleittext CBS 79231
S K. Schumann, Begleittext DG 2707057
F K. v. Fischer, MGG, Variation, Spalte 1290
M J. Müller-Blattau, AfMw 1959, Bachs Goldberg-Variationen, S. 214
103 GA 283, S. 138
104 Schirmer, XXVI
105 G. v. Dadelsen, KB der NBA V/4, S. 93
106 GA 283, S. 137

107 Ki R. Kirkpatrick, DG 198020
Ke H. Keller, Die Klavierwerke Bachs. S. 217f.

108 S. a. H. Hering, Spielerische Elemente in Bachs Klaviermusik. BJ 1974, S. 59f.

109 W. Georgii, Klaviermusik. S. 135

110 GA 278, S. 122

111 Es ist jene Dualität, von der Schiller in den Briefen «Über die ästhetische Erziehung des Menschen» sagt (22. Brief): «In einem wahrhaft schönen Kunstwerk soll der Inhalt nichts, die Form aber alles tun; denn durch die Form allein wird auf das Ganze des Menschen, durch den Inhalt hingegen nur auf einzelne Kräfte gewirkt... Darin also besteht das eigentliche Kunstgeheimnis des Meisters, *daß er den Stoff durch die Form vertilgt»*. Diese Dualität besteht in der Musik nicht: «Die Würde der Kunst erscheint bei der Musik vielleicht am eminentesten, weil sie keinen Stoff hat, der abgerechnet werden müßte. Sie ist ganz Form und Gehalt und erhöht und veredelt alles, was sie ausdrückt.» (Goethe, Maximen und Reflexionen, Artemis Bd. 9, S. 561, Nr. 487)

112 Aus: «Gedichte». Die Arche, Zürich 1960, S. 15

113 Aus: «Im Zwischenreich». DuMont 1961, S. 49

114 GA 282, S. 352

115 GA 282, S. 340ff, 354. Siehe zu dem ganzen Komplex der sprachlichen Mittel auch GA 277, 279, 280, 281.

116 GA 282, S. 105

117 Aus: Van der Waerden, Die Pythagoreer. Artemis, 1979, S. 365

118 Faust I, Vers 384. Man vergleiche mit der hier gegebenen Schilderung der virtuosen Variationen, wie Berlioz die Elementarwesen-Musik von Webers «Oberon» charakterisiert: «In ‹Oberon›... herrscht noch das phantastische Element vor; aber es erscheint hier voll Anmut, Ruhe und Frische. Statt der Ungeheuer und schaurigen Erscheinungen vernehmen wir Chöre von Luftgenien, Sylphen, Feen und Meermädchen. Und die Sprache dieses sanft lächelnden Volkes, diese eigenartige Sprache, deren Hauptreiz in der Harmonie liegt, deren Melodie sich in kapriziöser Unbestimmtheit entfaltet, deren überraschender, verschleierter Rhythmus sich schwer fassen läßt, ...» (Memoiren, I. Teil, Verlag Heinrichshofen, 1979, S. 72f.) Es sind die ganz gleichen Merkmale: das Hauptgewicht auf dem Harmonischen, während das Melodische und Rhythmische weniger greifbar ist.

119 R. Steiner, GA 230, S. 154f.

120 Quantz, Versuch einer Anweisung die Flöte traversiere zu spielen. S. 263

121 Unter Motiv ist hier immer «das kleinste Element charakteristischer, konzentrierter musikalischer Aussage» (Kröner, Sachwörterbuch der Musik) verstanden und nicht, was die Musikwissenschaft so verwirrend ebenfalls als Motiv bezeichnet: die Abschnitte einer Melodie.

122 Vgl. den Ausspruch R. Wagners über Bachs Musik allgemein: «...die unendliche Melodie ist da prädestiniert» (Cosima Wagner, Tagebücher 2. S. 229); und über die fis-Moll-Fuge des Wohltemperierten Klaviers II im besonderen: «...das ist auch die unendliche Melodie!» (Cosima Wanger, Tagebücher 2. S. 308)

123 Owen Jander sieht noch eine Verschiedenheit des ¾-Taktes in den beiden taktgleichen Variationen insofern, als im Terzkanon die Struktur zwei Halbe, im Septkanon vier Viertel sei. Musical Quarterly 1966, S. 204ff.

124 GA 283, S. 139. Über die Beziehung des Willenshaften zur Wärme s. GA 243, 11. Vortrag. Weitere Bezüge kann man sehen in der Zuordnung der Raumesrichtungen: Oben-unten – Denken, links-rechts – Fühlen, vorne-hinten – Wollen in GA 184, 7. Vortrag. Man vergleiche auch die folgende Angabe (GA 300/3, S. 37): «Alles, was willenshaft ist, wirkt innerhalb der Erdensphäre dreidimensional. Alles, was gefühlshaft ist, wirkt nicht dreidimensional, sondern zweidimensional, ... Das Denken führt in die Eindimensionalität...»

125 Kluge, Etymologisches Wörterbuch

126 Riemann, Musiklexikon, 1967. Kanon, S. 438

127 Bach und das Symbol. BJ 1925, S. 42f.

128 A.a.O., S. 43

129 A.a.O., S. 43

130 Siehe die von Schering im selben Artikel zusammengetragenen Beispiele kanonischer Vertonung.

131 A.a.O., S. 48

132 Siehe z.B. GA 26, Anthroposophische Leitsätze Nr. 39ff.

133 Erklärung, die Goethe 1820 in «Über Kunst und Altertum» zur ersten Strophe seiner «Urworte. Orphisch» gegeben hat. Artemis Bd. 2, 1962, S. 617

134 Das Zitat ist eine Zusammenfassung aus dem 22. Abschnitt von «Über Gott und Vorsehung, Dämonen und Weissagung» (Artemis, Zürich 1952, S. 251f), gegeben von R. Steiner im Vortrag vom 20. Feb. 1917, GA 175, S. 54.

135 Vgl. Rudolf Steiner, Philosophie der Freiheit. GA 4

136 In «Lübbes Bachlexikon». 1982, Artikel Goldbergvariationen, ist der Tatbestand lexikalisch vereinfacht, wenn es heißt: «... man hört höchstens die Einsätze». Dem aufmerksam Lauschenden werden zwischendurch schon auch noch markante Passagen auffallen, die kanonisch wiederkehren.

137 Schering, a.a.O., S. 41

138 Dem Denken, Fühlen und Wollen ordnet auch der belgische Pianist Frédéric Gevers die Variationen zu, jedoch in anderer Reihenfolge: (Plattenhülle DD 6088) «Les variations canoniques, où s'affirme la rigueur de la pensée. Les variations brillantes, marquées d'un caractère volontaire. Les variations ‹libre›, où la forme se renouvelle le plus et qu'on peut grouper sous la signe du sentiment.» («In den kanonischen Variationen kommt die Strenge des Gedankens zum Ausdruck. Die brillanten Variationen sind gekennzeichnet dadurch, daß hier der Wille spielt. In den ‹freien› Variationen wird die Form am stärksten abgewandelt, und man kann sie unter das Zeichen des Gefühls stellen.»

139 Man kann sich die Erklärung der Dreier-Gruppen natürlich auch so einfach machen wie Prof. Dr. O. Baensch in Zeitschrift für Musik, März 1934, S. 323: «In den Dreiergruppen aber wirkt gleichsam der Dreiertakt des Themas nach.»

140 GA 21 «Von Seelenrätseln», S. 150ff.

141 GA 194, S. 107f.

142 Siehe dazu z.B. GA 284/285, Vortrag vom 16. 9. 1907

143 GA 40, S. 121. Auf diese Dreigliederungen ist R. Steiner auch zu sprechen gekommen im Zusammenhang mit Sprache und Drama, z.B.: GA 14, S. 99ff; GA 125, S. 114f; GA 282, S. 49; GA 40, S. 86f, 135, 181ff. Sozialer Organismus: GA 23, bes. S. 61ff. Medizin: z.B. GA 319. Pädagogik: z.B. GA 293.

144 Cosima Wagner, Tagebücher 2. S. 730
145 Goethe, Epirrhema
146 Vortrag v. 15. 9. 1907, abgedruckt in Das Goetheanum, Beilage, 6. 6. 1948, S. 90
147 W. Georgii, Klaviermusik, S. 227, erklärt es aus «Verdeutschungsbestrebungen».
148 Ausgabe der Goldberg-Variationen bei Breitkopf & Härtel, Nr. 4315. Busoni setzt nacheinander: Var. 1, 2, 4, 5, 6, 7, 8, 10, 11, 13, 14 (oder 17), 15, 19, 20, 22, 23, 25, 26, 28, 29 gekürzt auf 27 Takte und daran angefügt 30. Insgesamt bleiben also 20 Variationen, wobei bezeichnenderweise die meisten Kanons herausgenommen sind.
149 Faust II, Vers 8274
150 Bach-Dok. III, S. 288
151 Die Theorie W. Breigs, Bach habe ursprünglich nur bis zur Oktave gehen wollen und nach Var. 24 geendet, ist abstrakt-wissenschaftlich (AfMw Nr. 32, 1975, Bachs Goldberg-Variationen als zyklisches Werk. S. 243–265). Man spiele nur die Aria nach Var. 24, und man wird sehen, wie wenig sie sich anfügt, nicht nur, weil dabei die Hände unvermittelt um zwei Oktaven nach oben versetzt werden. Und jeder Interpret wäre unglücklich, wenn er nach einer Pause den zweiten Teil mit der ruhig-gleitenden, in sich genügsamen Var. 13 beginnen müßte. – Etwas näher liegend, aber ebenfalls theoretisch ist die Mutmaßung von Prof. Dr. O. Baensch (ZfM, März 1934, S. 322f.), Bach habe mit der Neunzahl der Kanons die «harmonisch wichtigen Intervalle» des Generalbasses abgeschritten und dann, um die Symmetrie des mit der Ouvertüre beginnenden zweiten Teils zum ersten zu wahren, eine zehnte Dreiergruppe angefügt.
152 E. Bindel, Die geistigen Grundlagen der Zahlen. Verlag Freies Geistesleben, 4. Aufl. 1980, S. 14, 16
153 Die Vorsokratiker. Kröner, 1968, S. 477
154 Bindel, a.a.O., S. 16
155 A.a.O., S. 97
156 In der Catena aurea. Nach Bindel a.a.O., S. 170
157 Bindel, a.a.O., S. 16. Auch die Wörter elf und zwölf sind von der Zehn abgeleitet. Siehe diese im Etymologie-Duden.
158 Siehe Mattheson, Der vollkommene Capellmeister. 3. Teil, 3.–14. Hauptst.
159 Es handelt sich dabei um ganz alte Erkenntnisse. Siehe z.B. Aristides Quintilianus (1.–2. Jhdt. n. Chr.; zitiert nach H. Pfrogner: Musik, Geschichte ihrer Deutung. Freiburg 1954, S. 70f.): Nachdem die Wirkung der Musik auf Kinder und Jugendliche beschrieben ist, fährt Aristides Quintilianus fort: «Den ausgereiften Erwachsenen aber stellt sie – die Musik – die Natur der Zahl und die Mannigfaltigkeit der Proportionen dar. Die auf Grund dieser (Zahlen und Proportionen) in allen Körpern verborgenen Harmonien macht sie sichtbar und, was das Wichtigste und Vollkommenste ist, bietet den Schlüssel zu der Erkenntnis, daß auch im Bereich der für alle Menschen schwer faßbaren Seele, sowohl des Einzelnen wie bereits des Universums, Verhältnisse sich bewähren.»
160 Z.B. in den Zehn Geboten des Alten Testaments, wenn man die Erklärungen zugrundelegt, die R. Steiner dazu gegeben hat (GA 107, Vortrag vom 16. 11. 1908; GA 108, Vortrag vom 14. 12. 1908). Ebenso kann man das Vaterunser nach Matthäus 6, 9–13 vom Wesen der Zehnerreihe aus anschauen; Andeutungen zur 6. und 7. Bitte bei E. Bindel, a.a.O. S. 152. Die zehn Mondmonate der Schwangerschaft wären daraufhin zu untersuchen.
161 Forkel, S. 82

162 Langen Müller, 1976
163 U. a. GA 96, Vortrag v. 4. 3. 1907; GA 243, Vortrag v. 16. 8. 1924
164 «Die Lebensalter» in Solon, Dichtungen. Übersetzt v. E. Preime, Heimeran, 1940. Den Hinweis darauf verdanken wir dem Buch «Musik und Kosmos als Schöpfungswunder» v. Th. M. Schmidt (Eigenverlag Frankfurt 1974).
165 Zitiert in E. Bindel, a.a.O., S. 144f.
166 Solon, a.a.O.
167 GA 150, S. 58
168 GA 125, S. 60
169 GA 303, S. 171
170 Lebendige Tonwelt, S. 522ff.
171 GA 283, S. 130
172 U. a. in «Die Erziehung des Kindes», in GA 34
173 GA 125, S. 60
174 C. Ph. E. Bach, Versuch über die wahre Art das Clavier zu spielen. 1. Teil 1753, S. 51
175 C. Ph. E. Bach, a.a.O., S. 51
176 Darauf, daß die Sekunde das Seufzermotiv bildet, ist oftmals hingewiesen worden. Es ist ein anderer Aspekt der Sekunde, der aus dem Moll heraus zu erklären wäre. Hier findet er keine Beachtung, da er u. E. in der Sekund-Gruppe der Goldberg-Variationen nicht zum Ausdruck kommt.
177 Vom richtigen Altwerden. Verlag Die Kommenden, 1972, S. 23
178 GA 301, S. 124
179 GA 303, S. 178
180 Platon, Timaios; Kepler, Harmonices mundi
181 GA 125, S. 60
182 Faust II, 3. Akt, Vers 9370ff.
183 GA 283, S. 125
184 GA 278, S. 36
185 GA 128, 6. Vortrag
186 GA 283, S. 129
187 A.a.O., S. 568ff., 579ff.
188 Z.B. Kepler, Weltharmonik, S. 165
189 Goethe, Maximen und Reflexionen. Artemis Bd. 9, S. 649
190 Arie Raphael Nr. 22
191 A.a.O., S. 532ff.
192 GA 278, S. 44
193 GA 283, S. 134
194 E. Bindel, a.a.O., S. 224
195 Als solcher erscheint er in der Mitteilung des Siebten Siegels durch R. Steiner. GA 284/285.
196 GA 278, S. 44
197 Zum Würfel vgl. Carl Kemper, Der Bau, Verlag Freies Geistesleben, 3. Aufl. 1985. Zur Sechs s. S. 166
198 S. u. a. in A. v. Lange, Mensch, Musik und Kosmos, S. 148
199 GA 278, S. 41

200 A.a.O., S. 546ff., 625ff.
201 Timaios. In: Platon, Spätdialoge Bd. 2, Artemis, 1969, S. 247
202 GA 278, S. 108
203 Z.B. Agrippa v. Nettesheim, De occulta Philosophia Libri Tres. S. a. die betreffenden Ausführungen zur Fünfzahl bei Bindel, a.a.O.
204 Zauberflöte, II. Akt, Finale
205 R. Steiner, Vortrag v. 15. 9. 1907 in: Das Goetheanum, Beilage, 6. 6. 1948, S. 89
206 S. bei E. Bindel, a.a.O., S. 54
207 Es ist interessant, daß in der von R. Steiner inaugurierten Kunst der Eurythmie f und g, also Quart und Quint, in der Gebärde der Kreuzform ausgeführt werden. Siehe Lea van der Pals, Der Mensch Musik. Philosophisch-Anthroposophischer Verlag, 1969, S. 42
208 Vers 6787f.
209 Maria Barbara war eine geborene Bach, eine Cousine zweiten Grades.
210 Artemis-Ausgabe Bd. 2, 1962, S. 616. Eine interessante Betrachtung der Zahlen 1–5 findet sich in: Carl Kemper, a.a.O., S. 254f.
211 Goethes Erläuterung zur ersten Strophe wurde S. 138 zitiert.
212 GA 278, S. 99
213 Für das Eindringen in das Wesen der höheren Zahlen scheint uns besonders erhellend in GA 321 (Geisteswissenschaftliche Impulse zur Entwicklung der Physik) die Reihe der Aggregatzustände, wobei das Feste offensichtlich der Vier zugeordnet werden muß; parallel dazu die Ausstrahlungen des Menschen in GA 243, S. 154; sodann in GA 93a (Grundelemente der Esoterik) die zwölf Kräfte, die in die physische Daseinsform führen (indische Esoterik).
214 F. Busoni, Ausgabe der Goldberg-Variationen bei Breitkopf & Härtel, S. V
215 GA 118, S. 53
216 A.a.O., S. 575ff., 585ff.
217 GA 278, S. 46
218 GA 283, S. 143
219 GA 104, 10. u. 11. Vortrag; GA 93a, S. 112. E. Bindel, a.a.O. S. 151f.
220 H. Pfrogner, a.a.O., S. 587f.
221 D. Martin Luthers Werke, Tischreden. Kritische Gesamtausgabe, Böhlau, Weimar 1914, Tischreden 3. Bd., S. 204. Die Übersetzung der lateinischen Stellen lautet: «Ich werde seinen Geburtstag besonders feiern, weil er schon das siebente Jahr beginnt, welches ein Stufenjahr, d. h. ein verwandelndes ist... So ist das siebente Jahr eines jeden Menschen ein Stufenjahr, welches ein neues Leben, einen neuen Charakter und einen anderen Zustand herbeiführt.» (Nach Bindel, a.a.O., S. 142) S. a. R. Steiner, Vortrag v. 15. 9. 1907. Der im Zitat ausgelassene Text lautet: «Prima est infantia, deinde pueritia, in qua assuefaciendi sunt ad literarum studia et artes. Im vierzehenten Jahr beginnen sie in die Welt zu sehen. Ibi tunc docendi sunt in maioribus. In 21. anno appetunt maiora et coniugium. Anno 28. sunt oeconomi et patres familias. 35. anno sunt politici aut ecclesiastici. 42. anno ibi sunt reges, et mox deinde sensu deficiunt.»
222 GA 278, S. 46
223 GA 278, S. 38
224 A.a.O. S. 561ff., 596ff.
225 GA 113, S. 175. S. a. Bindel, a.a.O., S. 115, 146.

226 Vom richtigen Altwerden. A.a.O., S. 23f.
227 Spitta II, S. 306
228 R. Steiner, Vortrag v. 15. 9. 1907
229 GA 278, S. 41
230 GA 283, S. 128
231 H. Pfrogner, a.a.O., S. 242
232 Der vollkommene Capellmeister, S. 258, § 35
233 GA 283, S. 121
234 E. Bindel, a.a.O., S. 254
235 Vom richtigen Altwerden. A.a.O., S. 103
236 GA 283, S. 130
237 A.a.O., S. 564
238 Bindel, a.a.O., S. 242
239 Bindel, a.a.O., S. 230
240 GA 243, S. 133
241 Der vollkommene Capellmeister. S. 325 Anm.
242 E. Bindel, a.a.O., S. 81
243 Irrthümer und Wahrheit, S. 291f.
244 GA 243, S. 133
245 GA 96, S. 248
246 Der vollkommene Capellmeister, S. 75, § 44
247 Bach und die Kunst der Fuge. Bärenreiter, 1955
248 E. Schwebsch hat an dem Gedicht eine Kontraposition der Strophen 1–5 zu 6–10, diese rückläufig genommen, aufgezeigt (Bach und die Kunst der Fuge, S. 148ff.). Eine Entsprechung dazu ist u. E. in den Goldberg-Variationen nicht zu finden.
249 Vor allem in ihrer 2. Einspielung von 1945, RCA/KR 11012/1–2. Die Konzeption ist in ihren beiden Einspielungen der Goldberg-Variationen ähnlich, doch ist die zweite noch entschiedener durchgestaltet. Diese 2. Aufnahme ist vornehmlich gemeint, wenn auf die Interpretation Wanda Landowkas Bezug genommen wird.
250 Begleittext zur Goldberg-Variationen-Einspielung CBS 79231
251 Interview mit W.-E. v. Lewinski in «Musik wieder gefragt», Claasen Verlag 1967, S. 69
252 Spitta II, S. 196f.
253 Adlung über Marchands Suiten: «Nur einmal haben sie mir gefallen; nehmlich als ich mit dem Kapellm. Bach bey seinem Hierseyn von dem Streit redete und ihm sagte, daß ich diese Sviten hätte, so spielte er sie mir vor nach seiner Art, das ist, sehr flüchtig und künstlich.» Bach-Dok. III, S. 125 Anm. g
254 Mattheson, Der vollkommene Capellmeister. S. 232, § 130
255 R. Steiner in GA 278, S. 51: «Die Melodie wirkt in der Zeit. Der Akkord ist der Leichnam der Melodie. Im Akkord erstirbt die Melodie.»
256 Eine umfangreiche Untersuchung darüber in: Schweizerische Musikzeitung 1959, Nr. 11, von Hans Ludwig Schilling (S. 373–384): Das grundlegende Kompositionsprinzip von Wiederholung und Kontrast, dargestellt an Johann Sebastian Bachs «Aria» aus dem Notenbüchlein für Anna Magdalena Bach von 1725.
257 Goethe, «Vermächtnis»
258 Die zu den einzelnen Variationen zitierten Charakterisierungen sind genommen aus: D.

Varsano, Begleittext zu CBS 79231; Karl Schumann, Begleittext zu DG 2707057; R. Kirkpatrick, Begleittext zu Archiv 198020; H. Keller, Die Klavierwerke Bachs. S. 217ff.

259 Der vollkommene Capellmeister. S. 228, § 108

260 Bach-Dok. II, S. 286

261 Versuch über die wahre Art... I. S. 83 (2. Hauptstück, 5. Abt.)

262 Der vollkommene Capellmeister. S. 229, § 113

263 Der vollkommene Capellmeister. S. 230, § 115

264 Die Notenbeispiele sind nicht immer in der Art wiedergegeben, wie sie im Druck erscheinen, sondern so, daß sie möglichst deutlich darstellen, was im Text gemeint ist.

265 «lisse». La revue musicale, S. 330

266 DG 2707057

267 W. Georgii, Klaviermusik. S. 137; Keller a.a.O., Schumann a.a.O.

268 Mattheson, Das Neu-Eröffnete Orchestre. P II, Cap. IV, § 46, S. 191

269 Der vollkommene Capellmeister. S. 227, § 102

270 Der vollkommene Capellmeister. S. 228, § 102; Das Neu-Eröffnete Orchestre. Cap. III, S. 80, § 9

271 Musikalisches Lexikon 1732, Giga

272 La Revue musicale, S. 330

273 Das Neu-Eröffnete Orchestre, S. 145, P. II, Cap. IV, § 7

274 Bach-Dok. III, S. 224

275 Das Neu-Eröffnete Orchestre, S. 85, Cap. III, § 12

276 CBS 72261

277 DG 2707057

278 Bach und die Kunst der Fuge. Bärenreiter 1955, S. 55

279 Der vollkommene Capellmeister. S. 336, § 25

280 K. Schumann, a.a.O., spricht irrtümlich von einer dreistimmigen Fughetta. Daß Bach sie aber vierstimmig gedacht hat, zeigen die Pausen in Takt 31 (nachgetragen), 35 und 38.

281 Mattheson, Der vollkommene Capellmeister. S. 208, § 35

282 Mattheson, Das Neu-Eröffnete Orchestre. P. II, Cap. IV, § 22, S. 171

283 GA 278, S. 108

284 Lebendige Tonwelt. S. 585ff.

285 La Revue musicale, S. 331

286 «Mais c'est lui qui nous arrache le coeur de la poitrine, le tient si fort entre ses mains, lui donne des angoisses mortelles et l'apaise aussitôt avec tant d'amour et de vigilance.»

287 GA 283, S. 127f; 121

288 Die Angabe von J. Müller-Blattau (in: Bachs Goldberg-Variationen, AfMw 1959, Nr. 16, S. 214), der Baß sei in die Imitation nicht einbezogen, muß dahingehend präzisiert werden: Der Baß ist nur vereinzelt in die Imitation einbezogen (3 Themeneinsätze).

289 So K. Schumann a.a.O., auch L. Finscher auf der Plattenhülle Telefunken 641198 AW.

290 H. Keller, a.a.O., S. 218

291 Rameau: in Pièces de Clavecin. Bärenreiter 3800, S. 46. Poglietti: Einzelausgabe bei Süddeutscher Musikverlag Heidelberg, WM 2482 SM. W. Landowska zieht den Vergleich in La Revue musicale, S. 330.

292 Mattheson, Das Neu-Eröffnete Orchestre. S. 87f., Cap. III, § 18

293 Das Neu-Eröffnete Orchestre. S. 237, P. III Cap. II, § 8

294 H. Keller, a.a.O.
295 Versuch I, S. 90; Figur LX, Tab. V
296 Bach-Dok. III, S. 225
297 Ausgabe der Goldberg-Variationen bei Breitkopf & Härtel, Vorwort
298 Thomas Mann; nach Joachim Kaiser, Beethovens 32 Klaviersonaten und ihre Interpreten. Verlag S. Fischer, 1976, S. 631f.; auch Varsano, a.a.O.
299 Gerber, Lexikon der Tonkünstler 1790, Spalte 90; abgedruckt in Bach-Dok. III, S. 468. Über Bachs Triller s. a. Forkel, S. 34
300 Der Ausdruck scheint übernommen von H. Besseler in «Spielfiguren in der Instrumentalmusik», Deutsches Jahrbuch der Musikwissenschaft für 1956, Leipzig 1957, S. 31.
301 H. Keller, a.a.O., verweist auf Löwes Ballade «Kleiner Haushalt», Varsano auf Liszts Etude d'execution transcendente Nr. 10 f-Moll.
302 S. dazu H. J. Schulze im BJ 1976, Melodiezitate und Mehrstimmigkeit in der Bauernkantate und in den Goldberg-Variationen (S. 70ff.).
303 Forkel, S. 18f.
304 S. KB zu NBA V/2, S. 98; auch BJ 1976, S. 66 Anm.
305 Johann Christian Kittel, 1732–1809, einer der letzten Schüler Bachs, bei dessen Tode 18 Jahre alt. Er kam 1748 nach Leipzig, wurde von Bach neben Müthel und Altnikol am meisten geschätzt, und war später ein angesehener Lehrer und Klavier- und Orgelkomponist. Seine Abendmusiken in Erfurt hat Goethe besucht (MGG, Kittel).
306 KB der NBA V/2, S. 98
307 ZfM, Jahrgang 101, S. 322f.
308 Siehe in der Bibliographie unter Quodlibet
309 Hier angegeben nach Spitta II, S. 654
310 Die Bergamaska in Zeitschrift f. Musikwissenschaft 1922/23, S. 291–295
311 H. Keller, a.a.O., S. 216
312 Spitta II, S. 655
313 S. 787, Nr. 1045
314 Kap. III; s. E. F. Koßmann, «Ich bin so lang nicht bei dir gwest», ZfMw, 8 Jg., Feb. 1926, S. 295f. Reuters Roman kam 1696 in Leipzig heraus.
315 Auf die Verwandtschaften zwischen Var. 7 und 19, 10 und 22, 13 und 25 hat H. Keller schon hingewiesen in: Die Klavierwerke Bachs. S. 215.
316 Es sei darauf hingewiesen, daß das Maß 300:50:30, das Gott in der Bibel Noah für den Bau der Arche gibt, von R. Steiner mit 30:5:3 als «die Maße der Harmonie des menschlichen Leibes» gedeutet worden ist, wobei R. Steiner von den Verhältnissen des physischen Leibes ausgeht zur Zeit, als «der Mensch den Fluten der Atlantis entstieg» (Vortrag v. 13. 9. 1907, in: Das Goetheanum, Beilage, 9. Mai 1948). Dieses Maß, verwoben mit der Zehn, dem Zeichen des Erlösers der Menschheit (s. Kapitel 11, Dezime), bestimmt Bachs Werk.

Probleme der Interpretation

1 Autobiographie, S. 60
2 Sie sind aufgeführt im KB der NBA V/2, S. 94–99.
3 KB NBA V/2, S. 97, A 7. Das Exemplar hat im Goethe- und Schiller-Archiv die Signatur: Goethes Notensammlung Nr. 431c.

4 S. Cosima Wagner, Tagebücher 1 und 2

5 Andreas Traub, Joh. Seb. Bach, Goldberg-Variationen. Wilhelm Fink Verlag, 1983, S. 70

6 Peter Raabe, Liszts Leben. Nachdruck bei Schneider, Tutzing 1968, S. 66f.

7 Phantasiestücke in Callots Manier, Erster Teil, Kreisleriana

8 Vorwort zur Ausgabe bei Kistner & Siegel, Lippstadt, 10724

9 Breitkopf & Härtel Nr. 4315

10 Duchesne DD 6088

11 DG 139455; neuerdings macht es auch ein Cembalist (Igor Kipnis, EMI C 181-81673/4)

12 Versuch I, Zweites Hauptstück, 3. Abt., S. 84

13 Siehe dazu im BJ 1967, S. 100–120, Werner Neumann, Probleme der Aufführungspraxis im Spiegel der Geschichte der Neuen Bachgesellschaft.

14 Bach-Dok. II, S. 286

15 J. S. Bach. Breitkopf & Härtel, Auflage 1922, S. 326

16 E. Schwaiger, Warum der Applaus. Ehrenwirth, 1968, S. 219

17 Sabine Tomek-Schumann, Akustische Untersuchungen an Hammerflügeln. Berlin 1974, S. 161f.

18 Zitiert nach Hanns Neupert, Das Cembalo. Bärenreiter, 1955, S. 54, Anm.

19 E. Schwaiger, a.a.O., S. 220

20 Interview im Bayerischen Rundfunk, gesendet am 6. 4. 1964. Der Text ist, etwas gekürzt, zu finden in E. Schwaiger, a.a.O., S. 136f.

21 Weissenberg: EMI C 151-11644/45; Varsano: CBS 79231. In seiner zweiten, späteren Einspielung verwendet Weissenberg oftmals andere Mittel (EMI 1C 157-73091/92T)

22 Wenn hier Schallplatteneinspielungen genannt und in die Betrachtung einbezogen werden, so muß darauf hingewiesen werden, wie relativ solche Hilfsmittel sind; es ist dann immer nur die eine Einspielung, nie der Interpret selbst gemeint. Auch ist nicht gedacht, daß es sich bei Schallplatten um wirkliche Musik handelt; ebensowenig wie man bei einer Photographie oder einem Film den Glauben haben wird, einen wirklichen Menschen vor sich zu haben. Aber es läßt sich aus seiner Photographie einiges über ihn herauslesen – mit allem Vorbehalt des Irrtums, weil es besser und weniger gelungene Aufnahmen, photogenere und weniger photogene Menschen gibt. Die Schallplatte bietet die Möglichkeit, manches über Musik und ihre Interpreten zu erfahren. Musik im realen Sinn, das sei noch einmal betont, ist von ihr nicht zu bekommen. Daß die Schallplatte heute für mehr genommen wird, ist ein großes Problem geworden, auf das R. Steiner schon zu sprechen gekommen ist (GA 227, 11. Vortrag). Interessante Ausführungen von ganz verschiedenen Seiten zu diesem Thema findet man bei J. Kaiser, Große Pianisten in unserer Zeit; Piper, 1972, S. 21ff.; und H. v. Wartburg, Zum Problem der mechanisierten Musik in: Beiträge zur Rudolf Steiner Gesamtausgabe Nr. 55, S. 23ff.

23 Hermann Prey, Premierenfieber. Kindler 1981, S. 205

24 Interview im BR am 6. 4. 1964

25 Versuch I, S. 51

26 Bach-Dok. II, S. 304f.

27 S. 117

28 Im Druck zuerst wohl von R. Kirkpatrick in seiner Ausgabe bei Edition Schirmer 37149

29 Johann Sebastian Bach, S. 81

30 E. Schwaiger, a.a.O., S. 135 u. 134

31 W. Neumann im BJ 1967, S. 106
32 Die großen Interpreten. W. Landowska. Kister, 1956, S. 8
33 MGG, W. Landowska
34 Die großen Interpreten. W. Landowska. S. 22 u. 27
35 Schallplattenhülle EMI 2C 051-43371
36 RCA KR 11018/1-2
37 Siehe z. B. G. Piatigorsky, Mein Cello und ich und unsere Begegnungen. DTV, München 1968, S. 132f.
38 Übersetzung in: Die großen Interpreten. W. Landowska, S. 25
39 RCA NA-R 25 067/1–5
40 Zur Disposition der Instrumente in den einzelnen Ländern siehe Friedrich Ernst, Der Flügel Johann Sebastian Bachs. Peters, 1955, S. 66f.; zum Tonumfang S. 39.
41 Bach-Dok. III, S. 180
42 F. Ernst, a.a.O., S. 76f.; Spitta II, S. 968
43 Bach-Dok. III, S. 195, Nr. 744 Kommentar
44 Bach-Dok. III, S. 195. Joh. Friedrich Agricola (1720–1774) studierte an der Leipziger Universität und wurde 1738 Schüler Bachs. Er wirkte später in Berlin als Hofkomponist und Dirigent der königlichen Kapelle und war Mitarbeiter an Adlungs «Musica mechanica organoedi», aus der die Anmerkung stammt.
45 Über die «kantable» Art der Musik J. S. Bachs. Hug, 1957, S. 9
46 E. Valentin, Handbuch der Instrumentenkunde. Bosse, 1954, S. 194f.
47 Das Neu-Eröffnete Orchestre. P. III, Cap. III, § 19, S. 278
48 C. Ph. E. Bach an Forkel, Bach-Dok. III, S. 284
49 S. 16f.
50 The New Grove Dictionnary of Music and Musicians. R. Kirkpatrick. Eta Harich-Schneider hat für sich in Anspruch genommen, in einem Konzert in der Marienkirche in Berlin im Winter 1934 die Goldberg-Variationen zum ersten Mal wieder auf dem Cembalo öffentlich gespielt zu haben. Den Hinweis darauf und auf ihre kleine Schrift «Die Goldberg-Variationen», Takada 1964, danken wir, neben wichtigen physikalischen Auskünften, Herrn Wolf Dieter Neupert, Bamberg.
51 Schirmer 37149
52 Domenico Scarlatti I u. II, München 1972
53 DG 198020
54 Englisch in Schirmer, S. XXVIII
55 Concert Hall Society, MMS 144
56 Charlotte Ramin in: Günther Ramin. Atlantis, 1958, S. 67
57 CBS 72261
58 Große Pianisten. Piper, 1972, S. 172
59 Die zweite Einspielung von 1981 (CBS D 37779) bringt eine ähnliche Auffassung; doch ist u. E. die erste Aufnahme vorzuziehen.
60 Aufsatz von Adolf Lang «Karl Richter und die Bachwoche Ansbach», S. 27
61 Abgedruckt im Almanach der Bachwoche Ansbach 1981, S. 19
62 Teldec NT 650 und DG 2707057
63 Beide Werke auf DG 2530035
64 Telefunken 6.41151 AN; Archiv DG SAPM-198381a, b

65 Telefunken 6.48185 DM
66 Decca 6.41565/6/7 AN
67 K. Schumann zur Einspielung DG 2726 036
68 Richter über sich in der Sendung des Bayerischen Fernsehens Februar 1981 «Zum Tode von Karl Richter», Porträt von Friedrich Müller
69 W. Schreiber in der Süddeutschen Zeitung vom 28. 6. 1982
70 Zitiert auf der Plattenhülle Teldec KT 11012/1-2
71 «Hans tolkningar kännetecknas av kraftfullhet och rytmisk pregnans.» Sohlmans Musiklexikon Stockholm. Im MGG fehlt Karl Richter unbegreiflicherweise.
72 Bach-Dok. II, S. 333; Bach-Dok. III, S. 402
73 W. E. v. Lewinski, Musik wieder gefragt, Claasen 1967, S. 68
74 Artemis-Ausgabe Bd. 16, S. 879ff.
75 S. 39
76 Nekrolog, Bach-Dok. III, S. 89
77 Zitiert nach E. Berghöfer-Engen im Almanach der Bachwoche Ansbach 1981, «Karl Richter, 15. 10. 1926–15. 2. 1981, nachgedacht ...», S. 25.
78 Richter in der Gedenk-Sendung des Bayerischen Fernsehens im Februar 1981.
79 Almanach der Bachwoche Ansbach 1981, S. 22

Verzeichnis und Nachweis der Abbildungen

Namensregister